ସୁବର୍ଣ୍ଣ ସେତୁ ଓ ଆଉ କେତୋଟି ନାଟକ

ସୁବର୍ଣ୍ଣ ସେତୁ ଓ ଆଉ କେତୋଟି ନାଟକ

ପ୍ରଫେସର ସଂଘମିତ୍ରା ମିଶ୍ର

ବ୍ଲାକ୍ ଇଗଲ୍ ବୁକ୍‌ସ
ଭୁବନେଶ୍ୱର, ଓଡ଼ିଶା

BLACK EAGLE BOOKS
Dublin, USA

ସୁବର୍ଣ୍ଣ ସେତୁ ଓ ଆଉ କେତୋଟି ନାଟକ / ପ୍ରଫେସର ସଂଘମିତ୍ରା ମିଶ୍ର

ବ୍ଲାକ୍ ଇଗଲ୍ ବୁକ୍ସ : ଭୁବନେଶ୍ୱର, ଓଡ଼ିଶା ● ଡବଲିନ୍, ଯୁକ୍ତରାଷ୍ଟ୍ର ଆମେରିକା

BLACK EAGLE BOOKS

USA address:
7464 Wisdom Lane
Dublin, OH 43016

India address:
E/312, Trident Galaxy, Kalinga Nagar,
Bhubaneswar-751003, Odisha, India

E-mail: info@blackeaglebooks.org
Website: www.blackeaglebooks.org

First International Edition Published by
BLACK EAGLE BOOKS, 2023

SUBARNA SETU O AU KETOTI NATAK
by **Prof. Sanghamitra Mishra**

Copyright © Prof. Sanghamitra Mishra

All rights reserved. No part of this publication may be reproduced, stored in a retrieval system, or transmitted, in any form or by any means, electronic, mechanical, photocopying, recording or otherwise without the prior permission of the publisher.

Cover & Interior Design: Ezy's Publication

ISBN- 978-1-64560-426-6 (Paperback)

Printed in the United States of America

ଉତ୍ସର୍ଗ

ମୋତେ ଓ ମୋ ନାଟକକୁ ଭଲପାଉଥିବା ସମସ୍ତଙ୍କୁ
ସମ୍ମାନ, ଶ୍ରଦ୍ଧା ଓ ଶୁଭେଚ୍ଛା ସହିତ

ସଂଘମିତ୍ରା ମିଶ୍ର

ସୁବର୍ଣ୍ଣ ସେତୁର ଜନ୍ମ ଲଗ୍ନରେ ଦି ପଦ କଥା

'ସୁବର୍ଣ୍ଣସେତୁ ଓ ଆଉ କେତୋଟି ନାଟକ' ପ୍ରକାଶିତ ହେବା ମୋ ପାଇଁ ଆନନ୍ଦର କଥା। ନାଟକ ତ ଚିରକାଳ ବ୍ୟକ୍ତି ଓ ସମାଜ ଭିତରେ ସୁବର୍ଣ୍ଣ ସେତୁ ନିର୍ମାଣ କରୁଥାଏ। ମଣିଷର ଭୁଲ୍‌କୁ ଫୁଲ କରି ଫୁଟାଉଥାଏ ରଙ୍ଗମଞ୍ଚରେ। ଜଣକର ଦୁଃଖ ସମସ୍ତଙ୍କ ଆଖିରେ ଲୁହ ଦିଏ ଓ ଜଣକର ଖୁସି ସମସ୍ତଙ୍କ ଅଧରରେ ହସ ହୋଇ ଝରିଯାଏ। ବ୍ୟକ୍ତିଗତ ଆହ୍ଲାଦ ଓ ବିଷାଦ ପାଲଟିଯାଏ ସାର୍ବଜନୀନ। ଏଇ ତ ନାଟକ, ଯାହା ସଭ୍ୟତାର ଆରମ୍ଭ ଦିନରୁ ମଣିଷ ସହିତ ଚାଲିଛି। କେବେ ଆଗରେ କେବେ ପଛରେ ତ କେବେ କାନ୍ଧରେ ହାତ ପକାଇ।

ମୋ ନାଟକ ଆଉ ଅଧିକ କ'ଣ କରିଛି ଯେ? ଥରେ ଅଧେ ଅଭିନୀତ ହୋଇଛି ଯେ ତାହା ମୋତେ ସନ୍ତୋଷ ଦେଇପାରିନି। ଅବଶ୍ୟ ଦର୍ଶକମାନେ ଆଦର କରିଛନ୍ତି। ଆକାଶବାଣୀ ପାଲଟିଛି ମୋ ପାଇଁ ଆଶା ଆଶ୍ୱାସନାର ବତୀଘର। ଏବେ ବି ଓଡ଼ିଶାର ଗାଁ ଗହଳିରେ ଆକାଶବାଣୀର ନାଟ୍ୟକାର ଭାବେ ମୋତେ ଲୋକେ ଭଲ ପାଆନ୍ତି।

ଏଥର ମୋ କଥା କିଛି କହିବି। ପ୍ରାୟ ୨୫ ବର୍ଷ ଉତ୍କଳ ବିଶ୍ୱବିଦ୍ୟାଳୟର ସ୍ନାତକୋତ୍ତର ଓଡ଼ିଆ ବିଭାଗରେ ନାଟକ ଓ ରଙ୍ଗମଞ୍ଚ ବିଷୟ ପଢ଼ାଇଛି. ଆଲୋଚନା ଲେଖିଛି, ପିଏଚ୍.ଡି.ର ଦିଗ୍‌ଦର୍ଶକ ହୋଇଛି, ଓଡ଼ିଶାର ଅଧିକାଂଶ କଲେଜରେ ନାଟକ ସଂପର୍କରେ ସେମିନାରରେ ପ୍ରବନ୍ଧ ପଢ଼ିଛି। ତୁଳନାତ୍ମକ ଓଡ଼ିଆ ଓ ହିନ୍ଦୀ ପ୍ରତୀକ ନାଟକ ବିଷୟ ନେଇ ଡିଲିଟ୍ କରିଛି। ନାଯକ ପଢ଼ାଉ ପଢ଼ାଉ ନାଟକ ଲେଖିଛି। ଆଗେ ଦାୟବଦ୍ଧତା ଓ ପଛେ ଆଗ୍ରହ ଆସିଛି। 'ବସୁଧାର ପ୍ରତିବାଦ ଓ ଅନ୍ୟାନ୍ୟ ନାଟକ', 'ପ୍ରତୀକ୍ଷାର ଅନ୍ତିମ ପ୍ରହର ଓ ଅନ୍ୟାନ୍ୟ ନାଟକ' ପରେ ଏହା ହେଉଛି 'ସୁବର୍ଣ୍ଣ ସେତୁ ଓ ଆଉ କେତୋଟି ନାଟକ'। ମୁଁ ଜାଣେନି ଏହି ଛୋଟ ନାଟକଗୁଡ଼ିକୁ ଆପଣମାନେ

କିଭଳି ଗ୍ରହଣ କରିବେ। ତେବେ ମୋ ସମୟର ସଂଘାତ ସଂଘର୍ଷ, ତ୍ୟାଗ, ବୁଝାମଣା, ଅଶ୍ୱସ୍ତି, ଅସହିଷ୍ଣୁତା ଓ ଔଦାର୍ଯ୍ୟର ଝଲକ ଏଥିରେ ଅଛି। ଏଥି ସହିତ ଅଛି ଦ୍ରୁତ ପରିବର୍ତ୍ତନଶୀଳ ସମୟର ପଦଚିହ୍ନ। ପାରିବାରିକ ଜୀବନ ଆଧୁନିକତାର ତଥାକଥିତ ଅକ୍ଟୋପାସୀ ଜାବ ଭିତରେ ଚିପୁଡ଼ି ହୋଇଯାଉଛି। ତଥାପି ମୋ ଚରିତ୍ରମାନେ ସୁବର୍ଣ୍ଣ ସେତୁ ପାଲଟି ଧରି ରଖିଛନ୍ତି ଆମର ପରଂପରାକୁ। ଆପଣମାନେ କହିବେ ଏ ଭଙ୍ଗାରୁଜା ଜୀବନରେ ପୁଣି ଆଶା ଆଉ ବିଶ୍ୱାସର ସୁବର୍ଣ୍ଣ ସେତୁ! ହଁ ଆଜ୍ଞା, ସେତିକି ଆଶା ସାଇତିଛି ବୋଲି ତ ଭଙ୍ଗାରୁଜା କଥା ଲେଖିବାକୁ ମୋ ହାତ ଯାଉନି। ମରୁଭୂମିର କଣ୍ଟାଗଛରେ ଫୁଟିଥିବା ନାମହୀନ ଫୁଲଟି ମୋତେ ଆଜିଯାଏ ଆକୃଷ୍ଟ କରୁଛି। ସବୁ ଦୁଃସ୍ଥିତି ଭିତରେ ମଧ୍ୟ ଜୀବନର ଯାତ୍ରା ଅବ୍ୟାହତ ରହେ। ଏହା ମୁଁ ହୃଦୟଙ୍ଗମ କରୁଛି।

ସମୟ ବଦଳିଛି, ବଦଳି ଚାଲିଛି। ମଣିଷ ଶିକ୍ଷିତ ହୋଇଛି। ଅବସର ପାଇଁ ତା ହାତପାହାନ୍ତାରେ ମନୋରଂଜନର ଏକାଧିକ ସାଧନ। ମନୋରଂଜନର ଏକଚାଟିଆ ଅଧିକାର ଆଉ ନାଟକର ନାହିଁ ମାତ୍ର ନାଟକ ଦେଖିବାର ଆଗ୍ରହ ଊଣା ହୋଇନାହିଁ। ଲୋକେ ଟିକେଟ କରି ନାଟକ ଦେଖୁଛନ୍ତି, ପ୍ରଶଂସା କରୁଛନ୍ତି, କିନ୍ତୁ ସେମାନେ ଖୋଜୁଛନ୍ତି ମନଲାଖି ନାଟକ। ମନୋରଂଜନ, ମାନସମନ୍ଥନ ରୁଚି ନିର୍ମାଣ ସହିତ ଓଡ଼ିଆପଣର ସୁବାସ, ଆମ ପରଂପରାର ଝଲକ, ଆମ ପାରିବାରିକ ଜୀବନର ଆନନ୍ଦ ମଞ୍ଚରେ ଦେଖିବା ସେମାନଙ୍କର ଲୋଡ଼ା, ତା' ନ ହେଲେ ସେମାନେ ନାଟକ ଦେଖିବାକୁ ଆଗ୍ରହୀ ହେବେ କାହିଁକି ?

ଛାଡ଼ନ୍ତୁ ସେ ସବୁ କଥା। ଓଡ଼ିଶାର ଅନେକ ମୂର୍ଦ୍ଧନ୍ୟ ଶିକ୍ଷାବିତ୍, କବି, ଲେଖକ ଆଶୀର୍ବାଦ ମୁଁ ପାଇଛି। ପାଇଛି ମୋର ବନ୍ଧୁମାନଙ୍କର ଶୁଭକାମନା, ମୋ ପରିବାରର ଆଗ୍ରହ। ମୋ ଛାତ୍ରଛାତ୍ରୀମାନଙ୍କର ସମ୍ମାନ ଓ ଆପଣାପଣ। କେଉଁମାନଙ୍କର ନାମ ନେବି ? ଯଦି ସ୍ମୃତି ଧୋକା ଦେବ ତ ସବୁ ଅସୁବିଧା ହୋଇଯିବ, ତେଣୁ କ୍ଷମାର୍ଥିନୀ।

ଆପଣମାନେ ଜାଣନ୍ତି, ନାଟକ ବହି ପ୍ରକାଶ କରିବା ପାଇଁ ପ୍ରକାଶକମାନଙ୍କର ଆଗ୍ରହ ଊଣା। ଏଭଳି ସମୟରେ 'ବ୍ଲାକ୍ ଈଗଲ୍' ଭଳି ସଂଭ୍ରାନ୍ତ ପ୍ରକାଶନ ମୋର 'ସୁବର୍ଣ୍ଣ ସେତୁ ଓ ଆଉ କେତୋଟି ନାଟକ' ପ୍ରକାଶ ପାଇଁ ଆଗ୍ରହ କରିଛନ୍ତି। ତେଣୁ ମୁଁ ଏହି ପ୍ରକାଶନର ସ୍ୱତ୍ୱାଧିକାରୀ କବି, ଅନୁବାଦକ, ସାହିତ୍ୟପ୍ରାଣ ସତ୍ୟ ପଟ୍ଟନାୟକଙ୍କ ନିକଟରେ କୃତଜ୍ଞ। ନଟବର ଓ ନଟରାଜ ଆମ ପରଂପରାରେ ସ୍ଥିତି ଓ ପ୍ରଳୟର ଦେବତା, ସେମାନଙ୍କ ସହିତ ସୃଷ୍ଟିକର୍ତ୍ତା ବ୍ରହ୍ମାଙ୍କୁ ପ୍ରଣାମ କରୁଛି। କାବ୍ୟ କଳାର ଜନନୀ ମା' ସରସ୍ୱତୀଙ୍କ କୃପାଭିକ୍ଷା କରି ନିରବ ରହୁଛି।

– ସଂଘମିତ୍ରା ମିଶ୍ର

ସୂଚୀ

ସୁବର୍ଣ୍ଣସେତୁ ୧୧

ଆମ ଗୀତି ଆମ ସମ୍ପତ୍ତି ୩୬

ଭଙ୍ଗାଗଢ଼ାର ସଂସାର ୫୪

ସତେ କ'ଣ ଜୀବନଟା ବାଲିବସ୍ତା ! ୭୪

ସ୍ୱପ୍ନ ବଦଳ ୯୪

ଏ ଘରକୁ ଖୁସି ଆସିବ କେମିତି ? ୧୧୨

ଗାନ୍ଧି ଆସିବେନି, କିଏ କହିଲା ? ୧୩୭

ଏ ଆକାଶ ଆମ ସମସ୍ତଙ୍କର ୧୫୪

ଆଶ୍ୱାସନାର ଅନ୍ତିମ ପର୍ବ ୧୭୧

ସୁବର୍ଣ୍ଣ ସେତୁ

(ସମୟ ସକାଳ ୬.୩୦। ଖବରକାଗଜ ଧରି ବସିଛନ୍ତି କିଶୋର ବାବୁ। ଆସିଲେ ପତ୍ନୀ ସୁନୟନା ଦେବୀ। ହାତରେ ଚାହା ଟ୍ରେ। ଟ୍ରେ ଥୋଇ ପାଦ ଛୁଇଁଲେ କିଶୋରବାବୁଙ୍କର)

କିଶୋର ବାବୁ: ହାଁ ହାଁ ସକାଳୁ କ'ଣ ପ୍ରଣାମ କଲଣି ? ଆଜି ସାବିତ୍ରୀ ଅମାବାସ୍ୟା କି ? (ଚଷମା କାଢ଼ି ଦେଖିଲେ) କାହିଁ ପୂଜାପାଠ ତ ଶୁଭିନି ? ନୂଆ ଶାଢ଼ି ପିନ୍ଧିନ ଯେ ?

ସୁନୟନା : ଧନ୍ୟ ତୁମେ। ଆଜି ପରା ଆମ ବିବାହ ବାର୍ଷିକୀ – ମନେ ନାହିଁଟି – ମୁଁ ଜାଣେ ପରା।

କିଶୋର ବାବୁ: ଆରେ, ସତରେ ମୁଁ ତ ଭୁଲିଯାଇଥିଲି। କେତେବର୍ଷ ହେଲା ? (ଗଣିଲେ) ହଁ ପଇଁତିରିଶ ବର୍ଷ ବୋଧେ – ଦେଖ ମୋର ହିସାବ ଭୁଲ୍ ହୋଇଯାଉଛି।

ସୁନୟନା : ହଁ, ତୁମର ସିନା ହିସାବ ଭୁଲ୍ ହେଲେ ଚଳିବ। ମୁଁ ତ ସବୁଦିନେ ଷୋଡ଼ଶୀ ନାଁ – ଚାହା ପିଅ। କେତେ ଚିନି ମିଶିବ, ମୁଁ ମନେ ରଖିଛି।

କିଶୋର ବାବୁ: ସତରେ ତୁମେ ଖୁବ୍ ସୁନ୍ଦର ଦିଶୁଛ ଆଜି... ହେଲେ

ସୁନୟନା : ହେଲେ କ'ଣ ? ଚୁଟି ପାଚିଲାଣି – ଆଖିରେ ଚଷମା ଏଇତ ?

କିଶୋର ବାବୁ: ନାଇଁ ଯେ, ସୁବିଧା ପାଇଲେ କଥାର ତୀର ଫିଙ୍ଗିବା ସ୍ୱଭାବ ଠିକ୍ ସେମିତି ଅଛି।

ସୁନୟନା : ଛାଡ଼ କେତେ ତୀର ଫିଙ୍ଗି ଫିଙ୍ଗି ମୁଁ ବୁଢ଼ୀ ହେଲିଣି। ତୁମେ ତ ଅଭେଦ୍ୟ କବଚ କୁଣ୍ଡଳ ପିନ୍ଧି ଜନ୍ମ ହୋଇଛ।

କିଶୋର ବାବୁ: ଏକ୍‌ଦମ ସତକଥା - ମୋ ବାପା ମାଆଙ୍କୁ ମୁଁ କେତେ ଧନ୍ୟବାଦ ଦିଏ ଜାଣିଛ ? ତୁମଭଳି ସ୍ତ୍ରୀଟିଏ ମୋ ପାଇଁ ବାଛିଥିବାରୁ। ଆଉ ମୁଁ - ଛାଡ଼ ସେ ପୁରୁଣା କଥା।

ସୁନୟନା : ଭଲ ହୋଇଥାଆନ୍ତା ଯଦି ତୁମ ପସନ୍ଦର ଝିଅ ଏ ଘରକୁ ଆସିଥାଆନ୍ତା। କେମିତି ସବୁ ଭୁଲିଯାଉଛ ଜଣାପଡ଼ିଥାଆନ୍ତା।

କିଶୋର ବାବୁ: ଗତସ୍ୟ ଶୋଚନା ନାସ୍ତି। କହିଲ ଆଜି କେମିତି ସେଲିବ୍ରେଟ୍ କରିବା-

ସୁନୟନା : କି ସେଲିବ୍ରେସନ୍ ? ହେଇ ଆଉ ଘଣ୍ଟାଏ ଭିତରେ ଗୋଟେ ଫୋନ୍ କି ଏସ୍‌ଏମ୍‌ଏସ୍ ଆସିପାରେ - ହ୍ୟାପି ମ୍ୟାରେଜ୍ ଆନିଭରସାରି କି ଏମିତି କିଛି।

କିଶୋର ବାବୁ: ହଁ ଆମ ପିଲାଏ ଏତିକି ମନେ ରଖୁଛନ୍ତି ଢେର।

ସୁନୟନା : ତା' ବି ଠିକ୍ - ଗୋଟାଏ ଆଖିରେ ଦେଖିବା, ଜମା ଦେଖି ନପାରିବାଠୁଁ ଭଲ ତ।

କିଶୋର ବାବୁ: ମୁଁ ତମ ଅଭିମାନ ବୁଝୁଛି ନିନା ହେଲେ...

ସୁନୟନା : ମନେ ଅଛି ନା। ସେମାନେ ଛୋଟ ଥାଆନ୍ତି - ଆମ ବିବାହ ବାର୍ଷିକୀ ପାଇଁ କିଏ ଚକୋଲେଟ୍ ଆଣିଦିଏ ତ କିଏ ବଗିଚାରୁ ଅନାବନା ଫୁଲ ତୋଳି ତୋଡ଼ା ବନାଇଦିଏ। ବର୍ଷେ ତ ସେ ଦିହେଁ ପଇସା ସଂଚୟ କରି ତୁମପାଇଁ ଚଟି ଆଉ ମୋ ପାଇଁ ବ୍ଲାଉଜକନା ଆଣିଥିଲେ।

କିଶୋର ବାବୁ: ହଁ ସବୁ ମନେ ଅଛି - ଆଉ ଟିକେ ବଡ଼ ହେଲାପରେ ଜିଦ୍ କରୁଥିଲେ ଆମେ ହୋଟେଲ୍‌ରେ ଖାଇବା। ତାଙ୍କ ସାଙ୍ଗମାନଙ୍କ ଉଦାହରଣ ବି ଦେଉଥିଲେ। ମୁଁ ବି କେତେଥର ତୁମମାନଙ୍କୁ ନେଇ ହୋଟେଲରେ ଖୁଆଇଛି।

ସୁନୟନା : ଆଜି ସବୁ ଫାଙ୍କା। ସେମାନେ ନିଜ ନିଜର ସଂସାରରେ ବ୍ୟସ୍ତ। ଆଉ ବାବା ମା'ଙ୍କ କଥା ମନେ ପକାଇବାକୁ ତାଙ୍କ ପାଖରେ ସମୟ କାହିଁ ?

କିଶୋର ବାବୁ : ମଣିଷ ବଡ଼ ହେଲେ ତା'ର ପ୍ରାୟରିଟି ବଦଳିଯାଏ । ଯେତେବେଳେ ବୁବୁ ସିନୁ ପାଠ ପଢୁଥିଲେ ତୁମେ କେମିତି ଘଣ୍ଟାଘଣ୍ଟା ତାଙ୍କ ପାଖରେ ବସୁଥିଲ କୁହତ - ସେ କେତେଦିନ ତୁମେ ବାହାବ୍ରତ ତ ଦୂର ହାଟ ବଜାର ଯିବାକୁ ବି ମନା କରିଦେଉଥିଲ ।

ସୁନୟନା : ହଁ, କିନ୍ତୁ ମୁଁ ଦଶହରାରେ ମୋ ଶାଶୂଘରକୁ ଯାଇ ଆଠଦିନ ମୋ ଦାୟିତ୍ୱ ସମ୍ଭାଳୁଥିଲି । ରଜରେ ମୋ ବାପା ମାଆ ଭାଇଭଉଣୀଙ୍କ ଲାଗି ନିଶ୍ଚୟ କିଛି ପଠାଉଥିଲି । ଶାଶୂଘରର ସବୁ ଦୁଃଖବିପଦରେ ପାଖରେ ପହଞ୍ଚୁଥିଲି ।

କିଶୋର ବାବୁ: ସେସବୁ ଥିଲା ତୁମର ସ୍ୱଭାବ - ବଡ଼ପଣିଆ ।

ସୁନୟନା : ସ୍ୱଭାବ କି ବଡ଼ପଣିଆ ନୁହେଁ ମ ଖାଣ୍ଟି ଅପରାଧବୋଧ । ସବୁବେଳେ ସେମାନଙ୍କ ପାଖରେ ରହିନପାରିବାର ଗ୍ଲାନି । ଏ ପିଲାଙ୍କର ସେ ଗ୍ଲାନି ବି ନାହିଁ ।

କିଶୋର ବାବୁ: ସେମାନେ ପରା ଆଜିକାଲିକା ପିଲା - ଛାଡ଼ - ସେଗୁଡ଼ା ମନେ ପକାନି - ଆଜି କ'ଣ କରିବା କୁହ ।

ସୁନୟନା : କ'ଣ କରିବା ? ମୁଁ ସବୁଦିନ ପରି ରୋଷେଇ କରିବି । ତୁମେ ଖବରକାଗଜ ମୁଖସ୍ଥ କରିବ ନହେଲେ ଫୋନ୍‌ରେ ଗପିବ କୋଉ ସାଂଗ ସହିତ ।

କିଶୋର ବାବୁ: ପୁଣି ଆରମ୍ଭ କଲଣି ?

ସୁନୟନା : ସାରିଲିଣି କୋଉଠି ଯେ ଆରମ୍ଭ କରିବି ? ଏ ଅଧା ଗାଁ ଅଧା ସହରରେ ଯଦି ଇଲେକ୍‌ଟ୍ରିସିଟି ରହିଥିବ ତମେ ଟି.ଭି. ଲଗାଇ ସମାଧିସ୍ଥ ହୋଇଯିବ ତା' ସାମ୍‌ନାରେ । ବାସ୍ ଦିନଟାଏ ସରିଯିବ କାନ କୁଣ୍ଡାଇଲା ଭଳି ।

କିଶୋର ବାବୁ: ଆରେ, ସେସବୁ ଆଜି ବାତିଲ - ଚାଲ, କାମ ସାର, ଟିକେ ମନ୍ଦିର ଯିବା ।

ସୁନୟନା : (କପ୍ ପ୍ଲେଟ୍ ଏକାଠି କରି ଭିତରକୁ ଚାଲିଗଲେ ।)

କିଶୋର ବାବୁ: ସତରେ ଏତେଗୁଡ଼ାଏ ଦିନ ମଣିଷ କେମିତି ବଂଚିଲା ? ସେଇ ଏକାପ୍ରକାର ଘଷରା କାମ । ଜୀବନ । ଏ ନିନା ବି ଯାହା ବୁଝିଥିବ ସେଇଆ - ଇରେ ବହିର ସେ ପୃଷ୍ଠାଗୁଡ଼ାକ ଯେ ଓଲଟିଗଲାଣି ଏକଥା ତାକୁ ବୁଝାଇବ କିଏ ? (ଫୋନ୍ ଆସିଲା ।)

କିଶୋର ବାବୁ: ହ୍ୟାଲୋ ... ହଁ ... କହିଦେବି ତୋ ମାଆକୁ... ସେ ଭିତରେ ଅଛି, କେବେ। ଆଚ୍ଛା ହଉ... ବେଳ ନାହିଁ....ରଖିଲି। (ଫୋନ୍ ରଖିଲେ।) (ମନକୁମନ) ବେଳ ନାହିଁ ଯଦି ଏ ଦୋଷ ଛଡ଼ାଇଲା ଭଳି ଫୋନ୍ କରିଦେବା କ'ଣ ଦରକାର। ଆରେ ବାବୁ, ଆମେ ତ ତୁମର ବଡ଼ବଡ଼ ଦୋଷ ଧରିନୁ ଆଉ ଆଜି ଫୋନ୍ ନ କରିବାଟା କ'ଣ ଅପରାଧ ହୋଇଯାଇଥାଆନ୍ତା -) ନିନା ...ନିନା (ଡାକିଲେ) (ସୁନୟନା ଆସିଲେ ଘର ଭିତରୁ)

ସୁନୟନା : କାହିଁକି ଡାକୁଥିଲ ଏତେବଡ଼ ପାଟିରେ ?

କିଶୋର ବାବୁ: ଆରେ ତୁମ ଗେହ୍ଲାପୁଅ ବୁବୁ ଫୋନ୍ କରିଥିଲା ପରା।

ସୁନୟନା : ମତେ ଟିକେ ଦେଲନି ?

କିଶୋର ବାବୁ: ସେ କହିଲା, ତାକୁ ବେଳନାହିଁ। କେବଳ ଉଇସ୍ କରିବ ବୋଲି ଫୋନ୍ କଲା। ପରେ ସେ ତୁମ ସାଂଗରେ କଥା କହିବ। ହେଲା ତ ?

ସୁନୟନା : ଜାଣିଛ, ସେ 'ପରେ' ସମୟଟା ଆସିବ ଆଉ ଦି' ମାସ ପରେ - ସବୁ ମୋ ଭାଗ୍ୟ - ଫୋନ୍‌ଟା ଥୋଇ ସାରି ମୋତେ ଡାକପକାଇବାର ମାନେ କ'ଣ ? ରୀତିମତ ଘରପୋଡ଼ିଆ ଡାକ।

କିଶୋର ବାବୁ: (ହସି) ଏଇ ଯୋଉ ଶବ୍ଦଟି କହିଲ ଘରପୋଡ଼ିଆ ଡାକ, ସେ ଶବ୍ଦ ଅଚଳ ହେଲାଣି - ଆଉ କୋଉ ଚାଳଘର ଅଛି ନା ଘରପୋଡ଼ି ବେଳେ କିଏ କାହାକୁ ଡାକୁଛି ?

ସୁନୟନା : ଆମେ ଥିବା ତକ ଥାଉ ଅନ୍ତତଃ (ମୁଁ ଆସୁଛି)।

କିଶୋର ବାବୁ: ଏ ବିବାହବାର୍ଷିକୀ, ଭାଲେନ୍‌ଟାଇନ୍ ଡେ ଏସବୁ କୋଉଠୁ ଆସିଲା କେଜାଣି ? ଯେତେକ ଦେଖେଇହବା ଢଂଗ - ଆରେ ପ୍ରେମ କ'ଣ କହିବୋଲି ଡାକି ବଜେଇ କରାଯାଏ। ଛାଡ଼ ଏଥିରେ କଥା କହିବା ଠିକ୍ ନୁହେଁ। (ମନେ ପଡ଼ିଗଲା ଗୀତ ପଦେ)

ମୋ ଆଖିର କେତେ କଥା
ମୋ ମନର ନିରବତା
କହିବାକୁ ଚାହେଁ ଯାହା କହିପାରେନା
ନକହି ମୁଁ ନିରବରେ ରହିପାରେନା।

(ଗୁଣୁଗୁଣୁ ହେଉଥିଲେ। ଆସିଲେ ସୁନୟନା। ଏଥର ଜଳଖିଆ-ଚାହା ସବୁ ହାତରେ)

କିଶୋର ବାବୁ: ବାଃ ସୁନୟନା, ଏତେ ଆୟୋଜନ ଥିଲାଟି - ମୋର ପ୍ରିୟ କୋବିପକୁଡ଼ି ! ବାଃ ପାଟିରୁ ପାଣି ବୋହିଲାଣି ।

ସୁନୟନା : ଦେଖି ଚାହିଁ ଅଳ୍ପ ଖାଅ - କେତେବେଳେ ଅଭାବ ଥିଲା ବୋଲି ପିଲାଙ୍କୁ ଦେବାପରେ ଅଳ୍ପ ଖାଉଥିଲ । ଆଜି ଦେହ ଭଲ ରହୁନି । କୋଲେଷ୍ଟ୍ରାଲ୍ ବଢୁଛି । ମୁଁ ଖାଲି ସୁବିଧାରେ ଚଞ୍ଚଳ ହୋଇଯିବ ବୋଲି ଏତକ କରିଦେଇଛି । ସବୁ ଖାଇ ଦେବନି । ମୋ ପାଇଁ ରଖିବ । (ଚାଲିଗଲେ)

କିଶୋର ବାବୁ: ତୁମେ ଆସ । ଆଜି ସାଂଗ ହୋଇ ଖାଇବା - ମୁଁ ଅପେକ୍ଷା କରୁଛି ।

ଦ୍ୱିତୀୟ ଦୃଶ୍ୟ

(ଖରାବେଳେ ଖାଇସାରି ବସିଛନ୍ତି ଉଭୟ । କଲିଂବେଲ୍ ଶୁଭିଲା । ସୁନୟନା କବାଟ ଖୋଲିଲେ । ଝିଅଟିଏ ଭିତରକୁ ଆସି ମୁଣ୍ଡିଆ ମାରିଲା । ସୁନୟନା କାବା ହୋଇ ତାକୁ ଦେଖୁଥାଆନ୍ତି ।)

ଛନ୍ଦା : ମାଉସୀ ମୁଁ ପରା ଛନ୍ଦା । ମୋତେ ଚିହ୍ନିପାରୁନାହାନ୍ତି । (କିଶୋରବାବୁଙ୍କୁ ମୁଣ୍ଡିଆ ମାରିଲେ)

କିଶୋର ବାବୁ: ଭଲହେଲା ମା', ଟିକେ ଆସିଲୁ ଆମ ଘରକୁ । ଆଉ କିଏ ଆସିଛନ୍ତି ?

ସୁନୟନା : ଛାଡ଼ମ, କହିଲୁ ମାଆ କ'ଣ ଖାଇବୁ ? ଆମେ ତ ଏବେ ଖାଇସାରିଲୁ । ତୁ ଚାଲେ ଯାହା ଅଛି ଦି'ଗୁଣ୍ଡା ଖାଇଦେବୁ ।

କିଶୋର ବାବୁ: ତୁମେ ଏଇଠିକି ନେଇଆସ । ବସ ଛନ୍ଦା - ମାଉସୀ ଆସୁ - (ସୁନୟନା ଚାଲିଗଲେ)

ଛନ୍ଦା : ଜାଣିପାରୁଛି ମଉସା । ଆପଣଙ୍କ ମନରେ ଅନେକ ପ୍ରଶ୍ନ- ମୁଁ ବାଟ ପାଉନି ବୋଲି ଏଠିକି ଆସିଛି । ଭାଉଜ କହନ୍ତି, ସବୁ ପ୍ରଶ୍ନର ଆପଣ ସମାଧାନ କରିଦେଇପାରନ୍ତି ।

କିଶୋର ବାବୁ: ଏକଥା ସିନି କହିଛି, ପାଗିଳିଟା - ଆଚ୍ଛା କହ । ତା' କଥାର ମାନ ରହୁ । ତୋ ଭାଉଜ ଯେତେବେଳେ-

ଛନ୍ଦା : କଥା କ'ଣ କି ? ମୋ ବାହାଘର ବାପା ଠିକ୍ କରିଛନ୍ତି-

କିଶୋରବାବୁ : ଭଲ କଥା । ବାପା ତୁମର ଖୁବ୍ ବିଚାରବନ୍ତ ମଣିଷ - ଅସୁବିଧା କେଉଁଠି ?

ଛନ୍ଦା : ମଉସା, କେମିତି କହିବି ? ସେ ପିଲା ମୋତେ ଫୋନ୍ କରି ଡାକୁଛି ତା' ସହ ଗପିବାକୁ, ବୁଲିଯିବାକୁ। (ଆସିଲେ ସୁନୟନା, ଖାଇବା ଥାଳି ଧରି)

ସୁନୟନା : କିଏ କାହାକୁ ଡାକୁଛି ?

କିଶୋରବାବୁ : ତୁମେ ବସ। ଛନ୍ଦା ଆଗ ତା' କଥା ସାରୁ। ହଁ ମା' କହ।

ଛନ୍ଦା : ମୁଁ ମନାକଲି। ଆମ ଘରର ସଂସ୍କାର କଥା ତାକୁ କହିଲି। ସେ କ'ଣ କହିଲା ଜାଣନ୍ତି ? ସେ କହିଲା, ମୁଁ ଗର୍ବୀ ଅହଂକାରୀ। ତା' ସାଂଗରେ ଗପିବାକୁ ଝିଅମାନେ ଅନେଇ ବସିଛନ୍ତି। ଏମିତି ଅନେକ କଥା।

ସୁନୟନା : ଓଃ ଏଇକଥା - ଆଜିକାଲି ତ ପୁଅଝିଅ କେତେ ସାଂଗହୋଇ ବୁଲୁଛନ୍ତି। ତୁ ମା' ଟିକେ ତା ସାଙ୍ଗରେ ବୁଲିଗଲୁନି। ଆମବେଳ ସିନା ଅଲଗା ଥିଲା।

କିଶୋର ବାବୁ: ତୁମେ ଆଉ ସେ ପୁରୁଣା ରେକର୍ଡ ବଜାଅନି। (ଛନ୍ଦାକୁ) ମା' ତୁମେ କ'ଣ ଭାବୁଛ ଏ ବିଷୟରେ ? ମୁଁ ଆଗ ଶୁଣେ।

ଛନ୍ଦା : ମୋ କଥା କହିସାରିଛି ମଉସା। ମୁଁ ଯଦି ତାକୁ ଆଗରୁ ଜାଣିଥାଆନ୍ତି ତେବେ ଅଲଗା କଥା ହୋଇଥାଆନ୍ତା। ମୁଁ ତା' ସାଂଗରେ ବୁଲିବି କାହିଁକି ? ଭାଉଜ ବି କହିଲେ ତାକୁ ଆମ ଘରକୁ ଡାକ। କଥାବାର୍ତ୍ତା ହୁଅ।

କିଶୋର ବାବୁ: ଯାହା ହେଉ ଏ ଷ୍ଟେପ୍‌ଟା ମୁଁ କହିବା ଆଗରୁ ମୋ ଝିଅ କହିଦେଇଛି।

ଛନ୍ଦା : ଆପଣ କହନ୍ତୁ, ତା' ସାଂଗରେ ବୁଲିବାକୁ ଗପିବାକୁ ଯଦି ଏତେ ଝିଅ ଅଛନ୍ତି ତେବେ ମୋତେ ବାହା ହେବା ତା'ର କ'ଣ ଲୋଡ଼ା ?

ସୁନୟନା : ଆରେ ସେଇଟା ତ ଚଗଲାଟାଏ। ଆଧୁନିକ କାଳର ପିଲା।

କିଶୋର ବାବୁ: ଆମ ଛନ୍ଦା କ'ଣ ପୁରୁଣାକାଳିଆ ? ରହିଥାଅ - ତାଠୁଁ ଶୁଣିବା)

କିଶୋର ବାବୁ: ତୁମ ବାପା ମା'ଙ୍କୁ କହିଲଣି ଏ କଥା ?

ଛନ୍ଦା : କହିଲି ଯେ ମାଆ ତ କହୁଛନ୍ତି ମରଦ ପୁଅର କିଛି ଦୋଷ ଧରାଯାଏନି।

ସୁନୟନା : ଆଉ ବାପା ?

ଛନ୍ଦା : ବାପା କହୁଛନ୍ତି ଆଜିକାଲିକା ପିଲା ମାତ୍ରେ ଏଇଆ - ଏଠି ମନା କଲେ ଆଉ କେଉଁଠି ବାହାଘର ପଡ଼ିବ ସେ ଯେ ନିହାତି ସୁନାପିଲା ହୋଇଥିବ ଏମିତି କ'ଣ ମାନେ ଅଛି ?

କିଶୋର ବାବୁ: ତେବେ ବାପାଙ୍କ ମତ କ'ଣ ?

ଛନ୍ଦା : ବାପା ମାଆ ଉଭୟ କହୁଛନ୍ତି, ଯଦି ମନା କରିବୁ ତୋ ଲାଗି ଆମେ ଆଉ ବର ଖୋଜିବୁନି। ତୁ ଯାହା ଇଚ୍ଛା କର - ବାହା ହେଲେ ହୁଅ ନହେଲେ ନାହିଁ।

ସୁନୟନା : ଆରେ ପୁଅଝିଅ ଥିଲେ ତ ପାଞ୍ଚ ଜାଗା ପ୍ରସଙ୍ଗ ପଡ଼େ। ଏମିତି କାଟିଦେଲେ କ'ଣ ହୁଏ ?

କିଶୋର ବାବୁ: ଆଚ୍ଛା ମା, ତୁମେ ଆସିଛ ଏଠାକୁ ବୋଲି ତୁମ ବାପା ମା' ଜାଣିଛନ୍ତି ?

ଛନ୍ଦା : ନାଇଁ ମଉସା, ଭାଉଜଙ୍କୁ କହି ଆସିଛି। ସନ୍ଧ୍ୟା ସୁଦ୍ଧା ଫେରିଯିବି।

ସୁନୟନା : ଫୋନ୍ କରିଦେ। ଆଜିକ ରହିଯା - ଆଜି ଆମ ବିବାହ ବାର୍ଷିକୀ।

କିଶୋର ବାବୁ: ନିନା, ତୁମେ ସମସ୍ୟାର ଗୁରୁତ୍ୱ ବୁଝୁନ। ଖାଲି ବିବାହବାର୍ଷିକୀ ଭୋଜିଭାତ।

ସୁନୟନା : ହେଲା ଏବେ ଝିଅଟା ତ ଆମ ଘରକୁ ଆସିଛି। ଆଉ କୋଉ ପରଘରକୁ ଯାଇନିତ !

ଛନ୍ଦା : ନାଇଁ ମାଉସୀ, ମୁଁ ସନ୍ଧ୍ୟାସୁଦ୍ଧା ଘରେ ପହଞ୍ଚିବାର ଅଛି। ସାଂଗ ଘରକୁ ଯାଉଛି ବୋଲି କହି ଆସିଛିତ। ହଁ ମାଉସୀ ମୋ ସମସ୍ୟା ଭିତରେ ଭୁଲିଗଲି। କେତେ ବର୍ଷ ହେଲା ଆପଣଙ୍କର ବାହାଘର ? (ପାଦ ଛୁଇଁଲା)

କିଶୋର ବାବୁ: ହେଲା ମା' ଉଠୁ - ଏଇ ପଇଁତିରିଶି ବର୍ଷ ହେବ ବୋଧେ।

ଛନ୍ଦା : ଭାଉଜ ଜାଣିଥିବେ ତ ! କେଜାଣି ତାଙ୍କ ଛୁଆଙ୍କ ଜଂଜାଳରେ ଭୁଲିଯାଇଥିବେ କି କ'ଣ ?

ସୁନୟନା : ଆମବେଳେ କ'ଣ ଏତିକି କଥା ଥିଲା ମା' ? କେବେ ବାହାଘର ହୋଇଥିଲା। ନା ରଥଯାତ୍ରା ଚାରିଦିନ ଥିଲା ନାହିଁ ତ ଅଗିରା ପୂର୍ଣ୍ଣମୀ ଦି'ଦିନ ପରେ। ଖୁବ୍ ବେଶୀ ହେଲେ ସରସ୍ୱତୀ ପୂଜା ଦିନ - ଏମିତି ଚଳିଯାଉଥିଲା।

କିଶୋର ବାବୁ: ତୁମେ କ'ଣ ଠିକ୍ କରିଛ ମା ?

ଛନ୍ଦା : ଭାବୁଛି ମନା କରିଦେବି।

ସୁନୟନା : ଏତେ ପାଠ ପଢ଼ିଛୁ। କାଲି ସକାଳୁ ଚାକିରି କରିବୁ। ନିଜ ପସନ୍ଦର ପିଲାଟିଏ ଠିକ୍ କରୁନୁ?

ଛନ୍ଦା : ସେଠି ବି ସେଇ ଏକା କଥା ମାଉସୀ, ଆମ ବାପା କ'ଣ କରନ୍ତି? ସହରରେ କୋଠାଘର ଅଛି କି ନାହିଁ। ଭାଇ ଭଉଣୀ ଦାୟ ଅଛି କି ନାହିଁ। ଏସବୁ ବୁଝିବା ପରେ ପ୍ରେମ ଆରମ୍ଭ ହୁଏ।

ସୁନୟନା : ଆଉ ଝିଅମାନେ? ସେମାନେ କ'ଣ ବୁଝନ୍ତି?

ଛନ୍ଦା : ସେମାନେ ଏସବୁ ବାଦ୍ ବୁଝନ୍ତି ଗାଡ଼ି ଅଛି କି ନାହିଁ? କେତେ ପଇସା ଫୁର୍ତ୍ତିପାଇଁ ଖର୍ଚ୍ଚ କରିହେବ। ପୁଣି ବାପା ମାଆ ପୁରୁଣାକାଳିଆ ନୁହଁନ୍ତି ତ?

କିଶୋର ବାବୁ: ଏ ତ ବେପାର ବଣିଜ କଥାହେଲାରେ ମାଆ। କେତେ ପଇସା ଖଟେଇଲେ କେତେ ଲାଭ ମିଳିବ?

ସୁନୟନା : ଯୋଉ କଥା ତୁମର। ଆରେ ଭଲ ପାଇବାରେ ପରା ଜାତିଗୋତ୍ର ବି ଦିଶେନାହିଁ, ଆଉ ଲାଭକ୍ଷତି!

ଛନ୍ଦା : ସେ ଭଲପାଇବା ସବୁ ଗପ ଉପନ୍ୟାସରେ ଅଛି ମାଉସୀ। ଏଠି ସବୁ ହିସାବ। ଯାହାକୁ ପସନ୍ଦ କରିବି ସେ ଯେ ମୋ ମନଲାଖି ହୋଇଥିବ ଯା'ର କୋଉ ଗ୍ୟାରେଣ୍ଟି ଅଛି?

ସୁନୟନା : ଏତେଗୁଡ଼ାଏ ଆଗକୁ ଭାବନା ଝିଅ। ଦେଖିଲୁ ଆମେ ଉଣାଅଧିକେ ଏତେବର୍ଷ ଏକାଠି ରହିଲୁଣି। ମୋର ସବୁକଥା କ'ଣ ମଉସାଙ୍କ ମନକୁ ପାଏ ନା ତାଙ୍କର ସବୁକଥା ମୋ ମନକୁ ପାଏ? ସେମିତି ସଂସାର ଚାଲିଛି ନାଁ।

କିଶୋର ବାବୁ: ତୁମେ ଚୁପ୍ କଲ। ହଁ ମା' ମୁଁ ଭାବୁଛି ରିସର୍ଚ୍ଚ କରିବ କହି ଆଉ ଦି' ବର୍ଷ ସମୟ ନିଅ। ବାପା ମାଆଙ୍କୁ କନ୍‌ଭିନ୍‌ସ କର। ଏ ଭିତରେ କମ୍ପିଟେଟିଭ୍ ପରୀକ୍ଷା ଦିଅ। ଯଦି ବାଜିଯିବ ତୁମ ଭଳି ତୁମେ - କେତେ ସହଜ ହୋଇଯିବ ତେଣିକି ବାଟ।

ଛନ୍ଦା : କ'ଣ କରିବି ମଉସା? ବାପାଙ୍କୁ ଦେଖି ଯେତିକି କଷ୍ଟ ଲାଗୁଛି ତାଠୁଁ ବେଶି ରାଗ ଲାଗୁଛି। ବୋଉ ତ ଛାଡ଼ ତା' କଥା- ଭାଇ ବି ନିରବ। ହଁ ସେ ଘରର ଯୋଗ୍ୟପୁଅ। କିନ୍ତୁ ବାପା ମାଆଙ୍କ କଥା ବିରୁଦ୍ଧରେ ପଦେ କହିବାକୁ ତାଙ୍କର ସାମର୍ଥ୍ୟ ନାହିଁ।

ସୁନୟନା : ଆମ ସିନୁ ଠିକ୍‌ଠାକ୍ ଅଛି ତ ?

ଛନ୍ଦା : ହଁ ଭାଉଜ ତ ମୋର ସବୁ - ମୋ ସାଙ୍ଗ ପୁଣି ଗୁରୁଜନ - ତାଙ୍କୁ ପଚାରି ଏଠିକି ଆସିଛି। ଆଜି ଏତେ ବଡ଼ ଦିନ। ମୁଁ ଆସି ଆପଣଙ୍କ ସାଙ୍ଗରେ ସାମିଲ୍ ହେଲି। ମୋ ଭାଗ୍ୟ ମୁଁ ଏଥର ଆସୁଛି।

କିଶୋର ବାବୁ: ଫୋନ୍ କରିବୁ ମାଆ - ସିନୁକୁ କହିବୁ ଫୋନ୍ କରିବ।

ସୁନୟନା : ଦି'ଜଣଯାକ ମନ ମିଳେଇ ଚଳିବ। ଦେଖିବୁ କେତେ ସମସ୍ୟା ହାଲୁକା ହୋଇଯିବ।

ଛନ୍ଦା : ତୁମ କଥା ମାନିବି ମାଉସୀ। ମୁଁ ଆସେ ତାହେଲେ ... (ଚାଲିଗଲା)

ତୃତୀୟ ଦୃଶ୍ୟ

(ସିନୁ ଶାଶୂଘର। ସିନୁ ଓ ବାଦଲଙ୍କ କଥାବାର୍ତ୍ତା)

ସିନୁ : ତୁମେ ଟିକେ ବାପାଙ୍କୁ କୁହ। ଏ ଗୋଟାଏ ଏମିତି କଠିନ ସମସ୍ୟା ନୁହେଁ। ଦେଖ ତୁମ ଭଉଣୀର ଭବିଷ୍ୟତ ଏଇ ଡିସିସନ୍ ଉପରେ ନିର୍ଭର କରେ।

ବାଦଲ : ତୁମେ ଯାହାକୁହ, ମୁଁ ଏଥିରେ କଥା କହିବିନି। ଆମ ଘର କଥା ତୁମେ ଜାଣିନ।

ସିନୁ : ମୁଁ ତ ଚାହୁଁ ଚାହୁଁ ୬/୭ ବର୍ଷ ହେଲା ଏ ଘରକୁ ଆସିଲିଣି। ବାପା ମା' ଏମିତି ଅବୁଝା ନୁହଁନ୍ତି ଯେ ତୁମେ କହିବ ଆଉ ସେ ଜିଦ୍ କରିବେ।

ବାଦଲ : ଆରେ ବାବା, ତା' ଘର କଥା ଭାବ। ବାପା କହିବେ "ତୁ ତା' ପାଇଁ ବରଘର ଦେଖେ।" ମୁଁ ଏତେ ଝିନ୍‌ଝଟ୍‌ରେ ପଶିପାରିବିନି।

ସିନୁ : କାଲି ତ ଆମ ଲାଡ୍‌ଲି ସିନୁ ଭଳି ହୋଇଯିବ। ସେତେବେଳେ ବି ତୁମେ ଏଇଆ କହିବ ?

ବାଦଲ : କଥାଗୁଡ଼ା ଭିଡ଼ି ଲମ୍ବା କରିବା ତୁମ ଅଭ୍ୟାସ ଦେଖୁଛି। ତାଙ୍କ ଝିଅ ସେ ଯାହା ଚାହିଁବେ କରିବେ।

ସିନୁ : ତାଙ୍କ ଝିଅ ତୁମର କିଛି ନୁହେଁ? (ଆସିଲା ଛନ୍ଦା)

ଛନ୍ଦା : ହଁ ଭାଉଜ, ମୋର ବଡ଼ଭାଇ ଖୁବ୍ ପାଠୁଆ ଆଉ ଖୁବ୍ ରୋଜଗାରିଆ ତ।

ବାଦଲ : ଛନ୍ଦା, ତୁ ଆମ କଥାରେ କଥା କହନା କହୁଛି।

ଛନ୍ଦା : କ'ଣ ମାରିବ ତ ? କୋଉ ନୂଆ କଥା କରିବ ଭାଇ। ଏ କାନ ପରା ତୁମେ ମୋଡ଼ି ମୋଡ଼ି ଏମିତି କରିଦେଇଛ ବୋଲି ବୋଉ କହେ। ଶୁଣ ଭାଇ ତୁମର ଯେତେ ଜାଗାରେ ବାହାଘର ଲାଗିଲା ମୋ ମନକୁ ପାଉ ନ ଥିଲା ବୋଲି ମୁଁ ଚେଷ୍ଟାକରି ଭାଙ୍ଗି ଦେଉଥିଲି। ତୁମେ ବି କେତେଥର କହିଛ, 'ଦେଖ ଛନ୍ଦା ମୋ ମନକୁ ପାଉନି। କିନ୍ତୁ ଗୋଟାଏ କରିସ୍ମା ଦେଖ।' ମୁଁ ମୋ ଉପାୟରେ ସବୁ ସମାଧାନ କରେ।

ବାଦଲ : ହେଲା ଯେ ...

ଛନ୍ଦା : ଆଜି ତୁମ ପାଳି ଭାଇ – ନ ହେଲେ ମୋ ଭାଗ୍ୟ ନେଇ ମୁଁ ଚାଲିଯିବି। ଜାଣିବି ମୋ ପାଇଁ ମଣିଷ ଈଶ୍ୱର ସମସ୍ତେ ନିଷ୍ଠୁର ... (ଚାଲିଗଲା)

ସିନୁ : ଦେଖ, ମୋ ସାନକୁହା ମାନ – ଦୁନିଆରେ କ'ଣ ଆମ ଛନ୍ଦାକୁ ବାହା ହବାକୁ ସେଇ ମୋହନ ନାଁ ମନୀନ୍ଦ୍ର ବ୍ୟତୀତ କେହି ନାହାନ୍ତି ?

ବାଦଲ : ଦେଖେ (ଯାଉଯାଉ) ଜାଣିଛୁ ସିନୁ, ମୋ ସାଙ୍ଗ ମ ସେଇ ସୁଲତା – ଆଜି ଦେଖା ହୋଇଥିଲା। ସିଏ ତା ବର ସାଙ୍ଗରେ ରହୁନି। ବୋଧେ ସେମାନେ ଅଲଗା ହୋଇଯିବେ –

ସିନୁ : ସେଇ ସୁଲତା, ଯିଏ କଣ୍ଢେଇ ଭଳି ଝିଅଟିଏ ଧରି ମୋ ବାହାଘରବେଳେ ଆସିଥିଲା। ତା ଝିଅ ତ ବଡ଼ ହୋଇଯିବଣି।

ବାଦଲ : ହଁ ନ ଦଶବର୍ଷ ହେବ। କ'ଣ କରିବ ସୁଲତା।

ସିନୁ : ଯିଏ ତୁମକୁ କହିଲା ତା'ର ସେପାରେସନ ହୋଇଯିବ, ସେ ନିଶ୍ଚେ କ'ଣ କରିବ ଭାବିଥବ ନା !

ବାଦଲ : ହଁ ଖୁବ୍ ଫ୍ରେସ୍ ଦିଶୁଥିଲା। କହିଲା, "ଢେର ଦିନ ନର୍କରେ ଘାଣ୍ଟି ହେଲି, ଆଉ ନୁହେଁ।" ସତେ ସେ ଖୁବ୍ ସାହସୀ ହୋଇଯାଇଛି।

ସିନୁ : ହଁ ଯେ କିନ୍ତୁ ଆଜିଯାଏ ଆମ ସମାଜରେ ନର୍କରେ ଘାଣ୍ଟି ହୋଇ ଦରପୋଡ଼ା ସିଝା ଦେହର ଝିଅମାନଙ୍କୁ ସୁନାଝିଅ କୁହାଯାଏ। ଯେ ନର୍କଛାଡ଼େ ବା ନର୍କ ଯାହାକୁ ଛାଡ଼େ ସେ ଯେତେ ଗୁଣର ହେଲେ ବି ସମାଜ... ନା ସମାଜ କ'ଣ ନିଜ ପରିବାରରେ ବି ସେ ଗୃହୀତ ହୁଏନି।

ବାଦଲ : ଛାଡ଼ ତୁମ ଲେକ୍‌ଚର ଦେବା। (ପୁଣି ଆସିଲା ଛନ୍ଦା) ବୋଉଟା ଏତିକିବେଳକୁ କୁଆଡ଼େ ଗଲା...

ଛନ୍ଦା : ଭାଉଜ ଗୋଟେ କଥା ଥିଲା। ଟିକେ ଆସ ବାହାରକୁ (କାନରେ କ'ଣ କହିଲା)

ଛନ୍ଦା : (ଭିତରକୁ ଆସି) ମୋବାଇଲ୍‌ଟା କୁଆଡ଼େ ଗଲା କି? ଟିକେ ଦିଅନ୍ତନି?

ବାଦଲ : କ'ଣ ମନେ ପଡ଼ିଗଲା କି?

ସିନୁ : କିଛି ମନେ ରହୁନି ଆଜିକାଲି ଏ ଛୁଆ ଦି'ଟାଙ୍କ ପଛରେ ଧାଇଁ ଧାଇଁ। ଆଜି ପରା ମୋ ବାପା ବୋଉଙ୍କର ମ୍ୟାରେଜ୍ ଆନିଭରସାରି। ରାତି ଏତେ ହେଲାଣି-

ବାଦଲ : ତୁମ ବାପା ବୋଉଙ୍କର ଆନିଭରସାରି କଥା ଛନ୍ଦା ଜାଣିଲା କେମିତି?

ସିନୁ : ନାଇଁ ମ, ସିଏ ଆଉ ଗୋଟେ କଥା କହୁଥିଲେ। ତୁମେ ଜାଣିବା କଥା ନୁହେଁ।

ବାଦଲ : ହଉ ହେଲା। ନମ୍ବର ଲଗାଇ ଦେଉଛି କଥା କୁହ - (ନମ୍ବର ଲଗାଇ) ହ୍ୟାଲୋ ବାପା ମୁଁ ବାଦଲ, ହାପି ମ୍ୟାରେଜ୍ ଆନିଭରସାରି। ଆପଣ ଟିକେ ଧରନ୍ତୁ, ସିନୁ କଥା କହିବ।

ସିନୁ : ବାପା, ଦିନମାନ ଗଲା। ମୁଁ ବ୍ୟସ୍ତ ରହିଗଲି। କ'ଣ କଲ ଆଜି? ଆଚ୍ଛା ଆଚ୍ଛା ହଉ ମୁଁ ଫୋନ୍ କରିବି। ଛୁଆ ଦି'ଟା ସିଆଡ଼େ ପାଟିତୁଣ୍ଡ କରୁଛନ୍ତି। ବୋଉକୁ କହିଦେବ।

ବାଦଲ : ତୁମେ କ'ଣ କହୁଛ ସିନୁ? ସତରେ ମୁଁ ବାପାଙ୍କୁ କହିବି ବାହାଘର ଭାଙ୍ଗି ଦିଅନ୍ତୁ।

ସିନୁ : ଥରେ ଚେଷ୍ଟା କର। ମୋତେ ଲାଗୁଛି ତୁମେ କହିଲେ ହୁଏତ ବୋଉ ତୁମ ପାଖରେ ଠିଆ ହେବେ। (ଟିକେ ରହି ମନକୁ ମନ) ସତରେ ଏ ପୁଅମାନେ ଏତେ ନିର୍ବିକାର କେମିତି ହୁଅନ୍ତି କେଜାଣି? ମୁଁ ତ ପର ଝିଅ। ମୋ ମନ କ'ଣ ହୋଇଯାଉଛି ଛନ୍ଦା ପାଇଁ। (ଆସିଲା ଛନ୍ଦା)

ଛନ୍ଦା : ଭାଉଜ ଟିକେ ନିଉଜ ଲଗା ମ - ଦେଖିବା ଏ ଫାଲ୍‌ତୁ କଥା ଛାଡ଼। Marriages are made in heaven. ମୁଁ ତା' ପାଇଁ ତିଆରି ହୋଇନି - ଏ ଯେତେ ମୁଣ୍ଡ ପିଟନ୍ତୁ।

(ନିଉଜ୍ ଲଗାଇ - ଟିକେ ସମୟ ପରେ)

ଛନ୍ଦା : ଶୁଣିଲ ଭାଉଜ ଏ କେଉଁ ମନିଷ ନା ମନିନ୍ଦ୍ର କଥା କହୁଛି।

ସିନୁ : ତୁମକୁ ତ ସବୁ ନାଁ ସେଇ ମନିଷ ନାଁ ଭଳି ଶୁଭୁଛି ଆଜିକାଲି।

ଛନ୍ଦା : ଶୁଣ (ଟିଭିରେ ଚାକିରି କରାଇଦେବ ବୋଲି ବେକାର ଯୁବକ ଯୁବତୀଙ୍କ ଠାରୁ ଲକ୍ଷ ଲକ୍ଷ ଟଙ୍କା ନେଇ ଯୁବକ ଗିରଫ। ତା' ନାଁ ମନିଷ ନାୟକ। ପୋଲିସ୍ ତା ସାଥୀମାନଙ୍କୁ ଖୋଜୁଛି।)

ସିନୁ : ସିଏ ଆଉ କିଏ ହେଇଥିବ ମ - ବନ୍ଦ କର ସେ ଟି.ଭି.।

ଛନ୍ଦା : ଆଉ କେହି ନୁହେଁ ଭାଉଜ ମୋ ବାପା ମୋ ପାଇଁ ବାଛିଥିବା ଉଚ୍ଚଶିକ୍ଷିତ ବରପାତ୍ର ଯିଏ ଖୁବ୍ ଶୀଘ୍ର ବିଦେଶ ଯିବ ବୋଲି କହୁଥିଲା ଯାଉଥାଉ ବିଦେଶ - ଓହୋ ବଞ୍ଚିଗଲା ମଣିଷ।

ସିନୁ : ଚାଲ ଖାଇବା। (ଆସିଲେ ବାଦଲ)

ବାଦଲ : ଆରେ ସିନୁ ତୁମ ବାପା କାହିଁକି ଏତେ ରାତିରେ ଫୋନ୍ କରୁଛନ୍ତି ଦେଖତ ? ଦେହପା' ଭଲ ଅଛି ତ ?

ସିନୁ : ବାପା, କ'ଣ ହେଲା ? ନିଉଜ୍ ... ହଁ ... ନାହିଁ। ବାପା ମୁଁ କାଲି ଫୋନ୍ କରିବି - ରହୁଛି।

ବାଦଲ : କି ନିଉଜ୍ ?

ସିନୁ : ବାପା କ'ଣ ନିଉଜ ଦେଖୁଥିଲେ, ଆମେ ତ ଦେଖିନୁଁ। ଦେଖିବା ରାତି ଏଗାରଟାରେ।

ବାଦଲ : ଏଗାରଟା ଯାଏ କିଏ ଚାହିଁବ ? କାଲି ସକାଳୁ ଦେଖିବା, ଚାଲ ଏବେ ଖାଇଦେବା। (ଚାଲିଗଲେ)

ଛନ୍ଦା : ଓହୋ ଏବେ ତ ଧରା ପଡ଼ିଗଲି। ରକ୍ଷା କରିଦେଲ ଭାଉଜ।

ସିନୁ : ମୋ ବୋଉ କହେ, ଏମିତି ଛୋଟ ଛୋଟ ମିଛ, ଯଦି କାହାକୁ ଅସୁବିଧାରୁ ରକ୍ଷା କରିପାରେ, କହିବାରେ ଦୋଷ ନାହିଁ।

ଛନ୍ଦା : ସତରେ ମଉସା ମାଉସୀ great ଆଉ ତମେ ତାଙ୍କର worthy daughter।

ସିନୁ : ଚାଲ। ସମସ୍ତେ ଭାବୁଥିବେ ଆଜି ଆମ ଗପ ସରିବନି।

ଚତୁର୍ଥ ଦୃଶ୍ୟ

(ପରଦିନ ସକାଳ। ଖବରକାଗଜ ଧରି ବସିଛନ୍ତି ସୁଧୀରବାବୁ। ସୁଧୀରବାବୁ ବାଦଲର ବାପା -)

ସୁଧୀରବାବୁ : ଆରେ ବାଦଲ, ସିନୁ ଚଞ୍ଚଳ ଆସିଲ। ଦେଖ, ଦେଖ।

ବାଦଲ : କ'ଣ ହେଲା ବାପା ?

ସୁଧୀର : ଆରେ ଏ ନିଉଜଟା ଦେଖତ ! ଏ ଟୋକା ମନିଷ ତେବେ ଏମିତି ଫ୍ରଡ୍ !

ସିନୁ : (ଚଞ୍ଚଳ ଆସି) କିଏ ଫ୍ରଡ୍ ବାପା ?

ସୁଧୀର : ଆମ ମନିଷ ମ। ମୁଁ ଯାହା ସାଂଗରେ ଛନ୍ଦାର ବାହାଘର ଠିକ୍ କରିଥିଲି।

ସିନୁ : ସେ ଆମ ମନିଷ କୋଉଦିନ ହେଲା ବାପା - ଛନ୍ଦାର ତ ଜମା ମନ ନଥିଲା। ଭଲ ହେଲା "ରୋଗ ବାହାରେ ବାହାରେ ଗଲା"।

ବାଦଲ : ଭାବିଲ ବାପା, ଯଦି ଆମେ ନିର୍ବନ୍ଧ କରି ଦେଇଥାଆନ୍ତେ !

ସୁଧୀର : ଆରେ ନିର୍ବନ୍ଧ କ'ଣ କହୁଛୁ। ସେ ତ କହୁଥିଲେ ଚଞ୍ଚଳ ବାହାଘର ସାରିଦେବାକୁ। ମୁଁ ଯଦି ବାହାଘର ସାରି ଦେଇଥାଆନ୍ତି ? ମୋ ଭାଗ୍ୟ -

ସିନୁ : ବାପା, ବୁଝି ବିଚାରି ସିନା ଝିଅ ଦିଅନ୍ତି - ଆପଣ ତ ...

ବାଦଲ : ସିନୁ, ବାପାଙ୍କୁ ଏମିତି କୁହନ୍ତିନି।

ସିନୁ : ବାପା, ଆପଣ ଆମ ଗୁରୁଜନ। ଆପଣ ତ ଛନ୍ଦାର ବାପା ନାଁ - କେତେ କଷ୍ଟ ଆପଣ ପାଇଥାଆନ୍ତେ ଭାବିଲେ ? ଏଣେ ବୋଉ ବି ଆଠଦିନ ହେଲା ମାଉସୀ ଘର ଯାଇଛନ୍ତି।

ସୁଧୀର : ଆଜିକାଲିକା ପିଲାଗୁଡ଼ା ସତରେ....

ବାଦଲ : ବାପା, ସେ ଆମ ଛନ୍ଦାକୁ ତା' ସହିତ ବୁଲିଯିବାକୁ ଡାକିଲା ଦିନୁଁ ମୋତେ କାହିଁକି ଅବାଗ ଲାଗୁଥିଲା।

ସୁଧୀର : କାହିଁକି କହିଲୁନି ତ ?

ବାଦଲ : ବାପା।

ସିନୁ : ବାପା, ମୁଁ ହଜାର ଥର କହୁଛି ଟିକେ ତୁଣ୍ଡ ଖୋଲ। ଭଉଣୀ ଜୀବନଟା ନଷ୍ଟ କରିଦିଅନି।

ସୁଧୀର : ତୁମେ କ'ଣ ଏକଥା ଜାଣିଥିଲ ମା ?

ସିନୁ : ନାଇଁ ବାପା, କିନ୍ତୁ ସେ ସେଦିନ ଚଞ୍ଚଳ ବାହାଘର ସାରିଦେବାକୁ, ଯୌତୁକ ପାଇଁ କ୍ୟାସ୍ ଦେବାକୁ କହିବା ଦିନ ମୋ ମନ ପାପ ଛୁଇଁଥିଲା, ଛନ୍ଦାକୁ ଡାକିବା ପରେ ତା' ସାଙ୍ଗରେ କଥା କହିବାକୁ ଝିଅମାନେ ଲାଇନ୍ ଲଗାଉଛନ୍ତି କହିଲା ଯେତେବେଳେ ମୋର ତ ମନଟା ଛି' ହୋଇଗଲା - ସତ କହୁଛି।

ସୁଧୀର : ହେଲେ ମୋତେ ତ କେହି କହିଲନି। ମୁଁ ମୋ ବାଟରେ ଯାହା ବୁଝିଥିଲି, ସେଇଥିରେ ଅଟକିଗଲି। ଆମ ଛନ୍ଦାର ଭାଗ୍ୟ ଭଲ। ଆଜି ଏକଥା ....

ସିନୁ : ବାପା, ମୁଁ କହିଥିଲେ କ'ଣ ଆପଣ ମୋ କଥାକୁ ଗ୍ରହଣ କରିଥାଆନ୍ତେ !

ବାଦଲ : ଛାଡ଼, ଏସବୁ କଥା ଆଉ ଆଲୋଚନା ନହେବା ଭଲ। ଏବେ ତ ଏତେ ଭୟଙ୍କର ଘଟଣାସବୁ ଘଟୁଛି ନା।

ସୁଧୀର : ହଁରେ ବାପା, ଯୌତୁକ କଥା କେବେ ବଡ଼ ଲାଗୁଥିଲା। ଆଜି ତ ହଣାକଟା, ଚେଙ୍କା ସବୁ କଥା ଦିହସୁହା ହେଲାଣି।

ବାଦଲ : ତା'ଠୁଁ ଆହୁରି ଭୟଙ୍କର ଘଟଣା ବାପା - ମୁଁ କେମିତି ଆପଣଙ୍କୁ କହିବି ?

ସୁଧୀର : ଏମିତି କି କଥା ଯେ .... ଏ ବାପାଟାକୁ କହିପାରିବୁନି ?

ବାଦଲ : ଏବେ ତ ତଥାକଥିତ ପ୍ରେମିକମାନେ ଝିଅମାନଙ୍କର ନ୍ୟୁଡ୍ ଛବି ନେଟ୍‌ରେ ଛାଡ଼ି ଦେଉଛନ୍ତି। କି ଜଘନ୍ୟ...

ସିନୁ : ସେଗୁଡ଼ା ବାପା ନ ଜାଣିବା ଭଲ। ଅଯଥା ବ୍ୟସ୍ତ ହେବେ।

ସୁଧୀର : ଆରେ ସେ ନେଟ୍ ଗୁଗୁଲ୍ ଫେସ୍‌ବୁକ୍ ଆଉ ଆଉ କ'ଣ ସବୁ ମିଶି ତ ସାରିଦେଲେ ଆମ ସମାଜକୁ।

ବାଦଲ : ବାପା ତୁମେ ଏତେ କଥା ଜାଣିଛ ? ମୁଁ ଭାବୁଛି ...

ସୁଧୀର : ଆରେ ବାବୁ ଖବରକାଗଜ ପଢୁଛି। ଟି.ଭି. ଦେଖୁଛି। ଏତିକି ଜାଣିପାରିବିନି ? (ଆସି ପହଞ୍ଚିଲେ ଲିଲି ଦେବୀ)

ସୁଧୀର : ଆରେ ମା ସିନୁ ! ଦେଖିଲୁ ତୋ ଶାଶୂମା' ଆସିଲେଣି।

ଲିଲି : ମୁଁ ତ ଏଠି ପାଞ୍ଚ ମିନିଟ୍ ଠିଆ ହୋଇ ତୁମ କଥା ଶୁଣୁଥିଲି। ସତରେ ତୁମବେଳେ ସିନା ତୁମେ ବୁଦ୍ଧିମାନ ଥିଲ, ଏ ସମୟ ପାଇଁ ଏକଦମ୍ ଅନଫିଟ୍ - ମଫ।

ବାଦଲ : ବୋଉ, ଆସିଲୁ ତ ଆରମ୍ଭ କରିଦେଲୁ ? କେମିତି ଆଠଦିନ ପାଟି ବନ୍ଦ କରିଥିଲୁ କେଜାଣି ?

ସିନୁ : ଗୋଟେ ଗପ ପଢ଼ିଥିଲି ଯେ ପୁଅଝିଅର ମା' ପକ୍‌କା ଘରଣୀ ଜଣେ ନେଟ୍‌ରେ ଫାଲ୍‌ତୁ ଗପି ଗପି ପାଗଳୀ ହୋଇ ଘର ଛାଡ଼ି ଦେଲା ।

ସୁଧୀର : ଇରେ କି ଗପ ସିଏ ?

ଲିଲି : ତୁମେ କେମିତି ଜାଣିବ ? ତୁମ ହାତପାହାନ୍ତାର କଥା ସେ ନୁହେଁ। ଶୁଣିଲି ଛନ୍ଦାପାଇଁ କୋଉ ପାତ୍ର...

ବାଦଲ : ଭଲ ହେଲା ବୋଉ, ଆମ ଛନ୍ଦା ପଛେ ବାହା ନହେଉ - ଏମିତି ନର୍କରୁ ତାକୁ ରକ୍ଷା ମିଳିଲା ତ ! (ଆସିଲା ଛନ୍ଦା)

ଛନ୍ଦା : ବୋଉ, ତୁ ଗଲା ଦିନୁଁ ନା ଏଠି ସମସ୍ୟା ଉପରେ ସମସ୍ୟା । ମୋ ଭାଗ୍ୟ ଭଲ ଲୋ ବୋଉ ।

ଲିଲି : ହଁ ମା ଖାଲି ତୋର କାହିଁକି ଆମ ସମସ୍ତଙ୍କ ଭାଗ୍ୟ ଭଲ ।

ଲିଲିଦେବୀ : ଆଛା ଏ ଗହଳି ଭିତରେ କାହାର ମନେ ଅଛି ନା ନାହିଁ କାଲି ବାପାଙ୍କର ଚେକ୍‌ଅପ୍। ମୁଁ ଆଉ ଦି'ଚାରିଦିନ ରହିଥାଆନ୍ତି ଯେ, ସେଇଥିପାଇଁ ଚାଲିଆସିଲି ।

ସିନୁ : ଟିକେ ଥରେ ଅଧେ ବି ଫୋନ୍ କଲେନି ବୋଉ । ଆମେ ଭାରି ମନେ ପକାଉଥିଲୁ ।

ଲିଲିଦେବୀ : ମା'ରେ ସେଠି ଅଧେବେଳ ଲାଇନ୍ ରହୁନି । ମୋବାଇଲ୍ ଅଛି ଯେ ସେ ପୁତୁରାଟାର, ସେ ତ ତା' ପକେଟରେ ଅହର୍ନିଶି, ଆଉ ମୁଁ ତ ଅପା ସାଙ୍ଗରେ ଗପିଗପି କେମିତି ଦିନରାତି ଗଲା ଠଉରେଇ ପାରିଲିନି ।

ବାଦଲ : ଯାହାହେଉ, ତୁ ତ ଠିକ୍ ବେଳେ ଆସି ମନେ ପକାଇ ଦେଇଛୁ । ବାପାଙ୍କ ଚେକ୍‌ଅପ୍ କଥା- ଭଲ ହେଲା । ସମସ୍ତେ କଟକ ଯିବା । ଫେରିଲାବାଟରେ ସିନୁ ଘର ଦେଇ ଫେରିବା ।

ସୁଧୀର : ଭଲ କଥା କହିଲୁ ବାପା - ସିନୁଟା ମୋ ଦେହ ଖରାପ ହେବା ଦିନରୁ ବାପଘର ବାଟ ଭୁଲିଗଲାଣି । ସମସ୍ତେ ଯିବା ଯେ ସେମାନଙ୍କୁ ଭଲ ଲାଗିବ ।

ସିନୁ : ବାପା, ସତରେ ମୁଁ ଭାଗ୍ୟବତୀ ।

ଲିଲିଦେବୀ : କାହିଁକି, ତୁ କ'ଣ ଖାଲି ଭାଗ୍ୟବତୀ? ଆମେ ବି ଭାଗ୍ୟବାନ, ତୋ ଭଳି ବୋହୂ ପାଇଛୁ।

ସୁଧୀର : ହେଲା। ଆଜି ବ୍ୟାଗ୍ ପଟା ସଜାଡ଼। ପୁଣି କାଲି ସକାଳୁ ବାହାରିବାକୁ ହେବ।

ସିନୁ : ବାପା, ମୁଁ ଦେଖୁଛି, ଲାଡ଼ଲିର ସାର୍ ଗଲେଣି କି ନାହିଁ।

ଲିଲିଦେବୀ : ଚାଲ, (ଛନ୍ଦାକୁ ଡାକିଲେ) ଛନ୍ଦା କୁଆଡ଼େ ଗଲୁକି?

ଛନ୍ଦା : (ପ୍ରବେଶ) ଭଲ ହେଲା ଆପଣ ଆସିଗଲେ ବୋଉ - ନ ହେଲେ...

ଲିଲିଦେବୀ : କ'ଣ ନହେଲେ? ତୋ ବାପା କ'ଣ ମତେ ନପଚାରି ଏମିତି ତୋ ବାହାଘର ଠିକ୍ କରିଥାଆନ୍ତେ? ତାଙ୍କର ଏତେ ସାହସ?

ସୁଧୀର : ହେଲା ବାବା, ସବୁ ଭୁଲ୍ ମୋର - ଏଥର ପାଟି ଚୁପ୍ କର।

ପଞ୍ଚମ ଦୃଶ୍ୟ

(କିଶୋରବାବୁଙ୍କ ଘର। କଲିଂବେଲ୍ ବାଜିଲା)

କିଶୋରବାବୁ : (ଦୁଆର ଖୋଲି) ଆରେ କି ଅପୂର୍ବ! ଆଜି ଆମର ବଡ଼ ଭାଗ୍ୟ। ବନ୍ଧୁଦର୍ଶନ ମିଳିଲା। ଆରେ ନିନା ଦଉଡ଼ିଆସ। ଦେଖିବ କିଏ ଆସିଛନ୍ତି।

ସୁଧୀରବାବୁ ଓ
ଲିଲିଦେବୀ : ନମସ୍କାର ଆଜ୍ଞା।

(ବାଦଲ ଓ ସିନୁ ପ୍ରଣାମ କଲେ ଉଭୟଙ୍କୁ)

ଛନ୍ଦା : ପ୍ରଣାମ ମଉସା ମାଉସୀ -

କିଶୋରବାବୁ : ଭଲରେ ଥା' ମା - ଭଗବାନ ତତେ ଖୁବ୍ ଭଲରେ ରଖନ୍ତୁ।

ସିନୁ : ବାପା, କେତେ ଦିନୁଁ ତୁମ ଦିହିଁକି ଦେଖିନଥିଲି।

ସୁନୟନା : ଆରେ ମା, ଆମେ ସିନା ଦୂରରେ ଅଛୁ। ତୋର ଶାଶୂଶଶୁର ପରା ଏଠି ତୋର ଆଉ ଦି'ଜଣ ବାପା ମାଆ!

ବାଦଲ : ଆମେ କଟକ ଆସିଥିଲୁ ବାପାଙ୍କ ଚେକ୍ ଅପ୍ ପାଇଁ ତ ବାପା କହିଲେ ଏଇବାଟେ ଯିବା - ସରପ୍ରାଇଜ୍ ଦେବା ସମୁଦି ସମୁଦୁଣୀଙ୍କୁ।

କିଶୋରବାବୁ : ଆରେ ସମୁଦି ସମୁଦୁଣୀଙ୍କ କଥା ବୁଝ। ଖାଲି ଗପ କଲେ ହବନି।

ସୁନୟନା : ଆଚ୍ଛା, ଛନ୍ଦା ସେଦିନ ଠିକ୍ ବେଳେ...

ଛନ୍ଦା : ମାଉସୀ, ଆସ ଯିବା। ମୁଁ ତୁମକୁ ସାହାଯ୍ୟ କରିଦେବି ରୋଷେଇରେ।

କିଶୋରବାବୁ : ହଁ ଯିବୁଟି ମାଆ - ଚାଟ ଘର ପିଲା ପରା ଚାଟ। ଏକଥା ଛନ୍ଦା ଛଡ଼ା ଆଉ କୋଉ ଝିଅ କହିପାରିବ?

ବାଦଲ : ମୁଁ ଟିକେ ବଜାର ଆଡ଼ୁ ଆସେ। ଆମେ ସନ୍ଧ୍ୟା ସୁଦ୍ଧା ବାହାରି ପଡ଼ିବା।

ଲିଲିଦେବୀ : ଆରେ ଶଶୁର ଘରେ ଦି ଚାରି ଦିନ ରହୁନୁ। ଆମେ ଆମ ବୋହୂକୁ ନେଇଯାଉଛୁ।

କିଶୋରବାବୁ : ସମୁଦୁଣୀଙ୍କ କଥା ...

ସୁନୟନା : ମୁଁ ଆସେ ତେବେ - ତୁମେ ଗପ କରୁଥାଅ। (କିଛି ସମୟ ପରେ)

ବାଦଲ : ଆରେ ଛକ ଉପରେ ତ ରାସ୍ତାରୋକ ଚାଲିଛି। ଆମେ ଯିବା କୁଆଡ଼େ?

ଲିଲିଦେବୀ : କାହିଁକି? କ'ଣ ହେଲା?

ବାଦଲ : କିଏ କହୁଛି ଆକ୍ସିଡେଣ୍ଟ। କିଏ କହୁଛି ଅସବର୍ଣ୍ଣଙ୍କୁ ମାଡ଼ ... ମୁଁ ତ ଚଞ୍ଚଳ ଚାଲି ଆସିଲି। ବାଟରେ ପ୍ରଶାନ୍ତ ଦେଖା ହେଲା ତ କହିଲା, ଏଠୁ ଶୀଘ୍ର ପଳା।

ସୁଧୀରବାବୁ : ସେ କହିଲା, ଆଉ ତୁ ଚାଲିଆସିଲୁ? ଧନ୍ୟରେ ପାଠୁଆ ପୁଅ ମୋର।

ଲିଲିଦେବୀ : ତୁମେ ଟିକେ ବୁଝ। ତା ଶ୍ୱଶୁର ଘରେ ଆଉ ଆକଟ କରନି।

କିଶୋରବାବୁ : (ହସି) ହଁ ବାବୁ। ଏ ବାପା ମା'ମାନେ ସବୁ ସମାନ ବୋଧେ। ତାଙ୍କ କଥା ଧରନି।

ବାଦଲ : ନାଇଁ ଆଜ୍ଞା, ମୁଁ କ'ଣ ବାପାଙ୍କୁ ଜାଣିନି?
(ସୁନୟନା ଭିତରୁ ଡାକିଲେ)

ସୁନୟନା : ସମୁଦୁଣୀ ଟିକେ ଇଆଡ଼େ ଆସୁନ?

ଲିଲିଦେବୀ : ଆଜି ତ ଗଲା ପରି ଦିଶୁନି। କ'ଣ ରାସ୍ତାରୋକ ଚାଲିଛି।

କିଶୋରବାବୁ : ଆରେ ଲାଇନ୍ ଅଛି ପରା - ଟି.ଭି. ଲଗା।

(ଟି.ଭି.ରେ ନିଉଜ - ଖଣ୍ଡାଡିହରେ ବୋମା ବିସ୍ଫୋରଣ। କିଏ କହୁଛି ଏଥିରେ ମାଓବାଦୀଙ୍କ ହାତ ଅଛି। କିଏ କହୁଛି ପୋଲିସ୍ ଇନ୍‌ଭେଷ୍ଟିଗେଟ୍ କରୁଛି। ... (ଟି.ଭି. ଝିଲ୍‌ଝିଲ୍ ହେଲା)

କିଶୋରବାବୁ : ଗଲା, ଟି.ଭି. ଦେଖା ଶେଷ। ରେଡ଼ିଓଟା କୋଉଠି ଅଛି ଆଣରେ। (ମନକୁ ମନ)
ହଁ ବୁଢ଼ା ବାପା ମା' ଭଳି ରେଡ଼ିଓ ଘରର ଗୋଟାଏ କଣରେ ପଡ଼ିଛି ଆମ ହାତ ଆଉଁଶା ପାଇଁ। କୋଉ ଭଲ ଥିବ ନା ବ୍ୟାଟେରୀ ଥିବ ?
(ସୁନୟନା ଆସିଲେ)

ସୁନୟନା : ଜାଣିଛନା ଆଜି ଖବରକାଗଜରେ ବାହାରିଛି ଆମ ଆରସାହି ଝିଅ ରଂଜିତା କାହାସାଂଗରେ ପଳାଇଛି।

କିଶୋରବାବୁ : ଏଇଆ ତ ସବୁ ପଢ଼ିବ ଆଉ ଦେଶଜାତି ଖବର ଜାଣିବ କେତେବେଳେ ?

ସୁଧୀରବାବୁ : ହଁ ଯେ ମୁଁ ଏଠି ଟିକେ ଇଣ୍ଟରଫିୟର କରୁଛି। ପଡ଼ିଶା ଘରେ ଅଘଟଣ ଘଟିଲେ ଜଣେ ନିହାତି ପ୍ରଭାବିତ ହେବ। ନହେଲେ ସେ ନର୍ମାଲ ମଣିଷ ନୁହେଁ।

ସୁନୟନା : ଠିକ୍ କଥା - କିନ୍ତୁ ଜଣେ କେତେ ନର୍ମାଲ୍ ହୋଇପାରିବ ? (ଦୀର୍ଘଶ୍ୱାସ)

ଲିଲିଦେବୀ : କି କଥା କହୁଛ ସମୁଦୁଣୀ ?

ସୁଧୀରବାବୁ : ହଁ ସମୁଦୁଣୀ ଯାହା କହୁଛନ୍ତି ତାହା ବିଚାର କରିବାର କଥା - ଜାଣିଛନ୍ତି ନା ସମୁଦି ଆମ ଛନ୍ଦାର ବାହାଘର ଭାଙ୍ଗିଗଲା। ତଥାପି ମୁଁ ନର୍ମାଲ୍ ଅଛି - ଆଜି ମୋର ଦୁର୍ବଳ ହାର୍ଟର ଚେକ୍‌ଅପ୍ କରାଇ ଫେରିଲି। ତା'ପରେ ବି ମୁଁ ନର୍ମାଲ୍।

ଲିଲିଦେବୀ : ମୁଁ ତ ଆଠଦିନ ହେଲା ଅପାଘରକୁ ଯାଇଥିଲି - ଶୁଣିଲି ଆମ ଛନ୍ଦାର ବାହାଘର ଭାଙ୍ଗିଯାଇଛି। ଭଲ ହେଲା ସବୁ ଝିନ୍‌ଝଟ୍ ଗଲା।

ସିନୁ : ଆସନ୍ତୁ ବାପା ମା - ଆମେ ଖାଇବାକୁ ବାଢୁଛୁ।

କିଶୋରବାବୁ : ଆରେ ମା' ଟିକେ ଆମ ପାଖରେ ବସ। ତୋ ସାନ ଭଉଣୀକି ଡାକ କ'ଣ ଟି ତା' ନାଁ...

ସୁନୟନା : ଏଇ କାଲି ପଅରିଦିନ ଭିତରେ ଭୁଲିଗଲଟି ? ଛନ୍ଦା ପରା...

ସିନୁ : (ଜିଭ କାମୁଡ଼ି) ନାଇଁ ବାପା ସେ କିଛି ନୁହେଁ। (ଆସିଲା ବାଦଲ)

କିଶୋରବାବୁ : କୁଆଡ଼େ ଚାଲିଗଲ ବାପା ? ଆମେ ପରା ତୁମକୁ ଅପେକ୍ଷା କରିଛୁ।

ବାଦଲ : ହଁ କାଲି ପଅରିଦିନ କଥାଟା କ'ଣ ? ମତେ ତ ଲାଗୁଛି ଏଠି କିଛି ଗୋପନୀୟ କଥା ଚାଲୁଛି।

ସିନୁ : କୁଆଡ଼େ ଯାଇ ବୁଲୁଛ ଆଉ କହୁଛ କ'ଣ ନା ଏଠି ଗୋପନୀୟ କଥା ଚାଲିଛି।

ଛନ୍ଦା : ହଁ ମଉସା, ରୀତିମତ ଗୋପନୀୟ - ମୁଁ କହୁଛି ଶୁଣ ସମସ୍ତେ।

ସିନୁ : ଚାଲୁନ ଛନ୍ଦା, ସିଆଡ଼େ ବଢ଼ାବଢ଼ି କରିବା।

କିଶୋରବାବୁ : କହ ମା', ତୋ ମନ ହାଲୁକା ହେଇଯାଉ - ଜମା ତୋ ଭାଉଜ କଥା ଶୁଣୁନା।

ଛନ୍ଦା : ଭାଉଜଙ୍କ କଥା ଶୁଣିଲି ବୋଲି ତ ବଞ୍ଚିଗଲି।

ସୁଧୀରବାବୁ : ଆରେ ତୁ କ'ଣ କହୁଛୁ ମା' ମୁଁ ତ କିଛି ବୁଝିପାରୁନି। (ସୁନୟନା ଆସିଲେ)

ସୁନୟନା : ସମୁଦି ଆମ ଛନ୍ଦା ନା ଦି'ଦିନ ତଳେ ଏଠିକି ଆସିଥିଲା।

ସୁଧୀର /ଲିଲି : କାହିଁକି ?

ସୁନୟନା : ତା'ର ତା ମଉସାଙ୍କ ମତାମତ ଦରକାର ଥିଲା।

ବାଦଲ : କି ମତାମତ ?

ଛନ୍ଦା : ଯେଉଁଠି ଘରର ପୁଅ ବଶମ୍ବଦତାର ଆବରଣ ତଳେ ଚୁପ୍ ରହି ସବୁ ଭୁଲ୍‌କୁ ସହିଯାଏ ସେଠି ମୋର ତ ନିଜ ପ୍ରତି କିଛି ଦାୟିତ୍ୱ ଅଛି ?

ବାଦଲ : ତା' ବୋଲି ବନ୍ଧୁ ଘରେ ?

କିଶୋର : ଆରେ ବାବୁ, ଆପଣାର ମଣିଲା ବୋଲି ତ ଆସିଲା। ଆଉ କୁଆଡ଼େ ଯାଇଥାଆନ୍ତା ବିଚାରୀ ?

ସିନୁ : ମୁଁ କହୁଛି - ମୁଁ ତାକୁ ବାପାଙ୍କ ପାଖକୁ ପଠାଇଥିଲି। ସେ ମନିଷକୁ ବାହା ହବାକୁ ଚାହୁଁନଥିଲା - ସେଥିଲାଗି ମୁଁ ତାକୁ ବାପାଙ୍କ ପାଖକୁ ପଠାଇଥିଲି -

ସୁଧୀର : ହଉ, ସମୁଦି, ଭଗବାନ ତ ଆମକୁ ରକ୍ଷା କରିଦେଲେ।

ସୁନୟନା : ଆମେ ହାତଛାଡ଼ି ଦେବାରୁ ସିନା ଭଗବାନଙ୍କ ହାତକୁ ଦାୟିତ୍ୱ ଚାଲିଗଲା ।

ବାଦଲ : (ସିନୁକୁ) ଆଚ୍ଛା, ସେଦିନ ରାତିରେ ମୋ ମୋବାଇଲ୍‌ରୁ ଫୋନ୍ କରିବାକୁ ତୁମକୁ ଛନ୍ଦା କହିଥିଲା ନାଁ ?

ସିନୁ : ହଁ । ସେଦିନ ବାପା ବୋଉଙ୍କର ଆନିଭର୍ସାରି ଥିଲା । ସେମାନେ ଛନ୍ଦାକୁ ଅଟକାଇଥିଲେ । ଛନ୍ଦା ଘରେ କହିଯାଇନଥିବାରୁ ଫେରିଆସିଲେ ଆଉ ମୁଁ ସେଦିନ ଆନିଭରସାରି କଥା ଭୁଲିଯାଇଥିବାରୁ ମତେ ମନେ ପକାଇଦେଲେ ଆଉ ତୁମେ ଗେହ୍ଲା ଜୋଇଁ ହେବାର ଗୌରବ ପାଇଲ - ହେଲାତ ?

ସୁଧୀର : ମୋ ମାଆ ସତରେ ବୁଦ୍ଧିମତୀ - ଆସିଲୁ ମା ? ତୁ ତ ଦୁଇଟା ପରିବାର ଭିତରେ ସୁବର୍ଣ୍ଣସେତୁ (ଛନ୍ଦା ସିନୁକୁ ଓ ସିନୁ ଛନ୍ଦାକୁ ଚାହିଁଲେ)

ସୁଧୀର : ତୁମେ ଦିହେଁଯାକ ଆସ - ଯେଉଁମାନେ କହନ୍ତି ନଣନ୍ଦ ଭାଉଜ perpetual enemy ମୁଁ ସେମାନଙ୍କୁ ଦେଖାଇଦିଏ ମୋ ଘରେ ଏମିତି ଝିଅବୋହୂ ଅଛନ୍ତି ଯେଉଁମାନେ ଦି'ଭଉଣୀଠୁଁ ଅଧିକା ହୋଇ ଚଳୁଛନ୍ତି ।

ଲିଲିଦେବୀ : ହଁ, ମୁଁ ବି ବୁଝିପାରୁଛି । ମୋ ବୋହୂ ମୁଁ ନ ଥିଲାବେଳେ ବି ଘରଟାକୁ ଠିକ୍ ଚଳାଇଛି । ମୋଠୁଁ ବେଶି ମୋ ଝିଅ କଥା ବୁଝିଛି ଆଉ ପରିବାରର ସୁନାମରେ ଆଞ୍ଚ ଆସିବାକୁ ଦେଇନି ।

କିଶୋରବାବୁ : ସବୁ ଏଇ ସୁନୟନାଙ୍କ ଶିକ୍ଷା -

ସୁନୟନା : (ଲାଜରା ହୋଇ) ସବୁ ବାପା ମାଆ ତ ପିଲାଙ୍କୁ ଭଲ କଥା ଶିଖାନ୍ତି । ହେଲେ ଶିଖନ୍ତି କେତେଜଣ ? ତୁମେମାନେ ଆସ - ମୁଁ ଦେଖେ ସିଆଡ଼େ । (ଚାଲିଗଲେ)

ଛନ୍ଦା : ହେଲେ ମୋ ଭାଉଜ ସତରେ exception.

ବାଦଲ : ଏତେ ଭାଉଜ ଗୁଣ ଗାଆନି ମ - ବେଶି ଫୁଲିଯିବ ସିଏ ।

ସୁଧୀର : ଆରେ, ତୁ ଯେଉଁଠି ଅଢ଼େଇ ହୋଇ ରହିଲୁ, ସେଠି ସିଏ କୌଶଳ କରି ତୋ ଦାୟିତ୍ୱ ସମ୍ଭାଳିଲା ତ ?

(ଭିତରୁ ଭାତ ବଢ଼ା ହେଲାଣି । ଆସ ଚଞ୍ଚଳ)

କିଶୋରବାବୁ : ଏଇ ଦେଖୁନ ସମୁଦି ରାସ୍ତାରୋକ କେତେ ନିରୀହ ମଣିଷଙ୍କୁ ଅସୁବିଧାରେ ପକାଇଥିବ, ହେଲେ ଆମପାଇଁ ତ ବନ୍ଧୁମିଳନର ସୁଯୋଗ ଜୁଟିଗଲା ନାଁ।

(ଉଭୟ ହସି ହସି ଚାଲିଗଲେ)

ଶେଷ ଦୃଶ୍ୟ

(ଖାଇସାରି ସମସ୍ତେ ଡ୍ରଇଂରୁମ୍‌କୁ ଆସିଲେ।)

କିଶୋରବାବୁ : ଦେଖନ୍ତୁ ସମୁଦି, ମୁଁ ଆପଣଙ୍କୁ ଦୋଷ ଦେଉନି। ଆମ ପିଢ଼ିର ମଣିଷମାନେ ଖୁବ୍ ସାଧାସିଧା, ସରଳବିଶ୍ୱାସୀ। ହେଲେ...

ସୁଧୀରବାବୁ : କାହିଁକି ଅଟକିଗଲେ କୁହନ୍ତୁ ?

କିଶୋରବାବୁ : ଆମେ ଆମ ଝିଅମାନଙ୍କ ବ୍ୟକ୍ତିତ୍ୱ ବିଷୟ ଜାଣିଛୁ କି ? ଟିକିଏ ଘଷି ମାଜି ଦେଲେ ସେମାନଙ୍କ personality କେତେ ବଢ଼ିଯିବ ଭାବିଲେ ଦେଖି ?

ଲିଲିଦେବୀ : ଆପଣ କ'ଣ କହୁଛନ୍ତି ?

କିଶୋରବାବୁ : ଦେଖନ୍ତୁ ମୁଁ ଆପଣଙ୍କ ଘରେ ଝିଅ ଦେଇଛି। ଆପଣଙ୍କ ଘରୋଇ କଥାରେ କଥା କହିବା ...

ଲିଲିଦେବୀ : କୁହନ୍ତୁ - ଆପଣତ ଗୋଟେ ଜନ୍ମପାଇଁ ଆମକୁ ବାନ୍ଧି ସାରିଲେଣି।

କିଶୋରବାବୁ : ମୁଁ କହୁଥିଲି କି ଛନ୍ଦା ଆଉ ଦି'ବର୍ଷ Ph.D କାମ ସାରି ବାହା ହେଲେ ହୁଅନ୍ତାନି ? ରେଜିଷ୍ଟ୍ରେସନ୍ ତ ସାରିଛି ବୋଲି କହୁଥିଲା ସେଦିନ।

ସୁଧୀରବାବୁ : ହୁଅନ୍ତା ଯେ - ତାକୁ ଏବେ ଚବିଶି ଚାଲିଲାଣି - (ଆସିଲେ ସୁନୟନା)

ସୁନୟନା : କାହାକୁ ଚବିଶି ଚାଲୁଛି ? ଆମ ଛନ୍ଦାକୁ ? ହେଲା ଏବେ ଛବିଶି ସତେଇଶିରେ ବାହା ହେବ। (ଡାକିଲେ ଭିତରୁ ସିନୁ) ତୁ ଆସୁନୁ ଏଠି ପରା ତୋ ବାପା ଶଶୁର ଗପ କରୁଛନ୍ତି। (ସିନୁ ଆସିଲା)

ସିନୁ : ବାପା, ବ୍ୟସ୍ତ ହେଉଛନ୍ତି କି ? କିଏ ଜାଣିଥିଲା ରାସ୍ତାରୋକ ହେବ ବୋଲି ?

ସୁଧୀରବାବୁ : ଆରେ ମା', ତୋ ବାପା କହୁଛନ୍ତି ଛନ୍ଦା Ph.D ସାରି ବାହା ହେଉ। ତୋ ମତ କ'ଣ ?

ସିନୁ : ମୁଁ ତ ସେ କଥା ଆପଣଙ୍କ ପୁଅଙ୍କୁ ବାରମ୍ବାର କହିଛି ବାପା -

ସୁଧୀରବାବୁ : ଆରେ, ସେ କଥା ତ ସେ ମତେ କହିନି କେବେ ?

ସିନୁ : ସେ ଆପଣଙ୍କୁ କନ୍‌ଭିନ୍‌ସ କରିବା ପୂର୍ବରୁ ନିଜେ କନ୍‌ଭିନ୍‌ସ ହେଲେ ତ ?

ଲିଲିଦେବୀ : ମୁଁ ଆଗ ମୋ ଝିଅକୁ ପଚାରେ ସେ କୋଉଠି ଠିକ୍ କରିଛି କି ?

ସିନୁ : ବୋଉ, ଖରାପ ଭାବିବେନି, କଥା ପଡ଼ିଲା ବୋଲି କହୁଛି। ଆପଣ ଛନ୍ଦାଙ୍କ ମାଆ। ଦିନେ ସେ ଆପଣଙ୍କୁ କିଛି ମନର କଥା କହିବ ବୋଲି ଆପଣ ତାକୁ ସୁଯୋଗ ଦେଇଛନ୍ତି ? ତା' ସାଂଗରେ ଭଲରେ ଗପ କରିଛନ୍ତି ?

ଲିଲିଦେବୀ : ଥାଉ ମା' - ସେଗୁଡ଼ା କହନା - କହିଲି ତ ତୁ ମୋର ସୁନା ବୋହୂ। ମୋ ଘରର ସମ୍ମାନ ବଂଚେଇ ଦେଲୁ। ଆଉ କ'ଣ କହିବି ?

ସୁଧୀରବାବୁ : ଛାଡ଼ ସେସବୁ କଥା - (ଆସିଲୁ ମା' ଛନ୍ଦା)

ଛନ୍ଦା : ମତେ ଡାକିଲ ବାପା ?

ସୁଧୀରବାବୁ : ଆରେ ମାଆ, ମନରେ କିଛି ନରଖି କହିଲୁ, ତୁ' କ'ଣ କାହାକୁ ପସନ୍ଦ କରୁ ?

ଛନ୍ଦା : ବାପା, ତୁମର ଯୋଉ କଥା ନା ?

ସିନୁ : ବାପା, ଯଦି ଛନ୍ଦା ପସନ୍ଦ କରିଥାଆନ୍ତେ ତେବେ ଆପଣ ତାଙ୍କୁ କିଭଳି ଗ୍ରହଣ କରିଥାଆନ୍ତେ ? ସତ କହିବେ ?

କିଶୋରବାବୁ : ଆରେ ସେଇ ଝିଅ ଯଦି ଜାତିର ରୋଜଗାରିଆ ପୁଅ ପସନ୍ଦ କରୁଛି ତେବେ ବାପା ମାଆ ଝିଅକୁ ସାବାସି ଦେଉଛନ୍ତି କାରଣ ଦୁଇଟି। ଏକରେ ସେମାନଙ୍କ ଟେକ ରହିଲା ଆଉ ଦୁଇରେ ଯୌତୁକ କମ୍ ପଡ଼ିଲା।
(ହସିଲେ ନିଜ ରସିକତାରେ)

ଛନ୍ଦା : ବାପା, କଥା ମାନିଛି ଆଜିଯାଏ। ଏ ପାଞ୍ଚ ସାତ ବର୍ଷ ହେବ ଭାଉଜ ଆସି ମୋତେ ଖୁବ୍ ପ୍ରଭାବିତ କରିଛନ୍ତି। ଘର କରିବାକୁ ହେଲେ କେତେ ତ୍ୟାଗ ଦରକାର ମୁଁ ତାଙ୍କୁ ଦେଖିଦେଖି ଶିଖିଛି। ମୁଁ କ'ଣ ଆଉ ଟିନ୍ ଏଜ୍‌ରେ ଅଛି ? (ଆସିଲେ ବାଦଲ)

ବାଦଲ : ଆଚ୍ଛା ଆମ ସାନଭଉଣୀଙ୍କୁ ମୋର ଗୋଟିଏ ପ୍ରଶ୍ନ – ମୁଁ ଯାହାକୁ କହିବି ତାକୁ ବାହା ହେବେତ ?

ଛନ୍ଦା : ନାହିଁ। ଆଉ ଆଖିବୁଜି କାହାକୁ ମାନିନେବାର ନାହିଁ।

ବାଦଲ : ସତ କହୁଛୁ ? ଭାବିଚିନ୍ତି କହ।

ସିନୁ : କାହିଁକି ତାଙ୍କ ସାଙ୍ଗରେ ଲାଗିଛ କହିଲ ?

ବାଦଲ : ଆରେ ଆମ ଦିଜଣଙ୍କ ଭିତରେ ତୁମେ କାହିଁକି କଥା କହୁଛ ? ଆଚ୍ଛା ଯଦି ସେ ପିଲାଟି ତୁମ ଉପର କ୍ଲାସ୍‌ରେ ପଢୁଥିବା ଚନ୍ଦନ ହୁଏ ?

ଛନ୍ଦା : ଚନ୍ଦନ ?

ବାଦଲ : ଚୁପ୍ ହୋଇଗଲୁ କାହିଁକି ? ତୋ ବାବଦରେ ଓକିଲାତି କରୁଥିବା ତୋ ଭାଉଜ ତ ଏ ବିଷୟରେ କିଛି ଜାଣିନି ବୋଧେ ?

ଛନ୍ଦା : ଭାଇ –

ବାଦଲ : ଆରେ ତୁମ କଥା ଶୁଣିବା ପରେ ମୁଁ ଟିକେ ମାର୍କେଟ୍ ଆଡ଼େ ଚାଲିଗଲି। ସେଠି ଚନ୍ଦନ ଦେଖାହେଲା। ଯେମିତି କହିଲି ତୁ ଆସିଛୁ ମୋ ସାଂଗରେ ସେ ତ ଖୁସିରେ ଉଚ୍ଛୁଳି ପଡ଼ିଲା। ତା' ସ୍କୁଟରରେ ପରା ମୁଁ ଆସିଛି।

ସିନୁ : ସତରେ you are great। ଏତେଦିନେ ପୁଅ ଆଉ ଭାଇର ଦାୟିତ୍ୱ ବୁଝିଛ।

ଲିଲିଦେବୀ : କିଏ ଗ୍ରେଟ୍ ମୁଁ ଜାଣେନି। କାହିଁ ସେ ଚନ୍ଦନ ? (ବାଦଲ ବାହାରକୁ ଯାଇ ଚନ୍ଦନକୁ ଧରି ଫେରିଲା)

ଚନ୍ଦନ : ନମସ୍କାର ଆଜ୍ଞା – ଭଲ ହେଲା। ଆପଣମାନଙ୍କ ସହିତ ଦେଖା ହୋଇଗଲା।

ଲିଲିଦେବୀ : ବାବା, ତୁମେ କ'ଣ କରୁଛ ? ବାପା ମାଆ ?

ସୁଧୀରବାବୁ : ଯାଅ, ତା' ଚାହା ଜଳଖିଆର ବନ୍ଦୋବସ୍ତ କର।

ସିନୁ : ମୁଁ ଯାଉଛି ବାପା – ମାଆ ଏଠି ବସିଥାଆନ୍ତୁ।

ବାଦଲ : ଦେଖିଲୁ ବୋଉ ତୋ ମନକୁ ପାଉଛି ତ ?

କିଶୋରବାବୁ : ମୁଁ କିନ୍ତୁ ସବୁ ବୁଝିପାରୁଛି। ବାପା, ମୁଁ ଜାଣେ ତୁମ ଥେସିସ୍ କାମ ସରିବା ଉପରେ। ତୁମ ଉପରେ ଘରର burden ଅଛି।

ଭଉଣୀ ଦାୟିତ୍ୱ ଅଛି। କେହି ତ ଏବେ ତୁମ ସାଂଗରେ ଛନ୍ଦାକୁ ପଠାଇବାକୁ କହୁନି। ତୁମେ ସମୟ ନିଅ। ତେବେ...

ଚନ୍ଦନ : ମୁଁ ବୁଝି ପାରୁନି ଏସବୁ କେମିତି ଘଟିଯାଉଛି।

ସୁଧୀରବାବୁ : ହେଲା, ଟିକେ ଭାବ, ଅନ୍ତତଃ ମୋତେ ଦୋଷରୁ ମୁକ୍ତ କର - ଆଖିବୁଜି ଝିଅକୁ ପରଘରକୁ ପଠାଇଦେବାକୁ ଜିଦ୍ କରୁଥିବା ବାପା ମୁଁ।

ଲିଲିଦେବୀ : ମୁଁ ବନ୍ଧୁଘରୁ ନଫେରିବା ପୂର୍ବରୁ ତୁମେ ଏଡ଼େବଡ଼ ନିଷ୍ପତ୍ତି ନେଲ କେମିତି ?

ବାଦଲ : ଛାଡ଼ ସେସବୁ କଥା। ସେମାନେ ଦି'ଜଣ ଟିକେ କଥାବାର୍ତ୍ତା କରନ୍ତୁ - ଆସ ଯିବା ଆମେ ସବୁ। (ସମସ୍ତେ ଚାଲିଗଲେ ଛନ୍ଦାକୁ ଛାଡ଼ି)

ଛନ୍ଦା : ଚନ୍ଦନବାବୁ।

ଚନ୍ଦନ : ଢେର ବାବୁ ଡାକ ହେଲାଣି - ଏଥର କୁହ ମୋ ସାଂଗରେ ସାରାଜୀବନ ରହିପାରିବ ତ ?

ଛନ୍ଦା : ନୀରବ।

ଚନ୍ଦନ : ତୁମ ନିରବତାକୁ ତୁମର 'ହଁ' ବୋଲି ବୁଝିବି ନା ?

ଛନ୍ଦା : ଜାଣିଛ, ସଂସାର କରିବା ଖୁବ୍ କଷ୍ଟ। ତେବେ ବାପା ବୋଉ ଭାଇ ସମସ୍ତେ ଯଦି ରାଜି ...

ଚନ୍ଦନ : ଆଉ ତୁମେ ? ଭାବିନଥିଲି ଏମିତି ମୋ ଜୀବନର ନିଷ୍ପତ୍ତି ହୋଇଯିବ। ତେବେ ତୁମକୁ ଜୀବନସାଥୀ କରିବାରେ ମୋର ଆପତ୍ତି ନାହିଁ। (ଆସିଲେ ସିନୁ - ହାତରେ ଜଳଖିଆ ଥାଳି)

ସିନୁ : ମୋର କିନ୍ତୁ ବଡ଼ ଆପତ୍ତି ଅଛି।

ଛନ୍ଦା : ଭାଉଜ ...

ସିନୁ : ଚନ୍ଦନବାବୁଙ୍କ ସାଙ୍ଗରେ ଗପୁଛ ଆଉ ... ଆମେ ସବୁ ...

ଛନ୍ଦା : ତୁମେ ତ ମତେ ବଂଚାଇ ଦେଇଛ ଭାଉଜ।

ସିନୁ : ହେଲା ମୁଁ ଯାଉଛି ବାପାଙ୍କୁ କହିବି, ବାପା ତୁମ ପୁଅ ଏତେଦିନେ ଗୋଟେ ମନେରଖିଲା ଭଳି କାମ କରିଛନ୍ତି।

(ଆସିଲେ ବାଦଲ)

ବାଦଲ : ତୁମେ ଏଠି କି ଲେକ୍‌ଚର ଦଉଚ ଶୁଣେ – ଚାଲ ଭିତରକୁ। ସନ୍ଧ୍ୟାରେ ରାସ୍ତାରୋକୋ ଉଠିଗଲେ ଆମକୁ ବାହାରିବାକୁ ହେବ ନା ...

ସିନୁ : ଏମିତି ତରତର ହେଲେ ଚଳିବ ! ତୁମେ ପରା ବଡ଼ ଭାଇ। ଏ ସାନ ଭଉଣୀ ଭିଣୋଇଙ୍କ ଦାୟିତ୍ୱ ନେବ କିଏ ?

ଚନ୍ଦନ : ଏଠି ମୋର କଥା କହିବା ଉଚିତ ନୁହେଁ। ତଥାପି ଦି'ପଦ କହିବି, କ୍ଷମା କରିବେ। ଆପଣଙ୍କ ଭଳି ପୁଅବୋହୂ ଯେଉଁଠି ଥିବେ ସେଠି generation gap ଭଳି କଥା ମୋଟେ ଉଠିବନି।
(ଆସିଲେ ସୁଧୀରବାବୁ)

ସୁଧୀରବାବୁ : ସତ କଥା ବାପା, ତୁମେ ଖୁବ୍ ଶୀଘ୍ର ସବୁ ବୁଝିପାରିଲ। ଏବେ ସମୟ ଆସିଛି ପିଲାଙ୍କ ଚଏସ୍ ଉପରେ ଗୁରୁତ୍ୱ ଦେବାକୁ ହେବ। ସେମାନଙ୍କ ଉପରେ ଆସ୍ଥା ରଖିବାକୁ ହେବ।

ଛନ୍ଦା : ହଁ ବାପା, ସେ ଝିଅ ହେଉ କି ପୁଅ, ତା' ପାଇଁ ମନରେ ସମାନ ସ୍ଥାନ ରଖିବାକୁ ହେବ। (ଆସିଲେ ଲିଲିଦେବୀ)

ଲିଲିଦେବୀ : ହଁ ଆଉ ସ୍ତ୍ରୀକୁ ନପଚାରି ନବୁଝି ସମୟ ନଦେଇ ଝିଅବୋଝ ଉତାରିବାକୁ ହମ ହମ ହେବନି।

ସିନୁ : ସବୁ ଠିକ୍ କଥା ଯେ ଗୋଟେ କଥା ଗୁରୁତ୍ୱପୂର୍ଣ୍ଣ। ଝିଅ ଜମା ବୋଝ ନୁହେଁ ଆଉ ଆମ ଛନ୍ଦାଭଳି ଝିଅ ତ ବୋଝ ହୋଇପାରେନା।

■

ଆମ ଗୀତି ଆମ ସମ୍ପତ୍ତି

ଚରିତ୍ର ସୂଚୀ ...

ପ୍ରଶାନ୍ତ ବାବୁ - ଅବସରପ୍ରାପ୍ତ ସରକାରୀ କର୍ମଚାରୀ

ଗୃହସ୍ଥ : ବୟସ - ୬୫-୬୮

ତୁଷାର - ପ୍ରଶାନ୍ତଙ୍କ ପୁଅ - ଇଂଜିନିୟର : ବୟସ - ୨୮

ଶାନ୍ତିଦେବୀ - ପ୍ରଶାନ୍ତ ବାବୁଙ୍କ ପତ୍ନୀ : ବୟସ ୬୦-୬୨

ଗୀତି - ତୁଷାରର ପତ୍ନୀ : ବୟସ - ୨୪

ସ୍ୱାତୀ - ଗୀତିର ସାନ ଭଉଣୀ : ବୟସ - ୨୨

ପ୍ରଥମ ଦୃଶ୍ୟ

(ଗୀତି ବାହାଘର ଅଷ୍ଟମଙ୍ଗଳା। ଘରେ କେତେ ଗହଳି ଲାଗିଥାଆନ୍ତା। ଏହି ଅଲକ୍ଷଣା କରୋନା ପାଇଁ ସବୁ ଚୁପ୍‌ଚାପ୍। ବାଜା ବାଣ ରୋଷଣି କିଛି ନଥିଲା - ସେମିତି ଆସିଥିଲା ଗୀତି। ସନ୍ଧ୍ୟାବେଳେ - ଟି.ଭି. ନିଉଜ ଚାଲିଛି - (ଡାକ ପକାଇଲେ ଶାନ୍ତିଦେବୀ ଗୀତିର ଶାଶୂ)

ଶାନ୍ତିଦେବୀ : ହେଇ ଶୁଣିଲଣି, ବାତ୍ୟା ଆସୁଛି। ଭାରି କ୍ଷୟକ୍ଷତି ହେବ। (ଜବାବ ଦେଲେ ପ୍ରଶାନ୍ତ ବାବୁ)

ପ୍ରଶାନ୍ତବାବୁ : ହଁ ଖାଲି କରୋନା କଥା ଶୁଣି ଶୁଣି ମୁଣ୍ଡ ଖରାପ। ପୁଣି ଆସିଲା ବାତ୍ୟା ଖବର - ମୋତେ ଶୁଭୁଛି। ଆଉ ଯାଇ ପାରିବିନି।

ଶାନ୍ତିଦେବୀ : ତୁମେ ନ ଦେଖିଲେ ଯେମିତି ବାତ୍ୟା ହେବନି। (ଗୀତିକୁ ଡାକି) ଆଲୋ ମା' ଗୀତି। ଚାହା ଟିକେ କରନ୍ତୁନି।

ଗୀତି : ଯାଉଛି ବୋଉ। (ଆସିଲା ଚାହା ଦି' କପ୍ ଧରି) ଅଦା ପକେଇ କରିଛି ବୋଉ - ଏ ଯୋଉ ସମୟ ନା।

ଶାନ୍ତିଦେବୀ : ହଁ ଲୋ ମା' - ତୋ ବାପା ମାଆଙ୍କ ମନ କ'ଣ ହେଉଥିବ, ମୁଁ ଜାଣିପାରୁଛି। (ଆଉଁଶି ପକାଇଲେ ବୋହୂକୁ)

ଗୀତି : କ'ଣ କରିବା ବୋଉ - ଯେତେବେଳେ ଯୋଉ କଥା ତାକୁ ତ ମାନିବାକୁ ହେବ। (ଆସିଲେ ପ୍ରଶାନ୍ତ ବାବୁ)

ପ୍ରଶାନ୍ତବାବୁ : ଆରେ ମା', ମୁଁ ଚାହାପିଇବି ବୋଲି ଚାଲିଆସିଲି। ଶୁଣ, ତୋ ଶାଶୂ କଥା ଜମା ଧରିବୁନି। ତା ବୋହୂ ଥାଟବାଟରେ ଆସିଥାଆନ୍ତା - ଆମ ଘରେ ଗାଁର ସମସ୍ତେ ପତର ପକାଇ ଥାଆନ୍ତେ। ଏସବୁ ତା'ର ସ୍ୱପ୍ନ ଥିଲା ତ ସେ ଭାରି ଦୁଃଖୀ।

ଗୀତି : ଛାଡ଼ନ୍ତୁ ବାବା - ମୋତେ ଖାଲି ଆଶୀର୍ବାଦ ଦିଅନ୍ତୁ ମୁଁ ଏ ଘରେ ଭଲରେ ଚଳେ।

ଶାନ୍ତିଦେବୀ : ହଁ ଲୋ ମା' ଶ୍ୱଶୁର ତ କହିଦେଲେ ମୋ ସ୍ୱପ୍ନ କଥା - ମୁଇଁ ଖରାପ ମଣିଷ। ତୋ ବାପା ମାଆ କ'ଣ ମନକଷ୍ଟ କରୁନଥିବେ ?

ଗୀତି : ହଁ ବୋଉ - ମୋ ମା' କାଲି କହୁଥିଲା ପରା ଏତେ ଆୟୋଜନ ଏଇ କରୋନା ପାଇଁ ପାଣି ଫାଟିଗଲା।

ଶାନ୍ତିଦେବୀ : ଆମ ତୁଷାର କୁଆଡ଼େ ଗଲା କି ? କାହିଁ ଦିଶୁନି ତ ? (ଆସିଲା ତୁଷାର)

ତୁଷାର : ଆଉ କୁଆଡ଼େ ଯିବାକୁ ବାଟ ନାହିଁ ବୋଉ। ସେଇ କମ୍ପ୍ୟୁଟର ପାଖେ ମୁହଁ ମାଡ଼ି ବସିବା ହିଁ ଏକମାତ୍ର କାମ।

ପ୍ରଶାନ୍ତବାବୁ : ଆରେ ତୁଷାର ଆମ ବୋହୂ ପରା କ'ଣ ଚାକିରି କରିଛି ? କି କାମ କରୁଛି ସିଏ ?

ତୁଷାର : ସେ ଦିଲ୍ଲୀ ୟୁନିଭରସିଟିରେ ଡକ୍ଟରେଟ କରୁଛି Social Scienceରେ। ସେଠି Part time କାମ କରୁଥିଲା। ଏବେ ତ ସବୁ lockdown.

ଶାନ୍ତିଦେବୀ : ଭଲ ହେଲା। ଅନ୍ତତଃ ତୁମ ଦି' ଜଣଙ୍କୁ ଟିକେ ବେଳ ମିଳିବ ତ ! ମୁଁ ତ ମୋଟୀ ହୋଇଗଲିଣି।

ପ୍ରଶାନ୍ତବାବୁ : ତୁମେ ଟିକେ ଏକ୍ସରସାଇଜ୍ କର ଶାନ୍ତି। ଖୁବ୍ କମ୍‌ରେ ଅନୁଲୋମ ବିଲୋମ ....

ଶାନ୍ତିଦେବୀ : ଟିକେ ପାର୍କକୁ ଯାଉଥିଲି ଯେ ସେଠିକି ଯିବାକୁ ମନା ହେଲା। ଅକାରଣରେ ରାସ୍ତାରେ ଚାଲିବାକୁ ମନା - କ'ଣ କରିବ ମଣିଷ ?

ଗୀତି : ମୁଁ ଗୋଟେ କଥା କହିବି ବୋଉ। ଆପଣ ଆଉ ବାପା ଲୁଡୁ ଖେଳନ୍ତୁ। word making କରନ୍ତୁ ନାଇଁ ତ U tubeରୁ ଭଜନ ଶୁଣନ୍ତୁ।

ଶାନ୍ତିଦେବୀ : ନାଇଁ ଲୋ ମା - ମୋତେ କୋଉଦିନ ସିଏ ସାଙ୍ଗ ବୋଲି ଭାବିଛନ୍ତି ? ପଚାରିଲୁ।

ଗୀତି : (ହସିଲା) (ତୁଷାରକୁ) ତୁମେ କାଲି ପରିବା କିଣିବାକୁ ଗଲାବେଳେ ଲୁଡୁପାଲିଟିଏ ନିଶ୍ଚୟ ଆଣିବ ମନେକରି। ପାଖରେ ଥିଆ ହେଲେ ନିଶ୍ଚୟ ମନ ହେବ ଖେଳିବାକୁ।

ପ୍ରଶାନ୍ତବାବୁ : ଆରେ ବାପ୍‌ରେ ତୁମ ବୋଉ ଖାଲି ଖେଳ ଗୋଳେଇବ। ହାରିଗଲେ କାନ୍ଦିବ ନହେଲେ ରାଗିବ - (ହସିଲେ)

ତୁଷାର : ନାଇଁ ଗୀତି, ମୋ ବୋଉ ତ ଗୋଳାଏନି ଖେଳ। ସତରେ କାଲିଠୁଁ ଆରମ୍ଭ ହେବ ଲୁଡୁ ଖେଳ।

ଶାନ୍ତିଦେବୀ : ମୋତେ ତ ଟିକେ ଭାଗବତ ପଢ଼ିବାକୁ ବେଳ ହେଉନି। ଏ ଲୁଡୁଖେଳ କିଏ କେତେବେଳେ ଖେଳିବ। ଛାଡ଼ ସେ କଥା - ଚାଲିଲ ପିଲାଏ ଅଷ୍ଟମଙ୍ଗଳାରେ ବେଦୀ ଉପରେ ଟିକେ ବନ୍ଦାଇ ଦିଏ ତୁମକୁ।

(ସମସ୍ତେ ଗଲେ)

ପ୍ରଶାନ୍ତବାବୁ : ସବୁ କହୁଥିବେ ଟି - ନିଜ କଥା ନ ରହିଲେ ବାସ୍ ଆରମ୍ଭ ହୋଇଯିବ ମାନ ଅଭିମାନ - ଧନ୍ୟରେ କରୋନା। ଧନ୍ୟ ତୋ ଚାଲ। ଅକାରଣରେ ସମସ୍ତେ ଘରେ ବସି ବସି ବେହାଲ। (ନିଜ କଥାରେ ନିଜେ ହସିଲେ)।

ଦ୍ୱିତୀୟ ଦୃଶ୍ୟ

(ଦୁଇ ଦିନ ପରେ - ଗୀତି ମେଲ୍ ଖୋଲି ଭାରି ଖୁସି)

ତୁଷାର : କ'ଣ ଭାରି ଖୁସି - କ'ଣ ହେଲା କି ?

ଗୀତି : ମୋର ହାଭାର୍ଡ ୟୁନିଭରସିଟିରୁ Scholarship ଆସିଛି - ହେଇ ଦେଖ।

ତୁଷାର : ମୋତେ ତ କହି ନଥିଲ ?

ଗୀତି : ଆରବର୍ଷ ତ କୋଭିଡ୍ ପାଇଁ ଭାରତରୁ କେହି ଯାଇପାରିଲେନି। ଏଥର ଭାବୁଛି ମୁଁ ଯେମିତି ହେଲେ ଯିବି।

ତୁଷାର : ବୋଉ ?

ଗୀତି : ବୋଉଙ୍କୁ ବୁଝାଇବା ଦାୟିତ୍ୱ ମୋର। ତୁମେ ବ୍ୟସ୍ତ ହୁଅନି। (ଯାଉଥିଲେ ଶାନ୍ତିଦେବୀ - ଅଟକିଗଲେ)

ଶାନ୍ତିଦେବୀ : କ'ଣ ବୁଝାଇବୁ ବୋଉକୁ ମୁଁ ଟିକେ ଶୁଣେ।

ଗୀତି : ମୁଁ ଫରେନ୍ ଯିବି ବୋଉ higher studies ପାଇଁ। ମେଲ୍ ଆସିଛି ଏବେ।

ଶାନ୍ତିଦେବୀ : ଏତେ ପାଠ ପଢ଼ିଲୁ ପରା - ପୁଣି କି ପାଠ ପଢ଼ିବୁ? ଏଠି ପୁଣି ସେ ପାଠ ନାହିଁ। ଅଛି ବିଦେଶରେ? ମୁଁ ଯାଏ ଲୋ ମା। (ଚାଲିଗଲେ)

ଗୀତି : ହଁ ବୋଉ, ମୋର ସ୍ୱପ୍ନ ମୁଁ ହାଭାର୍ଡରେ ପଢ଼ିବି - ମୋତେ ମନା କରନ୍ତୁନି।

ତୁଷାର : ସତରେ ତୁମେ ଯିବ ?

ଗୀତି : ହଁ, ତ - ତୁମେ ଜାଣିପାରୁନା କେମିତି ?

ତୁଷାର : ମୁଁ ଟିକେ ବାପାଙ୍କୁ ପଚାରେ। (ବାପାଙ୍କୁ ଡାକିଲେ)। ବାପା ... ବାପା

(ବାପା ଆସିଲେ ହାତରେ ଖବରକାଗଜ ଧରି)

ପ୍ରଶାନ୍ତବାବୁ : କ'ଣ ହେଲା ବାବୁ? ଏମିତି ଡାକ ପକେଇଲୁ ଯେ !

ତୁଷାର : ଆମ ଗୀତି ଯିବ ଡକ୍ଟରେଟ କରିବାକୁ ହାଭାର୍ଡ ବିଶ୍ୱବିଦ୍ୟାଳୟ।

ପ୍ରଶାନ୍ତବାବୁ : ବାଃ ଏ ତ ଖୁବ୍ ଭଲ କଥା। ଅଭିନନ୍ଦନ ମାଆ। ତୁମେ ଆମ ପରିବାରର ଗର୍ବ।

ଗୀତି : (ପାଦ ଛୁଇଁଲା) ଆପଣଙ୍କ ଆଶୀର୍ବାଦ ଥିଲେ ମୁଁ ନିଶ୍ଚେ ସେଠି ଆପଣଙ୍କ ଟେକ ରଖିବି ବାପା।

ପ୍ରଶାନ୍ତବାବୁ : (ଶାନ୍ତିଦେବୀଙ୍କୁ ଡାକି) ଆରେ ଶାନ୍ତି ଶୁଣିଲଣି ତ ଆମ ଗୀତି ବିଦେଶ ଯିବ। ବାହାଘର ପରେ ପରେ ଏତେବଡ଼ ଅଫର୍ - ଆମ ଭାଗ୍ୟ - କୁଆଡ଼େ ଗଲ କି ?

(ଶାନ୍ତି ଆସିଲେ। ଗୀତି ଓ ତୁଷାର ଠରାଠରି ହୋଇ ବାହାରକୁ ଗଲେ)

ଶାନ୍ତିଦେବୀ : ମୋତେ ସେ ଅଭିଲା କଥାଗୁଡ଼ା ଭଲ ଲାଗୁନି। ତୁମେ ବୋହୂକୁ ଟେକୁଥା ଲାଗିପଡ଼ି।

ପ୍ରଶାନ୍ତବାବୁ : ଆରେ ସବୁ କାଗଜପତ୍ର ରେଡ଼ି କରି ଯାଉ ଯାଉ ଛ'ମାସ ଲାଗିବ। ତୁମେ କ'ଣ ଭାବୁଛ କାଲି ନା ଷୋଳମଙ୍ଗଳା ଦିନ ?

ଶାନ୍ତିଦେବୀ : କରୋନା ଲାଗି ପରା ସବୁ ବନ୍ଦ। ଆଉ ତାଙ୍କ ବିଦେଶୀ ସଂସ୍ଥା ବନ୍ଦ ନାହଁ ?

ପ୍ରଶାନ୍ତବାବୁ : ବୁଝିବା ସେ କଥା -

ଶାନ୍ତିଦେବୀ : ଯୌତୁକ କଥା ତ କାଟିଦେଲ। ଭାରଥୋର ମୁଆଁ ମିଠେଇ ତ କରୋନା କାଟିଦେଲା - ଲୁଗାପଟା ରହିଲା ପଛକୁ ...

ପ୍ରଶାନ୍ତବାବୁ : ଥାଉ ସେତିକି। ତୁମର ବି ତ ଭୋଜି ଖର୍ଚ୍ଚ ରହିଲା। ବୋହୂ ଲାଗି ଗହଣା କଲନି - ଏ ତୁମ ଆମ ଅସୁବିଧା ନୁହେଁ ଶାନ୍ତି। ସାରା ସଂସାରର ଅସୁବିଧା- ଭଗବାନଙ୍କୁ ଧନ୍ୟବାଦ ଦିଅ ଗୀତି ପରି ଝିଅଟିଏ ଆମକୁ ମିଳିଛି।

ଶାନ୍ତିଦେବୀ : ଅନ୍ତତଃ ବର୍ଷେ ଛ'ମାସ ବୋହୂପଣିଆ କରିଥାଆନ୍ତା ତ ! ତା' ବି ମୋ ଭାଗ୍ୟରେ ନାହିଁ।

(ମୋବାଇଲ ଧରି ଆସିଲା ଗୀତି)

ଗୀତି : ବୋଉ, ମୋ ବୋଉ ଭିଡିଓ କଲ୍ କରିଛି। କଥା ହୁଅନ୍ତୁ।

ଶାନ୍ତିଦେବୀ : ମୋତେ ସେଗୁଡ଼ା ଆସେନି। ତୁ କହିଦେଉନୁ।

ଗୀତି : (ମୋବାଇଲ୍ ଧରାଇଲା) (ଗୀତି ବୋଉର ସ୍ୱର) ସମୁଦୁଣୀ ନମସ୍କାର। ଏବେ ତ ଗୀତି ଆଉ ମୋ ଝିଅ ନୁହେଁ। ସେ ଆପଣଙ୍କର। ତାକୁ ଚଳେଇବେ। ପୁଣି କ'ଣ ବିଦେଶ ଯିବ ବାହାରିଲାଣି। ଯେମିତି ସୁବିଧା ଦେଖିବେ। ଆମେ ଭଲ ଅଛୁ। ସମୁଦିଙ୍କୁ ନମସ୍କାର। (ଫୋନ୍ ସରିଲା)

ଶାନ୍ତିଦେବୀ : ଏସବୁ ପାଣିରେ ସରପକାଇବା କଥା। ମୁଁ କହିଛି ତୋ ବାପା ବୋଉଙ୍କୁ।

ଗୀତି : (କାନ୍ଦିଲା) ଆପଣ ଯାହା କହିବେ ତାହା ହିଁ ହେବ ବୋଉ - ଆପଣ ରାଗନ୍ତୁନି।

ଶାନ୍ତିଦେବୀ : ସାଙ୍ଗେ ସାଙ୍ଗେ ବୋଉକୁ ବିଦେଶ ଯିବା କଥା କହିଦେଲୁଟି ? ଆଜିକାଲି ପିଲାଙ୍କ ପେଟରେ ଲୁଣ ମିଳାଉନି ।

ଗୀତି : ମୋ ଚିଠି ଆମ ଘରକୁ ଆସିଥିଲା ବୋଉ । ସ୍ୱାତୀ ଏଠିକି ଫରୱାର୍ଡ କରିଛି । ସେମାନେ ଆଗ ଜାଣିଥିଲେ । ମୁଁ କହିନି ।

ପ୍ରଶାନ୍ତବାବୁ : ହେଲା ଏବେ ଗୀତିର ଏ ଗୌରବରେ କ'ଣ ତା' ବାବା ବୋଉଙ୍କର ଭାଗ ନାହିଁ ? ତୁମେ ଏମିତି ଅସନ୍ତୁଷ୍ଟ ହୁଅନି ଶାନ୍ତି । ଦେଖ ଆମ ବ୍ୟବହାର ଉପରେ ଆମ ପିଲାଙ୍କ ହସଖୁସି ନିର୍ଭର କରେ । ତୁମକୁ ଆଗରୁ କହିଥିଲି, ଏବେବି କହୁଛି । ସମୟ ବଦଳିଗଲାଣି । (ଚାଲିଗଲେ)

ତୃତୀୟ ଦୃଶ୍ୟ

(ପର ସପ୍ତାହ । ସନ୍ଧ୍ୟାବେଳ । ଅଫିସ୍‌ରୁ ଫେରିଲେ ତୁଷାର ।
ଗୀତି ଆସି ହାତରୁ ନେଲେ ବ୍ୟାଗ୍)

ତୁଷାର : ଗୀତି ଟିକେ ବସ । କଥା ଅଛି ।

ଗୀତି : ରହିଥାଅ । ମୁଁ ଚାହା ବସେଇଛି । ବାପା ବୋଉଙ୍କୁ ଦେଇ ତୁମ ପାଇଁ ଧରି ଆସେ । କଥାବାର୍ତ୍ତା ହେବା । (ଚାଲିଗଲେ)

ତୁଷାର : (ମନକୁ ମନ) ଏ କ'ଣ ନବବଧୂର ଚାଲିଚଳଣ ? ଏତେ detatched କ'ଣ ? ଟିକିଏ ହସ ଖୁସି ... (ବାଜିଲା ଫୋନ୍) ହ୍ୟାଲୋ, ହଁ ଏବେ ପହଞ୍ଚିଲି । କଥା କହିବି ଗୀତି ସାଙ୍ଗରେ । ତା'ର ପରା ବହୁତ କାମ -

(ଗୀତି ଆସିଲେ ଚାହା ଧରି)

ତୁଷାର : ତୁମେ ଚିହ୍ନି ପାରିବନି । ସେ ମୋର ସାଙ୍ଗ । ମୁଁ ସିନା ଓଡ଼ିଶା ଆଡ୍‌ମିନିଷ୍ଟ୍ରେଟିଭ ସର୍ଭିସ୍‌ରେ ରହିଲି । ସିଏ management ଗୁରୁ । ଖାଲି ବୁଲି ବୁଲି କ୍ଲାସ୍ ନେଉଛି । ପଇସା ...

ଗୀତି : ଛାଡ଼ ତାଙ୍କ ପଇସା କଥା ଆମର କାହିଁକି ପଡ଼ିଛି ? କ'ଣ କହିବ ପରା କୁହ ।

ତୁଷାର : ମୋତେ ବୁଲେଇ ବଙ୍କେଇ କହି ଆସେନା । ତୁମେ ହାର୍ଭାର୍ଡ ନଗଲେ ହୁଅନ୍ତାନି ?

ଗୀତି : ଆରେ, ମୁଁ ତ ଭାବିଥିଲି ତୁମେ ଖୁସି ହେବ - ତୁମେ କ'ଣ ?

ଗୀତି : ମୋର ସେ ବନ୍ଧୁଟି ଆଜି ତା ଭାଇଭାଉଜଙ୍କ କଥା ଗପୁଥିଲା । ତା ଭାଉଜ ଖୁବ୍ ଭଲ ଝିଅ । ପରକୁ ଆପଣାର କରିବା କଳା ଜାଣିଥିଲେ । ସେ ଅବାଧ ହୋଇ ବିଦେଶ ଗଲେ ।

ଗୀତି : ଓଃ ... ସେଇ ସାଙ୍ଗ ତେବେ ତୁମ ମୁଣ୍ଡରେ ବିଷ ଭର୍ତ୍ତି କରିଛନ୍ତି ।

ତୁଷାର : ଶୁଣ - ସେ ଖାଲି କ୍ୟାରିୟର କ୍ୟାରିୟର ହେଲେ ଯେ ପେଟର ପିଲା ବି ନଷ୍ଟ କରିଦେଲେ କାହାକୁ କିଛି ନକହି ।

ଗୀତି : ଏବେ ?

ତୁଷାର : ଏବେ ଷ୍ଟେଟସରେ ସର୍ଭିସ୍ କରୁଛନ୍ତି । ଆଉ ଦେଶକୁ ଫେରିବାକୁ ଚାହୁଁ ନାହାନ୍ତି ।

ଗୀତି : ହଁ ଆଉ କେଉଁ ଗୋରା ଭଦ୍ରଲୋକଙ୍କ ପାଲରେ ପଡ଼ିଥିବେ ନିଶ୍ଚୟ ।

ତୁଷାର : ତୁମେ କେମିତି ଜାଣିଲ ?

ଗୀତି : ଏ ତ ସହଜ କଥା - ଏପେଟ ତାଙ୍କ ସ୍ୱାମୀ ବାଇଆ ଭଳିଆ ହେଉଥିବେ ଆଉ ଅନ୍ୟମାନେ ତାଙ୍କ ପାଇଁ କନ୍ୟା ବି ଖୋଜୁଥିବେ । (ହସିଲା)

ତୁଷାର : ତୁମକୁ ହସ ମାଡୁଛି - ନୁହେଁ - ମୋର ଯେ ପ୍ରାଣ କଣ୍ଠାଗ୍ରତ ହେଲାଣି ।

ଗୀତି : ପ୍ରଥମ କଥା ମୋର, ପିଲା ନଷ୍ଟ କରିବାର ନାହିଁ । ଆମେ ଦି' ବର୍ଷ ପରେ ବେବି ପାଇଁ ପ୍ଲାନ୍ କରିବା । ଦ୍ୱିତୀୟ କଥା ମୁଁ ଭାରି home sick ଆଉ ...

ତୁଷାର : Home sick ତ ଘର ଛାଡ଼ି ଯାଅନା । ମୋ ସୁନାଟା ପରା - କଥା ମାନ ।

ଗୀତି : ଦେଖ । ମୋର ପିଲାଦିନର ସ୍ୱପ୍ନ ବିଦେଶରେ ପଢ଼ିବି । ତୁମେ ମୋ ପାଇଁ lucky । ନହେଲେ ବାହାଘର ପରେ ପରେ ମୋତେ scholarship ମିଳିଥାଆନ୍ତା କେମିତି ?

ତୁଷାର : ହେଲା ଯେ - ମୁଁ ...

ଗୀତି : ଦି'ଟା ବର୍ଷ ଆଖି ପିଛୁଳାକେ କଟିଯିବ । ବାପା ବୋଉ ତୁମେ ସମସ୍ତେ ଚାଲ । ସପ୍ତାହେ ଖଣ୍ଡେ ଦିଲ୍ଲୀରେ ବୁଲିବା । ମୋତେ ଛାଡ଼ି ତୁମେମାନେ ଫେରିଆସିବ ।

ତୁଷାର : ମୋ ମନ କାହିଁକି ବୁଝୁନି ।

ଗୀତି : ଏତେ ପାଠ ପଢ଼ିଛ - ବୋଉ ବ୍ୟସ୍ତ ହେବା ବୁଝିପାରୁଛି। ତୁମ ବ୍ୟସ୍ତତା ବୁଝିପାରୁନି। (ଆସିଲେ ଶାନ୍ତିଦେବୀ)

ଶାନ୍ତିଦେବୀ : ଆରେ, ମୋ କଥା କ'ଣ ପଡ଼ିଛି ଏଠି ?

ତୁଷାର : ନାଇଁ ବୋଉ, ସେ କିଛି ନୁହେଁ।

ଗୀତି : ନାଇଁ କ'ଣ ? ବୋଉ ଆପଣ ବସନ୍ତୁ। ମୁଁ ଆପଣ ଦି'ଜଣଙ୍କୁ ଗୋଟେ ପ୍ରଶ୍ନ ପଚାରିବି।

ଶାନ୍ତିଦେବୀ : ହଉ ଲୋ ମା - ଏ ତ ତୁମ ସଂସାର - ଦେଖ୍ - କଷ୍ଟିଆ ପ୍ରଶ୍ନ ପଚାରିବୁନି - ମୋର ଆଉ ପାଠ ମନେ ନାହିଁ।

ଗୀତି : ମୋତେ କୁହନ୍ତୁ, ଯଦି ଆପଣଙ୍କ ପୁଅ ବିଦେଶ ଯିବାକୁ ଚିଠି ଆସିଥାଆନ୍ତା, ଆପଣ ଖୁସି ହୋଇଥାଆନ୍ତେ ତ ?

ଶାନ୍ତିଦେବୀ : ଏ କି ପ୍ରଶ୍ନ ମ ? ଘରର ପୁଅ ବିଦେଶ ଯିବା କଥା ଉଠିଥିଲେ ତ ଭୋଜିଭାତ ଠାକୁରାଣୀ ଗାଧୁଆ, ବାଳଲୀଳା ସବୁ ହୋଇଥାଆନ୍ତା।

ଗୀତି : ଆଉ ବୋହୂ ଯିବା କଥା ଆପଣଙ୍କୁ ଦୁଃଖୀ କରୁଛି କାହିଁକି ?

ତୁଷାର : ତୁମେ ଜାଣିନ ଗୀତି। ମୋ ବୋଉର କେତେ କଷ୍ଟ। ମୋ ଭଉଣୀ ଯାଇଥାଆନ୍ତା ସେଣ୍ଟ୍ରାଲ୍ ୟୁନିଭରସିଟି ହାଇଦ୍ରାବାଦ। ସେତିକି ସୁବିଧା ତା ଶାଶୂଘର ଦେଲେନି ...

ଶାନ୍ତିଦେବୀ : (ମୁହଁରେ ଲୁଗା ଚାପି) ସେଗୁଡ଼ା କହନା ବାପ - ଗୀତି ବୁଝି ପାରିବନି - ମୋତେ ବି କଷ୍ଟ ହେବ।

ଗୀତି : ବୁଝିପାରିବି ବୋଉ। ଆପଣ ବି ମାଆ। ଝିଅର ଅଦିନ ବାହୁଡ଼ାଣି ଆପଣଙ୍କ ପାଇଁ କେତେ କଷ୍ଟକର ମୁଁ ଜାଣିପାରୁଛି। ହେଲେ ବୋଉ... ସେଥିରେ ମୋର କ'ଣ ଦୋଷ ? ଆପଣ କ'ଣ ମୋତେ ପଢ଼ିବାକୁ ପଠାଇ ନିଜକୁ ସାନ୍ତ୍ୱନା ଦେଇପାରିବେନି ? ମୁଁ କ'ଣ ଆଉ ଗୋଟେ ଇତୁ ଅପା ହୋଇଯିବି। (କାନ୍ଦିଲା)

ଶାନ୍ତିଦେବୀ : ଆରେ ମା' ତୁ କାନ୍ଦୁଛୁ କାହିଁକି ? ଯା, ମୁହଁ ଧୋଇ ଆ - ତୁମେ ଦିହେଁ ଯାଇ ବୁଲିଆସ ତୁମ ଗାଁରୁ। ମନ ବଦଳିଯିବ।

ଗୀତି : ଏ ଲକ୍‌ଡାଉନ୍‌ରେ କୁଆଡ଼େ ଯିବୁ ବୋଉ ? ଖାଲି ଆପଣ ମନଦୁଃଖ ନକଲେ ମୁଁ ପ୍ରସ୍ତୁତ ହେବି ଯିବାକୁ - ନହେଲେ...

ଶାନ୍ତିଦେବୀ : ନହେଲେ କ'ଣ ? ଯିବୁ ତ। ଚାହୁଁ ଚାହୁଁ ଦି'ଟା ବର୍ଷ ସରିଯିବ - ମୁଁ ଏତେ ଚଞ୍ଚଳ ମରୁନି ମ !

ତୁଷାର : ତୁ ଏମିତି କଥାଗୁଡ଼ା କାହିଁକି କହୁ ବୋଉ ? ଚାଲୁନୁ ଆମେ ଯାଇ ବୁଲିଆସିବା। ତା' ୟୁନିଭରସିଟି ଦେଖି ଆସିବା।

ଶାନ୍ତିଦେବୀ : ନାଇଁରେ, ତୋ ବାପା ଏକୁଟିଆ ହଇରାଣ ହେବେ। ତୁ ଯଦି ଯିବୁ ଯା - ଆଠଦିନ ରହି ଚାଲିଆସିବୁ। ତା ସାଙ୍ଗସାଥୀ ଜାଣନ୍ତୁ ତା' ବର କେମିତି ? ଯେମିତି ସୁନ୍ଦର ସେମିତି ଗୁଣର।

ଗୀତି : ଚାଲନ୍ତୁ ବୋଉ। ସବୁ ପିଲା ସେମାନଙ୍କ ମାଆ ପାଇଁ ସୁନ୍ଦର।

ତୁଷାର : ହେଲା ତ - ଚାଲ ମେଲ୍ କରିଦେବା। ତୁମେ ଯିବାର ତାରିଖ ଇତ୍ୟାଦି ଜାଣିବା ଦରକାର।

ଶାନ୍ତିଦେବୀ : ହଁ ଚାଲ। ହେ ମା' ମଙ୍ଗଳା। ତୁ ରକ୍ଷାକରିବୁ ମୋ ପିଲାଙ୍କୁ। (ହାତ ଯୋଡ଼ିଲେ)

ଚତୁର୍ଥ ଦୃଶ୍ୟ

(ଉପରଓଳି ପ୍ରାୟ ୪ଟା ବେଳେ ଅଟୋରୁ ଓହ୍ଲାଇଲା ସ୍ୱାତୀ। କଲିଂବେଲ୍ ବାଜିଲା।)

ଗୀତି : (କବାଟ ଖୋଲିଲା) ଆରେ ସ୍ୱାତୀ କି ? ହଁ, ସେଇଠି ରହ। ଧାଇଁଆସି କୁଣ୍ଢାଇ ପକାନା। ଏ ସମୟ ଭଲ ନୁହେଁ।

ସ୍ୱାତୀ : ବାପ୍‌ରେ ପୂରା ନିୟମ ମାନୁଛୁ। "ଅଗର ଆପ୍ ମାନେଁଗେ ବାତ୍, ତଭି ତୋ ବଦ୍‌ଲେଁଗେ ହାଲାତ୍" (ହସି ହସି ଆସି ଶାନ୍ତିଦେବୀ ଆଉ ପ୍ରଶାନ୍ତବାବୁଙ୍କୁ ପ୍ରଣାମ କଲା)

ସ୍ୱାତୀ : ମାଉସୀ - ଟିକେ ଆସିଲି ଅପାକୁ ଦେଖିଯିବି ବୋଲି।

ପ୍ରଶାନ୍ତବାବୁ : ଆରେ ମା' କେମିତି ଆସିଲୁ ? ଘରେ କେହି ମନା କଲେନି ?

ସ୍ୱାତୀ : ସାଙ୍ଗ ଘରକୁ ଆସିଥିଲି। ଫେରିଲା ବେଳେ ଅପା କଥା ଭାରି ମନେପଡ଼ିଲା। ଟିକେ ଚାଲି ଆସିଲି।

ପ୍ରଶାନ୍ତବାବୁ : ତୁମେ ପରା ବାଣୀବିହାରରେ ପଢୁଛ ? କେଉଁ subject ?

ସ୍ୱାତୀ : ପଲ୍‌ଟିକାଲ୍ ସାଇନ୍‌ସ। ସବୁତ ବର୍ଷେ ହେଲା ବନ୍ଦ। ସେଇ ଅନ୍‌ଲାଇନ୍‌ରେ ଯାହା ପଢ଼ିବା କଥା। ସାଙ୍ଗ ଘରକୁ ବହି ଦି'ଖଣ୍ଡ ପାଇଁ ଯାଇଥିଲି।

ଅପା, ଅପା ଗୀତିଅପା କୁଆଡ଼େ ଗଲୁ କି ? ଯେତେବେଳେ ଫୋନ୍ କଲେ ତ କାମ ଅଛି କହି ଦି'ଚାରିପଦ କଥା ପରେ କାଟି ଦେଉଛୁ - ପକ୍କା ଘରଣୀ ପାଲଟିଗଲୁଣି ନାଇଁ ?

ଗୀତି : (ଆସି) ତୋ ଲାଗି ଜଳଖିଆ କରୁଥିଲି । ପକୁଡ଼ି ପରା ତୋତେ ଭଲ ଲାଗେ !

ସ୍ୱାତୀ : ଟିକେ ବସିଯା - (ଟାଣି ବସେଇଦେଲୁ) ତୁ ପରା ହାଭାର୍ଡ ଯାଉଛୁ । ଏ କଥା ଶୁଣି ତ ମୋତେ ଖୁସିରେ ପାଗଳ ହୋଇଗଲା ଭଳି ଲାଗିଲା । ତୁ ଭାରି ଲକି ଅପା । ହାଭାର୍ଡରେ ଲାଇବ୍ରେରୀ world's best library ଆଉ ବାଟ ତୁମେ ଦିହେଁ ନେଟ୍‌ରୁ ଦେଖିବ ।

ପ୍ରଶାନ୍ତବାବୁ : ଆମେ ବି ଭାରି ଲକି ମା - ଆମ ବୋହୂ ଆସୁ ଆସୁ ଏତେ ଖୁସି ଖବର ଦେଲା । ଖାଲି କରୋନା ନଥିଲେ ନା ମୁଁ ମିଠେଇ ବାଣ୍ଟିଥାଆନ୍ତି । (ଶାନ୍ତିଦେବୀ ହସୁଥିଲେ)

ଶାନ୍ତିଦେବୀ : କାହାକୁ ମିଠେଇ ଦେଇଥାଆନ୍ତ ? ମିଠେଇ ତ ବୋହୂ ଘରୁ ଆସିଲାନି ।

ପ୍ରଶାନ୍ତବାବୁ : ସେମିତି କଥା କହିବନି । କଥାକୁହା କଣ୍ଢେଇ ପାଇଛ । ଆହୁରି ମିଠେଇ ଖୋଜୁଛ ? ବଜାରରେ ତ ଏବେ ଯେତେପ୍ରକାର ଛେନା ମିଠା ମିଳିଲାଣି । ଯାହା କହ ତୁମକୁ ମୁଁ ପାରିଲନି । କିଏ ତୁମ ନାଁ ଶାନ୍ତି ଦେଲା କେଜାଣି ?

ଶାନ୍ତିଦେବୀ : ଆରେ ପାଟିରୁ ବାହାରିପଡ଼ିଲା ମ । କେତେ ଖୁଣ୍ଟା ଦେଉଛ ?

ସ୍ୱାତୀ : ମାଉସୀ ମନର କଥା ପାଟିରୁ ବାହାରିପଡ଼େ ବେଳେବେଳେ ।

ଶାନ୍ତିଦେବୀ : ସେଗୁଡ଼ା ତୁ ଭାବେନା ମା - ସମସ୍ତେ ତ ଏକା ନାଆରେ ବସିଛେ ।

ସ୍ୱାତୀ : ବୋଉ ବି ବ୍ୟସ୍ତ ହେଉଥିଲା । ଟିକେ କରୋନା କମିଲେ ସେ ବିଧିବିଧାନ କରି ଝିଅ ଜୋଇଁଙ୍କୁ ଡାକିବ ଆଉ ସସମ୍ମାନେ ବିଦା କରିବ । (ଆସିଲେ ତୁଷାର । ସ୍ୱାତୀ ମୁଣ୍ଡିଆ ମାରିଲା)

ତୁଷାର : କି ସମ୍ମାନ ? କାହା ପାଇଁ ?

ସ୍ୱାତୀ : ତୁମେ ବୁଝିପାରିବନି ଜିଜୁ । ଅପାର ପାଠ third world economic development ଜାଣିଛ ତ ? ସେଇ ସବୁ ବୁଝେଇଦେବ - (ହସିଲା ନିଜ ରସିକତାରେ)

ଶାନ୍ତିଦେବୀ	:	ଏଇ ତୋ ଶାଶୂଶ୍ୱଶୁର ତୁମକୁ ଜୋଇଁ ଡାକରା କରିବେ ଆଉ ସନମାନ କରିବେ।
ତୁଷାର	:	ତାଙ୍କ ଝିଅପଛେ ବିଦେଶ ବାହାରିଲାଣି - ଆଉ ...
ସ୍ୱାତୀ	:	ଆରେ ତୁମ ସ୍ତ୍ରୀ ତ ତୁମ ଗୌରବ ଜିଜୁ। ଏମିତି ଭାଗ୍ୟ କାହାକୁ ମିଳେ ?
ପ୍ରଶାନ୍ତବାବୁ	:	ସେଇଆ କହିବଟି ଝିଅ - ଏ ମା' ପୁଅ ଭାରି outdated.
ସ୍ୱାତୀ	:	ନାଇଁ ମଉସା। ମୋ ଜିଜୁ ଭାରି ଭଲ। ଆଉ ପାଞ୍ଚଟା ପିଲାଙ୍କଠୁଁ ଅଲଗା। ବାବା ତ ତାଙ୍କ ଜୋଇଁଙ୍କ କଥା କହି ବନ୍ଧୁ ମହଲରେ ଖୁବ୍ ଗର୍ବ ଅନୁଭବ କରନ୍ତି।
ତୁଷାର	:	ଛାଡ଼। ତୁମେ ତମ ଅପା ପାଇଁ ବ୍ୟାଗ୍ ବାକ୍ସ ସଜାଡ଼ି ଥାଆନ୍ତ। ଏବେ ମୁଁ ସଜାଡ଼ିବି। ଥରକୁ ଥର ଓଜନ କରି ଜିନିଷ ପଦାକୁ କାଢୁଥିବି ନହେଲେ ଫ୍ଲାଇଟ୍‌ରେ ଜୋରିମାନା ଗଣିବ। ତୁମ ଘରୁ ଆମ ଘରକୁ ଆସିଥିଲେ ମାସେ ପନ୍ଦର ଦିନରେ ଫେରିଥାଆନ୍ତା। ଏବେ ପୂରା ଦି' ବର୍ଷ।
ସ୍ୱାତୀ	:	ଓଃ। ସେଇ କଷ୍ଟ ବାଧୁଛି ନା ? ଆମର ଜଣେ ସାର୍ କ୍ୟାମ୍ପସ୍‌ରେ ଏକୁଟିଆ ରହନ୍ତି। ତାଙ୍କ ସ୍ତ୍ରୀ ପିଲା ବାହାରେ ରହନ୍ତି। ଆମେ ତାଙ୍କୁ ପଛରେ ଥଟ୍ଟାକରି କହୁ 'ମ୍ୟାରେଡ୍ ବ୍ୟାଚେଲର' - ଆହାରେ।
ଶାନ୍ତିଦେବୀ	:	ଛାଡ଼େ ସେ କଥା - ଆଜି ରହିବୁଟି ମା ସ୍ୱାତୀ -
ସ୍ୱାତୀ	:	ନାଇଁ ମାଉସୀ। ମୋ ମାମୁଁ ଏଇବାଟେ ଫେରିବେ ସନ୍ଧ୍ୟା ୭ଟାରୁ ସାଢ଼େ ସାତଟା ଭିତରେ। ତାଙ୍କ ମଟର ସାଇକେଲ୍‌ରେ ଚାଲିଯିବି। ଘଣ୍ଟାକର ବାଟ ତ ! ମୁଁ ସିନା ଚାଲିଆସିଲି। ସେ କ'ଣ ଏଠି ଓହ୍ଲାଇବାକୁ ଭଲପାଇବେ ? (ଗୀତି ଭିତରୁ ଡାକିଲା)
ପ୍ରଶାନ୍ତବାବୁ	:	ହେଇ ମା। ତୁମ ଅପା ଡାକିଲାଣି ଚାଲ ଯିବା।
ଶାନ୍ତିଦେବୀ	:	(ଘଣ୍ଟାକୁ ଚାହିଁ) ଆରେ ଛ'ଟା ବାଜିବ ଚାହୁଁ ଚାହୁଁ। ଆସିଲୁ ମା - ନୂଆବୋହୂଟା ଏକୁଟିଆ କ'ଣ କରୁଥିବ। (ଚାଲିଗଲେ ଭିତରକୁ)
ସ୍ୱାତୀ	:	ଯାହା କହନ୍ତୁ ମଉସା। ମାଉସୀ ଭାରି ସ୍ନେହୀ ଆଉ ଉଦାର। ଗୀତି ଅପାର ଭାଗ୍ୟ।

ପ୍ରଶାନ୍ତବାବୁ : ହଁରେ ମା ସେ କ୍ଷଣେ ରୁଷ୍ଟ କ୍ଷଣେ ତୁଷ୍ଟ। ଗୀତିଟା ବି ଭାରି ଭଲ ଝିଅ। ହଁ ପାରିବାରିକ ଶିକ୍ଷା - ସମସ୍ତଙ୍କୁ ମିଳେନି ମା।

ତୁଷାର : ଦେଖିଲ ତ ସ୍ୱାତୀ - ତୁମ ପାଇଁ ତୁମ ଅପା ପାଇଁ ମୋ ବାପା ବୋଉ କେତେ ଜାଗ୍ରତ। ଆଉ ମୁଁ - ମୁଁ ତ ଖାଲିଯିବି ବ୍ୟାଗେଜ୍ ଧରି ଏୟାରପୋର୍ଟ ଯାଏ।

ସ୍ୱାତୀ : ଯାହାହେଲେ ସେ ମିସେସ୍ ତୁଷାର ସାମନ୍ତରାୟ ତ ! ଆମେ କୋଉଠୁ ଆସିଲୁ ? ଏବେ ତ ଅଧିକ ଲୋକଙ୍କୁ ବି ଏୟାରପୋର୍ଟ ଯିବା ମନା। (ହସି ହସି ଭିତରକୁ ଗଲା)

ତୁଷାର : ପକୁଡ଼ି ବାସ୍ନା ହେଲାଣି। ଚାଲ ମୁଁ ବି ଯାଉଛି। (ଟିକେ ରହି) ଠିକ୍ କହିଛ ସ୍ୱାତୀ - ଦେଖାଯାଉ ମୋ ଭାଗ୍ୟ ମୋତେ କୁଆଡ଼କୁ ନେଉଛି। ଏବେ ତ ବର୍ଷା ଯୁଆଡ଼େ ଛତା ସେ ଆଡ଼କୁ ଦେଖାଇବା ହିଁ ନିରାପଦ।

(ଫେରିଆସିଲେ ପ୍ରଶାନ୍ତବାବୁ)

ପ୍ରଶାନ୍ତବାବୁ : ଏକୁଟିଆ କାହାକୁ କ'ଣ କହୁଛୁ ତୁଷାର ?

ତୁଷାର : ନାଇଁ ବାପା -

ପ୍ରଶାନ୍ତବାବୁ : ଆରେ, ତୁ ଯଦି ବିଦେଶ ଯାଇଥାଆନ୍ତୁ ଗୀତି ତୋ ଲାଗି ଅଖଣ୍ଡ ଦୀପ ବସାଇଥାଆନ୍ତା - ତୁ ଯେ କୋଉଠି ଫସିନଥାନ୍ତୁ ...

ତୁଷାର : ବାପା !

ପ୍ରଶାନ୍ତବାବୁ : ସେ ଗୋରା ଚମଡ଼ାର ଝିଅମାନେ ଭାରତୀୟ ପୁଅଙ୍କୁ ପସନ୍ଦ କରନ୍ତି।

ତୁଷାର : ଥାଉ ବାପା। ଏବେ ଚାଲିଲ। ନହେଲେ ସ୍ୱାତୀ, ଗୀତି ଆଉ ବୋଉ ଜଣକ ପରେ ଜଣେ ଆସି ଉପଦେଶ ଦେବେ।

ପ୍ରଶାନ୍ତବାବୁ : ତୁ ତ ବୁଝିଲା ପିଲା। ଏ ଘଟଣାକୁ ଗୌରବ ବୋଲି ଭାବେ। ସମସ୍ତଙ୍କୁ ଏ ଗୌରବ ମିଳେନି। ଚାଲେ - ପୁଣି ସ୍ୱାତୀ ବାହାରିବ ଯିବାକୁ।

ପଞ୍ଚମ ଦୃଶ୍ୟ

(ଦଶଟା ବେଳକୁ ଅଫିସ୍ ବାହାରିଲା ତୁଷାର। ଆସିଲେ ଶାନ୍ତିଦେବୀ।)

ଶାନ୍ତିଦେବୀ : ଆରେ ବାପ, ଆଜି ସକାଳୁ ଦଶଟା ଫୋନ୍ ଧରିଲିଣି। ଖାଲି ଅଭିନନ୍ଦନର ସୁଅ -

ତୁଷାର : କିଏ ଏତେ ଫୋନ୍ କଲେ ବୋଉ ?

ଶାନ୍ତିଦେବୀ : ଆରେ ଆମ ପାର୍କ ବୁଲା ସାଙ୍ଗମାନେ। ମୋ ଭଉଣୀ, ମିସେସ୍ ଦାଶ। ତୋ ବାପାଙ୍କ ସାଙ୍ଗଙ୍କ ସ୍ତ୍ରୀ ମ। ଆଉ ଆମ ଲେଡିଜ କ୍ଲବର ପ୍ରେସିଡେଣ୍ଟ୍।

ତୁଷାର : ମୋ ମୋବାଇଲ୍‌ରେ ତ କଂଗ୍ରାଚୁଲେସନ ମେସେଜ ଭର୍ତ୍ତି - ଏମିତି କଥା ଖୁବ୍ ଶୀଘ୍ର ବ୍ୟାପିଯାଏ।

ଶାନ୍ତିଦେବୀ : ହଁ ମ କିଏ ଚୋରି କରିଛି କି ? ଜାଣନ୍ତୁ ସମସ୍ତେ ମୋ ବୋହୂ କେତେ ପାଠୁଆ।

(ଆସିଲେ ପ୍ରଶାନ୍ତବାବୁ)

ପ୍ରଶାନ୍ତବାବୁ : ଦେଖିଲ ତ। ଯିଏ ଚୋରି କରେ ସେ ବି ଲୁଚାଇବାକୁ ଚେଷ୍ଟାକରି ଧରା ପଡ଼ିଯାଏ। (ହସିଲେ)

ଶାନ୍ତିଦେବୀ : ତୁମର ସବୁବେଳେ ଏମିତି ହାଡ଼ଜଳା କଥା - ଆଚ୍ଛା ତୁମକୁ କେହି ଅଭିନନ୍ଦନ ଜଣାଇ ନାହାନ୍ତି ?

ପ୍ରଶାନ୍ତବାବୁ : ଜଣାଉଛନ୍ତି ନା - ଆମେ ତ ରିଟାୟାର୍ଡ ଲୋକ। ଆମ ଖୁସି ବ୍ୟାପିବା କଷ୍ଟ। ଯାହାହେଉ ତୁମେ ଅନ୍ତତଃ ଏତେ ଅଭିନନ୍ଦନ ପାଇ ବୁଝି ସାରିଥିବ ଯେ ଗୀତି ଆମ ଘରର ଗୌରବ। ତା ଉପରେ ଭରସା ରଖ - ତା ମନୋବଳ ବଢ଼ାଅ।

ତୁଷାର : ଠିକ୍ କଥା ବାପା - ଲୋକଙ୍କ କଥାରେ କାନ ଦେଇ ନିଜ ସମ୍ପତ୍ତିକୁ ହତାଦର କରିବା ଠିକ୍ ନୁହେଁ। ଗୀତି ମୋର ପତ୍ନୀ।

ପ୍ରଶାନ୍ତବାବୁ : ବାଃରେ - ହଁ ବାପ, ପତନରୁ ଯିଏ ତ୍ରାଣ କରେ ସେ ନାରୀ - ଜାଣିଛୁ ତ।

ତୁଷାର : ମୁଁ ଅଫିସ୍ ବାହାରିଲି। (ଫୋନ୍ ରିଂ ହେଲା) ଆଚ୍ଛା ସ୍ୱାତୀ, ଆମେ ସକାଳରୁ ତୁମ ଫୋନ୍‌କୁ ଅପେକ୍ଷା କରିଛୁ। ଠିକ୍‌ରେ ପହଞ୍ଚିଲ ତ ? ବାପା ବୋଉଙ୍କୁ ଆମର ନମସ୍କାର ଜଣାଇବ। କହିବ କେତେବେଳେ ଆସି ବୁଲିଯିବେ ଟିକେ। ହଉ ରହୁଛି। ଅପାକୁ କହିବ ସେ ଫୋନ୍ କରିବ। (ବାହାରକୁ ଗଲା ମଟର ସାଇକେଲ୍...)

ଗୀତି : ଆପଣ ଆଉ ଦିନେ ଦି'ଦିନ ଭାବନ୍ତୁ ବୋଉ - ବ୍ୟସ୍ତ କ'ଣ ? ମୁଁ ମନା କରିଦେବି। ଆପଣଙ୍କ ଆଶୀର୍ବାଦ ନ ପାଇଲେ କ'ଣ ମୁଁ

ଯାଇପାରିବି ନା ସେଠି ମନ ସ୍ଥିର ରଖି ପଢ଼ିପାରିବି ? ମୁଁ ଆସୁଛି। (ଚାଲିଗଲା)

ପ୍ରଶାନ୍ତବାବୁ : ଆରେ ପିଲାଟା କାନ୍ଦି ପକାଇଲା ତୁମ କଥାଶୁଣି -

ଶାନ୍ତିଦେବୀ : କାନ୍ଦୁ କିନ୍ତୁ ଘର ଛାଡ଼ି ନ ଯାଉ।

ପ୍ରଶାନ୍ତବାବୁ : ତୁମେ ପରା ଏତେ ଦୁନିଆ ଦେଖିଲଣି ଶାନ୍ତି। ତାକୁ ଯିବାକୁ ଦିଅ। ସେମାନେ ତାଙ୍କ ସଂସାର ଗଢ଼ିବେ। ତୁମେ କାହିଁକି ନାଁ ପକାଇବ ? ବରଂ ତୁଷାରକୁ ବୁଝାଅ।

ଶାନ୍ତିଦେବୀ : ସେ ତ ମୁହଁ ଶୁଖେଇ ବୁଲୁଛି।

ପ୍ରଶାନ୍ତବାବୁ : ଧନ୍ୟରେ ମା ପୁଅ - ଧନ୍ୟ - ସବୁଥିରେ ଅଗରଂଗା କଥା କହିବା ତୁମଠୁଁ ସମସ୍ତେ ଶିଖିବେ। (ମଟର ସାଇକେଲ ରହିବା ଶବ୍ଦ) ବୋଧେ ତୁଷାର ଆସିଲାଣି। ଦୁଆର ଖୋଲ। (ଶାନ୍ତିଦେବୀ ଦୁଆର ଖୋଲିଲେ)

ତୁଷାର : କ'ଣ ଭାବୁଛୁ ବୋଉ - ଗୀତି ଯାଉ ମନ ଖୁସିରେ ଆମ ଅଫିସ୍‌ରେ ଯିଏ ଶୁଣୁଛି ଏ କଥା, ସିଏ ମୋତେ ମିଠା ମାଗୁଛି ପରା।

ଶାନ୍ତିଦେବୀ : ଯାଉ - ତୋର ଯଦି ମନ ବୁଝୁଛି ଆମେ କିଏ ?

ପ୍ରଶାନ୍ତବାବୁ : ହଉ ଚାଲ ମା ପୁଅ ଯୋଡ଼ି। ବୋହୂର achievementରେ ଖୁସି ହେବାକୁ ଶିଖ। (ଚାଲିଗଲେ)

ଶାନ୍ତିଦେବୀ : ହାୟ କରୋନା, ହାୟ ବାତ୍ୟା - ଆରେ କିଏ ହେଲେ ତ ମୋ କଥା ମନେପକାଅ - ମୁଁ ଆଉ ପାରୁନି।

ତୁଷାର : ସେମିତି ହେଲେ ମୋ ମନୋବଳ ଭାଙ୍ଗିଯିବ। ସମସ୍ତେ ଗୀତିକୁ support କର। ଏ କଥା ଏଇଠି ରହୁ।

ଶାନ୍ତିଦେବୀ : ଆରେ ସେ କି ପାଠ ପଢ଼ିବ ମୋତେ ବୁଝେଇ ଦେଲୁ।

ତୁଷାର : ସେ ଅର୍ଥନୀତିର ବିକାଶ ସମ୍ପର୍କରେ higher study ପାଇଁ ଯାଉଛି। ଫେରିଲେ ତୋ ବୋହୂର କେତେ ସୁନାମ ହେବ ସେତେବେଳେ ତୁ ବୁଝିବୁ।

ଶାନ୍ତିଦେବୀ : ହଁରେ ବାପ ମୁଁ ତ ତମ୍ବାପାତିଆରେ ମୁଣ୍ଡ ବାନ୍ଧି ଏମିତି ହାଣ୍ଡି କରେଇ ଧରି ବସିଥିବି କାଳକାଳ -

ତୁଷାର : ଏମିତି ମନ ଭାଙ୍ଗିବେ ନା ବୋଉ। ଟିକେ ଖୁସି ହ।

ଶେଷ ଦୃଶ୍ୟ

(ପ୍ରଶାନ୍ତବାବୁ ଓ ଶାନ୍ତିଦେବୀ ବସିଛନ୍ତି ଦାଣ୍ଡ ବାରଣ୍ଡାରେ।
ଖବରକାଗଜ ପଢୁଛନ୍ତି ପ୍ରଶାନ୍ତବାବୁ।)

ପ୍ରଶାନ୍ତବାବୁ : ଏ କରୋନାରେ ଚାହୁଁ ଚାହୁଁ କେତେ ଆପଣାର ମଣିଷ ଚାଲିଗଲେ।

ଶାନ୍ତିଦେବୀ : ହଁ ଘର କଲା ପିଲାଗୁଡ଼ାକ ଯାଉଛନ୍ତି। ଭାରି ବାଧୁଛି। ମୁଁ ଭଲା ଚାଲି ଯାଇଥାଆନ୍ତି।

ପ୍ରଶାନ୍ତବାବୁ : ତୁମେ କ'ଣ ସତରେ ପାଗଳୀ ହେଲଣି ଶାନ୍ତି ?

ଶାନ୍ତିଦେବୀ : ନାଇଁ ଯେ ବୋହୂଟାକୁ କେମିତି ମନାକରି ହୁଅନ୍ତାନି ? ମୁଁ ଯଦି କରୋନାରେ ଆରପୁରକୁ ଟିକଟ କାଟନ୍ତି, ସେ ମନକୁ ମନ ବିଦେଶ ଯିବା କ୍ୟାନ୍‌ସେଲ କରିଦିଅନ୍ତା। ଭାରି ଭଲ ହୁଅନ୍ତା।

ପ୍ରଶାନ୍ତବାବୁ : ଧନ୍ୟରେ, ତୁମେ ଯାହା ବୁଝିଥିବ ସେଇଆ - ସବୁ ବୁଝାଇବା ବେକାର।

ଶାନ୍ତିଦେବୀ : ତାକୁ ଟିକେ ଡର ମାଡୁନି। ଏକୁଟିଆ ଯିବ ଯେ ଦି' ବର୍ଷ ରହିବ। କିଏ ଜାଣିଛି କେମିତି ଜାଗା ସିଏ।

ପ୍ରଶାନ୍ତବାବୁ : ଆମ ଗୀତି ବୁଝିବା ଝିଅ। ସେ ଯାହା କରିବ ଭଲ କରିବ। ନହେଲେ ...

ଶାନ୍ତିଦେବୀ : ନହେଲେ କ'ଣ ?

ପ୍ରଶାନ୍ତବାବୁ : ନହେଲେ ନୂଆ ବାହାଘର ନିଶା ନ ଛାଡୁଣୁ କିଏ ବିଦେଶ ଯିବାକୁ ପ୍ରସ୍ତୁତ ହୁଏ, କହୁନ ?

ଶାନ୍ତିଦେବୀ : ସତକଥା। ସେଦିନ ତ ଗୀତିର ପ୍ରଶ୍ନରେ ମୁଁ ବ୍ୟସ୍ତ ହୋଇପଡ଼ିଲି। ପୁଅଟିଏ ବିଦେଶ ଯିବା ଆନନ୍ଦଦାୟକ ଆଉ ବୋହୂଟିଏ ବିଦେଶ ଯିବା ଭାରି କଷ୍ଟକର - ସତରେ ଏ କଥା ମୁଁ ଭାବିନଥିଲିତ ? (ଆସିଲା ଗୀତି)

ଗୀତି : ଆଜି କ'ଣ ଟିକେ ଗଡ଼ପଡ଼ ହେବେନି ବାପା - ମୁଁ ଲୁଡୁପାଲି ଆଣେ।

ପ୍ରଶାନ୍ତବାବୁ : ତୁ ନିଜେ ବସିଲୁ ମାଆ। ତୁ ବିଦେଶ ଗଲାପରେ ଆମେ ଦିହେଁ ଲୁଡୁ ନ ଖେଳି ଯିବୁ କୁଆଡ଼େ ? (ହସିଲେ)

ଗୀତି : ମୁଁ ଆପଣଙ୍କୁ କହୁଛି ପିଲାଦିନ କଥା ଲେଖନ୍ତୁ। ଭଲ ଲାଗିବ। ପୁରୁଣା କଥା ମନେପଡ଼ିଲେ ସାଙ୍ଗ ସୁଖ ବି ମନେପଡ଼ିବ।

ଶାନ୍ତିଦେବୀ : ଆଚ୍ଛା ମୁଁ ଏ ମାସ ଶେଷକୁ ଟିକେ ଆମ ଗାଁକୁ ଯାଆନ୍ତିନି ?

ଶାନ୍ତିଦେବୀ : ମୁଁ ଚାଲିଆସିବି ଚୁପ୍‌ଚାପ୍। ଆଉ କ'ଣ ପାଟିତୁଣ୍ଡ କରିବି ?

ପ୍ରଶାନ୍ତବାବୁ : ଆସିଲେ ଏଠି କ୍ୱାରେଣ୍ଟାଇନ୍‌ରେ ରହିବ ନିହାତି ଦି' ସପ୍ତାହ - ତା'ପରେ ଘରକୁ ଆସିବ।

ଶାନ୍ତିଦେବୀ : ଇରେ ବାପା। ମୋର ବାପଘର ଯିବା ସେତିକି ଥାଉ।

ଗୀତି : ବାପା, ଇଏ କହୁଥିଲେ ଜଗନ୍ନାଥ ମନ୍ଦିର ଖୋଲିଲେ ଆମେ ଟିକେ ଯାଇ ଦର୍ଶନ କରିବା-

ଶାନ୍ତିଦେବୀ : ଏଇ କଥାଟା ମନକୁ ପାଇଲା। ମୋ ପୁଅଟା ଭାରି ବୁଦ୍ଧିଆ।

ପ୍ରଶାନ୍ତବାବୁ : ଭାରିବୁଦ୍ଧିଆ ନା ପରବୁଦ୍ଧିଆ ? କାହା ଭାଉଜ ବିଦେଶରେ ରହିଗଲା ସେ କଥା ଶୁଣି ଅଯଥା ବିବ୍ରତ ହେଉଛି -

ଗୀତି : ଆପଣ ତେବେ ସବୁ ଶୁଣିଛନ୍ତି ?

ପ୍ରଶାନ୍ତବାବୁ : ହଁରେ ମା - ଶୁଣିଛି ତା' କଥା - ତୋ କଥା ସବୁ।

ଗୀତି : ତଥାପି ମୁଁ ତାଙ୍କୁ ବୁଝାଉଛି ବାପା - ଏ ସୁଯୋଗ ଛାଡ଼ିଦେଲେ ଆଉ ମିଳିବନି। ଆମ ଭିତରେ ବୁଝାମଣା ଠିକ୍ ଥିଲେ କୌଣସି ଉଦାହରଣ ଆମକୁ ପ୍ରଭାବିତ କରିବନି। ହଁ ଆମେ ଉଦାହରଣ ପାଲଟିଯିବୁ ଏହା ନିଶ୍ଚିତ।

ଶାନ୍ତିଦେବୀ : ଏ ଶ୍ୱଶୁର ବୋହୂ ପୂରା ଏକାଭଳିଆ କଥା କହୁଛନ୍ତି। (ଆସ୍ତେ)

ପ୍ରଶାନ୍ତବାବୁ : ଦେଖ ଶାନ୍ତି, ବୋହୂକୁ ଟିକେ ରନ୍ଧାବଢ଼ା ଶିଖାଇ ଦିଅ।

ଶାନ୍ତିଦେବୀ : କାହିଁକି ? ମୋ ହାତରୁ କ'ଣ ସେ ଲୁହାଖଡ଼ିକା ଚାମଚ ଛଡ଼େଇ ରୋଷେଇ କରିବ କି ?

ପ୍ରଶାନ୍ତବାବୁ : ଆରେ ଏକୁଟିଆ ରହିବ ତ ! କେମିତି ଶୀଘ୍ର ରୋଷେଇ ହେବ, ସୁଆଦିଆ ହେବ, ଏକଥା ତୁମଠୁଁ ବେଶି କିଏ ଜାଣିଛି ?

ଗୀତି : ବୋଉ, ଆପଣ ଖାଲି କହି ଦିଅନ୍ତୁ - ମୁଁ ଖାତାରେ ଲେଖି ରଖିବି - ତାପରେ ବନେଇବି ସୁବିଧା ଦେଖି।

ଶାନ୍ତିଦେବୀ : ଗୋଟେ କଥା ପଚାରିବି ମା - ରାଗିବୁନି ତ ?

ଗୀତି : ପଚାରନ୍ତୁ।

ଶାନ୍ତିଦେବୀ : ତୁ ନଗଲେ ହୁଅନ୍ତାନି ? ତୁ ଆସିଲା ଦିନୁ ଘରଟା ପୂରି ଉଠୁଛି। ତୋ ପାଉଁଜି ଶବ୍ଦ ଶୁଭୁଛି। ନହେଲେ ତ ଆମେ ଦି'ଟା ମଣିଷ ନୀରବରେ ବଞ୍ଚିଥିଲୁ।

ଗୀତି : ଇଏ ଅଛନ୍ତି ନା !

ପ୍ରଶାନ୍ତବାବୁ : ଆମ ତୁଷାର। ତା'ର ସାଙ୍ଗସୁଖ ବଜାର, ମୋବାଇଲ୍‌ରୁ ଫୁର୍ସତ ମିଳିଲେ ତ ?

(ଆସିଲା ଗୀତି, ଗାଉଥିଲା ଗୀତି ଗୁଣୁଗୁଣୁ ହୋଇ। ଶାନ୍ତିଦେବୀ ଆସିଲେ)

ଶାନ୍ତିଦେବୀ : ଆରେ ମା, କାମ ସାରିଦେ। ପଢ଼ାପଢ଼ି କରିବୁ କହୁଥିଲୁ। ତୋର ପରା ଅନ୍‌ଲାଇନ୍ ଇଣ୍ଟରଭିୟୁ ହେବ।

ଗୀତି : ଆପଣ ମନେରଖିଛନ୍ତି ବୋଉ ?

ଶାନ୍ତିଦେବୀ : ହଁ ମା, ଇତି ସିନା ବାହାରକୁ ଯାଇ ପାଠ ପଢ଼ିଲାନି। ବଞ୍ଚିରହିଥାଆନ୍ତା ତ ? ତା ବି ହେଲାନି। ମୁଁ ତୋତେ ଡକ୍ଟରେଟ କରିବାକୁ ପଠାଇବି ମା। ମୋର ପ୍ରାୟଶ୍ଚିତ୍ତ ବି ହୋଇଯିବ। (ଆସିଲେ ପ୍ରଶାନ୍ତବାବୁ)

ପ୍ରଶାନ୍ତବାବୁ : କିଏ ପ୍ରାୟଶ୍ଚିତ୍ତ କରୁଛ ଶାନ୍ତି ? ଏ କରୋନା ବେଳେ ଶାନ୍ତ ରୁହ। ଠାକୁରଙ୍କୁ ଡାକ। ଆମ ପିଲାମାନେ ପରସ୍ପର ପାଇଁ ବଞ୍ଚନ୍ତୁ। ଅଭାବ ଆସୁ ଅବୁଝାମଣା ନୁହେଁ।

ଗୀତି : ଆପଣମାନଙ୍କ ଆଶୀର୍ବାଦ ଥିଲେ ମୁଁ ସବୁ ପାରିବି ବାପା - ଆପଣଙ୍କ ପୁଅଙ୍କୁ ବୁଝାଇ ଦିଅନ୍ତୁ।

ପ୍ରଶାନ୍ତବାବୁ : ସେ ବୁଝିସାରିଛି ମା - ତୁମ ଭିତରେ dilemmaକୁ ରଖନି। ଏ ଘର ତୁମର। ଫେରିଲେ ତ ପୂରା ଦାୟିତ୍ୱ ହିଁ ନେବାକୁ ପଡ଼ିବ। ବୋଉ ମୁଁ ପାଚିଲା ତାଳ। ଗୋଟେ ପବନକୁ ଜୀବନ ନାହିଁ।

ଶାନ୍ତିଦେବୀ : ଆରେ ଏତେପାଠ ପଢ଼ି କ'ଣ ଆସିଲେ ରୋଷେଇ କରିବୁ ? ଗାଈ ଗୋରୁ କାମ କରିବୁ - ଉଁଷା କୁଟା କରିବୁ ?

ପ୍ରଶାନ୍ତବାବୁ : ଏଇଠି ତ ଅଟକିଗଲ ଶାନ୍ତି। ଯୋଉଠି ଆମ ବୋହୂ ରହିବ ସେଇ ତା ଘର। 'ବସୁଧୈବ କୁଟୁମ୍ବକମ୍।'

ଶାନ୍ତିଦେବୀ : ଛାଡ଼ ସେ ମନରଖା କଥା। ଛୁଆପିଲା ବକଟେ ହେଲେ ଥାଆନ୍ତେ। (ଆସିଲେ ତୁଷାର)

ତୁଷାର : ଏ କଥା ଏଇଠି ରହୁ। ଏବେ ଆମକୁ ହିଁ ପ୍ରସ୍ତୁତ ହେବାକୁ ପଡ଼ିବ ନା। ମୁଁ ଜାଣେ ମୋ ବାପା ବୋଉ ଖୁବ୍ ଆଧୁନିକ।

ଶାନ୍ତିଦେବୀ : ଭଲ କଥା - ସମସ୍ତେ ଯଦି ଏ ଘଟଣାକୁ ଏତେ ଗୁରୁତ୍ୱ ଦେଉଛନ୍ତି ଆମେ ନଦେବା କାହିଁକି ? ଆମ ଗୀତି ଆମ ସମ୍ପତ୍ତି। ଆରେ ଗୀତି - ସମୁଦୁଣୀଙ୍କ ପାଖକୁ ଭିଡିଓ କଲ୍ କଲୁ - ହ୍ୟାଲୋ ... ସମୁଦୁଣୀ ଏକାଠି କୁହ ଆମ ଗୀତି ଆମ ସମ୍ପତ୍ତି।

■

ଭଙ୍ଗାଗଢ଼ାର ସଂସାର

ଚରିତ୍ର ସୂଚୀ ...

ତାରା - ବୟସ୍କା ମହିଳା

ସୁମା - ତାରାଙ୍କ କନ୍ୟା (ବିବାହିତା)

ରୁବି - ତରୁଣୀ (ନରିମାମୁଙ୍କ ନାତୁଣୀ)

ନରିମାମୁ - ତାରାଦେବୀଙ୍କ ଭାଇ (ଗ୍ରାମ୍ୟ ମୁଖିଆ)

ରମେଶ - ରୁବିର ପୁରୁଷବନ୍ଧୁ

ଅଭି - ନରିମାମୁଙ୍କ ପୁଅ (ରୁବିର ବାପା)

ପ୍ରଥମ ଦୃଶ୍ୟ

(ସମୟ ସନ୍ଧ୍ୟା - ମହାଷ୍ଟମୀ, ଘଣ୍ଟଘଣ୍ଟା ବାଜୁଛି।
ବୋଉ (ତାରାଦେବୀ) ଡାକିଲେ ସୁମାକୁ।)

ତାରା : ସୁମି ମା'ଟା ପରା ଟିକେ ପିଲାଙ୍କୁ ବାଲ ଭୋଗ ବାଣ୍ଟିଦେ। ଯା।

ସୁମା : ତୁ ଦେଇ ଦେ। ସେମାନେ ମୋତେ ମାନିବେନି।

ତାରା : ସେମାନେ ମୋତେ ଛୁଇଁଦେଲେ ଆଉ ଥରେ ଗାଧୋଇ ପାରିବିନି ମା - ବୁଝୁ ଟିକେ। ମୋତେ ପରା ଏବେ ଥଣ୍ଡା ଧରୁଛି।

ସୁମା : ସେଇଠି ଥୋଇ ଦେ। ସେମାନେ ନିଜେ ନେଇଯିବେ। ଏ କରୋନାରେ ଖାଲି କଲବଲ କଥା।

ତାରା : ପୁଣି ସନ୍ଧିପୂଜା କାମ କରିବାକୁ ହେବ ଝିଅ। କଥା ମାନେ। (ସୁମା ଥାଳିରେ ଭୋଗ ନେଇ ବିରକ୍ତିରେ ଦାଣ୍ଡଆଡ଼େ ଗଲା। ବୋଉ ରୋଷେଇଘର ଠଣା (କାନ୍ଥଖୁରା)ରୁ ଖଣ୍ଡେ କାଗଜ କାଢ଼ିଲେ। ସୁମି - ମା ଟିକେ ପଢ଼ିଦେ ଲୋ। ମତେ ରାତିରେ ଦିଶୁନି ପରା -

ସୁମା : ଓହୋ, କହିଲୁ ତ ଭୋଗ ବାଣ୍ଟିବାକୁ। ପୁଣି ଡାକୁଛୁ ତାଲିକା ପଢ଼ିବାକୁ। ହଉ ଦେ - (ପଢ଼ିଲା) କାକରା ପିଠା, କ୍ଷିରୀ, ମାଛ ତରକାରୀ, ପୁରି, ଚକୁଳିପିଠା, ବୁଟଭଜା, ସୁଜି ହାଲୁଆ, ଓଉ ଖଟା, ଦହି ଭାତ, ବରା, ହେତ୍ ଆଉ ଦିଶୁନି। ଏ କାଗଜଖଣ୍ଡକ ଦବୁ ତ, ମୁଁ ଉତାରି ଦେବି।

ତାରା : ଭଲ କହିଲୁ ମା - ଗୋଲ ଗୋଲ ବଡ଼ ଅକ୍ଷର ଲେଖିବୁ ଯେ ମତେ ଦିଶିବ। ଏମିତିରେ ଗଞ୍ଜେଇ ପିଠା, ଶାଗ ହେରିକା ମୋର ମନେ ଅଛି ଯେ ! ହଁ ଚୂଡ଼ା ଘଷା ବି -

ସୁମା : ଚାଲ, ମୁଁ ଯାଉଛି। ଖୁଡ଼ୀ ଆସିଲେଣି। ମାଉସୀ ତ ପିଠା ଗଢୁଛି।

ତାରା : ହଉ ମା, ଆସିବୁ। ଚଣ୍ଡୀପାଠ ସରିଲା ବେଳକୁ ଯୋଗାଡ଼ ସରିବା ଦରକାର। (ଚାଲିଗଲେ)

ସୁମା : ଧନ୍ୟ ତୁ ବୋଉ - ଏ ଘରର moving goddess - କେତେକଥା ତୁ ମନେ ରଖିଛୁ। ବାପା ଆମର ଭାଗ୍ୟବାନ୍ ତୋ ପରି ଲକ୍ଷ୍ମୀଟିଏ ପାଇ।

(ଆସିଲେ ନରିମାମୁ, ସୁମା ମୁଣ୍ଡିଆ ମାରିଲା)

ସୁମା : ମାମୁ, କ'ଣ ଏକୁଟିଆ ଆସିଲ ? ମାଇଁ ପିଲାଏ ?

ନରିମାମୁ : ମାଇଁ ତା ବାପଘରକୁ ଗଲା। ତାକୁ ଛାଡ଼ିଦେଇ ତ ମୁଁ ଧାଇଁଚି ମୋ ନାନୀ ଘରକୁ। ଗାଈ ଯୁଆଡ଼େ ବାଛୁରୀ ସିଆଡ଼େ। (ହସିଲେ)

ନରିମାମୁ : ଆଚ୍ଛା, ମା ସୁମା - ତୋର ପାଠ କୋଉଯାଏ ଗଲା ?

ସୁମା : ଏ ବର୍ଷ final Yr B.A. ଦେବି ମାମୁ। ଇଂରାଜୀ ଅନର୍ସ ରଖିଛି।

ନରିମାମୁ : ଭଲ ଭଲ। ଆଉ ଆମ ନାନୀ ଗୋଡ଼ରେ ତ ଆଜି ଚକ ଲାଗିଯାଇଥିବ। ତା ସାଙ୍ଗରେ କଥା କହିବା ବି ଆଜି ମୁସ୍କିଲ।

ସୁମା : ମୁଁ ଟିକେ ଚାହା କରି ଆଣୁଛି ମାମୁ - ସେ ଭୋଗ ଯୋଗାଡ଼ କରିସାରିଲେ ଆସିବ ଯେ !

ନରିମାମୁ : ତା ପରି ନିଷ୍ଠାବତୀ ନାରୀ ମୁଁ ଦେଖିନି। ଠାକୁରାଣୀ ପୂଜା ଚାରିଦିନ ତାର ଭାରି ନିଷ୍ଠା।

ସୁମା : ବୋଉକୁ ଆଉ ପଢ଼େଇ ନଥାନ୍ତେ ଅଜା ଆଇ? କେତେ କଥା ସେ ମନେରଖିଛି।

ନରିମାମୁ : ଛାଡ଼୍ ଝିଅ। ଆମ ବେଳେ ଏତେ ପାଠ ଲାଗି ଗୁରୁତ୍ୱ ଥିଲା କୋଉଠି?

(ସୁମା ଗଲା ଚାହାପାଇଁ। ନରିମାମୁ ଘରସାରା ଏପାଖ ସେପାଖ ହେଉଥିଲେ)

ସୁମା : ମାମୁ ଚାହା -

ନରିମାମୁ : ଆମ ସମୟରେ ମ୍ୟାଟ୍ରିକ୍ ପଢ଼ିଲେ ଝିଅଟି ପାଠୁଆରେ ଗଣା ହେଉଥିଲା। ମ୍ୟାଟ୍ରିକ୍ ପରୀକ୍ଷା ନଦେଇ ବାହା ହୋଇଥିଲା ତୋ ବୋଉ। ତୋ ବୟସକୁ ତା'ର ଦିଟା ପୁଅଝିଅ ହୋଇ ସାରିଥିଲେ ପରା!

ସୁମା : ଥାଉ ମାମୁ। ମୁଁ ଯାଉଛି ବୋଉକୁ ଡାକିଦେବି। (ଚାଲିଗଲା)

(ଲୁଗାକାନିରେ ହାତ ପୋଛୁ ପୋଛୁ ଆସିଲେ ତାରାଦେବୀ)

ନରିମାମୁ : ପାଦ ଛୁଇଁଲେ। ତୋ କାମ ସାରିଲା ନାନୀ!

ତାରାଦେବୀ : ନାଇଁରେ ଦଶଭୁଜା ମାଆପାଇଁ ଦଶଭୁଜା ନହେଲେ କ'ଣ କାମ ସରିବ?

ନରିମାମୁ : ବାଃ ଭଲ କଥା କହିଲୁ ତ।

(ଚାରିଆଡ଼କୁ ଚାହିଁ) କଥା କ'ଣ କି - ମୁଁ ସୁମା ପାଇଁ ଗୋଟେ ପ୍ରସ୍ତାବ ଆଣିଥିଲି। ପିଲାଟା ଏ ବର୍ଷ ଓ.ଏ.ଏସ୍. ପାଇଛି। ଭଲ ଘର। ଦବାନବାର ଦାବୀ ନାହିଁ। ଆମେ ଖୁସିରେ ଯାହା ଦେବା।

ତାରାଦେବୀ : ଭଲ ପ୍ରସ୍ତାବ ଯେ ସୁମା ତ ଶୁଣିଲେ ଏଇଲା ପାଟିତୁଣ୍ଡ କରିବ। ହଉ ଦେଖେ।

ନରିମାମୁ : ଆଚ୍ଛା ଭାଇନା କାହିଁକି ଦିଶୁନାହାନ୍ତି?

ତାରାଦେବୀ : ସେ ଯାଇଛନ୍ତି ତାଙ୍କ ଭଉଣୀ ଘରକୁ। ସନ୍ଧ୍ୟାସୁଦ୍ଧା ଫେରିବେ। ତାପରେ ଭୋଗ ଲାଗିବ।

ନରିମାମୁ : ହଉ, ତୁମେ ଦି'ଜଣ ମା' ଝିଅ କଥାବାର୍ତ୍ତା କର। ମୁଁ ଆସୁଛି।

ତାରାଦେବୀ : ହେ ନରି। ତୁ ତ ଭାରି ଚାଲାଖ। ଆରେ ଆଜି ମହାଷ୍ଟମୀ। ଠାକୁରାଣୀଙ୍କ ଭୋଗ ଟିକେ ପାଟିରେ ନଦେଇ ଚାଲିଯିବୁ ?

ନରିମାମୁ : ହଉ, ମୁଁ ତେବେ ଟିକେ ବଜାର ଆଡ଼େ ବୁଲିଆସେ।

ତାରାଦେବୀ : ସବୁଦିନେ ତ ବଜାର ବୁଲା ହୋଇପାରିବ। ଟିକେ ଚଣ୍ଡୀ ଶୁଣୁନୁ।

ନରିମାମୁ : ମୁଁ ବୁଝି ପାରିବିନି।

ତାରାଦେବୀ : ଆରେ, ମୁଁ ପରା ବୁଝୁଛି। ତୁ ଚେଷ୍ଟାକଲେ ସବୁ ପାରିବୁ। ମନ ଥୟ କର।

ନରିମାମୁ : ଆଉ ସୁମି କୁଆଡ଼େ ଗଲା ?

(ସୁମା ଭିତରୁ)

ସୁମା : ଯାଉଛି ମାମୁ। କି କରୋନା ଆସିଲା ଯେ କେହି କାହାଘରକୁ ଯାଉନାହାନ୍ତି। ହେଲେ ଠାକୁରାଣୀଙ୍କ କାମ ତ ହେବନା – ସବୁ ମାଡ଼ ଘର ଲୋକଙ୍କ ଉପରେ –

ତାରାଦେବୀ : ତା କାମ ସିଏ କରେଇ ନେଉଛି ମା – ସେ ଯେମିତି ଚଳାଉଛି ଆମେ ସେମିତି ଚାଲିବା।

ଦ୍ୱିତୀୟ ଦୃଶ୍ୟ

(Backgroundରୁ)

(ଦି'ବର୍ଷ ହେଲା କରୋନା ଯାଉନି। ଲୋକେ ବି ଅଭ୍ୟସ୍ତ ହୋଇଗଲେଣି। ମାନ ଅଭିମାନ ଚୂଲିକୁ ଗଲାଣି। ଖାଲି ବଞ୍ଚିବା ଢେର)

(ଆସିଲା ସୁମା)

ସୁମା : ଏ ଦି' ବର୍ଷ ଭିତରେ କ'ଣ ହୋଇଗଲା ଆମ ପରିବାର ? ଭାଇ ବାଙ୍ଗାଲୋରରେ ତା batchmate ହରିୟାନା ଝିଅ ମୟୂରୀକୁ ବାହା ହୋଇପଡ଼ିଲା। କିଛି ରୋଗ ବଇରାଗ ନାଇଁ ବାପା ବି ବାହୁଡ଼ିଗଲେ ଟିକେ ଛାତିରେ ଯନ୍ତ୍ରଣା ହେବାରୁ। ହଁ ଭାଇ ବାହାଘର ଲାଗି ଗାଁରେ ବାପା ଭୋଜି ଦେଇଥିଲେ ଯେ ହେଲେ ମୟୂରୀ ମୋଟାମୋଟି ଆମ ଘରର ପରିବେଶକୁ ପସନ୍ଦ କରିପାରି ନଥିଲା। ଆଉ ମୁଁ M.A II Part ନଦେଇ ବାହା ବି ହେଲି ବୋଉର ବାଧବାଧକତାରେ। ଯାହାହେଉ B.E.D. କଲି ବୋଲି ...

(ଆସିଲେ ବୋଉ)

ସୁମା : ବୋଉ ତୋ ଦେହ ଭଲ ନାହିଁକି ?

ତାରାଦେବୀ : ନାଇଁ ତ ମା, ମୁଁ ଠିକ୍ ଅଛି ।

ସୁମା : କ'ଣ ଭାବୁଛୁ ବୋଉ ?

ତାରାଦେବୀ : ଭାବୁଛି ଆଉ କେତେଦିନ ?

ସୁମା : ତୋ କଥା ଶୁଣି ମୋତେ ଡର ଲାଗୁଛି ବୋଉ । ଚାଲିଲୁ ମୋତେ ଭୋକ କଲାଣି । ଖାଇସାରିଲେ ଯିବି ଆମ କ୍ୱାଟର୍ସକୁ ।

ତାରାଦେବୀ : ଆରେ ମା । ତୋ ଭାଇ ଫୋନ୍ କରିଥିଲା କି ?

ସୁମା : ନାଇଁ ତ ? ତୁ ବୋଉ ଗୋଟେ Smart Phone ରଖ । ପୁଅବୋହୂଙ୍କୁ ଦେଖିବୁ । କଥା କହିବୁ ।

ତାରାଦେବୀ : ଏଇ ଯୋଉ ବହି ଭଳିଆ ଫୋନ୍ । ନାଇଁ ଲୋ ମାଆ ଏଇ ଛୋଟିଆ ଫୋନ୍‌ଟା ତ ଠିକ୍ ଭାବରେ କରିପାରୁନି । ଏବେ କାନକୁ ଭଲ ଶୁଭୁନି । ଏତେ ଟଙ୍କା ଦେଇ ...

ସୁମା : ତୋତେ କିଏ କହିଲା ବଡ଼ ଫୋନ୍ ବେଶି ଟଙ୍କା ବୋଲି ?

ତାରାଦେବୀ : କାଇଁ ଆମ ଟୁନା । ସେ ପରା କଲେଜ ଗଲାଣି । ତୋ ଦାଦା ସାଙ୍ଗରେ ଝଗଡ଼ା କରି ଏବେ ପରା ସେଥିରୁ ଗୋଟାଏ କିଣିଛି ଆଠ ହଜାର ଦେଇ, କ'ଣ ଅନ୍‌ଲାଇନ୍ କ୍ଲାସ୍ କରିବ ବୋଲି ।

ସୁମା : ବାଃ ସେ ଥରେ ଦି'ଥର ମୋ ପାଖୁ Video Call କରିଦେଉନି ।

ତାରାଦେବୀ : ତାକୁ ତର କାହିଁ । ଛାଡ଼େ ମା' । ଏଇ ଛୋଟ ଫୋନ୍ ମୋ ଲାଗି ଢେର ।

ସୁମା : ଭାଇ ଏ ଭିତରେ ଫୋନ୍ କରିନି ?

ତାରାଦେବୀ : ତାକୁ କୋଉଠି ବେଳ ଥିବ କହିଲୁ । ତାର କେତେ କାମ । କୋଉ ଆମ ଗାଁ ଭୂଇଁ ହୋଇଛି ?

ସୁମା : ଧନ୍ୟ ଲୋ ବୋଉ - ସବୁରି କଷ୍ଟ ତୋତେ ଦିଶୁଛି । ନିଜ କଷ୍ଟ ନୁହେଁ ।

ତାରାଦେବୀ : ମୋର କଷ୍ଟ କ'ଣ ? ଦି'ଟା ଫୁଟେଇ ଖାଇପାରୁଛି । ଦାଣ୍ଡବାଡ଼ି ଦି'ଥର ବୁଲି ଆସିପାରୁଛି । ଖରାରେ ବସି ଟିକେ ଭାଗବତ ପଢୁଛି । ଲାଇନ ଥିଲେ ସନ୍ଧ୍ୟାରେ ଟି.ଭି. ଦେଖୁଛି । ଖୁଡ଼ୀ ଆସିଲେ ...

ସୁମା : ହଁ ଖୁଡ଼ୀଙ୍କୁ ଦେଖି ଭଲ ଲାଗୁଥିବ ଟିକେ । ଆଉ କେହି ...

ତାରାଦେବୀ : ହଁ ରତନୀ ମା ସକାଳ ସଞ୍ଜରେ ଆସି ଘର କାମ କରୁଛି। ଧୁଆପୋଛା ସବୁ। ମୁରଲୀ ଆସି ହାଟ ସଉଦା କରି ଦେଉଛି।

ସୁମା : ଆଉ ମୁଁ?

ତାରାଦେବୀ : ମରିଯାଉଥାଏଟି। (ଆଉଁଶି ପକେଇ) ତୋର କୋଟି ପରମାୟୁ ହେଉ ମା। ତୋ କାଚବଜର ହୋଇଥାଉ। ଜ୍ୱାଇଁଙ୍କର ଆହୁରି ବଢ଼ତି ହେଉ। ତୁ ଆସୁଛୁ ଯାଉଛୁ ବୋଲି ମୋର କେତେ ଦମ୍ଭ। ମୁଁ ପରା ଠାକୁରଙ୍କୁ ଏଇଆ କହୁଛିନିଇତି। ମୋ ଶୁଭ ଭଳି ସୁମି ଯଦି ମୋତେ ଭୁଲିଯାଇଥାଆନ୍ତା ମୁଁ କ'ଣ କରୁଥାଆନ୍ତି ଠାକୁରେ? (କାନ୍ଦିଲେ)

ସୁମି : ଠାକୁର ତ ତୋ କଥା ଶୁଣିବାକୁ ଅନେଇଁ ବସିଛନ୍ତି?
(ଆସିଲେ ନରିମାମୁ - ସୁମା ମୁଣ୍ଡିଆ ମାରିଲା)

ନରିମାମୁ : ଭଲ ହେଲା ତୋ ସାଙ୍ଗରେ ଦେଖା ହୋଇଗଲା। କେମିତି ଅଛୁ?

ସୁମି : ଯାହା ବେକରେ ବାନ୍ଧି ଦେଇଛ ସେ ସମ୍ଭାଳିଛି ମାମୁ। ଭଲଅଛି ଆଉ ଆମ ଜିତୁ?

ନରିମାମୁ : ତା କଥା କହନା ଝିଅ। ସକାଳ ହେଲେ ତାର ପାଞ୍ଚଶହ ଟଙ୍କା ଦରକାର। ପକ୍ଷୀରାଜ ଘୋଡ଼ା ତ ବାପା କିଣିଦେଇଛି। ତେଣିକି ସିଏ ସର୍ବବ୍ୟାପି। କେଉଁଠି ସଭା ପାଇଁ ଲୋକ ଲୋଡ଼ା ତ କେଉଁଠି ଛୋଟବଡ଼ ଭୋଜିର ଯୋଗାଡ଼। ସବୁଥିକି ସିଏ ଆଗଭର ହେଲେ ଘରେ (ଦୀର୍ଘଶ୍ୱାସ)

ତାରାଦେବୀ : ଘରେ କ'ଣ କଥା ମାନୁନି?

ନରିମାମୁ : ଘରେ ସେ କୁଟାଖଣ୍ଡକ ବି ଦି'ଖଣ୍ଡ କରୁନି। ନିଜ ଜାମା ଜୋତା ସାଇତି ରଖିବା ବି ମୁସ୍କିଲ।

ତାରାଦେବୀ : କେତେ ବୟସ ହେଲା ତା'ର?

ସୁମା : କ'ଣ ଜିତୁକୁ ବାହାକରିବୁ ବୋଲି ଭାବୁଛୁ କି ବୋଉ?

ତାରାଦେବୀ : 'ହଁ ପାଦକେ ଶିରୀ, ପାଦକେ ହତଶିରୀ' ପରା ତା ଭାଗ୍ୟକୁ ଭଲ ଝିଅଟିଏ ଯଦି ଠାକୁରେ ଖଞ୍ଜିଥିବେ!

ସୁମା : କାହାଘର ଝିଅକୁ ଆଣି ବେକରେ ବାନ୍ଧିବ ମାମୁ? ଜିତୁ ଉପରେ ତୁମେ ପରା ଭରସା କରିପାରୁନ?

ତାରାଦେବୀ : ହଁ ଅଭାବୀ ଘର। ସଗୁଣା ଥିବା ଝିଅଟିଏ ମିଳନ୍ତା କି? ତା ଭାଗ୍ୟ -

ନରିମାମୁ : ତା ବାପା ପୂରା କାଟିଦଉଚି ବାହାଘର କଥା -

ସୁମା : ଠିକ୍ କହୁଛନ୍ତି ଗୁଣ ଭାଇନା - ଯେତେ ଅଭାବୀ ଘର ଝିଅ ହୋଇଥିଲେ ବି ସେ କାହିଁକି ଏ ହାଣମୁହଁଙ୍କୁ ଆସିବ ? ଯେ ଯାହା ପିଲା ତାକୁ ବଡ଼।

ତାରାଦେବୀ : ହଁ ମ ଖାଲି କଥା ପଡ଼ିଲେ ଢେର। କିଏ କ'ଣ କାଲି ପଅରିଦିନ କନ୍ୟା ଯୋଗାଡ଼ କରିଦେବେ କି ?

ସୁମା : ନାଇଁ ମାମୁ। ଜିତୁକୁ କହନ୍ତୁ କେଉଁଠି କିଛି କାମ କରୁ। ନହେଲେ ବ୍ୟବସାୟ ବି କରୁ - ଛୋଟରୁ ଆରମ୍ଭ କଲେ ବଡ଼ ହେବ।

ନରିମାମୁ : ମୁଁ ତ କହି କହି ଥକିଗଲିଣି। ସେ ଏକାଠି ଲକ୍ଷେରୁ ଆରମ୍ଭ କରିବ। ଲକ୍ଷେରେ କେତେଟା ଶୂନ କହିନପାରି ମୁଁ ସାର୍‌ଙ୍କଠୁଁ ମାଡ଼ ଖାଇଥିଲି। (ହସି ପକାଇଲେ ନିଜ ରସିକତାରେ)

ତାରାଦେବୀ : ହଁ ସେ ସମୟ ଥିଲା ଅଲଗା।

ସୁମା : ମୁଁ ତେବେ ଆସୁଛି ବୋଉ। ତୁ ମାମୁଙ୍କ ସାଙ୍ଗରେ ଗପ କରୁଥା। ପୁଅକୁ ପଢ଼ାଉଚି ଟିକେ। କାଲି ବହୁତ class ଅଛି। ପଅରଦିନ ଆସିବି। (ଚାଲିଗଲା)

ତୃତୀୟ ଦୃଶ୍ୟ

(ସେଇ ଦିନ ସଂଜ - ନରିମାମୁ ଓ ତାଙ୍କ ନାନୀ ତାରାଦେବୀ ଗପୁଥିଲେ)

ନରି : ଯାହା କହିଲୁ ନାନୀ - ଏ ସୁମିଟା ପାଖରେ ଅଛି ବୋଲି ତୁ ବଞ୍ଚିଯାଇଛୁ -

ତାରାଦେବୀ : ହଁ ରେ, ତା ବରଟା ବି ଭାରି ଭଲ ପିଲା। ମୋତେ ଭାରି ମାନେ। ସୁମି ଏଠିକି ଆସିଲେ ସନ୍ଧ୍ୟା ସୁଦ୍ଧା ପହଞ୍ଚି ତାକୁ ଘରକୁ ନିଏ।

ନରି : ଆଉ ଦେହ ଖରାପ ହେଲେ ?

ତାରାଦେବୀ : କହନା ସେ କଥାରେ ଭାଇ - ଥରେ ତ ଏମିତି ମଲାଗଲା ହୋଇ ପଡ଼ିଲି ଯେ ମୋ ଝିଅ ଜ୍ୱାଇଁ ଦିଟା ଭାରି କଲବଲ ହେଲେ। ଡାକ୍ତରଖାନାରେ ଦଶଦିନ ରହିଲି।

ନରି : ଶୁଭ ଖବର ପାଇଥିବ ତ ?

ତାରାଦେବୀ : ହଁ ଫୋନ୍ କରୁଥିଲା - ଟଙ୍କା ପଠାଇଥିଲା ସୁମା ପାଖକୁ। ମୁଁ ଫେରାଇ ଦେବାକୁ କହୁଥିଲି ଯେ ସୁମା ମନାକଲା -

ନରି : ଭଲ କରିଚି। ଦଉ କିଛି ପଇସା। ଦାୟିତ୍ୱ ତ କିଛି ନେଲାନି।

ତାରାଦେବୀ : ଛାଡ଼ ସେ କଥା - ସେ ଯେଉଁଠି ଅଛି ଭଲରେ ଥାଉ। (ଫୋନ୍ ଆସିଲା)

ତାରାଦେବୀ : ଆରେ ଶୁଭ କି ? ଭଲ ହେଲା ବାପ - ଏବେ ନରିମାମୁ ତୋ କଥା ପଚାରୁଥିଲେ। କେମିତି ଅଛୁ ? ଆମ ମୟୂରୀ ତା ଝିଅ ସେ ନାକକାନ୍ଦୁରୀ ମ - ତା ନାଁ ମନେପଡୁନି ଭଲ ଅଛନ୍ତି ତ ? (ହସିଲେ) ହଁ ଦି' ବର୍ଷର ହୋଇଯିବଣି - ମୁଁ କୋଉ ତାକୁ ଦେଖିଲିଣି ଜନ୍ମକାଳରୁ ! ହଁ ଆସୁଛି। ମାମୁକୁ କହିଦେବି ତୋ କଥା - କେବେ ଆସୁଛୁ ? ହ୍ୟାଲୋ ହ୍ୟାଲୋ ... ଫୋନ୍ କଟିଗଲା ବୋଧେ।

ନରି : କଟିଗଲା ନା କାଟି ଦେଇଥିବ ସେ। କାହିଁକି କେବେ ଆସୁଛୁ ପ୍ରଶ୍ନର ଉତ୍ତର ଦେଇଥାଆନ୍ତା - ତୁ ତ କହିଲୁନି ତୋ କଥା ...

ତାରାଦେବୀ : ସେ ଯେତିକି ପଚାରିଲା ସେତିକି କହିଲି। ଉପରେ ପଡ଼ି ଗପିବା ମୁଁ ଛାଡ଼ିଦେଲିଣି।
(ଆସିଲା ରତନୀ ମା')

ରତନୀ ମା' : ଆରେ କ'ଣ ମାମୁ ଆସିଛନ୍ତି। ନମସ୍କାର। କେମିତି ଅଛ ମାମୁ ? ଆମ ମା ତୁମ କଥା ସବୁବେଳେ ମତେ କହନ୍ତି ପରା -

ନରି : ମୁଁ ତ ଏତେ ଦୂରରେ ରହିଲି। ତୁମେ ସବୁ ମୋ ନାନୀକୁ ଦେଖୁଥିବ।

ରତନୀ ମା' : ହଁ ବାବୁ ସୁମା ଅପା ଅଛନ୍ତି ପରା -

ତାରାଦେବୀ : ଯା ରତନୀ ମା ଚାହାଟିକେ କର ଅଦା ପକେଇ - ଆଜି ଭାଇଭଉଣୀ ବସି ଗପିବୁ ଢେର।

ନରିମାମୁ : ନାନୀ, ମୋ କଥା କହିବି ବୋଲି ତୁଣ୍ଡ ଲେଉଟୁନି।

ତାରାଦେବୀ : ମୁଁ ବି ଭାବୁଛି ତତେ ପଚାରିବି ତୁ ଏତେ ଅନ୍ୟମନସ୍କ କାହିଁକି ?

ନରିମାମୁ : ମୋ ନାତୁଣୀ - ଏଇ ଜିତୁର ତଳ ଭଉଣୀ ମ ରୁବି - ସେ ଗୋଟେ ବଦ୍‌ମାସ୍ ପିଲା ସାଙ୍ଗରେ ପଳେଇଛି। ଗାଁରେ ହାଟ ବସିଛି। ଭାରି ଲାଜ ମାଡୁଛି ଲୋ।

ତାରାଦେବୀ : ଆରେ ସେ ତ ଛୋଟ ପିଲାଟା।

ନରିମାମୁ : କି ଛୋଟ? ଏ ବର୍ଷ +୨ ଦେଇଥାଆନ୍ତା ପରା - ଗୋଟେ ଗ୍ୟାରେଜରେ କାମ କରୁଥିବା ପିଲାସାଙ୍ଗରେ ଛୁ - ଧନ୍ୟ ଧନ୍ୟ ସେ ଯୋଗଜନ୍ମା ଝିଅ।

ତାରାଦେବୀ : ଯାହା କହିଲୁ, ବଡ଼ ଭାଇ ଘରେ ପଶୁନି - ଯାବତୀୟ ଦୁଷ୍ଟ ପିଲାଙ୍କ ସାଙ୍ଗ ହେଉଛି। ବାପା ମା ଦି'ଟା ଖାଲି ଅଶାନ୍ତିରେ ବଞ୍ଚିଛନ୍ତି। ସବୁଦିନେ ପାଟିତୁଣ୍ଡ। ଛାଡ଼ ...

ନରିମାମୁ : ଠିକ୍ କହିଲୁ ନାନୀ - ଏମିତି ପରିବାରର ପିଲାଏ ଭୁଲ୍ ବାଟରେ ଯାଆନ୍ତି।

ତାରାଦେବୀ : ତୁ କ'ଣ କରୁଥିଲୁ? ଖାଲି ଠାକୁର ପିଣ୍ଡାରେ ବସି ନିଶାପ। ଆରେ କାହାଘରଚ଼ଳି ମେଣ୍ଟାଉଛୁ ନିଜ ଘର ଜଳିଗଲାଣି।

ନରିମାମୁ : କ'ଣ କରିବି ନାନୀ - ମୋତେ ଘରେ ରହିବାକୁ ଭଲ ଲାଗେନି ବୋଲି ଠାକୁର ପିଣ୍ଡାକୁ ଚାଲିଯାଏ। ଦେଖିଲୁ ତ ଆମ ଲତା ମୋତେ ଠକି ଦେଇ ଚାଲିଗଲା। ଏକୁଟିଆ ମଣିଷ କଲି ଅଭୟକୁ।

ତାରାଦେବୀ : ହଁ ଯେ, ହେଲେ ଭାଇ ବି କୋଉ ସୁଖ ପାଇଲା କି? ତା' ନିଃଶ୍ୱାସ ପଡ଼ିଛି ସେ ଘରେ।

ନରିମାମୁ : ଆଉ କହିଲେ କ'ଣ ହେବ? ଆଗରୁ କହିଥାଆନ୍ତୁ ଭଲା! (ଫୋନ୍ ଆସିଲା)

ତାରାଦେବୀ : ହଁରେ ମା ଗପୁଛି ବସି ତୋ ମାମୁ ସାଙ୍ଗରେ। ତୁ ଜାଣିଥିଲୁ। ଆଛା - ହଉ କିଛି ରାନ୍ଧିବିନି କହୁଛୁ, ହେଲା। ଆହୁରି ଗପେ ରାତି ନ'ଟା ଯାଏ। ମାମୁ ଏତେ ଦିନ ପରେ ଆସିଛି ତ! (ଫୋନ୍ ରଖିଲେ)

ନରିମାମୁ : କ'ଣ କହୁଥିଲା?

ତାରାଦେବୀ : ରୁଟି ତରକାରୀ ପଠାଇ ଦେବ ଆମ ପାଇଁ - ଭାରି ବୁଝେ ସେ ମୋ ମନକଥା - କୋଉ ଜନ୍ମରେ ମୋ ବୋଉ ଥିଲା ବୋଧେ।

ନରିମାମୁ : ଆରେ ମୁଁ ତେବେ ଅଭିକୁ ଫୋନ୍ କରେ - ହ୍ୟାଲୋ - କ'ଣ କରୁଛୁ? ଜିତୁ ଆସିଲାଣି - ଆଉ ରୁବି ଖବର? ବିନି କେଉଁଠି? ହଉ ହେଲା - କ'ଣ ଖାଇଚୁ ଆଜି ରାତିରେ ... ହଁ, କାଲି ସକାଳୁ ଗଲେ ସବୁ ଶୁଣିବି - ତୋ ପିଉସୀ ନାନୀ ପରା ଅଟକାଇଦେଲା - ଥା ...

ତାରାଦେବୀ : କିଛି ଖବର ମିଳିଲା ?

ନରିମାମୁ : କହିଲା କାଲି କହିବ। ଘରେ କ'ଣ ଚୁଡ଼ା ମୁଢ଼ିଥିବ ଖାଇଦେବ ଆଜି ରାତିରେ - ବିଚାରୀ - କି ଚାକିରି କରିବ ? ଅଫିସ୍‌ରେ ତ ସମସ୍ତେ ଥଟ୍ଟା କରୁଥିବେ।

ତାରାଦେବୀ : ଆଉ ତା ସ୍ତ୍ରୀ ?

ନରିମାମୁ : କୋଉ ସାଙ୍ଗ ଘରକୁ ଯାଇଛି - ତାର ଘରେ ନିଃଶ୍ୱାସ ବନ୍ଦ ହୋଇଯାଉଛି କୁଆଡ଼େ।

ତାରାଦେବୀ : ଏତେବେଳେ ସିନା ଦୁହେଁ ସାଙ୍ଗ ହୋଇ ରହନ୍ତେ - ତୁ କହିବୁ ତ ମୁଁ ତାକୁ ବୁଝାଇ ଦେବି -

ନରିମାମୁ : ଅକାରଣ ଅପମାନିତ ହେବୁ କାହିଁକି ନାନୀ - ମୁଁ ତ ଥକିଗଲି। ସବୁ ପ୍ରଶ୍ନର ଉତ୍ତର ତା ଜିଭ ଅଗରେ ଅଛି। ଯୁକ୍ତି କରିବାରେ ଓସ୍ତାତ୍ ଝିଅ କଥା ଶୁଣି ବି ନିର୍ବିକାର - "ତା ଭାଗ୍ୟ ନେଇ ସିଏ ଗଲା।" ଅଧିକ କହିଲେ ଅସୁବିଧା।

ତାରାଦେବୀ : (କଲିଂବେଲ୍ ଶୁଣି ଉଠିଲେ) ନିଶ୍ଚୟ ସୁମା ଖାଇବାକୁ ପଠାଇଥିବ। ମୁଁ ନେଇଆସେ। ଖାଇଦେବା। ନହେଲେ ଥଣ୍ଡା ହୋଇଯିବ।

ଚତୁର୍ଥ ଦୃଶ୍ୟ

(ଗପୁଥାନ୍ତି ନରିମାମୁ ଆଉ ତାରାଦେବୀ - ସମୟ ସନ୍ଧ୍ୟା)

ନରିମାମୁ : କେତେ ପୁରୁଣା କଥା ମନେପଡୁଛି ନାନୀ। ମୁଁ ନିଶାପ କରେ। ସମସ୍ତେ ମୋ କଥା ମାନନ୍ତି। ମୁହଁ ଉପରେ କିଛି କହନ୍ତିନି।

ତାରାଦେବୀ : ଭଲ କଥା ତ।

ନରିମାମୁ : ମୁଁ କିନ୍ତୁ ଭାରି ନିଷ୍ଠୁର ଲୋ ନାନୀ। ବିଚାର କଲାବେଳେ ଜଜ୍ କି ଓକିଲଠୁଁ ଆହୁରି ନିଷ୍ଠୁର ହୋଇଯାଏ। (ଅନ୍ୟମନସ୍କ)

ତାରାଦେବୀ : କାହିଁକି ଏମିତି କହୁଛୁ କିରେ ?

ନରିମାମୁ : ଆମ ଗାଁ ପାଖ ବସ୍ତିରେ ରହେ ରିକ୍ସାବାଲା ଲଛମନ। ତା' ଝିଅ ଘରୁ ପଳାଇଥିଲା। ସେକଥା ଠାକୁର ପିଣ୍ଡାରେ ବିଚାର ହେଲା। ଲଛମନ ଖାଲି ମୁଣ୍ଡିଆ ମାରି ପକଉଥାଏ। ଯାହା କହିଲେ ଜୋରିମାନା ଦେବି ଆଜ୍ଞା।

ତାରାଦେବୀ : ସେଇଠୁ ?

ନରିମାମୁ : ମୁଁ ତ ରାଗିଥିଲି - କହିଲା - କ'ଣ ପଇସା ଦେଖାଉଛୁ ? ଝିଅକୁ ଜବତ କରି ରଖିପାରିଲୁନି ? ଲଛମନ କହିଲା, "କ'ଣ କରିବି ଆଜ୍ଞା, ନିଜ ଝିଅ ଭାବି ଫଇସଲା କରନ୍ତୁ।" ତା ଆଖିରୁ ଲୁହ ବୋହୁଥିଲା।

ତାରାଦେବୀ : ତୁ କି ଫଇସଲା କଲୁ ?

ନରିମାମୁ : ମୋ ସାଙ୍ଗରେ ନିଶାପରେ ବସିଥିଲେ ବାଙ୍କ ମଉସା, କୃଷ୍ଣ ଭାଇ, ରଘୁବାବୁ, ନିତାଇ ବେବର୍ତ୍ତା ଆଉ ୪-୫ ଜଣ। ବହୁତ ଦିନର କଥା ହେଲାଣି ତ ମନେପଡୁନି - ସମସ୍ତେ କହିଲେ, "ଚଳେଇ ଦେବା, ଆଜିକାଲି ତ କୋଉ ଧର୍ମର ନାଇଁ କୋଉ ଧର୍ମର ବିଦେଶୀ ବୋହୂ, ଜୋଇଁ ଅଇଲେଣି ଗାଁ ଭୂଇଁକୁ।

ତାରାଦେବୀ : ତୁ କ'ଣ କହିଲୁ ଆଗ କହ।

ନରିମାମୁ : ସେଇଆ ତ ମନେପଡୁନି ଲୋ ନାନୀ - ମୁଁ କହିଲି ସେ ଝିଅ ଆଉ ସେ ପିଲା ଏଠି ଆସି ଉଠବସ୍ ହେବେ। ଲଛମନ ଏଠି ଠାକୁରଙ୍କ ଆଗରେ ନାକ ଘଷିବ ଆଉ ଗୋଟେ ଜାତିଆଣ ଭୋଜି ଦେବ। କେତେ କାନ୍ଦିଲା ଲଛମନ। ନାକ ଘଷିଲା, ଭୋଜି ପାଇଁ ପଇସା ନାହିଁ ବୋଲି ବିକଳ ହେଲା - ସେଦିନ ନିଶାପ ସରିପାରିଲାନି।

ତାରାଦେବୀ : ଆଉ ଲଛମନ ଝିଅ।

ନରିମାମୁ : ସେଦିନ ରାତିରେ ସେ ଠାକୁରାଣୀ ପୋଖରୀରେ ବୁଡ଼ି ମରିଗଲା ଲୋ ନାନୀ - ପଦେ କହିଥିଲା ମୁଁ ଉଠବସ୍ ହେବିନି। କିଛି ଭୁଲ୍ ତ କରିନି - ଏକଥା ଲଛମନ ସ୍ତ୍ରୀ ତା ପରଦିନ କହିଲା ଠାକୁର ଦାଣ୍ଡରେ। (କାନ୍ଦିଲା)

ତାରାଦେବୀ : ବାଇଆଟା କିରେ - ଏତେଦିନର କଥା ମନେପକେଇ କାନ୍ଦୁଛୁ ?

ନରିମାମୁ : ଆଜି ଆମ ଘର ଝିଅ ଭାଗିଯାଇଛି ନାନୀ। ସେଇ ଗାଁ ଦାଣ୍ଡ ଅଛି। ସେଇ ଠାକୁର ଅଛନ୍ତି ... (କଇଁ ଉଠିଲା)

ତାରାଦେବୀ : ପିଲାଏ ଜଂଘରେ ଝାଡ଼ା କଲେ କ'ଣ ଜଂଘ କାଟିଦେବା ? ଧୋଇଧୋଇ ସଫା କରିବା ସିନା।

ନରିମାମୁ : ସେଦିନ କାହିଁକି ଏକଥା ସ୍ମରଣକୁ ଆସିଲାନି।

ତାରାଦେବୀ : ଗପଟିଏ ଶୁଣିଥିଲି । ରାଗୀ ଜଜ୍ ଚୋରକୁ ଜେଲ ଦେଲେ । ନିଜର ନାତି ସର ଚୋରିକରି ଖାଉଥିଲା, ତାକୁ ଗେହ୍ଲାକଲେ - (ହସିଲେ)

ନରିମାମୁ : ହଁ ଠିକ୍ କଥା -

ତାରାଦେବୀ : ଆଗରୁ ତ କେତେ ମୀମାଂସା କରିଥିବୁ ?

ନରିମାମୁ : ହଁ, ତେବେ ସେତେବେଳେ ମୁରବୀମାନେ ଥିଲେ - ଅଳ୍ପକେ ସବୁ ଫଇସଲା ହୋଇଯାଉଥିଲା - ମୁଁ ଦି' ଚାରିଥର ଜୋରିମାନା କରିଛି । ପିଲା ଆମ୍ବ, ପିଜୁଳି ଚୋରି କରିଥିଲେ ବସ୍ ଉଠ କରେଇଛି । କାହା ଗାଈ ଆଉ କାହା ଫସଲ ଖାଉଥିଲେ ଗାଈବାଲାକୁ ଶିବମନ୍ଦିର ପାଇଁ କ୍ଷୀର ଦେବାକୁ କହିଛି । ଛାଡ଼ - ମୋର ତ ବୁଦ୍ଧି ବାମ ହେଲା-

ତାରାଦେବୀ : କ'ଣ କରିବା ? ସେ ତ କୋଉ କାଳ କଥା ହେଲାଣି - ଆଜିକାଲି ସବୁ ମାଫ୍ ।

ନରିମାମୁ : ନାଇଁ ନାନୀ । ତୋ ଠାକୁରାଣୀଙ୍କୁ ପଚାରୁନୁ ।

ତାରାଦେବୀ : ହଁରେ ତାଙ୍କୁଇ ତ ଧରି ପଡ଼ିଛି । ସେଇ ମୋ ମାଆ ମୋ ଝିଅ ସବୁ ।

ନରିମାମୁ : କଥା ସେଇଠି ସରିଲାନି । ଲଛମନ ଆଉ ତା' ସ୍ତ୍ରୀ ସେଇ ଦି'ଚାରିଦିନ ଭିତରେ ଗାଁ ଛାଡ଼ିଦେଲେ । ତା ସ୍ତ୍ରୀ ମୋତେ ମୁଣ୍ଡିଆ ମାରିବାକୁ ଆସିଥିଲା । କେତେ କାନ୍ଦିଲା । ମୋ ସ୍ତ୍ରୀ ତାକୁ ପୁରୁଣା ଲୁଗା ଆଉ କେତେ ଟଙ୍କା ଦେଉଥିଲା । ନେଲାନି । ମୋତେ ଶୁଣାଇ କହିଲା - ଆମର ତ ଏଠୁ ଦିନକାଳ ସରିଲା । ସାଆନ୍ତଙ୍କୁ କହିବ, ଯଦି କେବେ ତାଙ୍କ ଘରେ ଏମିତି ହେବ ସେ କି ଫଇସଲା କରିବେ ?

ତାରାଦେବୀ : ବାପ୍‌ରେ, କି କଥା ? ଏ ତ ଅଭିଶାପ ହୋଇଗଲା -

ନରିମାମୁ : ଲଛମନ ତ ସେଇ ଆଠଦିନେ ଅଧା ବାଇଆ ହୋଇଯାଇଥିଲା । ସେ ଆମ ଦାଣ୍ଡରୁ ମୁଠାଏ ଧୂଳି ଧରି ଉଡ଼ାଇ ଦେଇ ଚାଲିଗଲା - ସେ ଦୃଶ୍ୟ ମୁଁ ଭୁଲିପାରୁନି । (ଆସିଲା ସୁମି)

ସୁମି : ମୁଁ ତୁମ ଭାଇଭଉଣୀଙ୍କ କଥା ଶୁଣୁଥିଲି ବୋଉ - ମାମୁ ତ ତାଙ୍କ କର୍ମ ପାଇଁ ଏତେ ଦୈବୀଦଣ୍ଡ ପାଇଲେଣି - ଆମ ରୁବି ଆସିଲେ ତାକୁ ତଡ଼ିଦେବନି - (ବସିପଡ଼ିଲା ମାମୁଙ୍କ ପାଦ ପାଖରେ)

ତାରାଦେବୀ : ତୁ କ'ଣ ପାଗଳୀ ହେଲୁ ? ରୁବିକୁ ତଡ଼ିବ ତା' ଜେଜେ ?

ନରିମାମୁ : ସତରେ କ'ଣ ସେ ଚଣ୍ଡାଳୁଣୀ ଫେରିବ ?

ସୁମି : ମୋ ମନ କହୁଛି ସେ ନିଶ୍ଚେ ଫେରିବ।

ତାରାଦେବୀ : ଭଲ କଥା - ଫେରୁ - ଭୁଲ୍ ବୋଲି କହୁ - ତେବେ ଦେଖାଯିବ - ନା କ'ଣ କହୁଛୁ ନରି ?

ସୁମି : ଆଚ୍ଛା ଶୁଭ ଭାଇ ଯଦି ଆସିବ ତୁମେ କ'ଣ ତାକୁ ବି ପଞ୍ଚାୟତ ଆଗରେ ଠିଆ କରିବ ମାମୁ ?

ତାରାଦେବୀ : କାହିଁକି ? ତୁ କ'ଣ ବାୟାଣୀ ହେଲୁଣି କି ?

ସୁମି : ନାଇଁ ଯେ ସେ ତ ଅବାଧ୍ୟ ହୋଇଛି - ଘରର ଦାୟିତ୍ୱ ନେବା ତ ଦୂର, ରୋଗିଣୀ ମାଆ ପାଖରେ ଠିଆ ହୋଇନି - ରୁବି ଏମିତି କି ଦୋଷ କରିଛି କି ?

ନରିମାମୁ : ମୋ ନାକ କାଟିଦେଲା ବକଟକ ପିଲା-

ସୁମି : (ହସି) ସମୟ ବଦଳିଗଲାଣି ମାମୁ - ହାତ ମାରି ଦେଖିଲ ତୁମ ନାକ ଯୋଉଠି ଥିଲା ସେଇଠି।

ନରିମାମୁ : ସବୁ ଛାଡ଼ - ଠାକୁରାଣୀଙ୍କୁ ଡାକ ସେ ଫେରିଆସୁ - ମୁଁ ବରଂ ସେ ଟୋକା ସାଙ୍ଗରେ ତା ବାହାଘର କରିବାର ବ୍ୟବସ୍ଥା କରିବି -

ତାରାଦେବୀ : ମୁଁ ଅଖଣ୍ଡ ଦୀପ ବସେଇଛି - ନିଶ୍ଚେ ସେ ଫେରିବ - ଠାକୁରାଣୀ ଏତେ ନିଷ୍ଠୁର ହେବେନି।

ପଞ୍ଚମ ଦୃଶ୍ୟ

(ଚାରିଦିନ ପରେ - ତାରାଦେବୀ ଖାଇସାରି ଖବରକାଗଜ ପଢୁଛନ୍ତି। କଲିଂବେଲ୍ ବାଜିଲା)

ତାରାଦେବୀ : (ଦୁଆର ଖୋଲିଲେ) ମୁଣ୍ଡିଆ ମାରିଲା ରୁବି। କାନ୍ଦିଲା - ତା' ସାଙ୍ଗରେ ଆସିଥିବା ଯୁବକଟି ନମସ୍କାର କରି ଠିଆହୋଇ ରହିଲା।

ରୁବି : ଜେଜେନାନୀ - ମୋତେ ଘରକୁ ବି ଡାକିବନି ?

ତାରାଦେବୀ : ଆସିଲୁ ମା - ଭିତରକୁ ଆ, ତତେ ଦେଖି ମୁଁ ଆଶ୍ଚର୍ଯ୍ୟ ହୋଇଗଲି ତ !

ରୁବି : ବାପା କିଛି କହିନାହାନ୍ତି ?

ତାରାଦେବୀ : ହଁ ଶୁଣିଛି ଟିକେ। ସେ ପିଲାଟାକୁ ଡାକୁନୁ ଭିତରକୁ। କ'ଣ ଖାଇଛ ଦି'ଜଣଯାକ? ରହ ଟିକେ କ'ଣ ଭାଜିଦିଏ। ଦିହେଁ ପଖାଳ ଗଣ୍ଡାଏ ଖାଇଦେବ।

ରୁବି : ତୁମେ ବସ ନାନୀ - ଆଗ ମୋ କଥା ଶୁଣ।

ତାରାଦେବୀ : କିଛି ଶୁଣିବିନି ମା - ତୋ ଜେଜେ ତ ସାହିପଡ଼ିଶାଙ୍କଠୁ ମୁହଁ ଲୁଚେଇ ବୁଲୁଛି। ବାପ ତ ଏତେ ସରି ହେଲାଣି - ଆଉ ଶୁଣିବି କ'ଣ?

ରୁବି : ତଥାପି ସାହସ କରି ଆସିଛି ତୁମ ପାଖକୁ। ଜେଜେଙ୍କୁ ତୁମେ ହିଁ ବୁଝାଇ ପାରିବ।

ତାରାଦେବୀ : ସାହସ କରି ଆସିଛୁ ନା ପଇସା ସରିଯିବାରୁ ଆସିଛୁ।

(ପାଟି ଖୋଲିଲା ରମେଶ)

ରମେଶ : ଠିକ୍ କଥା ନାନୀ - ଆମେ ଆମ ଭୁଲ୍ ବୁଝିପାରିଛୁ।

ତାରାଦେବୀ : ବୁଝ କି ନବୁଝ, ଯାହା ଅପବାଦ ତ ହୋଇସାରିଲାଣି ନା।

ରୁବି : ନାନୀ, ମାମି ସବୁବେଳେ କ୍ରୋଧରେ ଗାଳି ଦେଉଥିବ। କେଉଁଦିନ ରାନ୍ଧିଥିବ ତ କେଉଁଦିନ ସେମିତି ଶୋଇଥିବ ସନ୍ଧ୍ୟାଯାଏ। ବାପା ଆସିଲେ ପାଟିତୁଣ୍ଡଠୁଁ ଆରମ୍ଭ କରି ହାତ ଉଠାଉଠି ଯାଏ।

ତାରାଦେବୀ : ତା ମାନେ ଯାହା ଘରେ ବାପା ବୋଉ ପାଟିତୁଣ୍ଡ କରୁଛନ୍ତି ସବୁ ଘରର ଝିଅମାନେ ଭାଗିଯାଉଛନ୍ତି?

ରମେଶ : ମୁଁ ଦୋଷୀ ନାନୀ - ସବୁବେଳେ ରୁବି କାନ୍ଦେ ତାଙ୍କ ଘର କଥା କହି। ଦିନେ ମୁଁ କହିଲି ଚାଲ ପଳେଇବା ଏଠୁ।

ତାରାଦେବୀ : ଯାଇଥିଲ ତ ଫେରିଲ କାହିଁକି?

ରମେଶ : ଆମେ ଜାଣିନଥିଲୁ ନାନୀ ଘର ଛାଡ଼ିବା କି କଷ୍ଟ। ସବୁଠି ଖାଲି ପ୍ରଶ୍ନ ଉପରେ ପ୍ରଶ୍ନ। କେଉଁଠି ତୁଣ୍ଡ ଖୋଲି ତ କେଉଁଠି ଆଖିରେ ଆଖିରେ - କୁଆଡ଼େ ଭାଗି ଆସିଛନ୍ତି ଦି'ଟା ଚିଡ଼ିଆ।

ରୁବି : ଭଲ ଲାଗିଲାନି ନାନୀ - ତୁମ କଥା ମନେପଡ଼ିଲା। ଚାଲିଆସିଲୁ।

ତାରାଦେବୀ : ତୋ ବାପ?

ରୁବି : କହିପାରିବିନି। ତାଙ୍କ ଫୋନ୍ ମୁଁ ଉଠାଇନି ୪-୫ ଦିନ ହେଲା। ଘରୁ ଗଲା ଦିନଠାରୁ।

ତାରାଦେବୀ : ତୋର ମନେପଡୁନି ବାପ କଥା ? ମନେପଡୁନି ଜେଜେ କେତେ ଘୋଡ଼ା ହେଉଥିଲେ ତୋତେ ପିଠିରେ ବସାଇ।

ରୁବି : (କାନ୍ଦିଲା)

ତାରାଦେବୀ : ଭିତରକୁ ଚାଲ ଖାଇବ କ'ଣ ଦି'ଟା।

(ବୋଉ ବୋଉ ଡାକି ଆସିଲା ସୁମା)

ସୁମା : ଆରେ ଏ ତ ଆମ ରୁବି - ଆଉ ... ଆରେ ମାସ୍କ ହଟା ମୁହଁରୁ। ମୁଁ ଚିହ୍ନିପାରୁନି।

ତାରାଦେବୀ : ଇଏ ରମେଶ ପରା।

ସୁମା : ଯାହା ହେଉ Class suspend ହେବାରୁ ସିନା ମୁଁ ଚଞ୍ଚଳ ଆସିଲି। ନହେଲେ ଏ ହିରୋ ହିରୋଇନ୍‌ଙ୍କୁ ଦେଖିଥାଆନ୍ତି କେମିତି ? ଆଉ ରୁବି କ'ଣ ଖବର ? ଏତେ ଶୀଘ୍ର ଡେଣା ଥକିଗଲା ?

ରୁବି : ତୁମ ଗୋଡ଼ ଧରୁଛି ସୁମା ଅପା ସେମିତି କହନି। ମୋ ବାପାଙ୍କୁ କହି ମୋତେ ଘରକୁ ପଠାଇବା ବ୍ୟବସ୍ଥା କର।

(କାନ୍ଦିଲା)

ତାରଦେବୀ : ରହ ମୁଁ ଫୋନ୍ କରୁଛି। ହ୍ୟାଲୋ। ହଁ ନରି। ଆସିବୁ କି ଇଆଡ଼େ। ହଁ କରୋନା ତ ଯିବାର ନାହିଁ। ତଥାପି ଆସିଲେ ଭଲ। ଅଭି ସାଙ୍ଗରେ ମଟର ସାଇକେଲ୍‌ରେ ଆସୁନୁ। ଘଣ୍ଟାକରେ ଫେରିଯିବୁ। ଆସେ। ଶୁଣିବୁ। ନାଇଁରେ ଡର କଥା ନୁହେଁ। ଆଜି ଆସିବୁ - ହଉ।

(ଫୋନ୍ କାଟିଲେ)

ରୁବି : ନାନୀ - ବାପା ଗାଳିଦେବେ - ମୁଁ କ'ଣ କରିବି ?

ତାରାଦେବୀ : ଗାଳିମାଡ଼ ସବୁ ଖାଇବୁ - ବ୍ୟସ୍ତ କ'ଣ ? ବାପା ଜେଜେ ତ ତୋର ଶତ୍ରୁ ନୁହନ୍ତି।

ରମେଶ : ମୁଁ ତେବେ ଚାଲିଯାଉଛି।

ରୁବି/ତାରାଦେବୀ: (ଏକାଠି) ତା କେମିତି ହେବ ?

ତାରାଦେବୀ : ଆଚ୍ଛା ରମେଶ - ତୁମ ଘର କଥା କୁହ - ପଢ଼ାଶୁଣା ?

ରମେଶ : ମୁଁ ବି.ଏ. ପାଶ୍ କରିଛି। B.Ed Training ନେଇଛି। ଘରୁ ରାଗି ପଳାଇ ଆସି ଗୋଟେ ଗ୍ୟାରେଜରେ କାମ କରୁଥିଲି।

ତାରାଦେବୀ : ବାପା ? ଆଉ ପରିବାରର ଅନ୍ୟମାନେ ? ସେମାନେ ଜାଣନ୍ତି ତ ତୁମେ ରୁବି ସାଙ୍ଗରେ କୁଆଡ଼େ ଚାଲିଯାଇଥିଲ ବୋଲି।

ରମେଶ : କହିପାରିବିନି। ଗ୍ୟାରେଜବାଲା ଯଦି ଖବର ଦେଇଥିବେ।

ତାରାଦେବୀ : ଏମିତି ଦାୟିତ୍ୱହୀନ କାମ ତୁମେ କଲ କେମିତି ?

ସୁମା : ଆଜିକାଲିର ପିଲାଏ ହାତେ ମାପି ଆଙ୍ଗୁଳେ ଚାଲୁଛନ୍ତି। ତୁମେ କୋଉ ବୁଦ୍ଧିରେ ନିଜ ଆଶ୍ରୟସ୍ଥଳ ଛାଡ଼ିଲ, ପୁଣି ନାବାଳିକାକୁ ସାଙ୍ଗରେ ନେଇ ?

ରୁବି : ନାଇଁ ସୁମାନି ମୋତେ ଅଠର ବର୍ଷ ହୋଇଗଲାଣି।

ସୁମା : ଯାହା ହେଉ ଏତିକି ଅନ୍ତତଃ ଜାଣିଛୁ - ଧନ୍ୟ ଲୋ ରୁବି ତୋତେ।

ରମେଶ : ମୁଁ ଯେତେଦୂର ଜାଣିଛି ବାପା ମୋତେ କିଛି କହିବେନି। କହିଲେ ବି ମୁଁ ତାଙ୍କ କଥା ସହିଯିବି। ଏମିତି କରିବା ଖାଲି ଭୁଲ୍ ନୁହେଁ ଅନ୍ୟାୟ। କାହା emotion ସହିତ ଖେଳିବା ପାପ - (କାନ୍ଦ କାନ୍ଦ ହେଲା)

ସୁମା : ଆଚ୍ଛା ହିରୋ ବାବୁ ଏମିତି କାନ୍ଦୁଛ କାହିଁକି ?

(ଭିତରୁ ତାରା ଆସିଲେ)

ତାରାଦେବୀ : ତୁମେମାନେ ଭିତରକୁ ଯା - ଭାତ ବାଢ଼ି ଦେଇଛି। ମୁଁ ଏଇଠି ବସିଛି। କାଲେ ନରି ଆଉ ଅଭି ଆସୁଥିବେ।

ସୁମା : ଠିକ୍ କଥା - ବୋମା ଫୁଟିବା ଆଗରୁ - Precatuion ଲୋଡ଼ା। ଚାଲ ତୁମେ ଦି'ଜଣ - ଭଲ କରିଛ ଏଠିକି ଆସି। (ଚାଲିଗଲେ)

ତାରାଦେବୀ : ବହି ଖଣ୍ଡେ ଧରି ଚଷମା ଖୋଜୁଥିଲେ। ଆରେ ଚଷମା କାହିଁ। କେତେ ବର୍ଷ ଆଉ ବଞ୍ଚିବି ଯେ ଗୋଟେ ଚଷମା, ଗୋଟେ ମୋବାଇଲ୍ ଏକାଠି କଲେ ଉଠିବି - ବସିବି - ହଁ ଏଇଠି ଅଛି।

(ମଟର ସାଇକେଲ୍ ରହିଲା)

ତାରାଦେବୀ : ଅନ୍ୟମନସ୍କ ହୋଇ ପଢୁଥିଲେ।

(ପଶିଆସିଲେ ନରି ଆଉ ଅଭି)

ଅଭି : (ମୁଣ୍ଡିଆ ମାରିଲେ) ନାନୀ। ବହୁତ ଦିନ ପରେ ଦେଖୁଛି ତୋତେ। ପୂରା ବୁଢ଼ୀ ହୋଇଗଲୁଣି।

ତାରାଦେବୀ : ଆଚ୍ଛା, ତୋ ବାପ ଆଗରେ ପଚାରୁଛି କେମିତି ଅଛୁ ?

ଅଭି : ସବୁ ଜାଣି ଆଉ ପଚାରୁଛୁ କାହିଁକି ?

ତାରାଦେବୀ : ଆରେ ପିଲାଙ୍କ ଭୁଲ୍‌କୁ ଆମେ ସୁଧାରିବା କି ନାହିଁ ?

ନରିମାମୁ : କ'ଣ କହୁଛୁ ନାନୀ !

ତାରାଦେବୀ : ସମୟ ବହୁତ ବଦଳିଗଲାଣି ଭାଇ - ନିଜ ବୋହୂକୁ ତ ଘର ମଣେଇ ପାରିଲୁନି। ଏବେ ତା ଝିଅକୁ ସେ ସମ୍ଭାଳୁ। ଅନ୍ତତଃ ପ୍ରାୟଶ୍ଚିତ୍ତ କରୁ।

(ସୁମା ଆସି ଉଭୟଙ୍କୁ ମୁଣ୍ଡିଆ ମାରିଲା)

ସୁମା : ଆଜି କେହି ରାଗ ରୋଷ କରିବନି ମାମୁ। ଅଭିଭାଇନା କଥା ଦିଅ।

ଅଭି : କ'ଣ କହୁଛ ମା ଝିଅ ଦି'ଜଣଯାକ ?

ତାରାଦେବୀ : ହଉ ବଳେ ଜାଣିବନି କି ?

ଶେଷ ଦୃଶ୍ୟ

(ସନ୍ଧ୍ୟାରେ ସମସ୍ତେ ବସିଛନ୍ତି)

ସୁମା : (ଡାକିଲା) - ଆରେ ତୁମେ ଦିହେଁ କୁଆଡ଼େ ଗଲ ଆସୁନା।

(ଡରି ଡରି ଆସିଲେ ରୁବି ଓ ରମେଶ - ମୁଣ୍ଡିଆ ମାରିଦେଲ ଦି'ଜଣଙ୍କୁ)

ଅଭି : (ରାଗି ଯାଉଥିଲେ) ମୁଣ୍ଡ ହଲାଇ ମନାକଲେ ତାରାଦେବୀ।

ତାରାଦେବୀ : ଆରେ ଅଭି, ତୁ ପରା କଥା ଦେଇଛୁ ରାଗିବୁନି। ହେଲା ପିଲାଏ ଯଦି ଦୋଷ କଲେ କ'ଣ କରିବା ? ରମେଶ ତ ଆମ ଜାତିର ପିଲା। ପଢ଼ାଶୁଣା ଅଛି। କାଲି ସକାଳୁ କେଉଁଠି ଶିକ୍ଷକ ହେବ। ମନ୍ଦ କ'ଣ ?

ନରି : ଯଦି ଜାତିର ପିଲା ନ ହୋଇଥାଆନ୍ତା ?

ସୁମା : ସେ କଥା ଆଉ କାହିଁକି ମାମୁ। ଏବେ ତୁମ ଆଗରେ ଦି' ଦୋଷୀ ଯାକ ଠିଆ ହୋଇଛନ୍ତି। ଦଣ୍ଡ ଦେବ କି କ୍ଷମା କରିବ ତୁମେ ଜାଣ।

ଅଭି : ଟିକେ ପଚାରିଲୁନି ଚଣ୍ଡାଳୁଣୀ। (କାନ୍ଦିଲା)

ରୁବି : (ବାପା ଗୋଡ଼ଧରି ବସିପଡ଼ିଲା) ମୋର ଭୁଲ୍ ହୋଇଛି ବାପା କ୍ଷମା କରିଦିଅ।

ସୁମା : ଆଉ ରମେଶ ତୁମ କଥା ?

ନରି : ତାକୁ ତ ଦଣ୍ଡ ଭୋଗିବାକୁ ହେବନା - ଆମ ଝିଅକୁ ଉଡ଼ାଇ ନେଇଥିଲା। ତାକୁ ଛାଡ଼ିବ କିଏ ?

ତାରାଦେବୀ : ଏ କି ବିଚାର ତୋର ? ଜଣକୁ କାହିଁକି ଦଣ୍ଡ ଦେବୁ ? ସେ ତୋ ପିଲା ବୋଲି ସବୁ ଦଣ୍ଡ ଛାଡ୍ ?

ନରି : ଆରେ ବାନ୍ଧିଦେବି ଦି' ଜଣଙ୍କୁ ଦଶଦିଗପାଳଙ୍କୁ ସାକ୍ଷୀରଖି ହେଲା ତ ? ଆଜୀବନ କାରାଦଣ୍ଡ।

(ହସିଲେ ସମସ୍ତେ)

ରମେଶ : ଆଜ୍ଞା।

ତାରାଦେବୀ : ହଁ ଆଉ ଗୋଟେ କଥା ଅଛି ଅଭି। ଗାଁରେ ସମସ୍ତଙ୍କୁ କହିବ ଗାଳି ଖାଇ ରୁବି ତା ପିଉସୀ ନାନୀ ଘରକୁ ଯାଇଥିଲା। ହେଲା ତ ?

ଅଭି : ମନେ ରହିଲା ନାନୀ - ରମେଶ ଓ ରୁବି ଠିଆ ହୋଇଥିଲେ ଏକାଠି।

ସୁମା : ଏବେ ଚାଲ ଟୁଆଁଟୁଇଁ - କେମିତି ଘରକରଣା କରିବ ରିହରସାଲ କର।

(ଡାକି ନେଇଗଲା ଭିତରକୁ)

ତାରାଦେବୀ : ଆରେ ଅଭି। ଭଲ ହେଉ ମନ୍ଦ ହେଉ ଝିଅ ବାହାହେବ କାଲି ସକାଳୁ। କେବେ ତୋ ସ୍ତ୍ରୀ ଘରମୁହାଁ ହବ ?

ଅଭି : ଛାଡ଼ ସେକଥା ନାନୀ।

ତାରାଦେବୀ : ଏବେ ଛଡ଼ାଛଡ଼ି କଥା ନାହିଁ। ଆରେ ପିଲାଙ୍କଠୁଁ ଶିଖ ହେଲେ। ଘର କରିବାକୁ ହେଲେ କେତେ କଷ୍ଟ କରିବାକୁ ପଡ଼େ। କେତେ ବୁଝାମଣା ଲୋଡ଼ା ହୁଏ।

ଅଭି : ତାକୁ କହିବୁ ଯେ ଶୁଣିବୁ କଡ଼ାମିଠା କଥା।

ତାରାଦେବୀ : ତୁ ସିନା ମୋର ଆପଣାର - ସେ ତ ପର ଝିଅ। ତୁମ ଦି'ଜଣଙ୍କର ଝଗଡ଼ା ଯୋଗୁଁ ଝିଅଟା ଭୁଲ୍ ଠିକ୍ ବାରି ନପାରି କଲବଲ ହେଲା। ଘର ଛାଡ଼ିଲା, ମନେରଖିବୁ ବାପ। ପରିବାରରେ ଗୋଟେ ଆକର୍ଷଣ ଅଛି।

ନରି : ତୁ ତ ପ୍ରବଚନ ଦେଲୁଣି ନାନୀ - ଭଲ ଭଲ।

ତାରାଦେବୀ : ଶ୍ୱଶୁର ହେଲୁ । ମାଲି ମକଦ୍ଦମା ବିଚାର କଲୁ ଗାଁର ମୁରବୀ ହୋଇ - ଆଉ ପୁଅବୋହୂ ଯୋଡ଼ାଙ୍କୁ ମଣେଇପାରୁନୁ -

ନରି : ହଉ ଦେଖିବା ଏଥର ।

ଅଭି : ନାନୀ ମୁଁ ତୋତେ କଥା ଦେଉଛି ବିନିକୁ ଯାଇ ଘରକୁ ଆଣିବି । ତା କଥା ମାନିବି- ଆଉ ବାହାଦୁରୀ ମାରିବିନି ।

ତାରାଦେବୀ : ଦେଖିବୁ ଘର କେତେ ସୁନ୍ଦର ଦିଶିବ ।
(ଆସିଲା ସୁମା)

ସୁମା : ତାହେଲେ ଅଭି ଭାଇନା ମାନୁଛ ଯେ ଭାଉଜଙ୍କ କଥା ଠିକ୍ ଥିଲା । ତୁମେ ମାନୁନଥିଲ । male ego ତ ।

ଅଭି : ତୁ ଆଉ Psychology ପଢ଼ାନି ମୋତେ - ପିଲାଙ୍କୁ ପଢ଼େଇବୁ, ରଖିଥା ସେ ଜ୍ଞାନ ସବୁ । (ଠାରିଲେ)
(କୁଆଡ଼େ ଗଲେ ସେ ଦି'ଟା)

ସୁମା : ଗପୁଛନ୍ତି ବସି । ଏ ଚାରିପାଞ୍ଚଦିନ ତ କାଲୁବାଲୁ ହୋଇଥିବେ । ଯାହା ହେଉ । ମୋ ବୋଉ ଗୋଟେ ବୁଦ୍ଧି କଲା ବୋଲି ଏ ଭୁଲ୍‌ଟା ସଂଶୋଧନ ହୋଇଗଲା । ନହେଲେ ...

ନରି : ସତ କହିଲୁ ମା - ମୋ ନାନୀର trainingଟି - ଯାହା କହିବୁ ସବୁ ଯୁକ୍ତିସଂଗତ କଥା ।

ସୁମା : ଆଜି ତେବେ ରୁବିର ରାତି ଖାଇବା ବୋଉ -

ତାରାଦେବୀ : ମୁଁ ମୋ ଜୋଇଁ ଆଉ ନାତିଙ୍କୁ ଡାକେ ।

ନରି : ଆମେ ପଳେଇବୁ ନାନୀ - ଘରେ କେହି ନାହିଁ ପରା ।

ସୁମା : ହେଲା - ମୁଁ ଯାଏଁ ତୁମ ଗେହ୍ଲା ନାତୁଣୀକୁ ହେଲ୍‌ପ କରିଦେବି । ଆଠଟା ସୁଦ୍ଧା diner ready ହୋଇଯିବ ।
(ଚାଲିଲେ ଭିତରକୁ)

ତାରାଦେବୀ : ହଉ କଥା ମାନ ଦିହେଁଯାକ ହାଲୁକାରେ ଘଡ଼ିଏ ବସ । (ଅଭିକୁ) ଆରେ ମୋ ଭାଇର ସିନା ସ୍ତ୍ରୀ ନାହିଁ ଯେ ସେ ବୁଲୁଛି ଗାଁ ଗାଁ । ତୋର ପରା ସ୍ତ୍ରୀ ଅଛି । ସ୍ତ୍ରୀ ନଥିବା କଷ୍ଟ ତୋ ବାପକୁ ପଚାରେ ଜାଣିପାରିବୁ ।

ଅଭି : ଥାଉ ନାନୀ - ଆଉ ଏମିତି ଭୁଲ୍ କରିବିନି । ଠାକୁରଙ୍କ ରାଣ ପକାଉଛି ।

(ଆସିଲେ ରୁବି ଓ ରମେଶ)

ରୁବି : ବାପା, ଆଉ ପନ୍ଦର ମିନିଟ୍‌ରେ ଖାଇବା ତିଆରି ହୋଇଯିବ। ତୁମେ ଏତେ ଉଦାର ମୁଁ ଜାଣିନଥିଲି ବାପା - ମୋତେ କ୍ଷମା କରିଦିଅ।

ତାରାଦେବୀ : ହଉ ହେଲା - ସେମାନେ ଆଜି ରାତିରେ ଯାଆନ୍ତୁ - ତୁମେ କାଲି ସକାଳ ଓଳି ଯାଇ ପହଞ୍ଚିବ। ବାକି କଥା ମୋ ଉପରେ ଛାଡ଼୍। ମନେରହିଲା ତ ?

ନରି : ମୋ ନାନୀର ପାଞ୍ଚଟା ଓକିଲର ବୁଦ୍ଧି ପରା।

ତାରାଦେବୀ : ଆରେ ତୋଠୁଁ ମୁଁ ଚାରିବର୍ଷ ବଡ଼ ପରା। ଆସି ସତୁରି ଛୁଇଁଲିଣି - ତୁ କ'ଣ ଭାବୁଛୁ ମୁଁ ପିଲା - ତୋର ଅପମାନ କ'ଣ ମୋର ଅପମାନ ନୁହେଁ।

(ସୁମା ଭିତରୁ - ଆସ ସମସ୍ତେ - ଡିନର ପ୍ରସ୍ତୁତ)

(ସମସ୍ତେ ଭିତରକୁ ଗଲେ)

■

ସତେ କ'ଣ ଜୀବନଟା ବାଲିବନ୍ତା !

ଚରିତ୍ର ସୂଚୀ ...

ରମେଶ ବାବୁ : ଯୁବକ

କମଳା ଦେବୀ : ପ୍ରାୟ ୭୦ ବର୍ଷ

ଅଭୟ ବାବୁ : ପ୍ରାୟ ୪୫ ବର୍ଷ

ରୁବି : ପ୍ରାୟ ୪୦ ବର୍ଷ

ସୋମ୍ : ୧୪/୧୫ ବର୍ଷର କିଶୋର

ସୁଷମା : ଅଭୟ ବାବୁଙ୍କ ବଡ଼ଭଉଣୀ, ବୟସ ପ୍ରାୟ ୫୦ବର୍ଷ

ପ୍ରଥମ ଦୃଶ୍ୟ

(ଆଈ କମଳା ଦେବୀ ମୋବାଇଲ୍ ଧରି ଗପିଗପି ଆସୁଥିଲେ)

କମଳା : ଆରେ ସୋନୁ, କି କଲେକ୍ଟର ହେଲୁ ଯେ ତତେ ଦେଖିବା ବି ସାତସପନ ହୋଇଗଲା। ଟିକେ ଆସୁନୁ.... ଆଚ୍ଛା... ମୁଁ ଯାଏ ତେବେ (ଫୋନ୍ ରଖିଲା, ବୋହୂ ରୁବିକୁ ଡାକିଲା) ରୁବି, ଟିକେ ଟିଭିଟା ଲଗେଇଦେଲୁ, ନିଉଜ୍ ଦେଖିବି।

ରୁବି : ବୋଉ, ଲାଇନ ଏଇଲା ଅଛି ଏଇଲା ନାହିଁ। ମୁଁ ଡରୁଥିଲି ଆପଣଙ୍କ ମୋବାଇଲ୍‌ରେ ଚାର୍ଜ ନ ଥିବ। କାହା ସହିତ କଥା ହେଉଥିଲ କି ?

କମଳା : ଟି.ଭି.ଟା ଲଗାଇ ଦେଲୁ ମା', ସାଙ୍ଗହେଇ ଦେଖିବା ଆମ ସୋନୁକୁ। ସେଇ କହିଲା ପରା-

ରୁବି : ହଁ ନୂଆ ନୂଆ କଲେକ୍ଟର ହୋଇଛି। ଏ ବନ୍ୟାରେ ତ ଲୋକେ ବେହାଲ ଆଉ ଅଫିସରଗୁଡ଼ା ବି ଛଟପଟ। ଯେତେ ଖଟିଲେ ବି ନିନ୍ଦା ଛଡ଼ା ପ୍ରଶଂସା ନାହିଁ।

କମଳା : ହେଉ ମା'। ମୁଣ୍ଡିଆ ମାର ଗ୍ରାମ ଦେବତୀଙ୍କୁ। ଏ ବଢ଼ି ଛାଡ଼ିଯାଉ ଆଉ ବେଶି କ୍ଷୟକ୍ଷତି ନହେଉ।

ରୁବି : ବୋଉ, ଆପଣ ଖବରକାଗଜ ପଢୁଛନ୍ତିଟି ? ବାରଟା ଜିଲ୍ଲାରେ ଏବେ ହାଇ ଆଲର୍ଟ ପରା !

କମଳା : (ଅନ୍ୟମନସ୍କ ଭାବରେ) ହଁ କ'ଣ କହିଲୁ ଶୁଣି ପାରିଲିନି-

ରୁବି : ବୋଉ ଆପଣ ଏ ପେପର ଦେଖନ୍ତୁ, ମୁଁ କାମ ସାରେ, ଏ ବନ୍ୟାରେ ଯଦି ସ୍କୁଲ୍ ଘରେ ଲୋକ ରହୁଥିବେ, ତେବେ ପଢ଼ାପଢ଼ି ନଥିବ, ମୁଁ ଚଞ୍ଚଳ ଚାଲି ଆସିବି।

କମଳା : (ଖବର କାଗଜ ଦେଖି) ଆଲୋ ମା', ଦେଖିଲୁ ଏ ଗୋଲଗୋଲ କ'ଣ ସବୁ ଛବିରେ ଦିଶୁଛି। ତା' ଉପରେ ସମସ୍ତେ ଚଢ଼ି ଠିଆ ହୋଇଛନ୍ତି। ଏତେ ଗୁଡ଼ାଏ ଏକାଭଳିଆ ପଥର ନା କ'ଣ ? ନା ଖାଦ୍ୟ ପୁଡ଼ିଆ ?

ରୁବି : ଆପଣ କ'ଣ ଭାବୁଛନ୍ତି ସେଗୁଡ଼ାକ ଖାଦ୍ୟ ପୁଡ଼ିଆ !

କମଳା : ଆଉ କ'ଣ ?

ରୁବି : ବାଲିବସ୍ତା ପରା। ବାଲିବସ୍ତା ପକାଇ ଦେଲେ ଆଉ ପାଣି ମାଡ଼ି ପାରିବନି। ବନ୍ଧକୁ ଦମ୍ଭ କରିବାକୁ ଏମିତି ହଜାର ହଜାର ବାଲି ବସ୍ତା ପକା ହେଉଛି।

କମଳା : ମାନେ ?

ରୁବି : ବୋଉ, ଆପଣ ଜାଣିପାରୁ ନାହାନ୍ତି। ବାଲିବସ୍ତା ବନ୍ଧକୁ ଭାଙ୍ଗିବାକୁ ଦେବନି। ପାଣିମାଡ଼ ବନ୍ଧରେ ନହୋଇ ବାଲି ବସ୍ତା ଉପରେ ହେବ।

କମଳା : ବାଃ ଏତ ଭଲ ବ୍ୟବସ୍ଥା। କାହା ମୁଣ୍ଡରୁ ବାହାରିଲା ଏ ବୁଦ୍ଧି ?

ରୁବି : ମୁଁ ଜାଣିନି ବୋଉ। ଆସୁଛି। ମୋର ଡେରି ହେଲାଣି (ରହିଗଲା, ଏହି ସମୟରେ ଦଶମରେ ପଢୁଥିବା ନାତି-ସୋମ୍ ଆସିଛି)

ସୋମ : ଜେଜେ ମା', ଆଜି ଛୁଟି ହୋଇଗଲା। ଆମ ସ୍କୁଲ୍‌ରେ ସବୁ ମନ୍ତ୍ରୀ, କଲେକ୍ଟର, ଏମ୍.ଏଲ୍.ଏ ଗଦା ହୋଇଛନ୍ତି। ଲୋକେ ହାଉହାଉ। ରୋଷେଇ ହଉଛି କାଲିଠୁ। ଆଛା ଜେଜେ ମା' ରିମୋର୍ଟଟା ଦେଲ, କ'ଣ ଫିଲ୍ମ ଥିବ ଦେଖିବା। ଗୋଟେ ଦିନ ପୂରା ଆନନ୍ଦରେ କଟିବ। ଆରେ ୟାର, ଏବେ ତ ଲାଇନ ନାହିଁ।

କମଳା : ଆରେ ବାବୁ, ତେଣେ ଗାଁ ଗଣ୍ଡା ଭାସିଗଲାଣି। ୟାର ସିନେମା ଦେଖାରେ ମନ। ତୁମ ସ୍କୁଲ୍ ଯାଏ ପାଣି ଆସିଛି। କାଲି ସକାଳୁ... (ଜେଜେମା'କୁ ଧରି ଗେହ୍ଲା କଲା) ରହ ଛାଡ଼, ଜାଣିଛୁ ନା, ତୋ ସୋନୁଭାଇ ତା' ଏରିଆରେ ପାଣି କାଦୁଅରେ ବୁଲି ଲୋକଙ୍କୁ ସାହାଯ୍ୟ କରୁଛି।

ସୋମ : ତୁମେ କେମିତି ଜାଣିଲ ?

କମଳା : ତାକୁ ଫୋନ୍ କରିଥିଲି ପରା। ଏବେ ଖବରକାଗଜରେ ବାହାରିଛି ବାଲିବସ୍ତା।

ସୋମ : କାହିଁ ? ତୁମେ ଜାଣିନ କି ବାଲିବସ୍ତା ଖାଲି ବନ୍ୟାବେଳେ ନୁହେଁ ନିଆଁ ଲାଗିଲେ ବି ବାଲିବସ୍ତା ଦରକାର। ଆମ ଏନ୍.ସି.ସିରେ ପଢ଼ା ହେଉଛି ପରା।

କମଳା : ଏତେ କଥା ତ ମୁଁ ଜାଣି ନ ଥିଲି ବାପ। ହଉ ତୁ ଯା' ସ୍କୁଲ୍ ପୋଷାକ ବଦଳାଇ ପକା, ମୁଁ ଟିକେ ଖବର କାଗଜ ପଢ଼େ। (ସୋମ ଚାଲିଗଲା)

- ଦୃଶ୍ୟାନ୍ତର -

(ନୂଆ ବୋହୂ କମଳା ବସିଥିଲେ, ଆସିଲେ ତାଙ୍କ ସାମୀ ରମେଶ ବାବୁ)

ରମେଶ : ବୁଝିଲ କମଳା, ଗୋଟେ କଥା କହିବି- ଟିକେ ଶୁଣ।

କମଳା : ମଲା, ଏତେ ଅନୁମତି ମଗା କ'ଣ ପାଇଁ ? କ'ଣ କହିବ କହୁନ-

ରମେଶ : ଆମ ବଡ଼ ଭାଣିଜୀର ବାହାଘର। ମୋ ଭିଣୋଇ ମତେ ପଢ଼ିବା ବେଳେ ବହୁତ ସାହାଯ୍ୟ କରିଥିଲେ। ସେତକ ପାଇ ନ ଥିଲେ ପାଠ କିଏ ନାଁ ମୁଁ କିଏ !

କମଳା : ଏ କଥା ତ ମୁଁ ତୁମଠୁ ବାରମ୍ବାର ଶୁଣିଛି। ଭାଣିଜୀ ବାହାଘର ତ ଖୁସିର କଥା।

ରମେଶ : ନାଇଁ ଯେ, ଭଉଣୀ ମୋର ତା' ଜୋଇଁକୁ କୋଡ଼ିଏ ହଜାର ଯୌତୁକ ଦେବ-

କମଳା : ଏବେ ତ ଯୌତୁକ ନିହାତି ଲୋଡ଼ା ହେଉଛି। ମୁଁ ସିନା ଗୋଟେ ତ୍ୟାଗର ପବନରେ ଏଠିକି ଉଡ଼ି ଆସିଲି, ଛାଡ଼ ସେକଥା ସେ ତାଙ୍କ ଜ୍ୱାଇଁକି ଯୌତୁକ ଦେବେ, ମନ୍ଦ କ'ଣ?

ରମେଶ : ଖୁବ୍ ଯୋଗ୍ୟ ପିଲା ସିଏ। ଖୁସିରେ ତ ସେମାନେ କେତେ କ'ଣ ଦଉଛନ୍ତି।

କମଳା : ହେଲା, ଆମେ ମାମୁ-ମାଇଁ ଭାବରେ ସେମିତି ଭାର ବେଭାର ଦେବା-

ରମେଶ : ନାଇଁ ଯେ, ସେ ମୋ' ଉପରେ ସେ କୋଡ଼ିଏ ହଜାର ଟଙ୍କା ପକାଇଛି- ମୋ' ପାଖରେ ଦେଇ ହେଇ ୫-୭ ହଜାର ଟଙ୍କା ଥିବ। କ'ଣ କରିବି? ବୁଦ୍ଧିବାଟ ଦିଶୁନି।

କମଳା : ଥାଉ ସେ ଟଙ୍କା ଆମର ଭଲମନ୍ଦକୁ, କ'ଣ ସବୁ ପଇସା ଝାଡ଼ି ଝୁଡ଼ି ଖର୍ଚ୍ଚ କରିଦେବ?

ରମେଶ : କ'ଣ କରିବା ତେବେ!

କମଳା : ମୋ' ଗହଣା ତକ ନେଇ ଯା' ବନ୍ଧା ପକାଇ ଦେବ, ଏବେ କାମଚଳୁ।

ରମେଶ : ତୁମକୁ ତ ଆଜିଯାଏ ଟିକିଏ ସୁନା ନାକଫୁଲ ବି ଦେଇନି। ନାଇଁ ଥାଉ।

କମଳା : କ'ଣ କରିବ? କରଜ କରିବ ତ? ଶୁଝିବ କେମିତି? କାଲି ସକାଳୁ ପିଲାଏ ପାଠ ପଢ଼ିବେ, ତା'ପରେ ଗହଣା ମୋର କ'ଣ ହେବ? ଚୋର ନେବାଠୁ ବନ୍ଧା ପଡ଼ିବା କ'ଣ ଠିକ୍ ନୁହେଁ!

ରମେଶ : ହଉ ତେବେ, ମୁଁ କିନ୍ତୁ ତୁମକୁ ଅଳ୍ପଦିନ ଭିତରେ ଭଲ ଡିଜାଇନ୍‌ର ନୂଆ ହାର-ଚୁଡ଼ୀ-କାନଫୁଲ କିଣି ଦେବି।

କମଳା : (ହସି) ହଉ ବାବା। ଏବେ ନେଇଯାଅ ଏତକ (ଦେହରୁ ହାତରୁ ସମସ୍ତ ଅଳଙ୍କାର କାଢ଼ି ରମେଶ ବାବୁଙ୍କୁ ଦେଇଛନ୍ତି)।

- ଦୃଶ୍ୟାନ୍ତର -

କମଳା : ସରିଗଲା ଭାଣିଜୀ ବାହାଘର। ଅଟକିଗଲା ବନ୍ଧ ଭାଙ୍ଗିବାର ବ୍ୟାକୁଳତା। ତା'ପରେ ବାଲିବସ୍ତା ଆଉ କାହାରି ଲୋଡ଼ା

ହେଲାନି। ପାଣି ଛାଡ଼ିଗଲା ପରେ ବି ସେଇଠି ପଡ଼ି ରହିଲା ଅନିର୍ଦ୍ଦିଷ୍ଟ ସମୟ ଯାଏ। ବାଲିବସ୍ତା ତ। କୁଆଡ଼େ ଯାଆନ୍ତା ?
(ଏହି ସମୟରେ ରୁବି ଆସିଛି)

ରୁବି : କ'ଣ ବାଲିବସ୍ତା, ବାଲିବସ୍ତା କହୁଛ ବୋଉ !

କମଳା : ଏଇ ଝିଅପିଲାଗୁଡ଼ା, ସବୁ ବାଲିବସ୍ତା। ସମସ୍ତଙ୍କଠୁ ଅସଲେବେଳେ କାମ ଆଦାୟ କରାଯିବ। ତା'ପରେ ସେମାନଙ୍କୁ ସମସ୍ତେ ଭୁଲିଯିବେ।

ରୁବି : ସତ କଥା ତ ! ବୋଉ, ଆପଣ କେମିତି ଜାଣିପାରୁଛନ୍ତି ଆମ କଷ୍ଟ।

କମଳା : ହେଲା ଏବେ ମୁଁ ଚାକିରି କରିନି। ହେଲେ ମା', ମୁଁ ସେଇ ଝିଅ ପିଲାତ ! ତୁମମାନଙ୍କ କଷ୍ଟ ମୁଁ ବୁଝିବିନି, ବୁଝିବ ଆଉ କିଏ !

ରୁବି : ବୋଉ ! **(ମଞ୍ଚ ଅନ୍ଧାର)**

ଦ୍ୱିତୀୟ ଦୃଶ୍ୟ

(ରୁବି ଏକୁଟିଆ ବସି ଖବରକାଗଜ ପଢୁଥିଲେ, ଅଭୟ ବାବୁ ଆସିଛନ୍ତି)

ଅଭୟ : ରୁବି, ଆଜି ସ୍କୁଲ୍ ଛୁଟି ହୋଇଗଲା ପରା !

ରୁବି : ହଁ, ବନ୍ୟା ପରିସ୍ଥିତି ଅସମ୍ଭାଳ। ସ୍କୁଲ୍‌ରେ ଗାଈଗୋରୁ ଛେଳିମେଣ୍ଢାଙ୍କଠୁ ଛୁଆପିଲା ସମସ୍ତେ ଗଦା ହୋଇଛନ୍ତି।

ଅଭୟ : ଆଚ୍ଛା ରୁବି ! ଗୋଟେ କଥା ପଚାରିବି !

ରୁବି : ପଚାରୁନ–

ଅଭୟ : ତୁମ ପାସ୍‌ବୁକ୍‌ରେ କେତେ ଟଙ୍କା ଅଛି ?

ରୁବି : କାହିଁକି ? ମୁଁ କହିବିନି –

ଅଭୟ : ନାଇଁ ଯେ, ଜାଣିଛ ତ ମୋ ବିଜିନେସ୍ ଫ୍ଲପ୍ ହୋଇଗଲା। ମୋ ସାଙ୍ଗ ସଂଗ୍ରାମ କହୁଥିଲା ଆମେ ଦିହେଁ ଗୋଟେ ନୂଆ କାମ କରନ୍ତୁ ପାର୍ଟନରସିପ୍‌ରେ !

ରୁବି : କି କାମ ? ଆଜିକାଲି ତ କେତେ ଦୋ ନମ୍ବରୀ କାମ ହେଉଛି, ଦେଖିଚାହିଁ....

ଅଭୟ : ତୁମେ ବୁଝିପାରିବନି–

ରୁବି : ଏମିତି କି କାମ ଯେ ମୁଁ ବୁଝିପାରିବିନି !

ଅଭୟ : ମୁଁ ବି କୋଉ ଠିକ୍‌ରେ ବୁଝିଛି କି ?

ରୁବି : ସବୁ ବୁଝ । ପାଞ୍ଚଜଣଙ୍କୁ ପଚାର, ଏତେ ସହଜରେ ଭାସିଯା'ନି ।

ଅଭୟ : ହଁ, ମୋର ରୋଜଗାର କ୍ଷମତା ନାହିଁ ବୋଲି ମୋତେ ଆକ୍ଷେପ କରୁଛ ତ ?

ରୁବି : ଆରେ, ଏମିତି ଅବୁଝା ହଉଚ କାହିଁକି ? ପାଞ୍ଚଜଣଙ୍କୁ ପଚାରିଲେ ପାଞ୍ଚଟା ସଜେସନ୍ ତ ମିଳିବ !

ଅଭୟ : କୋଉ ସଜେସନ୍‌ରେ ମୋ ପେଟ ପୂରିବନି ରୁବି । କେହିତ ମୋ' ଦୁଃଖ ବିପଦରେ ମୋ' ପାଖରେ ଠିଆ ହେଲେନି । ଖାଲି ମାଗଣା ସଜେସନ୍ ମୁଁ କାହାକୁ ମାଗିବି କାହିଁକି ?

ରୁବି : କାହା କଥା ମୁଁ କହିପାରିବିନି, ମୁଁ ତ ତୁମ ପାଖରେ ଠିଆ ହୋଇଛି, ଆଉ ଥରେ ପଚାଶ ହଜାର ଦେଇଥିଲି, ଫେରାଇଲନି, ପୁଣି...

ଅଭୟ : ଓହୋ... ହେଲା, ବୁଝିଗଲି । ମୋର ତୁମ ପଇସା ଲୋଡ଼ାନାହିଁ ।

ରୁବି : ମୋ ପଇସା, ତୁମ ପଇସା କ'ଣ ଅଲଗା ?

ଅଭୟ : ନହେଲେ ତୁମେ କୋଉ ଦଶବର୍ଷତଳର ପଚାଶ ହଜାର ଟଙ୍କା କଥା ଉଠାଇ ନଥାନ୍ତ-

ରୁବି : ତଥାପି ବୁଝ । କି କାମ ? କେତେ ସିଡ଼୍‌ମନି ଦରକାର । ସଂଗ୍ରାମ ବାବୁ ନିଜେ କେତେ ଟଙ୍କା ଯୋଗାଡ଼ କରିଛନ୍ତି ? ଆଉ କିଏ କିଏ ପାର୍ଟନର ଅଛନ୍ତି ବୁଝି ଆସ । ତାପରେ ମୁଁ ତମକୁ ପଇସା ଦେବି (ଚାଲିଗଲେ ଅଭୟ) । ଏଠି ବି ସେଇ ବାଲିବସ୍ତାର କାରବାର । ଥରକୁ ଥର ବନ୍ୟା ଆସିବ । ସ୍ଥାୟୀ ସମାଧାନ କଥା ଭାବିବା ପୂର୍ବରୁ ବାଲିବସ୍ତା ଲୋଡ଼ା ହେବ । ତା'ପରେ ବାଲିବସ୍ତା, ଖରାବର୍ଷା ଖାଇ ପଡ଼ିରହିବ ଆକାଶକୁ ଚାହିଁ । ସତରେ ବୋଉ, ତୁମର ଏ ଉପମା ଖାଲି ତୁମଲାଗି ନୁହେଁ, ମୋ ଲାଗିବି ଗୁରତ୍ୱପୂର୍ଣ୍ଣ । (କିଛି ସମୟ ପରେ ଅଭୟ ଆସିଛନ୍ତି) ।

ଅଭୟ : କ'ଣ ଭାବୁଛ ବସିକରି !

ରୁବି : ନାଇଁ ଏମିତି । ବହୁତ ଦିନ ପରେ ଘରେ ବସିବାକୁ ଟିକେ ବେଳ ମିଳିଛି ତ !

ଅଭୟ : ଆଚ୍ଛା, ସଂଗ୍ରାମ ସାଙ୍ଗରେ କଥାହେବ ? (ମୋବାଇଲ୍ ଧରି) ଲଗାଇ ଦେଉଛି ନିଅ ।

ରୁବି : ନାଇଁ ମତେ ଭଲ ଲାଗେନି ତାଙ୍କ କଥାବାର୍ତ୍ତା।

ଅଭୟ : ସେ ମୋ' ସାଙ୍ଗ, ତୁମକୁ ତା' କଥା ଭଲ ଲାଗେନା କାହିଁକି? ସେ କ'ଣ ଏତେ ଅଭଦ୍ର?

ରୁବି : ନାଁ ଯେ, ମୁଁ କ'ଣ କଥା ହେବି?

ଅଭୟ : ମୁଁ କହିଲି ମୋ' ସ୍ତ୍ରୀ ତ ରାଜି ହେଉନି ଟଙ୍କା ଦେବାକୁ-

ରୁବି : ତମକୁ ଲାଜ ଲାଗିଲାନି? ହଉ ଲଗେଇ ଦିଅ, ଦେଖେ

ଅଭୟ : (ଅଭୟ ଫୋନ୍ ଲଗେଇଛି) ଆରେ ଲାଇନ୍ ତ ଦି' ଦିନ ହେବ ନାହିଁ, ଚାର୍ଜ ହୋଇନି ଫୋନ୍। ଲାଗୁନି।

ରୁବି : ଏବେ ପରା କଥା ହେଲ, ପୁଣି ଲାଗୁନି କେମିତି?

ଅଭୟ : ତୁମେ ଦେଖୁନ, ସତରେ ପରା ଚାର୍ଜ ନାହିଁ।

ରୁବି : ଏବେ?

ଅଭୟ : ଏବେ ତୁମ ଇଚ୍ଛା। ଯଦି ଲକ୍ଷେ ଟଙ୍କା ଦେଇଥା'ନ୍ତ....

ରୁବି : ଲକ୍ଷେ! ହେ ଭଗବାନ। ମୁଁ କ'ଣ କୋଟିପତି? ସାଧାରଣ ଶିକ୍ଷୟିତ୍ରୀଟିଏ ମୁଁ, ତୁମ ଘରର ସବୁ ଦାୟିତ୍ୱ ମୁଣ୍ଡେଇଛି। ଦିନେ ବିରକ୍ତ ହୋଇନି, ନିଜ ଦୁଃଖ କାହାକୁ କହିନି।

ଅଭୟ : କାହିଁକି? ବୁଲି ବୁଲି ଗପିଲନି। ଲୋକେ ଏମିତି କଥା ଶୁଣିବାକୁ ଭାରି ସୁଖପାଆନ୍ତି।

ରୁବି : (ଭ୍ୟାନିଟ୍ ବ୍ୟାଗ୍ ଆଣି ପାସ୍‌ବୁକ୍ କାଢ଼ି) ନିଅ ମୋ' ପାସ୍‌ବୁକ୍। ଦେଖ କେତେ ଟଙ୍କା ଅଛି, ମୁଁ ଚେକ୍ କାଟି ଦେଉଛି।

ଅଭୟ : (ପାସ୍‌ବୁକ୍ ଦେଖି) ହଁ ଲକ୍ଷେ ଦେଲେ ବି ଆଉ କିଛି ରହିବ। ପୁଣି ଆର ମାସରେ ଦରମା ମିଳିବନି କି?

ରୁବି : ହଁ ଯେ ଲକ୍ଷେଟଙ୍କା କରଜ ଆଣିଥିଲେ କେତେ ଇଣ୍ଟରେଷ୍ଟ୍ ଦେଇଥାନ୍ତ, ସେଗୁଡ଼ାକ ମତେ ପ୍ରତିମାସରେ ଦେଇଦେବ-

ଅଭୟ : ତେବେ ତୁମେ ଚେକ୍ ଲେଖିବା ଦରକାର ନାହିଁ, ଥାଉ-

ରୁବି : କାହିଁକି? ଯେ ପଇସା ଦେବ ସେ ତ ସୁଧ ନେବ ନା!

ଅଭୟ : ଥାଉ, ମୁଁ ବରଂ କେଉଠୁ ସୁଧକୁ ଆଣିବି। ଆମର ତ କମ୍ପାନୀ ଗଢ଼ାହେବାକୁ ନିହାତି ତିନି-ଚାରି ମାସ ଲାଗିବ, ପୁଣି ଅନ୍ୟାନ୍ୟ ଆନୁଷଙ୍ଗିକ ଖର୍ଚ୍ଚ ଅଛି-

ରୁବି : ତେବେ ଲକ୍ଷେ ଟଙ୍କା ତ ଅଣ୍ଟିବନି, ସଂଗ୍ରାମ କେତେ ଦେବେ?

ଅଭୟ : ସେ କହୁଛି ତୋର ସିନା ରୋଜଗାରିଆ ସ୍ତ୍ରୀ ଅଛି...

ରୁବି : ଆଚ୍ଛା, ତେବେ ଏ ଲକ୍ଷ ଟଙ୍କା ତୁମେ ମୋଟେ ଫେରାଇବା ମୁଡ୍‌ରେ ନାହଁ କି ମୋ'ଠୁ ସେ ବାବଦରେ ପଦେ ଶୁଣିବାକୁ ବି ଚାହନି, ଏଇଆ ତ ?

ଅଭୟ : ଦେଖ, ଛୋଟ କଥାକୁ ବଡ଼ କରନି।

ରୁବି : ତା' ମାନେ ତୁମ ଘରେ ରହିବି, ତୁମ ନାଁରେ ପରିଚିତ ହେବି ବୋଲି ଏ ମୋର ଟ୍ୟାକ୍‌ସ, ଏଇଆ ତ ?

ଅଭୟ : ଯାହା ତୁମେ ଭାବିବ ! ମୁଁ ନାଚାର...

ରୁବି : (ଚେକ୍ ଲେଖି ଦସ୍ତଖତ କରି ବଢ଼ାଇଦେଲା) ଠିକ୍ କଥା, ଏ ତ ବାଲିବସ୍ତାର ଦିନ ହୋଇଗଲା ବୋଉ। ବାଲିବସ୍ତା କାହାର ଦରକାର ନୁହେଁ, କିନ୍ତୁ ଅସଲବେଳେ ବାଲିବସ୍ତା ହିଁ ମୁଣ୍ଡର ବୋଝ ହାଲ୍‌କା କରିଦିଏ। ବାଲିବସ୍ତା ତ ପିଲାଦିନୁ ଦେଖିଛୁ ନଈବନ୍ଧ କଡ଼ରେ। ବୋଉ କହିବା ପୂର୍ବରୁ ମୁଁ କାହିଁକି ଏମିତି ଭାବି ପାରି ନ ଥିଲି, ଏ ଜୀବନ ବାଲିବସ୍ତାର ଜୀବନ (କମଳା ଦେବୀ ଆସିଛନ୍ତି)।

କମଳା : କ'ଣ ଏକୁଟିଆ ବସି ଗପୁଛୁ ମା', ଅଭି ଆସିଥିଲେ କି ? ଦେଖ ତା' କଥାରେ ଜମା ଭାସିଯିବୁନି। ତୁ ମୋ' ଘରର ଇଜ୍ଜତ। ସେ ସାଙ୍ଗମାନେ ତା' ମୁଣ୍ଡ ଖରାପ କରିଦେଇଛନ୍ତି, ଏତେ ପାଠପଢ଼ି ଅପାଠୁଆ ହେଇଗଲା ଟୋକାଟା...

ରୁବି : (ଜାବୁଡ଼ିଧରି) ବୋଉ ମୁଁ ବି ସେଇ ବାଲିବସ୍ତା ପାଲଟିଗଲି (କାନ୍ଦିଲେ, କମଳାଦେବୀ ତାଙ୍କ ମୁଣ୍ଡ ଆଉଁଶି ଦେଉଥାନ୍ତି)

- ମଞ୍ଚ ଅନ୍ଧାର -

ତୃତୀୟ ଦୃଶ୍ୟ

(ଆସିଛନ୍ତି ସୁଷମା, କମଳାଙ୍କ ଝିଅ, କଲେକ୍ଟର ସୋନୁଙ୍କ ମା')

ସୁଷମା : ଜାଣିଲୁ ବୋଉ, ଆମ ସୋନୁ ଖୁବ୍ ଭଲ ନାଁ କରିଛି-

କମଳା : ପିଲାଲୋକ, ଏଇଲା ଏ ତ ଖଟିବା ବେଳ, ପୁଣି ଏ ଯେଉଁ ବନ୍ୟା।

ସୁଷମା : ତା' ଲାଗି କେଉଁଠୁ ଝିଅଟିଏ ଦେଖୁନୁ !

କମଳା : ମୁଁ ... ନାଁ, ତୋ' ଭାଇକି କହ, ସେଇ ପାରିବ- (ଅଭୟ ପ୍ରବେଶ କରିଛି, ଭାରି ଖୁସି ମିଜାଜ)

ଅଭୟ : ନାନୀ ନମସ୍କାର! କେମିତି ପଶି ଆସିଲୁ ଆମଆଡ଼େ?

ସୁଷମା : ନାଇଁରେ ବାଟଘାଟ ତ ବଢ଼ିପାଣି। ପଡ଼ିଶା ଘର ପୁଅ ସ୍କୁଟରରେ ଆସୁଥିଲା, ମୋର କାହିଁକି ବୋଉକୁ ଦେଖିବାକୁ ମନହେଲା ତ।

କମଳା : ଭଲ କଲୁ ଝିଅ। କୋଉକାଳୁ ତତେ ଦେଖି ନ ଥିଲି (ରୁବିକୁ) ଆଲୋ ମା' ରୁବି ଦେଖିଲୁ କିଏ ଆସିଛି...।

ରୁବି : (ପ୍ରବେଶ କରି ସୁଷମାକୁ ମୁଣ୍ଡିଆ ମାରିଛି) ନାନୀ... ବସ, ମୁଁ ତମପାଇଁ ଚା' କରି ଆଣୁଛି-

ସୁଷମା : ଅଦା ପକେଇବୁ। ଏ ଝିପିଝିପି ବର୍ଷାରେ ମୁଣ୍ଡଟା ଭାରି ଓଜନିଆ ଲାଗୁଛି ପରା-

ଅଭୟ : ଆଉ ନାନୀ, ଖବର କ'ଣ କହ-

ସୁଷମା : ଆରେ ଅଭି ଆମ ସୋନୁପାଇଁ ଝିଅଟିଏ ଦେଖୁନୁ-

ଅଭୟ : ସତେ ତ? ଆମ ସୋନୁ ବାହାହେବାକୁ ଯୋଗ୍ୟ ହୋଇଗଲାଣି-

କମଳା : ପାଠ ସରିଲା, ଚାକିରି ବି କଲା। ଆଉ ଡେରି କାହିଁକି? ଝିଅ ଦେଖୁ ଦେଖୁ ନିହାତି ଦି'ବର୍ଷ ଲାଗିଯିବ।

ଅଭୟ : ଠିକ୍ କହିଛୁ ବୋଉ। ଆଚ୍ଛା ମୁଁ ଦେଖେ- (ଶୋଇଥିଲା)

ରୁବି : (ପ୍ରବେଶ) ଚାହାପିଇ ଦିଅ। କ'ଣ ବୋହୂ ରାସ୍ତାକଡ଼ରେ ଠିଆ ହୋଇଛି କି ଦେଖେ କହି ଦଉଛ, ଏତ ବଡ଼ କାଠିକର ପାଠ।

ଅଭୟ : ସତ ତ ଆଚ୍ଛା ତୁ ସୋନୁକୁ ପଚାରୁନୁ, ସେ କାଳେ କୋଉଠି ପସନ୍ଦ କରିଥିବ ମନଲାଖି ଝିଅ।

ସୁଷମା : ନାଇଁ ମ, ଏତେ ତରତର ନାହିଁ। ତୁ ଦେଖୁଥା। ସେ ଫ୍ଲଡ୍ ଏରିଆରୁ ଫେରୁ, ମୁଁ ତାକୁ ପଚାରିବି।

ଅଭୟ : ଆଉ ଆମ ସୁନାନାକି ଭାଣିଜୀ ମାନୁ? ତାର ତ ଗ୍ରାଜୁଏସନ୍ ସରିଲାଣି।

ସୁଷମା : ତା' ଭାଗ୍ୟ। ସେ ଯାହା କରିବ ବୋଲି ଲେଖେଇ ଆଣିଥିବ ତା' ଜାତକରେ।

ଅଭୟ : ହଉ, ତମେ ସବୁ ଗପକର- ମୁଁ ଆସେ। ଟିକେ ରିଲିଫ୍ କେ...... ଆଡ଼େ ଯାଉଛି (ଅଭି ଚାଲିଗଲା, କମଳା ଦେବୀ ବି ପଛେ ପଛେ ଘର ଭିତରକୁ ଚାଲିଗଲେ)।

ରୁବି : ନାନି ! ଗୋଟେ କଥା ପଚାରନ୍ତି, ଡରଲାଗୁଛି-

ସୁଷମା : ପଚାରୁନୁ।

ରୁବି : ଆମ ମାନୁ କ'ଣ କାହାକୁ ପସନ୍ଦ କରିଛି କି ?

ସୁଷମା : ତତେ କିଏ କହିଲା ?

ରୁବି : ସେ ଆମ ଜାତିର ପିଲା ନୁହେଁ-

ସୁଷମା : କୋଉଠୁ ଏ କଥା ଶୁଣିଲୁ, ସତ କହ-

ରୁବି : ତୁମ କଥା, ତୁମ ଚାହାଣି କହିଦେଲା ଯେ ତୁମେ ଖୁବ୍ ଦୁଃଖିତ। କାହାଠୁ ଶୁଣିନି ନାନୀ।

ସୁଷମା : ତୁ ତ ଜାଣିଛୁ ତୋ' ନଣଦେଇଙ୍କୁ। ସେ ଭୀଷଣ ରାଗୀ, ଏଣେ ବି ହାଇ ବ୍ଲଡ୍‌ପ୍ରେସର ରହିଛି। ରିଟାୟାର୍ଡ ବେଳ ହେଲାଣି। ଭାରି ଚିଡ଼ିଚିଡ଼ା ହେଉଛନ୍ତି।

ରୁବି : ସେ ଜାଣିଛନ୍ତି ମାନୁ କଥା !

ସୁଷମା : କିଏ କହିବ ତାଙ୍କୁ। ମୋ' କଥା ତ ଜାଣିଛୁ। ଡରି ଡରି ଆସି ବୁଢ଼ୀ ହେଲି।

ରୁବି : ତୁମେ ହିଁ କହିବ ନାନୀ, ଡରିଲେ ଚଳିବ।

ସୁଷମା : ମୁଁ ଜମା ପାରିବିନି-

ରୁବି : ଏମିତି କଥା ଘରର ମୁରବି ତୁମଠାରୁ ନ ଶୁଣି ବାହାରୁ କାହାଠୁ ଶୁଣିବେ, ତାଙ୍କୁ କେତେ କଷ୍ଟ ଲାଗିବ ଭାବି ପାରୁଚଟି ?

ସୁଷମା : ପିଲାଟା ମନ୍ଦ ନୁହେଁ ମ...

ରୁବି : ଆଉ ଭଲମନ୍ଦରୁ ମିଳେ କ'ଣ ? ଆଜିକାଲିତ କେତେ ଯାନିଯୌତୁକ ବିହୀନ ବାହଘର ହେଉଚି, କୋଉ ନୂଆକଥା କି ?

ସୁଷମା : ଏମିତି କହିବି ! ହଉ....

ରୁବି : ହଁ ନାନି ! ଏତିକିବେଳକୁ ମାଆଟିଏ ଲୋଡ଼ାପଡ଼େ। ଯୋଉଠି ଦମ୍ଭ ଲୋଡ଼ାହୁଏ ତାକୁ ସମସ୍ତେ ଆଗକୁ ଠେଲି ଦିଅନ୍ତି ହେଲେ ତା'ଠୁ ସବୁ କୋମଳତା ଆଶା କରାଯାଏ (ଆସିଲେ କମଳା)।

କମଳା : ମୁଁ ସବୁ ଶୁଣି ସାରିଛି। ତୁ ହିଁ ଜୋଇଁଙ୍କୁ ଏ କଥା କହିବୁ ଆଉ ମାନୁର ଭବିଷ୍ୟତ ପାଇଁ ଏଥିରେ ତାଙ୍କୁ ରାଜି ମଧ୍ୟ କରାଇବୁ।

ସୁଷମା : ବୋଉ ! ଏ କଥା ତୁ କହୁଛୁ ?

କମଳା : ହଁ, ମୁଁ କହୁଛି। ଦିନେ ସିନା ତୁମକୁ ଦାଣ୍ଡକୁ ଛାଡ଼ିଲାବେଳେ ଦଶ ଥର ଘରକୁ ବାହାର ହେଉଥିଲି। ଆଜି ମୁଁ କହୁଛି ନିଜପାଇଁ ନିଜେ ଦମ୍ଭ ହ'- ପିଲାଙ୍କପାଇଁ ଧୈର୍ଯ୍ୟ ଧର...

ସୁଷମା : ଏଇ କଥା ଶୁଣିବାକୁ ହିଁ ଧାଇଁ ଆସିଥିଲି ବୋଉ। ମାନୁଟା ଏତେ ଜିଦିଆ, କହୁଛି ତୁ ବାପାଙ୍କୁ ନ କହିଲେ ମୁଁ ଘରଛାଡ଼ି ପଳେଇବି।

ରୁବି : ଏ ଦୁଃଖ ଠାରୁ ସେ ଦୁଃଖ ବଳି ପଡ଼ିବ ନାନୀ। ଆହୁରି ଅପମାନ ଲାଗିବ-

ସୁଷମା : ସତ ଯେ ! ହେଲେ....

କମଳା : ସଂସାର ଭିତରେ ଘର କରିଥିଲେ ପଥର ପଡ଼ିଲେ ସହି....

ରୁବି : ନାଇଁ ମ ବୋଉ ପଥର ନୁହେଁ... ବାଲିବସ୍ତା।

କମଳା : ସେଇ ବାଲିବସ୍ତା କଥାଟା ମନେ ରଖିଛୁ ତା' ହେଲେ-

ସୁଷମା : କ'ଣ ଶାଶୂ ବୋହୂ ଠାରରେ କଥା ହଉଛ, ମୁଁ ବୁଝିପାରୁନି-

ରୁବି : ନାଇଁ ନାନୀ ଏ ଠାର ନୁହେଁ ଜୀବନର କଥା- ଏ ପୁଣି ବାଲିବସ୍ତାର ଜୀବନ।

ସୁଷମା : ବାଲି ବସ୍ତା ?

ରୁବି : ଦେଖିବ ରହିଥା.... (ଟିଭି ଲଗାଇବାକୁ ଉଦ୍ୟତ)

କମଳା : ଲାଇନ୍ ତ ନାହିଁ, ଦେଖ ରେଡ଼ିଓରେ ବ୍ୟାଟେରୀ ଅଛି କି ନା' -

ରୁବି : (ରେଡ଼ିଓ ଲଗେଇଛି) ନାଁ ବ୍ୟାଟେରୀ ସରି ଯାଇଛି। ନହେଲେ କାନ୍ଥ ଘଣ୍ଟାରୁ ଆଣି ଲଗଉଛି (ଚାଲିଗଲା)।

ସୁଷମା : ଯାହା କହ, ତୋ' ବୋହୂ ଭାରି ବିଚକ୍ଷଣ। ମୁହଁ ଦେଖି ମନ ପଢ଼ିପାରୁଛି ସିଏ।

କମଳା : ଆଜିକାଲିକା ଝିଅ। ଚଉଆଖିଆ, ସେଥିରେ ପୁଣି ଚାକିରି କରିଛି।

ସୁଷମା : ନହେଲେ ମୋ' ଫୁଲାଫାଙ୍କିଆ ଭାଇ ତ'.... (ଆସିଲା ରୁବି ରେଡ଼ିଓ ଆଣି, ରେଡ଼ିଓରେ ବନ୍ୟା ଖବର କହୁଛି)।

(ଶୁଣନ୍ତୁ ବନ୍ୟା ଖବର- ହୀରାକୁଦ ଡ୍ୟାମ୍‌ର ପଚାଶଟି ଗୋଟ୍ ଖୋଲି ଦିଆଯାଇଛି। ମହାନଦୀ, ବ୍ରାହ୍ମଣୀ, ବୈତରଣୀ,

ବୁଢ଼ାବଳଙ୍ଗ, ସୁବର୍ଣ୍ଣରେଖା ନଦୀ ବିପଦ ସଂକେତ ଟପିସାରିଛି, ଲୋକଙ୍କୁ ଉଦ୍ଧାର କରିବାକୁ ୫ ସରକାରୀ କଳ କାମ କରୁଛନ୍ତି। ଜିଲ୍ଲାପାଳମାନେ ବୁଲୁଛନ୍ତି ଦିନରାତି, ବାଲିବସ୍ତା ପଡୁଛି ଘଳିଆ ପଡ଼ିବା ଜାଗାରେ....)

ରୁବି : ହେଲା ତ ?

ସୁଷମା : କ'ଣ ହେଲା ?

ରୁବି : ଘଳିଆ ଯେଉଁଠି ପଡ଼ିବ ବୋଲି ଭୟ ହେଉଛି ସେଠି ବାଲିବସ୍ତା ପକାଇ ଦିଆଯାଉଛି।

କମଳା : (ହସିଲା) ଏଥର ବୁଝିଲୁ ତ !

ରୁବି : ନାନୀ, ବାଲିବସ୍ତା ଦୁର୍ବଳ ନଦୀବନ୍ଧକୁ ଦମ୍ଭ ଦେଲା ତ !

ସୁଷମା : ହଁ ତ।

ରୁବି : ସେଇମିତି ଆମେ ସବୁ ବାଲିବସ୍ତା। ପରିବାରର ବନ୍ଧ ଯେଉଁଠି ଦୁର୍ବଳ ମନେ ହେବ, ସେଠି ସମସ୍ତେ ଆମକୁ ଲୋଡ଼ିବେ। ତା'ପରେ ଭୁଲିଯିବେ ଠିକ୍ ବନ୍ୟାପରେ ବନ୍ଧକଡ଼ରେ ପଡ଼ିଥିବା ବାଲିବସ୍ତା ପରି।

ସୁଷମା : (ଆଖି ଛଳଛଳ କରି) ହେଲା। ବୁଝିଗଲି, ତା' ମାନେ....

ରୁବି : ତୁମେ ବି ନାନୀ ଗୋଟେ ବାଲିବସ୍ତା। ଏ ବନ୍ୟାକୁ ତୁମେ ଅଟକାଇ ପାରିବ। (ସୋମ୍‌ର ପ୍ରବେଶ)

ସୋମ୍ : ଥ୍ୟାଙ୍କ୍ ଗଡ୍। ରେଡ଼ିଓଟା ଅନ୍ତତଃ ଚାଲୁଛି (ସୁଷମା ନାନୀକୁ ନମସ୍କାର କରିଛି)।

ସୁଷମା : ତୋ ମା'ର ଏ ବୁଦ୍ଧିରେ ପୁଅ। କୋଉଠୁ ବ୍ୟାଟେରୀ ଆଣି ଏଇଟାକୁ ଚଳେଇଛି।

କମଳା : ହଁ ଆମ ବୁଢ଼ାବୁଢ଼ୀଙ୍କ ପରି ଏ ରେଡ଼ିଓ ଘରର ଗୋଟିଏ କୋଣରେ ପଡ଼ିରହିଛି। ସେଇମିତି ଦରକାର ପଡ଼ିଲେ....

ରୁବି : ହେଲେ ବୋଉ ରେଡ଼ିଓ ତ କାମିକା ମଣିଷର ବନ୍ଧୁ।

ସୁଷମା : ମତେ ଆଗ କହିଲୁ ମୁଁ କ'ଣ କରିବି ?

କମଳା : ସେଇ ବାଲିବସ୍ତା ହେବୁତ, ଆଉ କ'ଣ ?

ସୋମ୍ : କି ବାଲିବସ୍ତା ଜେଜେମା' ? କିଏ ହବ ବାଲିବସ୍ତା ?

କମଳା : ତୋ ଜେଜ ନାନୀ, ଆଉ କିଏ ?

ରୁବି : ନାଇଁରେ ସୋମ୍, ଆମେ ସମସ୍ତେ ବାଲିବସ୍ତା। ଜେଜେ ମା', ପିଉସୀ ନାନୀ, ମୁଁ- ସମସ୍ତେ। ଦରକାର ବେଳେ କାମରେ ଆସୁ। ତା'ପରେ ସମସ୍ତେ ଆମକୁ ଭୁଲିଯାଆନ୍ତି।

ସୋମ୍ : ମୁଁ କିଛି ବୁଝି ପାରୁନି ମା', ମୁଁ ଚାଲିଲି। (ପ୍ରସ୍ଥାନ)

ଅଭୟ : (ପ୍ରବେଶ) ମୁଁ କିନ୍ତୁ ସବୁ ବୁଝିପାରୁଛି। ହେଲେ ସମୟ ବଦଳି ଗଲାଣି, ଏ ଖବର ଏଠି କେହି ରଖିନି, ଏଠି ସମସ୍ତେ ବାଲିବସ୍ତା।

- ମଞ୍ଚ ଅନ୍ଧାର -

ଚତୁର୍ଥ ଦୃଶ୍ୟ

(ସୁଷମା ଓ ରୁବିଙ୍କ କଥାବାର୍ତ୍ତା)

ରୁବି : ନାନି! ତୁମେ ଦମ୍ଭ ଧରିଲେ ସବୁ ସମାଧାନ ହୋଇଯିବ।

ସୁଷମା : ମୋ ଭାଇକି ଟିକେ କହନ୍ତୁନି?

ରୁବି : ସେ ତ' ନିଜେ ବାଟ ପାଉ ନାହାନ୍ତି ନାନୀ, କି ସମସ୍ୟା ସେ ବୁଝିବେ। (ଆସିଲେ ଅଭୟ)

ଅଭୟ : କହିଲି ପରା ମୁଁ ସବୁ ବୁଝିପାରୁଛି। ଜାଣିପାରୁଛି ମୋର ଦୋଷ (ରୁବିଙ୍କୁ) ସତରେ ରୁବି ଆଇ ଆମ୍ ସରି, ଭେରି ସରି...

ରୁବି : କ'ଣ ହେଲା କହୁନା। କାଲିଠୁ ମୁହଁ ଶୁଖେଇକି ବସିଛ ଯେ ମୁଁ ଛାନିଆରେ କିଛି ପଚାରୁନି।

ଅଭୟ : କ'ଣ କହିବି? ସଂଗ୍ରାମ ଏଡ଼େ ଧୋକାବାଜ୍। ମୋ' ପରି କେତେ ଲୋକଙ୍କୁ ସେ ଏମିତି ଠକିଛି କମ୍ପାନୀ କରିବା ନାଁରେ-

ସୁଷମା : ଇରେ କୋଉ କମ୍ପାନୀ!

ରୁବି : (ଦୀର୍ଘଶ୍ୱାସ) ଯାହା ହେଉ ମୋ' ଝାଳବୁହା ଧନ ବଞ୍ଚିଗଲା।

ଅଭୟ : ଦେଖିଲି ସଂଗ୍ରାମ ଘରୁ ମୋର ଜଣେ ଚିହ୍ନା ଲୋକ ବାହାରୁଚି, ସେ ତ ମତେ ଦେଖି ଗଦ୍‌ଗଦ୍ ହୋଇଗଲେ।

ରୁବି : କାହିଁକି?

ଅଭୟ : ସେ କହିଲେ ଯାହାହେଉ ଆପଣଙ୍କ ପରି ଲୋକ ସଂଗ୍ରାମ ବାବୁଙ୍କ ସହିତ କାମ କରିବେ ଶୁଣିଲି। ମୋ ଟଙ୍କା ଆଉ ବୁଡ଼ିବାର ନାହିଁ, ମୁଁ ତ କାବା ହୋଇଗଲି। ସେ କହିଲେ ଯେ ସେ ତାଙ୍କ ସ୍ତ୍ରୀଙ୍କ

ଗହଣା ବନ୍ଧାପକାଇ ଟଙ୍କା ଆଣିଛନ୍ତି କମ୍ପାନୀରେ ଖଟେଇବେ। ତାଙ୍କ କଥା ଶୁଣିବା ପରେ ତ ସଂଗ୍ରାମ ତାଙ୍କୁ ମାରେ ନ ମାରେ।

ସୁଷମା : ଇରେ ଅଭି, ତୁ କ'ଣ କହୁଛୁ? କିଏ କାହାକୁ ମାରିଲା।

ରୁବି : ସେଇଠୁ (ଏହି ସମୟରେ କମଳା ଦେବୀ ପ୍ରବେଶ କରିଛନ୍ତି)

କମଳା : ସଂଗ୍ରାମର ସଂଗ୍ରାମ ତେବେ କାହା ବିପକ୍ଷରେ?

ଅଭୟ : ବୋଉ, ମୁଁ ଯାଇ ଦି'ଜଣଙ୍କ ମଝିରେ ଠିଆ ହୋଇଗଲି, କହିଲି ମୋ' ପାଖରେ ତ ଏବେ ପଇସା ନାହିଁ ପରେ ଦେଖିବା।

କମଳା : ଯାହା ହେଉ -

ଅଭୟ : ମୋ' ପକେଟରେ ଏବେ ବି ରୁବି ଦେଇଥିବା ଚେକ୍‌ଟା ଅଛି ବୋଉ, ଦେଖୁନୁ... ଦେଖ।

କମଳା : ରୁବି, ଆଉ ତୁ ବାଲିବସ୍ତା ହେବୁନି ମା', ତୋ' ଡାକ ଠାକୁର ଶୁଣିଛନ୍ତି।

ଅଭୟ : ଏମିତି କହିଲେ କ'ଣ ସରିଲା ବୋଉ? ଆଗକୁ କେତେ ସୁବିଧା ଅସୁବିଧା ଆସିବ। ରୁବି ମୋ' ବାଲିବସ୍ତା ସତ କିନ୍ତୁ ଏଥର ମୁଁ ନିଜେ ଦମ୍ଭ କରି ବନ୍ଧ ବାନ୍ଧିବି। ମୋ' ବାଲିବସ୍ତାକୁ ଶୁଖେଇ ପୁଣି ସାଇତି ଦେବି। ଦେଖିବୁ ରହ...

ସୁଷମା : ଝିଅମାନେ ଏବେ କ'ଣ ଆଉ ନିରିମାଖୀ ହୋଇଛନ୍ତି କି? ତାଙ୍କୁ ଖାଲି ବାଲିବସ୍ତା କହିଦେବା ଢେର।

ରୁବି : ନାନୀ, ତୁମେ ତ ବୁଢ଼ୀ ହେଲଣି ଯେ ଭିଣୋଇଙ୍କୁ ପଦେ ଟାଣରେ କଥା କହି ପାରୁନ। ଝିଅ କେତେ ଜଣ ଉନ୍ନତି କରିଦେଲେ କ'ଣ ଢେର?

ଅଭୟ : ସତରେ, ଯାହା କହ ଯାହା ପରିବାରରେ ସ୍ତ୍ରୀ ନ ଚାହିବ ତା' ସ୍ୱାମୀ ଦୁର୍ନୀତି କରିବାକୁ ପଛେଇଯିବ।

କମଳା : ତା' ମାନେ ତୁ କହୁଛୁ ଯେତେ ଦୁର୍ନୀତି ହେଉଛି ସବୁରି ମୂଳରେ ସ୍ତ୍ରୀଟିଏ ଅଛି। ମିଛ କଥା, ମୁଁ ମାନିବିନି...

ସୁଷମା : ମୋ ଭାଇ ତ ଦୁର୍ନୀତି ହେବନି ବୋଲି କହିନି, କହିଛି ଦୁର୍ନୀତି କରିବାକୁ ଜଣେ ପଛେଇ ଯିବ। ଟିକେ ଆଗକୁ ପଛକୁ ଭାବିବ। ନା କ'ଣରେ ଅଭି।

ଅଭୟ	:	ଦେଖୁଛୁ ତ ଏଠି ଶାଶୂ ବୋହୂ ମିଶି ମତେ କେମିତି ଭୁଲ୍ ମଗାଉଛନ୍ତି (ହସିଲେ) ହଉ ରୁବି ଦେବୀ, ତୁମ ଚେକ୍ ନିଅ-
ରୁବି	:	ଆଚ୍ଛା ଏଠି ତ ସମସ୍ତେ ଅଛନ୍ତି, ଗୋଟେ କଥା କହନ୍ତି-
କମଳା	:	ଆଲୋ ମା' ଏ ଘର ତୋର, କ'ଣ କହିବୁ କହ -
ରୁବି	:	ଏ ଟଙ୍କାରେ ଆମେ ଗୋଟେ ଛୋଟ ବ୍ୟବସାୟ କରନ୍ତେନି ?
ଅଭୟ	:	କି ବ୍ୟବସାୟ ?
ରୁବି	:	ମୁଁ କାହାକୁ ଟିକେ ପଚାରେ, ଅଳ୍ପରୁ ଆରମ୍ଭ କରି ବଢ଼ିଲେ ସେଥିରେ ଶାନ୍ତି ଅଛି, ନିଜ ଗୋଡ଼ରେ ଠିଆ ହେବା, ଯେତେ କଷ୍ଟ ହେଲେ ବି ଆନନ୍ଦ ଦିଏ।
ସୁଷମା	:	ଧନ୍ୟ ଲୋ ରୁବି। ତୋ ମୁଣ୍ଡରେ ଏତେ ବୁଦ୍ଧି ?
ରୁବି	:	ନାନୀ, ତମକୁ ଯାହା ଶିଖାଇଥିଲି ମନେ ଅଛି ତ ? (ଏହି ସମୟରେ କଲିଂବେଲ୍ ବାଜିଛି)
ଅଭୟ	:	(ଯାଇ ଦେଖିଲେ) ଆରେ, ତୁମେ ସବୁ କୁଆଡ଼େ ? ଚାଲ ମୁଁ ଯାଉଛି, ରିଲିଫ୍ କାମରେ ହାତ ଲଗେଇବା ଦରକାର, ଆଚ୍ଛା ମୁଁ ଆସୁଛି ତମେମାନେ ଗପ କରୁଥା (ପ୍ରସ୍ଥାନ)।
କମଳା	:	ଦେଖିଲୁ ତ ? କୋଉ ଈଶ୍ୱର ତାକୁ ଦେଖାଇଦେଲେ ବନ୍ଧୁର ଅସଲି ରୂପ। ହଉ ମା', ତୋରି ଇଚ୍ଛା ପୂର୍ଣ୍ଣ ହେଉ। ଝିଅପିଲାର ବାଲିବସ୍ତା ଜୀବନ ଶେଷ ହେଉ। (ସୋମ୍‌ର ପ୍ରବେଶ)
ସୋମ୍	:	ବୁଝିଲ ଜେଜେ ମା', ବୋଧେ ଆଜି ସନ୍ଧ୍ୟା କି କାଲି ସକାଳୁ ଲାଇନ୍ ଆସିଯିବ। ସଜଡ଼ା ଚାଲିଛି, ଦେଖି ଆସିଲି।
ସୁଷମା	:	ଆରେ, ମୁଁ କେମିତି ଯିବି ସେକଥା ତ କେହି ଭାବୁନାହାନ୍ତି !
ସୋମ୍	:	ନାନୀ, ବ୍ୟସ୍ତ ହୁଅନା। ବର୍ଷା ଛାଡ଼ିଲେ ବାବା ସୁବିଧା କରିଦେବେ।

- ଦୃଶ୍ୟାନ୍ତର -

ସୁଷମା	:	ବୋଉ, ମୁଁ ଟିକେ ଆଜି ଶାନ୍ତି ଘରକୁ ଯିବି। ସେ ଡାକିଛି, ତା' ଜନ୍ମଦିନ -
କମଳା	:	ଯିବୁ ତ ମା', ରହିବୁନି କିନ୍ତୁ। ବାପାଙ୍କୁ ପଠାଇବି ୮ଟା ବେଳକୁ-
ସୁଷମା	:	ଆମେ ୪/୫ ଜଣ ସାଙ୍ଗ ହୋଇ ଯିବୁ ବୋଉ।

କମଳା : ପାଞ୍ଚଜଣ ଛାଡ଼ି ପନ୍ଦର ଜଣ ଗଲେ କ'ଣ ହେଲା ? ଆମ ଘରର ଚଳଣି ଯାହା ନା, ମୁଁ ତତେ ଜମା ସେଠି ରହିବାକୁ ଅନୁମତି ଦେବିନି।

ସୁଷମା : ମୋ' ସୁନା ବୋଉ, ଟିକେ ଦୟା କର।

କମଳା : ଦୟାମାୟା କିଛି ନାହିଁ। ତୋ ବୟସକୁ ପରା ମୁଁ ଶାଶୂଘରେ ପହଞ୍ଚି ସାରିଥିଲି, ଅଇଲା ଛୋଟପିଲା ମୋ !

ସୁଷମା : ହଉ ତେବେ, ମତେ ବାହାକରି ଦଉନୁ। ସେ ଗରିବ ଲୋକର କଥା ପରି ଭୋରୁ ଯାହା ମୁହଁ ଚାହିବୁଁ ତାକୁ ଜୋଇଁ କରିଦେ। ଭଲ ହେବ (କାନ୍ଦିଲା)।

କମଳା : ଦେଖ ସୁଷି, ଏ ସବୁ ପରିବାରର ଅଲେଖା ନିୟମ। ଥରେ କୋହଳ ହେଲେ ଆଉ ଟାଣ ହେବା ସମ୍ଭବ ନୁହେଁ।

- ଦୃଶ୍ୟାନ୍ତର -

ସୁଷମା : ହଁ ଥରେ କୋହଳ ହେଲେ ଆଉ ଟାଣ ହବ କେମିତି ଯେ ?

କମଳା : (ପ୍ରବେଶ) କ'ଣ ଏଠି ଏକୁଟିଆ ବସି ଗପୁଛୁ ଝିଅ। ବେଗି ବାହାରିପଡ଼, କେମିତି ହେଲେ ତୋ ଘରେ ଯାଇ ପହଞ୍ଚି ଯା, ପାଗ ଭାରି ଖରାପ।

ସୁଷମା : ବୋଉ, ତୋର ତୋରି କଥା ମନେ ପକଉଥିଲି। ତୁ ଢେର ଦିନ ତଳେ କହିଥିଲୁ ନା ଅଲେଖା ନିୟମ ଥରେ କୋହଳ ହେଲେ କଥା ଶେଷ, ମୁଁ ବୋଧେ କୋହଳ ହୋଇଗଲି।

କମଳା : ଆଜିକାଲିକା ପିଲାଏ ବାପା-ମା'ଙ୍କ ଦୁର୍ବଳତା ଜାଣନ୍ତି ତ !

ସୁଷମା : ଠିକ୍ କଥା କହିଲୁ ବୋଉ। ଗୋଟେ ଝିଅ ବୋଲି କି କ'ଣ...

ରୁବି : (ପ୍ରବେଶି) ଏଠି କିଏ ଦି'ଟା ଝିଅ କହିଲ ନାନୀ? ତମେ ମୁଁ ଆମ ସିନୁ ସମସ୍ତେ ତ ଗୋଟିଏ ଗୋଟିଏ ଝିଅ, ତେବେ ଆମ ଭଳି କିଛି - କାହିଁକି ବାଲିବସ୍ତା ଭଳି ସବୁ ଅସୁବିଧାକୁ ଛାତି ପତେଇ ଥିବେ !

- ମଞ୍ଚ ଅନ୍ଧାର -

ଶେଷ ଦୃଶ୍ୟ

(ସମୟ- ସନ୍ଧ୍ୟା, ଅଭୟ ଘରକୁ ଫେରିଲେ, ଅଭୟ ଓ ରୁବି ବସି କଥା ହେଉଛନ୍ତି)

ରୁବି : କ'ଣ ଭାବିଲ ଆମ ଭବିଷ୍ୟତ ବିଷୟରେ ?

ଅଭୟ : କାଲି କି କାଲି ସୋମ୍ କଲେଜ ଯିବ। ଆଜିକାଲି ତ କେତେ ପ୍ରକାର ପାଠ, କେତେ ଡୋନେସନ୍...

ରୁବି : ଆମେ କ'ଣ ବା ରଖିଛେ ତା' ଲାଗି !

ଅଭୟ : ମୁଁ ଏଥର ତା' ଲାଗି ସମୟ ଦେବି ରୁବି। ସେ ତ ଆମ ଭବିଷ୍ୟତ-

ରୁବି : ବୋଉ ଅଛନ୍ତି ବୋଲି କେତେ ଦମ୍ଭ ଅଛି।

ଅଭୟ : ସତରେ ରୁବି ତା' ପଣତ କାନିରେ କେତେ ଆଶ୍ୱାସନା !

କମଳା : (ଆସିଲେ କମଳା ଦେବୀ) ଆରେ ଅଭି, ସୁଷମାକୁ ଛାଡ଼ି ଦେଇ ଆସିଲୁ ତ ?

ଅଭୟ : ହଁ ବୋଉ।

କମଳା : ଏତେ ଶୀଘ୍ର ଚାଲିଆସିଲୁ ଯେ ? ଜୋଇଁଙ୍କ ସାଙ୍ଗରେ ଦେଖା କଲୁନି କି ?

ଅଭୟ : (ନୀରବ)

କମଳା : ଜାଣିଛି ପରା, ତୁମମାନଙ୍କ ବୁଦ୍ଧିରେ ଦଉତ ମତେ ଜଣା। କ'ଣ ଭାବିଥିବେ ଜୋଇଁ, ନିଶ୍ଚେ ଭାବିଥିବେ ତୁ ତାଙ୍କୁ ସମ୍ମାନ କରୁନୁ।

ରୁବି : ମୋ' ଭାଇ ମତେ ଦାଣ୍ଡ ଦୁଆରେ ଛାଡ଼ି ଚାଲି ଯାଇଥିଲେ ତମକୁ କେମିତି ଲାଗିଥାନ୍ତା ?

ଅଭୟ : ତାଙ୍କ ଘରେ ଏତେ ସମସ୍ୟା ଯେ ସେ ବିଚାରୀ ଝଡ଼ବର୍ଷାରେ କୌଣସିମତେ ଧାଇଁ ଆସିଥିଲା ଏଠିକି।

ଅଭୟ : ତା' ପୁଅ କଲେକ୍ଟର, ତା'ର ପୁଣି କି ସମସ୍ୟା ?

ରୁବି : ତୁମର ସବୁବେଳେ ଏମିତି ହାଲୁକା କଥା। ଘଡ଼ିଏ ସିନା ନାନୀଙ୍କ ପାଖରେ ବସିଥିଲେ ଜାଣିଥା'ନ୍ତ ତାଙ୍କ ଦୁଃଖ (ଆସିଲା ସୋମ୍)

ସୋମ୍ : ଆରେ ମୋ' ଦୁଃଖ ଟିକେ କିଏ ବୁଝ ତ। ମୁଁ ଆଜି କେମିତି ଟିଉସନ୍ ଯିବି ?

ଅଭୟ : ଏବେ ନାନୀକୁ ଛାଡ଼ି ଫେରିଛି, ଏ ବର୍ଷାରେ ଦିନେ ଟିଉସନ୍ ନଗଲେ ହେବନି !

ସୋମ୍ : ଆମର ପରା ଆଜି ଟେଷ୍ଟ ପରୀକ୍ଷା କରାଯିବ। ସାର୍ ନିଶ୍ଚେ ଭାବିବେ ମୁଁ ପାଠକୁ ଡରି ଘରେ ରହିଯାଇଛି।

ଅଭୟ : ଆଚ୍ଛା ମୁଁ ଫୋନ୍ କରି ଦଉଛି ରହ।

ରୁବି : ନାଇଁ ସୋମ୍। ତୁ ରେନ୍‌କୋଟ ନେଇ ଚାଲି ଯା'। ଜମା ଟିଉସନ୍ ବନ୍ଦ କରନା। ଚାଲ୍ ବ୍ୟାଗ୍ ଧର।

ସୋମ୍ : ଦେଖିବ ବାବା ମୁଁ ନିଶ୍ଚେ ସୋନୁ ଭାଇଭଳି ତୁମ ନାଁ ରଖିବି, କେତେ ଲୋକଙ୍କୁ ବନ୍ୟା ବାତ୍ୟାରେ ହେଲ୍‌ପ କରିବି।

କମଳା : ଆଗ ସେ ଯାଏ ଯା, ଖୁବ୍ ପରିଶ୍ରମ କରିବାକୁ ପଡ଼ିବ।

ସୋମ୍ : ହଁ ସୋନୁଭାଇ ବାବା ସିନା ତାକୁ ପଢ଼ାଉଥିଲେ।

ରୁବି : କେବଳ ବାବା ପଢ଼ାଉ ନ ଥିଲେ, ସେ କୋଚିଂ ସେଣ୍ଟର ବି ଯାଉଥିଲା। ଦିନରାତି ବସି ପଢୁଥିଲା।

କମଳା : ରୀତିମତ ତପସ୍ୟାର କଥା, କିନ୍ତୁ ତ ପାରିବୁ ବୋଲି ମୁଁ ଭାବୁଛି।

ରୁବି : ନିଶ୍ଚୟ ସେ ପାରିବ ବୋଉ। ଆପଣ ସିନା ତାକୁ କୋର୍ସ ପାଠ ପଢ଼ାଉ ନାହାନ୍ତି, ଜୀବନ ପାଇଁ ତ କେତେ ପାଠ ଶିଖାଉଛନ୍ତି।

ଅଭୟ : ଆରେ ବାବା, ଚାଲ ମୋର ପୋଛି ହେବା କି ଲୁଗା ବଦଳାଇବା କିଛି ଦରକାର ନାହିଁ, ଚାଲ। ତୋର ପାଠ ଶେଷହେଲେ ତତେ ଘରେ ପହଞ୍ଚାଇ ସାରିଲେ ଶୁଖିଲା ଲୁଗା ପାଲଟିବି। ଚାଲ୍ (ସୋମ୍ ଓ ଅଭୟ ପ୍ରସ୍ଥାନ, ଏହି ସମୟରେ ଫୋନ୍ ବାଜିଲା)।

ରୁବି : ହଁ ନାନୀ, ସେଠି ସବୁ ଭଲ ତ? ଆଚ୍ଛା ମୋ' କଥା ଜମା ଭୁଲିବନି। ମନେ ରହିଲା ତ? ବୋଉଙ୍କୁ ଦେବି, ହଉ...

କମଳା : ହଁ ମା' ଜୋଇଁ କେମିତି ଅଛନ୍ତି। ଜାଣିଛୁ ତ ତୋ ଭାଇକି, ବନ୍ଧୁଘର ଦାଣ୍ଡ ଦୁଆରୁ କ'ଣ ଏମିତି ଫେରନ୍ତି? ହଉ, ରଖ। ସୁବିଧା କରି କହିବୁ। ଦେଖ... ରାଗରୁଷା ନାହିଁ... ଥା।

ରୁବି : ସତରେ ଯଦି ଭିଣୋଇବାବୁ ନ ମାନନ୍ତି ନାନୀଙ୍କ କଥା?

କମଳା : କହିଲା ଭଳି କହିଲେ ସମସ୍ତେ ମାନିବେ ମା'। ଆମେ ତ ବାଲିବସ୍ତା ହୋଇ ରହିଗଲେ। ଆମକୁ କିଏ ପାସଙ୍ଗରେ ପକାଇବ କାହିଁକି?

ରୁବି : ନାଇଁ ବୋଉ। ବାଲିବସ୍ତାର ବି ଜୀବନ ଅଛି। ସମ୍ମାନ ଅଛି। ଆଉ ପାଦତଳେ ଚାପି ହୋଇ କାହା ପିଠି ଥାପୁଡ଼ାକୁ ଚାହିଁ ରହିବାର ଦିନ ଗଲାଣି (ଫୋନ୍ ବାଜିଲା, ରୁବି ଉଠାଇଛି) ହଁ ଭାଇନା, ପ୍ରଣାମ, କଣ କହିଲେ? କାଲି ଆସିବେ। ଭଲ କଥା। ହଁ ଇଏ ଅଛନ୍ତି... ନାନୀ କେମିତି ଅଛନ୍ତି? ମୋ' ପାଖରେ କାମ

(ହସିଲା) ହଉ, ମୁଁ ରାନ୍ଧିବାଢ଼ି ରଖିଥିବି କାଲି ତ ରବିବାର, ରହୁଛି; ପ୍ରଣାମ।

କମଳା : କିଏ କି ?

ରୁବି : ଏଇ ଆମ ସୁଷମାନାନୀଙ୍କ ବର। କାଲି ଦିହେଁ ଆସିବେ। ତାଙ୍କର ମୋ' ପାଖରେ କାମ ଅଛି (ହସିଲେ)।

କମଳା : ଆଲୋ ମା' କ'ଣ କହିଥିବେ ବୋଧେ ଆମ ସୁଷମାକୁ, ସେଥିପାଇଁ କଳିଗୋଳ ହୋଇଥିବ କି କ'ଣ ?

ରୁବି : ବୋଉ ! ଆପଣଙ୍କ ଝିଅ କ'ଣ ଏ ବୟସରେ କଳିଗୋଳ କରି ସମାଧାନ ଲାଗି ଆସିବେ ସାନ ଶଳାଭାଉଜ ପାଖକୁ ?

କମଳା : କଥା କ'ଣ ହୋଇଥିବ ବୋଲି ଭାବୁଛୁ ?

ରୁବି : ସେଇ ମାନୁ ବାହାଘର କଥା ହିଁ ହୋଇଥିବ। ଦେଖିବେ ଆପଣ, ମୋ କଥା ମୋ ନଣନ୍ଦଙ୍କ ମନକୁ ପାଇଛି ତ ?

କମଳା : ମା ଲୋ, ତୁ ତ ବାଲିବସ୍ତା ନୋହୁଁ ତୁ ମଜବୁତ ବନ୍ଧ। ଛାତପକା ଘର। ତୋଠି ଦମ୍ଭ ବି ଅଛି, ଆଶ୍ୱାସନା ବି ଅଛି।

ରୁବି : ବୋଉ ! ମତେ ଏତେ ପ୍ରଶଂସା କରୁଛନ୍ତି କାହିଁକି ? ମୋର କ'ଣ ମାନୁ ପାଇଁ କିଛି କର୍ତ୍ତବ୍ୟ ନାହିଁ ?

କମଳା : ଦେଖିବୁ ଯେମିତି ଝିଅଟା କଷ୍ଟ ନପାଏ। ସେ ପିଲାକୁ ଘରକୁ ଡାକିବୁ, ଦେଖିବା ତାକୁ। ହେଲା ତ ? (ପୁଣି ଫୋନ୍ ବାଜିଲା)

ରୁବି : ଏ ଫୋନ୍ ଆଉ କଥା କୁହାଇଦେବନି, ହ୍ୟାଲୋ...ହଁ ମୁଁ ଖବର ପାଇଲିଣି। କ'ଣ ପରିବାପତ୍ର ଆଣି ଆସିଥିବ। କାଲି ସକାଳୁ ମାଛ କି ମାଂସ ଆଣିବ। ହଉ, ରଖୁଛି।

କମଳା : ଏ ନିଶ୍ଚେ ମୋ' ପୁଅ। ମୋ' ଫୁଲାଫାଙ୍କିଆ ପୁଅକୁ ତୁ କାନିରେ ବାନ୍ଧି ରଖିବୁ। ଏ ଭରସା ମୋର ଅଛି। ତେବେ ମା' ଯଦି ବାଲିବସ୍ତା ହେବା ନିହାତି ଲୋଡ଼ା ହେବ, ତେବେ ଦୁଃଖ ନକରି ତାକୁ ସହଜରେ ଗ୍ରହଣ କରିବା ଲୋଡ଼ା, ନା କ'ଣ କହୁଛୁ ?

ରୁବି : ହଁ ବୋଉ ! ବାଲିରେଣୁ ତ ମହାବନ୍ଧ ହୁଏ ନା। ବାଲି ଘର ତିଆରିରେ ଲାଗେ। ହୋମ ଯଜ୍ଞରେ ଲାଗେ। ଭଜାଭଜିରେ ଲାଗେ, ଆମ୍ବ ପାଚେ ବାଲିରେ ବସାଇଲେ। ତେବେ ବାଲି ବସ୍ତାରେ ପଶିଲେ ତା'ର ଗୁରୁତ୍ୱ ହାନି ହେବ କାହିଁକି ଯେ...!

(ସୋମ୍‌ର ପ୍ରବେଶ)।

ସୋମ୍ : କି ବାଲିବସ୍ତା। କଥା ଯେ ଚାଲିଛି ଦି' ଦିନ ହେଲା। ଆସିଲ, ଲାଇନ୍‌ ଆସିଲାଣି, ଟିଭି ଲଗେଇବା।

କମଳା : ହଁ ଚାଲ୍‌। ବନ୍ୟା ଖବର ଦେଖିବା, ଆ ମା'....

(ମଞ୍ଚ ଅନ୍ଧାର)

ସ୍ୱପ୍ନ ବଦଳ

ଚରିତ୍ର ସୂଚୀ ...

ବିମଳ ବାବୁ	:	ଅବସରପ୍ରାପ୍ତ ବୟସ୍କ ଗୃହସ୍ଥ
ଜୀବନ	:	ଯୁବକ
ଅଜଣା ଯୁବକ	:	ବ୍ୟାଙ୍କକାମରେ ଆସିଥିବା
ସରସୀ ଦେବୀ	:	ବିମଳବାବୁଙ୍କ ପତ୍ନୀ
ସୋନାଲି/ଲାଲି	:	ବିମଳବାବୁଙ୍କ ଝିଅ- ବ୍ୟାଙ୍କ ଅଫିସର

ପ୍ରଥମ ଦୃଶ୍ୟ

(ସନ୍ଧ୍ୟାବେଳ। ଚାହା ପିଉଛନ୍ତି ବିମଳ ବାବୁ ଆଉ ସରସୀ ଦେବୀ। ବିମଳ ବାବୁ ବୟସ୍କ ଗୃହସ୍ଥ, ଦେଖିଲେ ଜଣାଯାଏ ଏକଦା ଖୁବ୍ ସାସ୍ଥ୍ୟବାନ ଆଉ ପଦସ୍ଥ ଅଧିକାରୀ ହୋଇଥିବେ)

ବିମଳ : ମନଟା ଥୟକର। ଦେଖିବ ସବୁ ଠିକ୍ ହେବ।

ସରସୀ : ଆଉ ଧୈର୍ଯ୍ୟ ରହୁନି। ଏ ସମୟ ତ ଖାଲି ଠାକୁରଙ୍କୁ ଡାକିବାର ସମୟ, ଏ ସଂସାର ଜଞ୍ଜାଳ....

ବିମଳ : ଠାକୁରଙ୍କୁ ଡାକିବାର କ'ଣ ସମୟ ଥାଏ? ତୁମେ ଏ ବାଜେ କଥା ମୁଣ୍ଡରୁ ବାହାର କରି ଧୀରସ୍ଥିର ହୋଇ ଠାକୁରଙ୍କୁ ଡାକୁନ।

ସରସୀ : ହଁ ତୁମେ ବାପ ତ ! କେତେ ବଡ଼ ବଡ଼ କଥା କହିବ। ଭାବିଲ ଦେଖି, ମୋତେ ଲାଲି ବୟସ ହେଲାବେଳକୁ ଆମ ପୁଅ ସୁମନ ସ୍କୁଲ୍ ଯାଉଥିଲା।

ବିମଳ : ସେ ସମୟ ଆଉ ନାହିଁ। ତୁମେ ଏଇଗୁଡ଼ା ମୁଣ୍ଡରେ ପୂରେଇ ସବୁ ରୋଗ କିଣୁଚ ଖାଲି।

ସରସୀ : ବତିଶି ହେଲା ଆମ ଲାଲିକୁ। (ଦୀର୍ଘଶ୍ୱାସ)

ବିମଳ : ଆରେ ବାବା, ସେ କ'ଣ ବସିଛି ? ସେ ତ ଏତେ ଅଳ୍ପ ବୟସରେ କେତେ ଦାୟିତ୍ୱ ସମ୍ଭାଳୁଚି। ତା'ର ଏବେ ଯାହା ଦରମା, ମୁଁ ରିଟାୟର୍ଡ କଲାଯାଏ ସେତିକି ଟଙ୍କା କଥା ସପ୍ନରେ ବି ଭାବି ନଥିଲି।

ସରସୀ : କେତେ ଖଟୁଚି ଦିଶୁନି କି ? ଆଖି ତଳ କଳା ହେଇଗଲାଣି ପରା। ଯାହା କହିଲେ ଚିଡ଼ିଯାଉଛି ଆଜିକାଲି (ଆସିଲା ଲାଲି ବାହାରୁ)।

ଲାଲି : ବାବା, ମୋ ନାଁରେ କ'ଣ କହୁଚି ମା' ? ଯାହା କହିଲେ ମୁଁ ଚିଡୁଚି !

ସରସୀ : କ'ଣ ତତେ ହାଣିବା ମାରିବା ଭଳିଆ କଥା କହିଲି ପଚାରୁନୁ ତୋ ବାପାଙ୍କୁ।

ଲାଲି : ଯେତେବେଳେ ଶୁଣିବ ସେଇ ବାହାଘର କଥା- ଅମୁକ ବାହା ହୋଇଗଲା, ଅମୁକର ପୁଅ ହେଲା- ଏଇ କଥା ତା'ର ସରୁନି ବାବା।

ବିମଳ : ତୋ ମାଆଟା ଭାରି ସରଳରେ ମା', ତାକୁ ଦିଶୁନି ଅମୁକ ଘରର ଝିଅ ଶାଶୂଘରକୁ ଯାଉନି, ଆସି ବାପଘରେ ବସିଛି ତିନି ବର୍ଷ ହେବ, ଅମୁକର ବୋହୂ ଦୁଇକୋଟି ଭରଣପୋଷଣ ଦାବୀ କରି କେଶ୍ କରିଚି।

ସରସୀ : ଥାଉ....

ବିମଳ : କାହିଁକି ? ସହି ପାରୁନ ଟି ? ସେମିତି ମୋ ଝିଅଟାକୁ ସବୁବେଳେ କହିଲେ ସେ ରାଗୁଥିବ। ଏମିତି ହେଲେ କ'ଣ ଜୋଇଁ ଶୂନ୍ୟରୁ ଗଳିବେ ?

ଲାଲି : ଆଚ୍ଛା, ତୁମେ ଦିହେଁଯାକ ତ ଏଠି ଅଛ, ମତେ କହିଲ, ମୁଁ ଯଦି ବାହା ନ ହୁଏ ଅସୁବିଧା ଅଛି କି ?

ସରସୀ : କାହିଁକି ? ବରପତ୍ରକୁ ଓସ୍ତପତ୍ର। ବରଟାଏକୁ କନ୍ୟାଟାଏ। ଏ କି ଅଭିଲା କଥା ? ଆଜି ସିନା ଏମିତି କହୁଚୁ, କାଲିକି ଆମେ ନଥିବୁ ଯେ...

ବିମଳ	:	ଆରେ ସର, ମୁଁ ଟିକେ କହୁଚି ଶୁଣ- ଯଦି ବରଟାଏକୁ କନ୍ୟାଟାଏ ଯୋଡ଼ାହୋଇଚି ତେବେ ଗୋଟେ ଗୋଟେ ବର ତିନିଚାରି କନ୍ୟାଙ୍କୁ ଧରି ଅଛନ୍ତି କେମିତି ? ଏ ତ କିଛି ଠିକଣା କଥା ନୁହେଁ, କ'ଣ ମା' ଲାଲି ?
ସରସୀ	:	ଶୁଣ ତୁମେ ବାପା ହୋଇ ଏମିତି କହୁଚ, ତା' ମାନେ ମୁଁ କ'ଣ ତାର ଶତ୍ରୁ ! (କାନ୍ଦିଲେ)
ବିମଳ	:	ଆରମ୍ଭ ହେଲା ତ ? ଗଙ୍ଗା-ଯମୁନା ସିନା ଶୁଖିଗଲାଣି ତୋ ମା' ଆଖିରେ କିନ୍ତୁ ଗଙ୍ଗା-ଯମୁନା ବିଜେ କରିଛନ୍ତି । ସେ ଏ ଘରକୁ ଆସିଲା ଦିନଠୁ...
ଲାଲି	:	ମାଆ, ତୁ ଏଠି ବସିଥା । ମୁଁ ଯାଏ ଚାହା କରିବି, ଏଠି ବସି ପିଇବା ଆଉ କାନ୍ଦକଟା ଛାଡ଼ି ଗପିବା (ଚାଲିଗଲା) ।
ସରସୀ	:	(ଆଖି ପୋଛି) କାହିଁକି ମୋ ସାଙ୍ଗରେ ଏମିତି ଲଗାଅ ?
ବିମଳ	:	ଛାଡ଼ ! ହଁ ସୁମନ ଫୋନ୍ କରିଥିଲା କି ?
ସରସୀ	:	ତାକୁ ବେଳ କାହିଁ । ତୁମେ ପରା ଶିଖାଇଛ, 'ନୋ ନ୍ୟୁଜ୍ ଗୁଡ୍ ନିଉଜ୍' ।
ବିମଳ	:	ଯାହାହେଉ, ମନେ ରଖିଛ ତା'ହେଲେ ।
ସରସୀ	:	କୋଉଦିଗରେ ରହିଲେ ଯେ ବର୍ଷରେ ଥରେ ଅଧେ କୁଣିଆ ପରି ଆସିବେ ।
ବିମଳ	:	ତୁମେ ଖୁସି ହୁଅ ଯେ ପିଲାଏ ମଣିଷ ହୋଇଛନ୍ତି, ଯେଉଁଠି ଅଛନ୍ତି ଭଲରେ ଥାଆନ୍ତୁ (ଫୋନ୍ ଆସିଲା)
ସରସୀ	:	ହ୍ୟାଲୋ । କିଏ ! ସୁମନ... ! ବାବା ମୁଁ ଏବେ ତୋ କଥା ପକେଇଥିଲି ପରା । କେମିତି ଅଛୁ ଧନ । ପିଲାଏ ? ମୋ ବୋହୂ କେମିତି ଅଛି ? ଆରେ... ଏମିତି କ'ଣ କହୁଚୁ । ତୋ ମୁଣ୍ଡ ଠିକ୍ ଅଛି ତ ? ହ୍ୟାଲୋ... ହ୍ୟାଲୋ.... (ଫୋନ୍ କଟିଗଲା)
ବିମଳ	:	କ'ଣ ହେଲା ? (ସରସୀ ନୀରବ ରହିଛି) ମୁଁ ପଚାରୁଚି ପରା କ'ଣ କହିଲା ସୁମନ ?
ସରସୀ	:	ସେ ତା' ପିଲାଙ୍କୁ ଧରି ଚାଲିଆସିବ ଭାରତ, ଖୁବ୍ ଚଞ୍ଚଳ ।
ବିମଳ	:	ଆଉ ବୋହୂ ?

ସରସୀ : ସେ ଆସିବାକୁ ଚାହୁଁନି। ତା'ପରେ ତ ଫୋନ୍ କଟିଗଲା। ତୁମେ ଆଉ ଥରେ ଲଗାଇ କଥା ହଉନ। ପିଲାଟା...

ବିମଳ : ସେ ସାତ ସମୁଦ୍ର ଆର ପାଖରେ ଅଛି। ନିଜେ ଶିକ୍ଷିତ। ପରିବାର ଚଳାଉଛି। କମ୍ପାନୀ ଚଳଉଚି। ମୁଁ କ'ଣ ପଚାରିବି ତାକୁ?

ସରସୀ : କେତେ ସୁନ୍ଦର କଣ୍ଢେଇ ଭଳି ମୋ ବୋହୂ। ଯିଏ ଦେଖୁଥିଲା ଘଡ଼ିଏ ଚାହିଁ ରହୁଥିଲା। ଭଗାରି ଘର ଲୋକେ ବି ଧନ୍ୟଧନ୍ୟ କରୁିଲେ। କହୁଥିଲେ ତୁମ ବୋହୂ କେମିତି ବିଦେଶରେ ଜନ୍ମ ହୋଇପଡ଼ିଲା।

ବିମଳ : ଏତେଗୁଡ଼ାଏ ଆଗପଛ ଭାବନା। ପୁଣିଥରେ ସୁମନର ଫୋନ୍ ନିଶ୍ଚେ ଆସିବ। ଅପେକ୍ଷା କର। (ଲାଲି ପ୍ରବେଶ କରିଛି ଚାହା ବିସ୍କୁଟ୍ ଧରି)

ଲାଲି : ଭାଇ ଫୋନ୍ ଆସିଥିଲା କି? କେମିତି ଅଛି ସେ, ତା' ପିଲା ଛୁଆ, ସ୍ତ୍ରୀ, ସବୁ କେମିତି ଅଛନ୍ତି?

ସରସୀ : ଭାଇ ତୋର ଦେଶକୁ ଫେରି ଆସିବ ମା'।

ଲାଲି : ଭାରି ଭଲ ହେବ। ସେ ଛୁଆ ଦି'ଟାଙ୍କ ସାଙ୍ଗରେ ମନଭରି ଗପିବି (ଚାହାଦେଇ) ଦେଖିଲ ବାବା ଠିକ୍ ହେଇଚି ତ?

ସରସୀ : ମାଆ, ତା' ସ୍ତ୍ରୀ ଆସିବନି। ସେ ଏକୁଟିଆ ଆସିବ।

ଲାଲି : ହଁ... ତା'ର କ'ଣ କାମ ଥିବ। ପଛେ ଆସିବ ବୋଧେ।

ବିମଳ : ନାରେ ମା, ଏତେକଥା ବୁଝିପାରିଲାନି ତୋ ମା, ଲାଇନ୍ କଟିଗଲା।

ଲାଲି : ମୁଁ ଆଉଥରେ ଲଗାଏ...

ସରସୀ : ଥାଉ ଆଜି ରାତିଟା ଯାଉ, ଭଗବାନଙ୍କୁ ଡାକ ସମସ୍ତେ...

ଲାଲି : ତୋ କଥା ମାନିଲି। କାଲି ଅଫିସ୍‌ରୁ ଲଗାଇ କଥାହେବି।

ବିମଳ : (ଭାବପ୍ରବଣ ହୋଇ) ସର, ଆମେ କ'ଣ ଠିକ୍‌ଭାବେ ପିଲାମାନଙ୍କୁ ମଣିଷ କଲେନି କି?

ସରସୀ : ହେ, ସେମିତି କହନା। ମୁଁ ସିନା ସ୍ତ୍ରୀ ଲୋକ ବୋଲି ମୋ ମୁଣ୍ଡରେ ଯାଉସିଆଡୁ ପଶେ ବୋଲି କୁହ। ଆଜି ତୁମେ ଏମିତି ହେଲେ ଚଳିବ କେମିତି?

ଲାଲି : କାହିଁକି ବାବା, ମୁଁ କ'ଣ ତୁମକୁ କେବେ ଅପମାନ କରିଚି?

କାହା ସହିତ ମନଇଚ୍ଛା ବୁଲିଚି । ଏଠି ଯେମିତି ପୁଅ-ଝିଅ ବୁଲୁଛନ୍ତି, ସେମିତି ବୁଲୁଚି !

ବିମଳ : ଥାଉ ମା', ବ୍ୟସ୍ତ ହ'ନା । ଏଇତ ସଂସାର । ଭଲପାଇଁ ଆଶା କରୁଥିବା ଆଉ ମନ୍ଦପାଇଁ ପ୍ରସ୍ତୁତ ହେଉଥିବା ।

- ଦୃଶ୍ୟାନ୍ତର -

ଦ୍ୱିତୀୟ ଦୃଶ୍ୟ

(ପରଦିନ ଉପରଓଳି ପ୍ରାୟ ୫ଟା ୩୦ ମି. । ଖବରକାଗଜ ପଢୁଥିଲେ ବିମଳ ବାବୁ । ଘଣ୍ଟି ବାଜିଲା, ଧୂପକାଠି ଧରି ଆସିଲେ ସରସୀ)

ବିମଳ : ଆଜି କ'ଣ ଚଞ୍ଚଳ ସନ୍ଧ୍ୟା ବସାଇ ଦେଲ । କୁଆଡ଼େ ଯିବ କି ?

ସରସୀ : ଆରେ ବାବୁ, ଲାଲି ଆସୁଥିବ । ତା' ଭାଇକୁ ସେ ଆଗ ଫୋନ୍‌କରିବ ବୋଲି ପରା, ମୁଁ ଦିନଯାକ ଫୋନ୍ ପାଖକୁ ଯାଉଚି ଆଉ ଫେରି ଆସୁଚି ।

ବିମଳ : ଲାଲି ଫେରୁଫେରୁ ଆହୁରି ଅଧଘଣ୍ଟାଏ ଯିବ । ଶୁଣ, ଏଠି ବସ, ଏ ବାବା-ମାତାଙ୍କ କଥାରେ ତ ଖବର କାଗଜ ଭର୍ତ୍ତି....

ସରସୀ : ମୁଁ ସେଗୁଡ଼ା ଶୁଣିଶୁଣି ଦିକ୍‌ଦାର ହେଲିଣି । କିରେ ବାବୁ, ସେ କ'ଣ ତୁମକୁ ଟଙ୍କାପଇସା ମାଗୁଥିଲେ ନା ତୁମ ଘରୁ ଜବରଦସ୍ତି ନେଇ ଯାଉଥିଲେ ? ତୁମେ ଆପେ ଆପେ ଗଲ ଆଉ ଫସିଲ ।

ବିମଳ : ହଁ ଆମେ ବି ଭାବୁଥିଲେ ଥରେ ବୁଲି ଆସନ୍ତେ ବୋଲି...

ସରସୀ : ସମସ୍ତେ ଏକାଭଳି । ଅସୁବିଧାରେ ପଡ଼ିଲେ ନିଜ ଉପରୁ ଦୋଷ ଛଡ଼େଇ ଦେବେ । ହଁ, ସେଗୁଡ଼ା ଛାଡ଼ । ତୁମ ସାଙ୍ଗ କିଏ ଆସିବେ ବୋଲି କହୁଥିଲ ପରା ।

ବିମଳ : ହଁ ଯେ, ସେ ଆଗ ଆଗ୍ରହ ଦେଖାଇଲା ତା' ପୁଅପାଇଁ । ଏବେ କହୁଚି ତା' ପୁଅକୁ ତିରିଶି ହେଲା ।

ସରସୀ : ହଉ ଛାଡ଼ ସେ କଥା, ମୁଁ ଟିକିଏ ବାଲ୍‌କୋନିରୁ ଦେଖିଆସେ...

ବିମଳ : ତୁମ ଝିଅ କ'ଣ ବାଟ ଭୁଲିଯିବ ନାଁ କ'ଣ (ହସିଲେ) ।

ସରସୀ : ନା ଯେ, ଆଜି କାହିଁକି ଘଣ୍ଟାଠୁ ମନଟା ଚଞ୍ଚଳ ଚାଲୁଛି...

ବିମଳ : ଏଠି ଟିକେ ବସିଲ... (ଏହି ସମୟରେ କଲିଂବେଲ୍ ବାଜିଲା, ସରସୀ ଯାଇ କବାଟ ଖୋଲିଲେ)

ସରସୀ : ଲାଲି, ମୁଁ ପରା ଠିକ୍ ଜାଣିଚି ମୋ' ମନ କହୁଥିଲା ତୁ ଆସୁଥିବୁ ବୋଲି (ଲାଲି ଆସି ବସିଚି)

ଲାଲି : ବାବା, ଭାଇ ଯାହା କହିଲା, କିଛି ଭଲକଥା ନୁହେଁ....

ବିମଳ : ଭଲକରି କହ ମା' କ'ଣ କହିଲା ?

ସରସୀ : ବାପା ଭଳିଆ ଝିଅ। କଥାଟା ଚଞ୍ଚଳ କହୁନୁ କାହିଁକି ?

ଲାଲି : ତା' ସ୍ତ୍ରୀ ଆଉ କେବେ ଆସିବନି ବାବା, ସେ ତାକୁ ଛାଡ଼ି ଚାଲି ଯାଇଛି।

ସରସୀ : କୁଆଡ଼େ ଗଲାୟ ଦି'ଟା ଛୁଆର ମା।

ବିମଳ : ତାଙ୍କ ଦେଶ କଥା ଅଲଗା। (ଦୀର୍ଘଶ୍ୱାସ ଛାଡ଼ି)

ସରସୀ : ମୁଁ ଯେତେବେଳେ ମନା କରୁଥିଲି, ବାପ-ପୁଅ ତ ମାତିଗଲ। ସେ ତ ଜାଣି ପ୍ରେମରେ ବାଇଆ। ତୁମେ ପୁଅ ପ୍ରେମରେ ପାଗଳ ହେଲ...

ବିମଳ : ଗତକାଲି ପରା ବୋହୂ ଗୁଣ ଗାଉଥିଲ।

ସରସୀ : ସେ କି ବୋହୂ। ମୋ ପୁଅ ଆଉ ତା' ପୁଅଝିଅ କେହି ତାକୁ ଦିଶିଲେନି।

ଲାଲି : କଲ୍‌ଚୁରାଲ୍ ଡିଫରେନ୍‌ସ ବାବା, ଭାଇ ଢେର ସହିଲା।

ବିମଳ : କି ଡିଫରେନ୍‌ସ କହୁଚୁ ମା'। ଘର କଲେ ପଥର ପଡ଼ିଲେ ସହିବାକୁ ହୁଏ। ତୋ ଭାଇ ଗୋଟାଏ ମୂର୍ଖ। ସବୁ ଝିଅ ଏକାପରି ନୁହନ୍ତି।

ସରସୀ : ଆଉ କ'ଣ କହୁଥିଲା ସୁମନ।

ଲାଲି : ନାଇଁ, ଦେଖୁଚି ସୁବିଧା ହେଲେ ଫେରିବି। ସାଙ୍ଗେସାଙ୍ଗେ ସମ୍ଭବ ନୁହେଁ। ବଡ଼ପିଲାଟି ପାଠପଢୁଚି। ତେଣେ ଭାଇର ଚାକିରି। ଘର ଲାଗି ବ୍ୟସ୍ତତା।

ବିମଳ : ପୁଣିଥରେ ଆରମ୍ଭ ହେବ ନୂଆ ଜୀବନ। ସ୍କୁଲ୍ ବସ୍, ଟିଫିନ୍ ଡବା, ହାୟରେ ଜୀବନ.... (ଅନ୍ୟମନସ୍କ)

ଲାଲି : ବାବା, ଆଉ ଗୋଟାଏ କଥା ଶୁଣିବନି ?

ବିମଳ : କହ ମା'...

ଲାଲି : ମୋର ଜଣେ କଲିଗ୍, ମୋପାଇଁ ବିବାହ ପ୍ରସ୍ତାବ ଦେଇଛନ୍ତି।

ସରସୀ : ତାଙ୍କ ଭାଇପାଇଁ ନା ପୁଅପାଇଁ ?

ବିମଳ : ଥୟ ଧର, ସବୁଥିରେ ଆଗଚଲା- କହିଲୁ ମାଆ।

ଲାଲି : ସେ ନିଜପାଇଁ ପ୍ରସ୍ତାବ ଦେଇଛନ୍ତି। ଆମ ଜାତିର ନୁହଁନ୍ତି ସେ। ଗରିବ ପରିବାର। ତାଙ୍କ ପରିବାର ସଂପୂର୍ଣ୍ଣରୂପେ ତାଙ୍କ ଉପରେ ନିର୍ଭରଶୀଳ। ସେଥିଲାଗି ସେ ବାହା ହେବାକୁ ମଙ୍ଗୁନଥିଲେ। ଏବେ କିନ୍ତୁ....

ସରସୀ : ଓଃ! ଏବେ ଚାକିରିଆ ଝିଅ ପାଇବେ ବୋଲି ରାଜି ହୋଇଛନ୍ତି।

ବିମଳ : ହେଲା, ଦରିଦ୍ର ହେବାଟା କ'ଣ ଦୋଷ? ସେ ତ ଯୋଗ୍ୟ ନା...

ଲାଲି : ହଁ ବାବା। ସେ ଖୁବ୍ ଭଦ୍ର। ଆଜି ଆମ ଘରକୁ ଆସିବାକୁ ଚାହୁଁଥିଲେ। ମୋର ତ ମନକଷ୍ଟ ଭାଇଲାଗି। ମୁଁ କହିଲି ମୁଁ ଆଗ ଘରେ କହେ।

ସରସୀ : ବହୁତ ଦାୟିତ୍ୱ ନେବାକୁ ପଡ଼ିବ ମା', ଏ ଫୁଲାଫାଙ୍କିଆ ନୀତି ଚଳିବନି।

ବିମଳ : ହେଲା ଏବେ। ନିଜ ପରିବାରପାଇଁ ଦାୟିତ୍ୱ ନେବ। ଆଉ କାହାପାଇଁ ତ ନୁହେଁ, ତୋର କ'ଣ ମତ ମାଆ?

ଲାଲି : ଏ ତ ଦିନେ ଅଧେର କଥା ନୁହେଁ ବାବା, ତୁମେମାନେ ଆଗ ତାଙ୍କୁ ଦେଖ, ତାଙ୍କ ସହିତ କଥାହୁଅ।

ସରସୀ : ହଉ, ପିଲାଟିଏ ମିଳୁ ନ ଥିଲା ବୋଲି ଠାକୁରଙ୍କୁ ଡାକୁଥିଲି ଯେ ଏମିତି ଜଞ୍ଜାଳିଆ ପିଲା...

ବିମଳ : ପିଲା କିଏ ସର? ମୁଁ ତ ଭାବୁଚି ତୁମେ ହିଁ ପିଲା ଏଠି....

ଲାଲି : କ'ଣ କାଲି ବାହାକରିଦେବୁ କି ମା'? ମୁଁ ତୁମମାନଙ୍କ ଉପରେ ବଡ଼ବୋଝ ହେଇଚି ନାଁ...

ସରସୀ : ସେମିତି କହନା ଝିଅ- ଆମେ ହେଲୁ ପୁରୁଣା ଲୋକ, ଆମ ମନ ବି...

ଲାଲି : ପୁରୁଣା ନୁହେଁ କି? ତେବେ ମତେ ଏତେ ପାଠ ପଢ଼ାଇଲ କାହିଁକି? କାହିଁକି ବାବା କହିଲେ ତୁ ଆଉ ସୁମନ ଦିହେଁ ମୋର ଦି' ଆଖି। କେହି ବଡ଼ନୁହେଁ, କେହି ସାନନୁହେଁ?

ବିମଳ : ସେମିତି କହି ତ ମୁଁ ତୋର କନ୍‌ଫିଡେନ୍‌ସ ବଢ଼ାଉଥିଲି ମା' ନ ହେଲେ ତୁ କ'ଣ ବାରମ୍ବାର କମ୍ପିଟେଟିଭ୍ ଦେଇଥାନ୍ତୁ...

ଲାଲି : ହଁ ତ ଆଗ କହିଲ ତୁ ମଣିଷ, ଏବେ କହୁଚ ତୁ ଝିଅଟାଏ-

ସରସୀ : ତୋର ଏ ଭାରୀକଥାଗୁଡ଼ା ମୋ ମୁଣ୍ଡରେ ପଶୁନି ମା', ଘରକୁ ଚାଲେ। ଆଜି ରାତି ପାହୁ, କାଲି ବାବା ତୋର ଆଗ ତା' ସହିତ କଥା ହେବେ, ତାକୁ ଘରକୁ ଡାକିବେ...

ବିମଳ : ତା' ଫୋନ୍ ନମ୍ବର ଥିବ, ଦଉନୁ!

ଲାଲି : ନାଇଁ ବାବା, ଫୋନ୍ ଦବାନବା ଯାଏ ଆମ ସଂପର୍କ ଯାଇନି, ବିଲିଭ୍ ମି...

ବିମଳ : ମୁଁ ବିଶ୍ୱାସ କରୁଚି ମା'। ଯଦି ଫୋନ୍ ନମ୍ବର ଥାଆନ୍ତା ତେବେ ବି ଆଇ ଅଲୱେଜ୍ ଟ୍ରଷ୍ଟ ୟୁ।

ଲାଲି : ମୁଁ ଆସୁଚି ବାବା, ମତେ ପୁଣି ନେଟ୍‌ରେ କିଛି ସମୟ ବସିବାକୁ ହେବ, ପଅରଦିନ ଗୋଟେ ପ୍ରେଜେଣ୍ଟେସନ୍ ଦବାର ଅଛି।

ସରସୀ : ତେବେ ଥାଉ, ରବିବାର ଆଡ଼କୁ ତାକୁ ଡାକ, ବ୍ୟସ୍ତ କାହିଁକି ?

ଲାଲି : ନାଇଁ ବାବା, ଯେତେଶୀଘ୍ର ମୁଣ୍ଡରୁ ସେ କଥା ଯିବ ସେତେ ଭଲ।

ବିମଳ : ସର, ଆମେ ସମସ୍ତେ ଠାକୁରଙ୍କୁ ଡାକିବା, ଯେମିତି ଆମ ମନକୁ ସିଏ ପାଉ ଆଉ ଆମ ଝିଅକୁ ତା' ପସନ୍ଦର ଜୀବନସାଥୀ ମିଳୁ।

- ଦୃଶ୍ୟାନ୍ତର -

ତୃତୀୟ ଦୃଶ୍ୟ

(ନିଦରେ ଶୋଇଛନ୍ତି ସରସୀ ଦେବୀ ଓ ବିମଳ ବାବୁ : ସପ୍ନ ଦୃଶ୍ୟ)

ସରସୀ : ଆରେ ବାବୁ ତୁମ ନାଁ ତ କାଲି ପଚାରିଲିନି, ତୁମ ନାଁ କ'ଣ ?

ଜୀବନ : ମୁଁ ପରା ଆପଣଙ୍କ ଜୋଇଁ, ମୋ ନାଁ ଜୀବନ।

ସରସୀ : ଭଲ ନାଁଟିଏ ତ ବାପା- କୋଉଠି ତୁମ ଘର। ଆଉ କିଏ ଅଛନ୍ତି ତୁମର ?

ଜୀବନ : ଏ ସଂସାରଯାକ ମୋ ଘର। ବାପା-ମା'ଙ୍କର ପଇସା ଲୋଡ଼ା, ମୋର ଲୋଡ଼ା ଟିକିଏ ସ୍ନେହ।

ସରସୀ : ଭଲ କଥା କହିଲ ବାପା। ଆଚ୍ଛା, ଆମ ଲାଲି ତୁମର ପସନ୍ଦ ହେଉଚି ତ ?

ଜୀବନ : ସେ ମୋତେ ପସନ୍ଦ କରିଛନ୍ତି, ଏ ତାଙ୍କର ବଡ଼ପଣ।

ସରସୀ : ମରଦ ପୁଅ, ଏମିତି କ'ଣ କହୁଚ, ତୁମେ ପରା ତା' ସ୍ୱାମୀ।

ଜୀବନ : (ହସି) ସ୍ୱାମୀ। ମାନେ ଭଗବାନ, ଈଶ୍ୱର, ମୁନିବ, ସେ ଯାହା ହେଉନା କାହିଁକି ମୁଁ କେବଳ ତାଙ୍କର ବନ୍ଧୁ; ବୁଝିଲ। ମୁଁ କେବଳ ତାଙ୍କର ଭଲ ବନ୍ଧୁଟିଏ। (ଲାଲି ପ୍ରବେଶ କରିଛି)

ଲାଲି : ମା' ତୁ କେତେବେଳୁ ଆସିଲୁଣି। (ଗେହ୍ଲାକରି)

ସରସୀ : ଏଇ ଘଡ଼ିଏ ହେଲା ଆସି ଜୋଇଁଙ୍କ ସାଙ୍ଗରେ ଗପୁଚି, ଯାହାକହ ମା' ତୋ ଭାଗ୍ୟ।

ଲାଲି : ସେ ତୋ କଥା ବୁଝିଲା ତ !

ସରସୀ : ଯଦି ଆଉ କାହାକୁ ବାହା ହୋଇଥାନ୍ତି, ଆଗରୁ ବାହା ହେଇ ଥାଆନ୍ତି, ତେବେ ମୋ ଜୀବନ ଭିନ୍ନ ପ୍ରକାର ହୋଇଥା'ନ୍ତା ନା...

ସରସୀ : ନାଇଁଲୋ ମା', ତୋ ଜୀବନ ତତେ ଅପେକ୍ଷା କରିଥିଲା।

ଜୀବନ : ଦୁହେଁ ଏଠାକୁ ଆସ (ଟେବୁଲ ସଜାଡୁଥିଲା)

ସରସୀ : ଯା' ମା', ଦେଖ ଜୋଇଁ ରୋଷେଇ ଘରେ କ'ଣ କରୁଛନ୍ତି।

ଲାଲି : ସେ ଖୁବ୍ ଭଲ ବ୍ରେକ୍‌ଫାଷ୍ଟ ବନାନ୍ତି ମା'- ତୁ ଟିକେ ଟେଷ୍ଟକର।

ସରସୀ : ମତେ ଲାଜ ଲାଗିବ, ମୁଁ ଆସେ...
(ଜୀବନ ଆସି ହାତଧରି ଟେବୁଲ୍ ପାଖକୁ ନେଇଯାନ୍ତି)।

ଜୀବନ : ପ୍ଲିଜ୍ ମା' ଥରେ ମତେ ଚାନ୍‌ସ ଦିଅନ୍ତୁ। ଦେଖନ୍ତୁ, ଟେଷ୍ଟ କରନ୍ତୁ ମୋ ହାତ ତିଆରି ଖାଦ୍ୟ।

ଲାଲି : ଆସୁନୁ ମା'...

ଜୀବନ : ମୋର ତ ଆପଣମାନେ ଫ୍ୟାମିଲ ମେମ୍ବର, ଲାଜ କରିବି କାହିଁକି ?

ସରସୀ : (ନିଦରେ) ହଉ ତେବେ, କ'ଣ ରାନ୍ଧିଛ ଦିଅ, ମୁଁ ଚାଖେ।
(ନିଦରୁ ଉଠିପଡ଼ିଲେ ବିମଳ ବାବୁ)

ବିମଳ : କ'ଣ ନିଦ ବାଉଳାରେ ଚାଖୁଚ କି ?

ସରସୀ : (ଲାଜରେ) ସ୍ୱପ୍ନ ଦେଖୁଥିଲି ଆମ ଜୋଇଁ ମୋତେ ଜଳଖିଆ ଦେଉଛନ୍ତି।

ବିମଳ : ଇଜ୍ ଇଟ୍। ମୁଁ ବି ସ୍ୱପ୍ନ ଦେଖୁଛି ସର। ଅଧାରୁ ତ ଉଠେଇଦେଲ, ହେଲେ ମୋ ସ୍ୱପ୍ନ ବଡ଼ ଭୟଙ୍କର-

ସରସୀ : କୁହ, ନାଇଁ ଆଗ ଯାଇ ମୁହଁଧୋଇ ଠାକୁରଙ୍କୁ ପ୍ରଣାମ କର, ତାପରେ ମୁଁ ଶୁଣିବି ତୁମ ସ୍ୱପ୍ନ କଥା (ବିମଳବାବୁ ଗଲେ ଓ ଫେରିଆସିଲେ) ଏଥର କୁହ।

ବିମଳ	:	ମୁଁ ସ୍ୱପ୍ନ ଦେଖୁଚି ଆମ ଝିଅ ଖୁବ୍ ଖଟୁଚି । ତାଙ୍କ ନାଁ ତ ଜାଣିନି ତ ସେଇ ଜୋଇଁ ପିଲାଟା...
ସରସୀ	:	ହଁ ମୁଁ ଜାଣିଚି ତା ନାଁ ଜୀବନ, ଏଥର କୁହ ।
ବିମଳ	:	ଜୀବନ ତାଠୁ ସବୁତକ ସାଲାରୀ ନେଇଯାଉଛି । କ'ଣ ଫ୍ଲାଟ୍ କିଣିବ ବୋଲି....
ସରସୀ	:	ତା' ବାପା ମା' ?
ବିମଳ	:	ଜୀବନର ବାପା ମା, ତାଙ୍କ ପୁଅର ସବୁ ଭୁଲ୍ କଥାକୁ ସମର୍ଥନ କରୁଛନ୍ତି ।
ସରସୀ	:	ଆରେ, ସେମାନଙ୍କର କ'ଣ ଝିଅ ନାହିଁ ?
ବିମଳ	:	କାଇଁ, ସ୍ୱପ୍ନରେ ଦେଖିଲିନି ତ ଖାଲି ଦେଖିଲି....
ସରସୀ	:	କ'ଣ ଦେଖିଲ (ହଲାଇ ଦେଇ) ।
ବିମଳ	:	ଦେଖିଲି ରଙ୍ଗଛଡ଼ା ଶାଢ଼ିପିନ୍ଧି ଝିଅ ମୋର ଘରପୋଛୁଛି, ଧାଇଁ ଧାଇଁ ସମସ୍ତଙ୍କ ହୁକୁମ ମାନୁଛି ।
ସରସୀ	:	ତୁମେ ତାକୁ ଡାକିଲନି ? ତାର କ'ଣ ବୁଦ୍ଧି ଅଛି ? ପାଠଗୁଡ଼ା ପଢ଼ିଛି ସିନା !
ବିମଳ	:	ଆରେ ବାବା, ଏ ସ୍ୱପ୍ନ, ସତକଥା ନୁହେଁ ।
ସରସୀ	:	ମୁଁ ତ ଭାବିଲି....
ବିମଳ	:	ମୁଁ କ'ଣ ମିଛରେ କହୁଥିଲି ତୁମେ ପିଲାହୋଇ ରହିଗଲ ବୋଲି ।
ସରସୀ	:	ମୁଁ କିନ୍ତୁ ଭାରି ଖୁସି, ସ୍ୱପ୍ନରେ ହେଲେ ତ ମୋ ଝିଅର ଭରା ସଂସାର ଦେଖିଲି ।
ବିମଳ	:	ହାୟରେ.... ଆଛା ଚାଲ ତୁମର ମୋର ସ୍ୱପ୍ନ ବଦଳାଇଦେବା ।
ସରସୀ	:	ଏମିତି କ'ଣ ହୋଇପାରିବ ? ସତେ ଭାରି ଭଲ ହୁଅନ୍ତା । ଆଛା କହିଲ ତୁମେ ଦେଖିଥିବା ଜୋଇଁ ଦେଖିବାକୁ କେମିତିକିଆ ?
ବିମଳ	:	ମୁଁ ମାଇନ୍ୟୁଟଲି ଦେଖିନି, ଏମିତି ପିଲାକୁ କିଏ ଦେଖିବ ? ହେ...
ସରସୀ	:	ଯାହା କହ ଏମିତି ସ୍ୱପ୍ନ ଯେ ତୁମ ଠାରୁ ମୋ ସ୍ୱପ୍ନ ଖୁବ୍ ସୁନ୍ଦର ।
ବିମଳ	:	ସ୍ୱପ୍ନ ଉପରେ କ'ଣ କାହାର ହାତ ଅଛି ? ହଁ ଭଲ ହେଲା, ଏ ବାବଦରେ ଯେମିତି ଲାଲି ନ ଜାଣେ...
ସରସୀ	:	କାହିଁକି, ଜାଣିଲେ ଅସୁବିଧା କ'ଣ ? ସକାଳ ହେଲାଣି, ସ୍ୱପ୍ନ ସେଇଠି ଥାଉ, ଉଠିପଡ଼-

ବିମଳ : ହଁ, ଚାଲୁନ ଟିକିଏ ମର୍ଣ୍ଣିଂ ଓ୍ୱାକ୍‌ରେ ଯିବା। ପୁଣି ତ ନାତି ନାତୁଣୀଙ୍କୁ ନେଇ ଅନିର୍ଦ୍ଦିଷ୍ଟ ସମୟପାଇଁ ଦାୟିତ୍ୱରେ ଘାଣ୍ଟି ହେବାକୁ ପଡ଼ିବ ନା....

ସରସୀ : ତୁମେ ଯାଅ, ମୋର ମନ ନାହିଁ କି ମତେ ବେଳ ନାହିଁ, ମୁଁ ଡାକେ ଲାଲିକୁ, ଏବେ କ୍ଷୀରବାଲା ଆସୁଥିବ (ଚାଲିଗଲେ)।

ବିମଳ : ଓଃ... କି ଭୟଙ୍କର ସ୍ୱପ୍ନ। ହେ ପ୍ରଭୁ! ତୁମ ସଂସାରରେ ଏତେ ଦୁଃଖକଷ୍ଟ, ଅନ୍ତତଃ ଶୋଇବା ଲୋକକୁ ତ ହାଲ୍‌କାରେ ଛାଡ଼।

- ଦୃଶ୍ୟାନ୍ତର -

ଚତୁର୍ଥ ଦୃଶ୍ୟ

(ଦିନ ପ୍ରାୟ ୧୧ଟା, କଲିଂବେଲ୍ ବାଜିଲା, ତରବରରେ ଦୁଆର ଖୋଲିଲେ ସରସୀ ଦେବୀ)

ଭଦ୍ରଲୋକ : ମେ ଆଇ କମ୍ ଇନ୍?

ସରସୀ : ଆସ ବାବୁ, କ'ଣ କାମ ଥିଲା? ଡାକିଦେବି ନାୟକ ବାବୁଙ୍କୁ?

ଭଦ୍ରଲୋକ : ସୋନାଲି ମ୍ୟାଡାମ୍ କହିଥିଲେ ଘରକୁ ଆସିବାକୁ। ମୋର ଟିକେ ଲେଟ୍ ହୋଇଗଲା, ସରି... ମୁଁ ଆସୁଛି।

ସରସୀ : ଆମ ଲାଲି କହିଥିଲା? ହଉ ବାପ, ବସ, ମୁଁ ଟିକେ ଚା କରୁଚି-

ଭଦ୍ରଲୋକ : ନାଇଁ ଆଣ୍ଟି ମୁଁ ବସିବିନି, ମୋର ବହୁତ କାମ-

ସରସୀ : ଜାଣିଛ ଏବେ ତ ଆହୁରି କାମ ଲାଗିବ।

ଭଦ୍ରଲୋକ : ସରି... ମୁଁ ବୁଝିପାରିଲିନି, ଆପଣଙ୍କ କଥା!

ସରସୀ : ନାଇଁ ସେ କିଛି ନୁହେଁ। ଆଜିଯାଏ କାହିଁକି ଏଆଡ଼େ ଆସି ନଥିଲ ବାପା!

ଭଦ୍ରଲୋକ : କାହିଁକି? ଆପଣ କ'ଣ ମତେ ଚିହ୍ନନ୍ତି?

ସରସୀ : ମଣିଷକୁ କ'ଣ ମଣିଷ ଚିହ୍ନିପାରିବନି। ତମ ଘର କେଉଁଠି ବାପ?

ଭଦ୍ରଲୋକ : ମୋର ଟିକେ ବ୍ୟାଙ୍କରେ ଗୋଟେ କାମ ଥିଲା, ସୋନାଲି...!

ସରସୀ : ସେ କରିଦେବ। ସେ ଭାରି ଏଫିସିଏଣ୍ଟ ଅଫିସର।

ଭଦ୍ରଲୋକ : ସେଥିପାଇଁ ତ ସମୟ ମାଗି ଆସିଥିଲି, ମୋର ବ୍ୟାଡ୍ ଲକ୍।

ସରସୀ : ଏଥିରେ ବ୍ୟସ୍ତହବାର କ'ଣ ଅଛି; ଏଣିକି ତ ଯିବାଆସିବା...।

ଭଦ୍ରଲୋକ : (ବାହାରକୁ ଗଲା) ମୁଁ ଦେଖିଆସେ ମୋ ଫ୍ରେଣ୍ଡ୍ ଆସିଲାଣି କି ନାହିଁ...।

ସରସୀ : ହେ ପ୍ରଭୁ! ସତରେ ତୁମେ ମୋ ଡାକ ଶୁଣିବ (ଆସିଲେ ବିମଳ ବାବୁ)।

ବିମଳ : ଆଉ ଟିକେ ବଡ଼ପାଟିରେ ଡାକିଲେ ଭଗବାନଙ୍କୁ ତ ଶୁଭିଯିବ, ମନ୍ଦ କ'ଣ?

ସରସୀ : ଚୁପ୍‌କର! ସେ ଆସିଛି ପରା...

ବିମଳ : (ଆସ୍ତେ) ସେ କିଏ?

ସରସୀ : ଯୋଉ ପିଲାକୁ ଲାଲି ନାଲି ଆଣିକି ଆସିବ ବୋଲି କହୁଥିଲା, ଏ ସେଇ ପିଲା। ମୁଁ ଯାଏ ଟିକେ ଚାହା କରିଆଣେ (ପ୍ରସ୍ଥାନ)।

ବିମଳ : ଲାଲି କାହିଁ? (ଫେରିଲେ ଭଦ୍ରଲୋକ, ଦେଖାହୋଇଗଲା)

ଭଦ୍ରଲୋକ : ନମସ୍କାର ସାର୍! ଆପଣ ସୋନାଲି ମ୍ୟାଡାମଙ୍କ ଫାଦର ନିଶ୍ଚେ, ଭଲ ହେଲା ଦେଖାହୋଇଗଲା। ମୁଁ ଏବେ ଆସୁଛି, ମୋ ସାଙ୍ଗ ବାଇକ୍ ଧରି ଆସିଲାଣି।

ବିମଳ : ଲାଲି କାହିଁକି ଆସିଲାନି ଆପଣଙ୍କ ସାଙ୍ଗରେ?

ଭଦ୍ରଲୋକ : ମୁଁ ତ' ତାଙ୍କ କଥା ମାନି ରେସିଡେନ୍‌ସକୁ ଆସିଲି, ହେଲେ ସେ ଅଫିସ୍‌କୁ ଚାଲିଗଲେଣି, ମୋର ବ୍ୟାଡ୍‌ଲକ୍।

ବିମଳ : ଦି' ମିନିଟ୍ ବସିବନି... ମୁଁ ତମ ବାପାଭଳି।

ଭଦ୍ରଲୋକ : ଏମିତି କୁହନ୍ତୁନି ଆଜ୍ଞା, ସୋନାଲି ମାଡାମ୍‌ଙ୍କ ବାପା ଆପଣ, ଏମିତି କହି ମତେ ଆପଣ ଲଜ୍ଜା ଦିଅନ୍ତୁନି।

ବିମଳ : ଆଚ୍ଛା, ଗୋଟେ କଥା ପଚାରିବି, କିଛି ଭାବିବେନି ତ?

ଭଦ୍ରଲୋକ : ଏତେକଥା ନକହି ସିଧା ପଚାରନ୍ତୁ ଆଜ୍ଞା....

ବିମଳ : ଆଚ୍ଛା ତମେ କାହାକୁ ପସନ୍ଦ କରିଛ ମ୍ୟାରେଜ୍‌ପାଇଁ?

ଭଦ୍ରଲୋକ : (ବିବ୍ରତ ହୋଇ) ସରି ସାର୍... ଏ ଇରିଲେଭାଣ୍ଟ୍ ପ୍ରଶ୍ନ କାହିଁକି!

ବିମଳ : ନାଇଁ ଯେ ମୁଁ ପୁରୁଣାକାଳିଆ ମଣିଷ ତ! ଏମିତି ଟିକିଏ ପଚାରିଦେଲି।

ଭଦ୍ରଲୋକ : ଏ ମ୍ୟାରେଜ୍‌ଟାକୁ ଆପଣମାନେ ଏତେ ଗୁରୁତ୍ୱ ଦିଅନ୍ତି କାହିଁକି/ ନ ବାହା ହେଲେ ଅସୁବିଧା କେଉଁଠି? (ହସୁଥାଏ)

ବିମଳ	:	ନୋ ୟଙ୍ଗ ମ୍ୟାନ୍, ଆମ ସୋସାଇଟିରେ ମ୍ୟାରେଜ୍ ଇଜ୍ ଭେରି ଇମ୍ପୋଟାଣ୍ଟ୍ ।
ଭଦ୍ରଲୋକ	:	(ଆସ୍ତେ) ଆଜି କାହା ମୁହଁ ଚାହିଁ ଆସିଥିଲି କେଜାଣି ?
ବିମଳ	:	କିଛି କହିଲ ବାବୁ ?
ଭଦ୍ରଲୋକ	:	ନାଇଁ ଆପଣ ଆଣ୍ଟିଙ୍କୁ କହିଦେବେ ମୁଁ ଆସୁଚି (ଫୋନ୍ ଆସିଲା) ହ୍ୟାଲୋ, କିଏ ସିପୁନ୍ ହଁ ମନେ ଅଛି, ମୁଁ ସନ୍ଧ୍ୟାକୁ ଘରକୁ ଫେରିଲାବେଳେ ନିଶ୍ଚେ ନେଇଯିବି, ବି ଗୁଡ୍‌ବୟ ।
ବିମଳ	:	କାହା ସହ କଥା ହେଉଥିଲେ କି ?
ଭଦ୍ରଲୋକ	:	ମୋ ପୁଅ, ୩+ ପ୍ଲେ-ସ୍କୁଲ୍ ଯାଉଛି, ତା ଫରମାଇସ୍ ପୂରା କରିବାକୁ ହେବ । (ହସିହସି)
ବିମଳ	:	ଓଃ ଆପଣ ତେବେ... !
ଭଦ୍ରଲୋକ	:	ମୁଁ ତ କେତେବେଳୁ ସେ କଥା କହିବାକୁ ଚେଷ୍ଟା କରୁଚି...
ବିମଳ	:	କହିଲେନି କାହିଁକି ? ମୁଁ କ'ଣ ଆପଣଙ୍କର ଥଟ୍ଟା ହେବି ? (ସରସୀ ଦେବି ଟ୍ରେରେ ଚା ଧରି ଆସିଲେ)
ସରସୀ	:	ଟିକେ ପିଇ ଦିଅ ବାପ, ଖାଲି ପାଟିରେ କ'ଣ ଯା'ନ୍ତି ? ପ୍ରଥମ ଥର ପରା ଆମ ଘରକୁ ଆସିଚ ।
ବିମଳ	:	ତାଙ୍କୁ ଯିବାକୁ ଦିଅ ସର, ତାଙ୍କର ବହୁତ କାମ-
ସରସୀ	:	ଆମ ଲାଲି ବି ସେମିତି ସବୁବେଳେ କାମ କାମ ବିଜିବିଜି କହୁଛି ।
ଭଦ୍ରଲୋକ	:	ଆଣ୍ଟି ଦେଖନ୍ତୁ, ମୁଁ ସୋନାଲି ମାଡାମ୍‌ଙ୍କ ପାଖକୁ ଯାଉଛି ତାଙ୍କ ପାଖରେ ମୋର କାମ ଅଛି ।
ସରସୀ	:	ଭଲ କଥା, ଯାଅ, ଆମକୁ ଟିକେ ମତାମତଟା ଶୀଘ୍ର ଜଣାଇବ, ତୁମ ବାପ-ମା' କୋଉଁଠି ?
ଭଦ୍ରଲୋକ	:	ମୁଁ ଆସୁଚି ଆଣ୍ଟି, ଅଙ୍କଲଙ୍କଠୁ ସବୁ ଶୁଣିବେ (ନମସ୍କାର କରି ହସି ହସି ଚାଲିଗଲେ) ।
ସରସୀ	:	ଏମିତିଆ କି କାମ ଯେ, ଆଜିକାଲିକା ପିଲାଗୁଡ଼ାକ...
ବିମଳ	:	ସେ ପିଲା ନୁହେଁ, ପିଲାର ବାପ...
ସରସୀ	:	କ'ଣ କହୁଚ, କାହା ପିଲା, କାହିଁ ?
ବିମଳ	:	ସେ ଆମ ଲାଲି ଡାକିଥିବା ପିଲା ନୁହେଁ ସର, ମୋ କଥା ଟିକେ ଶୁଣ, ଥୟ ଧର ।

ସରସୀ	:	ଆମକୁ ଏତେବେଳ ଯାଏ ଭୁତଉଥିଲା କାହିଁକି ?
ବିମଳ	:	ସେ ଭୁତଉ ନଥିଲା, ନିଜେ ତମେ ନିଜ ଭଉଁରିରେ ପଡ଼ିଥିଲ (ମୋବାଇଲ୍ ବାଜିଲା) ହଁ ମା ଲାଲି, ତତେ କିଏ ଖୋଜିବାକୁ ଆସିଥିଲେ, ମୁଁ ଫୋନ୍ କରିଥାନ୍ତି ଯେ.... ନାଇଁ ମ, ଆମର ଟିକେ ମିସ୍‌ଅଣ୍ଡରଷ୍ଟାଣ୍ଡିଂ ହୋଇଗଲା। ତାଙ୍କୁ ଆମ ତରଫରୁ ସରି କହିଦେବୁ। ହଁ ମା', ତୋ କଲିଗ୍ କୁଆଡ଼େ ଗଲେ? ଆସି ପାରିବେନି ? ହଉ, ଆଉ ଦିନେ ଆସିବାକୁ କହିବୁ। ତୁ ଆସେ ବାକି କଥାବାର୍ତ୍ତା ହେବା।
ବିମଳ	:	(ସରସୀଙ୍କ ପ୍ରତି) ସେ ପିଲା ଯାଇ ଆମ ଦିହିଁଙ୍କ କଥା କହିଚି, ସେମାନେ ହସୁଛନ୍ତି।
ସରସୀ	:	ଅସଲ ଆସାମୀ କୁଆଡ଼େ ଗଲେ ?
ବିମଳ	:	ସେ ଆଜି ଆସିପାରିବେନି, ଆର ସପ୍ତାହକୁ ଆସିବେ, ତାଙ୍କର କାମଅଛି।
ସରସୀ	:	ଏମିତି କି କାମରେ ବାବା, ହଉ ଆଜିକାଲିକା ପିଲା।
ବିମଳ	:	ଭାଉ ବଢ଼େଇବାକୁ କହୁଥିବ ସେମିତି।
ସରସୀ	:	ଆରେ ଯାହାକୁ ଦେଖିନେ, ତାର ସଭାବ ଚରିତ୍ର ଜାଣିନେ, ତାଙ୍କୁ ଏମିତି କହିବା ଭଲନୁହେଁ।
ବିମଳ	:	ଯାହାହେଉ ସେନ୍‌ସିବୁଲ କଥାପଦେ କହିଦେଲ, ଲାଲି ଆସୁଥିବ, ତୁଛାରେ ତ ସେ ସନ୍ଦେହ କରୁଛି ଆମର ଆଉ କିଛି କାମନାହିଁ ତା' ବାହାଘର କଥା ଛଡ଼ା।
ସରସୀ	:	(ହସି ପକାଇଲେ) ସତରେ ମ, ଆଜି କେତେ ଭୁଲ ହୋଇଗଲା।
ବିମଳ	:	ଠାକୁରଙ୍କ ଉପରେ ସବୁ ଛାଡ଼ିଦିଅ, ଦେଖ ତୁମ ସମସ୍ୟା ସିଏ ଦୂର କରିଦେବେ, ଚାଲିଲ, ଉଠ...
ଲାଲି	:	(ଭିତରୁ) ସେଇଠି ବସିଥା, ମୁଁ ସେପଟେ ଆସିଲି, ଜାଣିପାରିଲନି ତ ଦିହେଁ, ହଉ ଭିତରକୁ ଆସ।

- ଦୃଶ୍ୟାନ୍ତର -

ଶେଷଦୃଶ୍ୟ

(ଦି'ଦିନ ପରର ଘଟଣା, ଚୁପ୍‌ଚାପ୍ ଅଛି ଲାଲି, ଅଫିସ୍‌ରୁ ଫେରୁଚି)

ସରସୀ : ଆରେ ମା', କାଲିଠୁ କ'ଣ ଭାବୁଚୁ କି, ତୋ ମନ କାହିଁକି ସରସ ନାହିଁ ?

ଲାଲି : ନାଇଁ ତ ମା', ମୁଁ ଠିକ୍ ଅଛି।

ସରସୀ : ମୁଁ ତତେ ଜନ୍ମଦେଇଚି, ତୋ ମୁହଁ ଦେଖି ତୋ ମନ କଥା ଜାଣିବାର ପାଠ ମତେ ଜଣା...

ଲାଲି : ହେଲା ତେବେ, ମୋ ସାଙ୍ଗମାନେ ତୁମ ପାଖକୁ ଆସି ଭବିଷ୍ୟତ କଥା ପଚାରିବେ।

ସରସୀ : ସାଙ୍ଗଙ୍କ କଥା ଛାଡ଼, ତୁ କହିଲୁ ତୋର ସେ ପିଲାସହ କଥାବାର୍ତ୍ତା ହେଲା ତ ?

ଲାଲି : କୋଉ ପିଲା, ଓଃ ଶୋଭନ୍।

ସରସୀ : ମୁଁ ତ ତାକୁ ଜୀବନ ବୋଲି ଜାଣେ, ତୁ ତାକୁ ଘରକୁ ଡାକୁଥିଲୁ ପରା...

ଲାଲି : ବାବା କ'ଣ ତୁମକୁ କିଛି କହିନାହାନ୍ତି ?

ସରସୀ : କୋଉ କଥା ? ସେ କ'ଣ ମନାକରିଦେଲା ?

ଲାଲି : ନାଇଁ ମ' ବାପାଙ୍କ ସ୍ୱପ୍ନକଥା। ବାବା ପରା ସ୍ୱପ୍ନ ଦେଖୁଛନ୍ତି ସେ ମତେ ଟର୍‌ଚର କରୁଚି ବୋଲି, କେମିତି ତାକୁ ଡାକିବି କହିଲ ?

ସରସୀ : ଆରେ ମୁଁ ତ ସ୍ୱପ୍ନ ଦେଖିଚି ସେ ମତେ ଖୁବ୍ ଆଦର କରୁଚି। ତୋପାଇଁ ଭାରି ଜାଗ୍ରତ ସେ, ଏ ବୁଢ଼ା ଭାରି ଜଣେ। ମତେ ମନାକଲେ ସ୍ୱପ୍ନ କଥା କାହାକୁ କହିବନି, ନିଜେ କହିଦେଇ ପାର୍। (ବିମଳ ବାବୁ ପ୍ରବେଶ କରିଛନ୍ତି)।

ବିମଳ : କାହାକୁ ଏତେ ସମ୍ଭାଷଣ କରୁଚ ସର। କିଏ ପାରହୋଇଗଲା କୁଆଡ଼େ ?

ସରସୀ : ତୁମ କଥା କହୁଥିଲି, କିଓ, ସ୍ୱପ୍ନ କଥା କାହାକୁ କହିବନି ବୋଲି ଠିକ୍ କରିଥିଲ ପରା।

ବିମଳ : ମତେ ଭୟ ଲାଗିଲା। ସତ କହୁଚି ବରଂ ଝିଅ ବାହା ନହୋଇ ଘରେ ରହିବ ସେ ଭଲ, ଏତେ କଷ୍ଟ ପାଇବ, ମୁଁ ସହିପାରିବିନି।

ଲାଲି : (ହସିଲା) ଆଚ୍ଛା ମତେ କହିଲ, ଯିଏ ମନପସନ୍ଦରେ ବାହା ହେଉଥିଲା ତା ଅବସ୍ଥା ଅଠାଠିକ୍। ମତେ କୌଣସି ପ୍ରକାର ହାତକୁ ଦି'ହାତ କରିବାକୁ ତମେ ଚେଷ୍ଟା କରୁଚ କାହିଁକି ?

ସରସୀ : ତୁ ବୁଝିପାରିବୁନି ମା' ତୋ ଝିଅର ବୟସ ହେଲେ ତୁ ଜାଣି ପାରିବୁ ବାପା-ମା'ଙ୍କ ମନ। କେତେ ଦୁଶ୍ଚିନ୍ତା ସେମାନଙ୍କୁ ଖାଇ ଗୋଡ଼େଇବ।

ଲାଲି : କ'ଣ କରିବ ମା', ମ୍ୟାଟ୍ରିମୋନିଆଲରେ ତ ଦେଲ, ଖବର କାଗଜରେ ତ ବାରମ୍ୱାର ଦେଉଚ ମୋ ବାୟୋଡାଟା- କିଏ ମଧ୍ୟସ୍ଥି ଗଲେ ଆଇଲେ ତାଙ୍କ ହାତରେ ଲୁଚେଇ ଛପେଇ ପାଞ୍ଚଶହ କି ହଜାରେ ଗୁଞ୍ଜିଦେଉଚ, ଆଉ କ'ଣ କରିବ? (ଫୋନ୍ ଆସିଲା, ଫୋନ୍ ଉଠାଇଲା ଲାଲି), ହ୍ୟାଲୋ, ହଁ କୁହ ଶୋଭନ। ମୁଁ ଘରେ ଅଛି। ହଁ ବାବା ମା' ବି ମୋ ପାଖରେ ଅଛନ୍ତି। ଏକାଠି ସମସ୍ତେ ଶୁଣିବେ କହିଦିଅ (ଫୋନ୍.....)।

ଲାଲି : ବାଃ... ଏତ ଖୁବ୍ ଭଲ ଡିସିସନ୍! ମୁଁ ଭାବୁଚି ତମ ବାବା-ମା'ଙ୍କୁ ଖୁସି କରିପାରିବି (ଫୋନ୍.....) ଆରେ ନା...ନା...ଟିକେ ବାବା ମା'ଙ୍କୁ ଦେଖିବାକୁ ଆସିବି ନା, ଦେଖ ମୋ ଟଙ୍କା ପଇସା ସେମାନଙ୍କର ଲୋଡ଼ା ନାହିଁ କିନ୍ତୁ ଟିକେ ଆଶ୍ୱାସନା ଏ ବୟସରେ।

ସରସୀ : ସେ ଜ'ଣ କହୁଚି ମା'...!

ଲାଲି : ସେ କହୁଚି ମୁଁ ପୂରା ଡେଡିକେଟ୍ ହୋଇ ରହିବି ତାଙ୍କ ପରିବାର ପାଇଁ, ତାଙ୍କ ଘରର କୌଣସି କଥାରେ ମୁଁ କଥା କହିପାରିବିନି (ପ୍ଲିଜ୍ ହୋଲ୍ଡ ଦ' ଫୋନ୍)।

ବିମଳ : ଏ କି କଣ୍ଡିସନ୍ ମା'? କଣ୍ଡିସନ୍‌ରେ ବାହାଘର ତ ଗୋଟାଏ ଏଗ୍ରୀମେଣ୍ଟ୍, ସେଠି ସ୍ନେହ-ପ୍ରେମ କାହିଁ!

ଲାଲି : ତୁମେ ଅପେକ୍ଷା କର, ମୁଁ କଥା ସାରିଦିଏ। ହ୍ୟାଲୋ ଶୋଭନ ହଁ ଲିସନ୍ ତୁମର ଏତେ କଣ୍ଡିସନ୍ ମୁଁ ମାନି ନେଇପାରିବିନି ସରି... (ଫୋନ୍ କାଟିଦେଲା)

ବିମଳ : ମତେ ଟିକିଏ ଫୋନ୍‌ଟା ଦଉନୁ। ମୁଁ ତାକୁ କହିଦେଇଥାନ୍ତି ବାହାଘର ଖାଲି ଆଡ୍‌ଜଷ୍ଟମେଣ୍ଟ୍ ନୁହେଁ, ଅନ୍ୟକିଛି...

ଲାଲି : ସେ କ'ଣ ବୁଝିବା ଅବସ୍ଥାରେ ଅଛି ବାବା...

ସରସୀ : ଆଉ? ଆଉ କ'ଣ କହୁଚୁ ତୁ?

ଲାଲି : ମୋର ସେ ବାହାଘର ଲୋଡ଼ାନାହିଁ ବାବା, 'ଆ ବୈଲ ମୁଝେ ମାର' ଭଳି ଅଯଥା ଘାଣ୍ଟିହେବାର ନାହିଁ।

ବିମଳ : ହେଲେ ମା' ? ପାରିବାରିକ ଜୀବନ ପରା ମଣିଷଙ୍କ ଭଳି ଦେବତାମାନେ ମଧ୍ୟ କାମନା କରିଥାନ୍ତି...

ଲାଲି : ସେମିତି ପରଂପରାର ରଂଗଛଡ଼ା ରୂପ ଦେଖାଇ ତ ଆମଭଳି ଝିଅମାନଙ୍କର ବ୍ୟକ୍ତିତ୍ୱକୁ ଖର୍ଚ୍ଚ କରି ଦିଆଯାଉଛି।

ସରସୀ : ସେ ଯୁକ୍ତିତର୍କ ଛାଡ଼। ତୁ କହିଦେ ତୋ ମନକଥା।

ଲାଲି : ବାବା ଯଦି ଆପଣଙ୍କ ସ୍ୱପ୍ନ ଅନୁଯାୟୀ ମୋ ସ୍ୱାମୀ ହେବେ ତେବେ ମୁଁ କ'ଣ କରିପାରିବି ? ଆଉ ମାଆ, ତୁମ ସ୍ୱପ୍ନ ତ ଏତେ ସୁନ୍ଦର ଯେ ମୁଁ ସେ ପାଖାପାଖି ପହଞ୍ଚିଗଲେ ବି ତୁମମାନଙ୍କୁ ଭୁଲିଯିବି; ମୋର ଏ ଦୁଇଟା ଭିତରୁ କିଛି ଲୋଡ଼ାନାହିଁ; ମୁଁ ଠିକ୍ ଅଛି। (ପୁଣି ଫୋନ୍ ବାଜିଲା, ଲାଲି ଫୋନ୍ ଉଠାଇ) ହଁ କୁହ ଶୋଭନ ! ଆସିବ, କାହିଁକି ? ସେଥିରେ କିଛି ସମୟ ବର୍ବାଦ ହେବ ଅକାରଣ। ତୁମେ ଭଲରେ ରୁହ, ବାୟ...।

ବିମଳ : କିଏ ଜଣେ ବ୍ୟାଙ୍କ କାମରେ ଆସିଲା ସେଦିନ ଯେ ଆମେ ଦିହେଁ ଯାହା କୃତକୃତ୍ୟ ହେଲୁ ନା, ଭାବିଲେ...

ଲାଲି : କାହିଁକି ବାବା, ତୁମେମାନେ ଖାଲି ଜୋଇଁପାଇବ ବୋଲି ଲକି, ସେମାନେ କ'ଣ ମତେ ଦୟା କରିବେ କି, ସେମାନେ ବି ଲକି ନା...

ସରସୀ : ଏତେ କଥା ମୁଁ ଜାଣିନି ମା', ତୋ ମନକୁ ଯିଏ ପାଇବ ସେ ଆମ ଜୋଇଁ ହେବ, କଥା ଶେଷ, ଆଉ ପୁରୁଣା କଥା ଘାଣ୍ଟିବାନି।

ବିମଳ : ଏତେ ଦିନେ ତୋ ମା' କଥା ପଦେ କହିଚି ମା'...

ସରସୀ : ସବୁବେଳେ ବକ୍‌ବକ୍ ହୁଏ ପରା, ଆଉ କଥା ପଦେ କହିଲି କ'ଣ ?

ଲାଲି : ବାବା, ମା', ଆଜିଠୁଁ ବାହାଘର ପ୍ରସଂଗ ଏ ଘରେ ଉଠିବନି।

ସରସୀ : ଆଉ !

ଲାଲି : ଯଦି କେହି ମୋତେ ଭଲଲାଗେ ତ ମୁଁ ଆଗ କହିବି। ଏବେ ଚାଲ ଓଜନିଆ ମୁଣ୍ଡଟା ଉଶ୍ୱାସ ହୋଇଗଲା ବୋଲି ସେଲିବ୍ରେଟ୍ କରିବା।

ବିମଳ : କି ସେଲିବ୍ରେସନ୍ ? ତୁ ତ ଆମର ସେଲିବ୍ରିଟ୍।

ଲାଲି : ମୁଁ ଡ୍ରାଇଭରକୁ କହିଚି ସେ ସାଢ଼େ ସାତ କି ଆଠ ବେଳକୁ

ଆସିବ । ଆମେ ଡିନରପାଇଁ ଯିବା ବାହାରକୁ । ତୁମେ ସବୁ ରେଡ଼ି ହୁଅ...

ସରସୀ : ପଇସାଗୁଡ଼ା ଏମିତି ଉଡ଼ାଉଚୁ ମା'...

ଲାଲି : କ'ଣ ହେଲା ? ଦିନେ ଅଧେ ଖୁସିରେ ଖର୍ଚ୍ଚ କରିପାରିବିନି ମୁଁ ।

ବିମଳ : ଗଲ ଯା' ଶାଢ଼ୀ ବଦଳାଇବ । ତୁ ଯା ମା' ଫ୍ରେସ୍ ହେଇଯା । ତୋ ମା' ସେମିତି ଓଲ୍ଡ ଫେସନ୍ଡ ହେଇ ରହିଗଲା । (ହସି ଉଠିଲେ ସମସ୍ତେ)

■

ଏ ଘରକୁ ଖୁସି ଆସିବ କେମିତି ?

ଚରିତ୍ର ସୂଚୀ:

ନରେନ୍ଦ୍ରବାବୁ - ଗୃହସ୍ଥ। ମନ୍ତ୍ରୀ (ବୟସ ପ୍ରାୟ ୫୫)

ଅନନ୍ତବାବୁ - ମନ୍ତ୍ରୀଙ୍କର ପି.ଏ. (ବୟସ ୪୦-୪୨)

ମୁନୁ - ନରେନ୍ଦ୍ରବାବୁଙ୍କ ପୁଅ (ବୟସ ୨୩, ଏମ୍.ଏସ୍‌ସି. ଛାତ୍ର)

ମାନୁ - ନରେନ୍ଦ୍ରବାବୁଙ୍କ ଝିଅ (ବୟସ ୨୬, ଶିକ୍ଷୟିତ୍ରୀ)

ଶାନ୍ତି - ନରେନ୍ଦ୍ରବାବୁଙ୍କ ସ୍ତ୍ରୀ (ବୟସ ପ୍ରାୟ ୫୦)

ସୁଭଦ୍ରା - ସଂପର୍କୀୟ ମାଉସୀ (ବୟସ ୭୦)

ଟୁନା - ନାତି

(ସନ୍ଧ୍ୟା ସମୟ। ବାଜା, ବାଣ ଓ ରୋଶଣି କ୍ରମେ ପାଖେଇଆସୁଛି। ଘରେ ଗହଳି ବଢୁଛି। ଫୋନ୍‌କୁ ବିଶ୍ରାମ ନାହିଁ। ସମସ୍ତେ ଶାନ୍ତିଦେବୀଙ୍କୁ ଅଭିନନ୍ଦନ ଜଣାଉଛନ୍ତି।)

ସୁଭଦ୍ରା : ଆଲୋ ଶାନ୍ତି, ଆଜି ଆନନ୍ଦରେ ମୋ ଗୋଡ଼ ତଳେ ଲାଗୁନି। ଯାହା ହଉ, ଏତେଦିନକେ ଆମର ଦୁଃଖ ଗଲା। (ମାଉସୀ ଆସିଲେ। ଶାନ୍ତି ପ୍ରଣାମ କଲେ)

ମାଉସୀ : ଅହ୍ୟସୁଲକ୍ଷଣୀ ହେଇଥା। ଜାଣିଲୁନା, ଆଜିଯାଏ ସବୁବେଳେ ଠାକୁରଙ୍କୁ ଡାକୁଥିଲୁ, ମତେ ନେଇଯାଅ। ଆଜି ଭାବୁଚି, ଏଇ ଶୁଭଦିନ ଦେଖିବି ବୋଲି ସିଏ ମତେ ଏତେଦିନ ବଞ୍ଚେଇରଖିଲେ।

ସୁଭଦ୍ରା : ଆଲୋ ଶାନ୍ତି, ଏଡ଼େ ମୁହଁ କାଇଁ କରିଚୁ ମ ? ମୁଁ ମିଠା ମାଗୁନି ତତେ। ହେଇ ତ, ମୋ ପୁଅ ଅଇଲାଣି। ଆରେ ଟୁନା, ଆଣିଲୁ ମିଠା ?

ଟୁନା : ନମସ୍କାର ମାଉସୀ। ଏତେବିନେ ଲାଗୁଚି, ଆମର କେହି ଜଣେ ଅଛି, ଯିଏ ଆମ ପାଇଁ ତୁଣ୍ଡ ଖୋଲିବ, ଆମ ସ୍ୱାର୍ଥ ଜଗିବ।

ସୁଭଦ୍ରା : ଦେଖିବୁ, ଆଉ ସାର୍ଟିଫିକେଟ୍ ଧରି ଦୁଆରଦୁଆର ବୁଲିବାକୁ ପଡ଼ିବନି। ଆମ ନରେନ୍ଦ୍ରବାବୁ ନିଶ୍ଚେ ମନ୍ତ୍ରୀ ହେବେ, ମୋ ମନ କହୁଛି।

ମାଉସୀ : ଆ ଶାନ୍ତି, ଛାତ ଉପରକୁ ଯିବା, ପ୍ରସେସନ ଆସୁଚି ପରା !

ଶାନ୍ତି : ମାଉସୀ, ଆପଣ ସେ ଛୋଟ ପାହାଚରେ ଚଢ଼ି ଯାଇପାରିବେନି, ଏଇଠି ବସନ୍ତୁ।

ମାଉସୀ : ଆଜି ମୁଁ ସବୁ ପାରିବି ମା, ତୋ' ମାଉସୀ ଥିଲେ ତ ଖୁସିରେ ପାଗଳୀ ହୋଇଯାଉଥାଆନ୍ତା !

ଶାନ୍ତି : କାହିଁକି ମାଉସୀ ?

ମାଉସୀ : ଆଲୋ ଓଲି, ଆମ ନରେନ୍ଦ୍ର ପରା ମନ୍ତ୍ରୀ ହବ। ତୋ' ହାତ ପାଖରେ ଚାକର, ପୂଝାରୀ, ମାଳୀ, ଡ୍ରାଇଭର। ସମସ୍ତେ ତୋ' ଫୋନ୍‌କୁ ଅପେକ୍ଷା କରିବେ।

ଶାନ୍ତି : (ଅନ୍ୟମନସ୍କ ଭାବରେ) ମୋ' ଫୋନ୍‌କୁ କାହିଁକି ?

ସୁଭଦ୍ରା : ସେମିତି ଫୁଲେଇ ହଅନା। ଚାଲ୍, ପ୍ରସେସନ୍ ଦେଖିବା।

ଶାନ୍ତି : ତୁମେ ଯା, ମୋ' ମନ ଭଲ ଲାଗୁନି।

ସୁଭଦ୍ରା : ଆଜିଠୁଁ ତୁ ବଦଳିଗଲୁଣି, ଶାନ୍ତି। ଆଉ ବିଭାଗ ବର୍ଣ୍ଟନ ପରେ ? ଚାଲେରେ ଟୁନା, ଟିକେ ରୋଷଣି ଦେଖିବା ମଉସାଙ୍କର। କୋଉକାଳେ ଆମ ଗାଁକୁ ବର ହେଇ, ରୋଷଣି କରି ଯାଇଥିଲେ, ମୁଁ ଭୁଲିଗଲିଣି। (ଚାଲିଗଲେ)

ଶାନ୍ତି : ମାଉସୀ, ମୋ' ଛୋଟ ପରିବାର ଆହୁରି ଛୋଟ ହୋଇଗଲା ନା ? ଆଉ ମୁଁ ଖୋଜିଲେ ବି ଆପଣଙ୍କ ପୁତୁରାଙ୍କୁ ପାଇବିନି। (କାନ୍ଦିଲା)

ମାଉସୀ : ଆଜି ତ ଖୁସିର ଦିନ, ମା', କାନ୍ଦୁଚୁ କାହିଁକି ? ମନେ ରଖିବୁ ଦୀପରୁଖା ହବା ଭାରି କଷ୍ଟ। ସମସ୍ତେ ଆଲୁଅ ଚାହିଁବେ, ହେଲେ, ରୁଖା କପାଳରେ ଗରମ ତେଲ ଆଉ ଅନ୍ଧାର ସବୁଦିନେ।

ଶାନ୍ତି : (ଲୁହ ଲୁଚାଇବାର ଚେଷ୍ଟାକରି) ଦାଣ୍ଡରେ ବହୁତ ଲୋକ ଜମାହୋଇଛନ୍ତି ମଉସା, ଦେଖନ୍ତୁ ତ !

ମାଉସୀ : ମୁଁ ତେବେ ଦାଣ୍ଡକୁ ଯାଏ। (ଚାଲିଗଲେ)
(ଆସିଲା ମୁନୁ। ନରେନ୍ଦ୍ରବାବୁଙ୍କ ପୁଅ)

ମୁନୁ : ମାଆ, ଘରଟା ଭିତରେ କାହିଁକି ଅନ୍ଧାରରେ ବସିଚୁ? ଆମ ଦାଣ୍ଡରେ ଗହଳି। ସବୁରି ହାତରେ ଫୁଲମାଳ ଫୁଲତୋଡ଼ା। ବାବାଙ୍କର ଜୟଜୟକାର- ଚା'ଲେ ମା, ଦେଖିବୁ ଚା'ଲେ।

ଶାନ୍ତି : ବାବୁରେ, କାଲି ସକାଳୁ ଦେଖିବୁ, ଏଇମାନେ ଓଲଟିଯିବେ। କାହାର ଛୋଟିଆ ସ୍ୱାର୍ଥରେ ବାଧା ଆସିଲେ ଖବରକାଗଜରେ ଯାଡୁସାଡୁ ଲେଖିବେ।

ମୁନୁ : ତୋର ତ ଖାଲି ଆଗଚଲା କଥା। ଆଗ ଦେଖ୍, ବାବାଙ୍କୁ କୋଉ ପୋଟ୍‌ଫୋଲିଓ ମିଳୁଛି। ଦାଣ୍ଡକୁ ନ ଗଲେ ନାହିଁ, ଛାତ ଉପରକୁ ଟିକେ ଚା'ଲେ ହେଲେ।

ଶାନ୍ତି : ହଁ। ଏବେ ମୋ ଜୋଇଁ ଆସୁଥାଆନ୍ତା, ବାଜା ବାଜୁଥାଆନ୍ତା। ସମସ୍ତେ ମୋ' ଭାଗ୍ୟକୁ ଈର୍ଷା କରୁଥାଆନ୍ତେ। ତା' ତ ହେଲାନି। ବାବାଙ୍କ ରୋଷଣି ଦେଖିବାକୁ ମୋ' ଆତ୍ମା ଡାକୁନି, ତୁ ଯାଆ।

ମୁନୁ : ମାନୁନାନୀ କୁଆଡ଼େ ଗଲା? ତାକୁ ଦେଖୁନି ତ?

ଶାନ୍ତି : ଯାହା ହଉ, ତୋର ନାନୀ କଥା ମନେପଡ଼ିଲା ତା'ହେଲେ!

ମୁନୁ : କହୁନୁ କାହିଁକି ଯେ?

ଶାନ୍ତି : ସିଏ ଆଜି ତା' ସାଙ୍ଗଘରେ ରହିବ। ସ୍କୁଲ୍ ବସ୍ ଖରାପ। ଫୋନ୍ କରିଥିଲା।

ମୁନୁ : ମୁଁ ଯାଏ ମାଆ। ସାଙ୍ଗଗୁଡ଼ାକ ଭୋଜି ମାଗୁଥିଲେ ବାବାଙ୍କର ଏ ଆଚିଭ୍‌ମେଣ୍ଟ୍ ପାଇଁ। ମୁଁ ଆସନ୍ତା ସପ୍ତାହରେ ଭୋଜି ଦେବି କହିଛି। କ'ଣ, ଠିକ୍ କରିଛି ତ?

ମଉସା : (ବାହାରୁ) ଆରେ ମାଆପୁଅ କୁଆଡ଼େ ଗଲ କିରେ?

ମୁନୁ : ଯାଉଚି, ଅଜା। (ଚାଲିଗଲା)

ଶାନ୍ତି : (ଏକାକୀ) କେତେବର୍ଷ ତଳେ! ତିରିଶି ବର୍ଷ ହେବ କି କ'ଣ? ଏମିତି ବାଜା ବାଜିଥିଲା। ବାଣ ଫୁଟିଥିଲା। ହାଲୋଳ ହେଇଯାଇଥିଲା ଚଉଦିଗ। ବାପା ମୋର କହୁଥିଲେ, ତାଙ୍କ ଜୋଇଁ ଖାଲି ବୃତ୍ତିରେ ନୁହେଁ, ପ୍ରବୃତ୍ତିରେ ବି ଶିକ୍ଷକ- ଗୋଟାଏ ଅଞ୍ଚଳର ଶ୍ରଦ୍ଧା ଓ ବିଶ୍ୱାସର ପାତ୍ର, ଏତେ କମ୍ ବୟସରେ! ମୁଁ ବି

ଦୋଳମୁକୁଟ ପିନ୍ଧି ଆଖିରେ ଆଖିଏ ସ୍ୱପ୍ନ ନେଇ ଆସିଥିଲି- ପରିବାର ଗଢ଼ିବି, ସମସ୍ତଙ୍କୁ ଆପଣାର କରିବି ବୋଲି ବୋଉକୁ କଥା ଦେଇଥିଲି। (ଫୋନ୍ ବାଜିଲା) ହ୍ୟାଲୋ, ହଁ ମୁଁ ଜାଣିଚି। ବାପାଙ୍କୁ କହିଦେବି, ହେଲା ତ ? କାଲି ସ୍କୁଲ୍ ସାରି ଶୀଘ୍ର ଆସିବୁ। ରହୁଛି। (ଫୋନ୍ ରଖିଲେ) ବାବା ଆଜି ଘରକୁ ଫେରିବେ- ପଚାରିବେ, ମୋ ଗେହ୍ଲା ଝିଅ ମାନୁ କାହିଁ? ତତେ ଫୁରୁସତ୍ ହେଲେ ତ? (ପୁଣି ଫୋନ୍) ହ୍ୟାଲୋ, ବାଜା ଶବ୍ଦରେ କିଛି ଶୁଭୁନି। ଆଉଟିକେ ଜୋର୍‌ରେ କୁହ। ହେଲା, ମୁଁ ରଖୁଚି। (ଥୋଇଦେଲେ) ଏଇ ତ ଆରମ୍ଭ ହେଲା ଫୋନ୍। ମୁଁ ଆଟେଣ୍ଡ୍ ନ କଲେ ଗତି କାହିଁ ମୋର?

ଦ୍ୱିତୀୟ ଦୃଶ୍ୟ

(କିଛିଦିନ ପରେ ଶପଥ ଗ୍ରହଣ ଉତ୍ସବ ସାରି କ୍ଳାନ୍ତ ନରେନ୍ଦ୍ରବାବୁ ଘରକୁ ଆସିଲେ)

ନରେନ୍ଦ୍ରବାବୁ : ଶାନ୍ତି, ନେଲ ଏ ଫୁଲମାଳଗୁଡ଼ାକ।

ମାନୁ : ବାବା, ମତେ ଦିଅନା, ମୁଁ ଘର ସଜେଇବି।

ନରେନ୍ଦ୍ରବାବୁ : ତୋ' ମା'କୁ ଡାକ୍। ଆଜି ତ ଶପଥଗ୍ରହଣ ଉତ୍ସବ ଥିଲା। କେତେ ଡାକିଲି ତାକୁ, ସେ ଗଲାନି। ତା'ରି ବିଶ୍ୱାସର ଫଳ ଏସବୁ। ଶାନ୍ତି, କୁଆଡ଼େ ଗଲ କି?

ଶାନ୍ତି : (ଭିତରୁ) ମତେ ସବୁ ଶୁଭୁଚି। ଝିଅ ହାତକୁ ଫୁଲମାଳତକ ବଢ଼େଇଦେଲେ କ'ଣ ଅସୁବିଧା ହେଇଯିବ?

ମାନୁ : ତୁ ଆସିଲୁ ମା', ବାବା ତତେ ଅପେକ୍ଷା କରିଛନ୍ତି ପରା! (ଶାନ୍ତି ଆସି ନରେନ୍ଦ୍ରଙ୍କ ହାତରୁ ଫୁଲମାଳତକ ଧରିଲେ)

ନରେନ୍ଦ୍ରବାବୁ : ଜାଣିଲ ଶାନ୍ତି, ମତେ ଯୋଜ ବିଭାଗ ମିଳିଛି କେତେ କେତେ ଟାଣୁଆ ନେତା ସେଥିପାଇଁ ଆଶା କରିଥିଲେ। ମୋ' ଭାଗ୍ୟ। ଥ୍ୟାଙ୍କ୍‌ସ ହାଇକମାଣ୍ଡ୍। ଏଣିକି ଦେଖିବ, ଆଉ କିଛି ଅସୁବିଧା ହବନି। (ଆସିଲା ମୁନୁ)

ମୁନୁ : ସତରେ ବାବା, ଆଉ କିଛି ଅସୁବିଧା ହେବନି? ଚାକିରି, ବିଜିନେସ୍, ମର୍ସିଡିସ୍, ଫରେନ୍ ଟୁର୍- ସବୁ ହାତ ପାଖରେ। ଖାଲି ଚୟେସ୍‌ଟା ମୋର!

ଶାନ୍ତି : କ'ଣ ତୋ'ର ଚୟେସ୍?

ମୁନୁ : ଭାବି ଦେଖିବି। ଏବେ ପାଞ୍ଚହଜାର ଟଙ୍କା ଦେଲୁ। ସାଙ୍ଗମାନେ ଟ୍ରିଟ୍ ମାଗିଛନ୍ତି।

ଶାନ୍ତି : ମାସର କେତେ ତାରିଖ ହେଲାଣି, ମନେଅଛି ତ? ଆରେ ମନ୍ତ୍ରୀଙ୍କ ପୁଅ, ମନ୍ତ୍ରୀ କ'ଣ ଆସୁଆସୁ ଟଙ୍କାଗଛ ଲଗେଇଦେଲେ ଯେ ତୁ ତୋଳିନବୁ! କେଜାଣି? ତାଙ୍କୁ ମାଗି ନେ। (ମାନୁ ଆସିଲା)

ମାନୁ : ମା' ତୋର ତ କଥାକଥାକେ ମୁନୁ ଉପରେ ରାଗ। ଆସିଲୁ ଧନ, ମୁଁ ଦେଖେ। ପାଞ୍ଚହଜାର ନଦେଇପାରିଲେ ଦୁଇତିନି ହଜାର ତ ଦେଇପାରିବି। (ଉଭୟ ଚାଲିଗଲେ)

ନରେନ୍ଦ୍ରବାବୁ : ଶାନ୍ତି, ଦେଖ, ମୁଁ ଅନେକ ଦୁଃଖର ଦିନ ଦେଖିଛି। ଭୋଗିଛି। ମୁଁ ମୋ ପିଲାଙ୍କୁ ଅନ୍ତତଃ ଟିକେ ଖୁସିରେ ରଖିବି ବୋଲି...

ଶାନ୍ତି : ମୁଁ ତ ସେଇଥିଲାଗି ଜୀବନସାରା ହିସାବ କରିକରି ବଞ୍ଚୁଛି। କେଉଁଠୁ କାଟି କେଉଁଠି ଯୋଡ଼ିଲେ ମାସ ପୂରିବ, ସବୁରି ମନ ପୂରିବ, ସେଇଆ ଦେଖୁଛି। ମୋର ତେବେ ଭୁଲ୍ କେଉଁଠି?

ନରେନ୍ଦ୍ରବାବୁ : ଛାଡ଼ ସେସବୁ। ଦେଖ, ମୋର ପ୍ରଥମ ପ୍ରୋଗ୍ରାମ ମାନୁର ବାହାଘର, ତା'ପରେ ଆଉ ଯାହା।

(ପରଦିନ ସକାଳ। ନରେନ୍ଦ୍ରବାବୁ ଓ ଶାନ୍ତି ଚାହା ପିଉଥିଲେ। ଫୋନ୍ ବାଜିଲା)

ନରେନ୍ଦ୍ରବାବୁ : ହ୍ୟାଲୋ, କିଏ ଅନନ୍ତବାବୁ। ହଁ ଆସନ୍ତୁ। ମୋର କିଛି ଅସୁବିଧା ନାହିଁ।

ଶାନ୍ତି : କିଏମ! ଏତେ ସକାଳୁ ଆସିବାକୁ...

ନରେନ୍ଦ୍ରବାବୁ : ଦେଖ, ମୋର ପ୍ରାଇଭେଟ୍ ସେକ୍ରେଟାରି (ପାଞ୍ଚ ମିନିଟ୍‌ରେ ପହଞ୍ଚିଲେ ଆସି)

ଆପଣ ଆଜିଠୁ ନିଶ୍ଚିନ୍ତ ରୁହନ୍ତୁ। ଏ ଅନନ୍ତ ଥିବାଯାଏ ଆପଣଙ୍କର କୌଣସି କାମରେ ଅସୁବିଧା ହେବନି। ପନ୍ଦରବର୍ଷର ଏକ୍ସପେରିଏନ୍ସ ଆଜ୍ଞା।

ନରେନ୍ଦ୍ରବାବୁ : ଆଚ୍ଛା ଅନନ୍ତବାବୁ, ଆମ ମାନୁ ପାଇଁ ଗୋଟେ ପ୍ରସ୍ତାବ ଦେଖନ୍ତନି? ଆମ ମାନୁ ଏମ୍.ଏ.ବି.ଏଡ୍ କରି ଗୋଟେ ଇଂରାଜି ମିଡିୟମ୍ ସ୍କୁଲ୍‌ରେ ଅଛି। (ମାନୁକୁ ଡାକିଲେ) ଶୁଣିଗଲୁ ମା' ମାନୁ।

ଶାନ୍ତି : ଏବେ ପରା ସକାଳୁଆ ସ୍କୁଲ୍‌। ସେ ଚାଲିଗଲାଣି।

ଅନନ୍ତ : ହେଲା ହେଲା, ଆପଣଙ୍କ ଝିଅ ଯେତେବେଳେ, ଆଜି ନ ଦେଖିଲେ କାଲି ଦେଖିବିନି। ବ୍ୟସ୍ତ କ'ଣ? (ଶାନ୍ତିକୁ) ବସନ୍ତୁ ମାଡାମ୍‌। ମତେ ଘରଲୋକ ବୋଲି ଭାବନ୍ତୁ। କହିଲେ, କେମିତି ଜ୍ୱାଇଁ ଆପଣଙ୍କର ଦରକାର? ଆଇ.ଏ.ଏସ୍‌., ଆଇ.ପି.ଏସ୍‌., ବିଦେଶରେ ସେଟଲ୍‌ଡ? କୁହନ୍ତୁ...

ଶାନ୍ତି : ଆମର ତ ମଧ୍ୟବିତ୍ତ ପରିବାର। ଯୋଗ୍ୟ ହେଇଥିବ, ଦି' ପଇସା ରୋଜଗାର କରୁଥିବ, ଭଦ୍ର ହୋଇଥିବ ଆଉ ତା' ପରିବାର ଭଲ ହୋଇଥିବେ।

ନରେନ୍ଦ୍ରବାବୁ : ଆଜିକାଲିକା କଥା ଦେଖୁଛନ୍ତି ତ? ଝିଅ ବାହାଘର କଥା ପଡ଼ିଲେ ଭୟ ଲାଗୁଛି।

ଅନନ୍ତ : କି କଥା ଆଜ୍ଞା? କ'ଣ ଖେଳଘର କଥା ପଡ଼ିଚି କି?

ଶାନ୍ତି : ଆଉ ଦବାନବା ସାଧାରଣ ଭାବରେ କରିବୁ।

ଅନନ୍ତ : ମତେ ଆପଣ ହସାଇଲେ ମାଡାମ୍‌। କାହା ଝିଅ ବାହା ହବ, କିଏ କ'ଣ ଦବ, ସେ ହିସାବ କ'ଣ ଆପଣ ପାଇବେ ଯେ ସାଧାରଣ ଅସାଧାରଣ ହିସାବ କରିବେ!

ନରେନ୍ଦ୍ରବାବୁ : ନା ନା, ମୋ ଦରମାରୁ କିଛି କିଛି ରଖି ମୁଁ ଗୋଟେ ଫିକ୍ସଡ ଡିପୋଜିଟ୍‌ କରିଥିଲି। ମ୍ୟାଚିଓର୍‌ କରିଗଲାଣି। କଥା କ'ଣକି, ଆମେ ତ ସ୍ଥାନୀୟ ଲୋକ। ଘର ଅଛି, ଯାହା ଯେମିତି ପୈତୃକ ଜମି ଅଛି, ଖାଇବା ଗଣ୍ଡାକ ଚଳିଯାଉଛି। ତା ନ ହୋଇଥିଲେ ସଞ୍ଚିପାରି ଥାଆନ୍ତି କେଉଁଠି?

ଅନନ୍ତ : ସେସବୁ ଛାଡ଼ନ୍ତୁ, ଆଜ୍ଞା। କୋଉଦିନ କନ୍ୟାଦେଖା ହେବ କହିଦିଅନ୍ତୁ।

ଶାନ୍ତି : କ'ଣ, କୋଉଠି ଆପଣଙ୍କ ନଜରରେ ପାତ୍ର ଅଛନ୍ତି ନା କ'ଣ ମ?

ଅନନ୍ତ : ଗୋଟାଏ ନୁହେଁ ଆଜ୍ଞା, ତିନି ଚାରିଟା ପ୍ରସ୍ତାବ ଅଛି। ଆପଣ ଖାଲି କହିଦେଲେ ଆଣି ହାଜର କରେଇବି।

ନରେନ୍ଦ୍ରବାବୁ : ଏତେ ପ୍ରସ୍ତାବ ଅଛି, ଆଉ ମୁଁ ମାଟ୍ରିମନିଆଲ୍‌ କଲମ୍‌ରେ ଇସ୍ତାହାର ଦେଇଦେଇ ଥକିଲିଣି।

ଶାନ୍ତି : ଆଉ ମୁଁ ମ୍ୟାରେଜ୍ ବ୍ୟୁରୋ ଧାଇଁଧାଇଁ ରେଜେଷ୍ଟ୍ରି କରିଚାଲିଛି ?

ଅନନ୍ତ : ସେ କଷ୍ଟ ସରିଗଲା ଆଜ୍ଞା, ଅନନ୍ତ ଉପରେ ଭରସା ରଖନ୍ତୁ। ସବୁ ସୁବିଧା ହେଇଯିବ।

ନରେନ୍ଦ୍ରବାବୁ : ହେଲା ବାବା ହେଲା। ତୁମ କଥା ମାନିଲି। କହିଲ, ଏ ମନ୍ତ୍ରୀପଦ ତ ବଡ଼ ଝମେଲା। ମୋରେ ବି କିଛି ଏକ୍ସପେରିଏନ୍ସ ନାହିଁ। ମୁଁ ପାରିବି ତ ?

ଅନନ୍ତ : ଆଜ୍ଞା, ପାରିବା ନ ପାରିବା ଆପଣଙ୍କ ହାତରେ। ଲୋକେ ତ କିଛି ନ ଜାଣି ବି ସକ୍‌ସେସ୍‌ଫୁଲ କ୍ୟାରିଅର୍ କରିଯାଉଛନ୍ତି। ପୁଣି କେଡ଼େ କେଡ଼େ ଡିଗ୍ରୀଧାରୀ ମଣିଷ ହାମୁଡ଼େଇ ପଡୁଛନ୍ତି। ମୁଁ ଅଛି ପରା, ବ୍ୟସ୍ତ ହୁଅନ୍ତୁନି।
(ନରେନ୍ଦ୍ରବାବୁ ଭିତରକୁ ଚାଲିଗଲେ)

ଶାନ୍ତି : ଦେଖନ୍ତୁ ଅନନ୍ତବାବୁ, ଏସବୁ ବଡ଼ କଷ୍ଟକର ବ୍ୟାପାର। ହୁଏତ ଯାହାର ଖୁବ୍ ପଇସାପତ୍ର ଥିବ, ନଚେତ୍ ଯିଏ ଅନ୍ୟକୁ ଖାତିର କରୁନଥିବ, ଏମିତି ଲୋକ ହିଁ ରାଜନୀତିକୁ ପାରିବେ। ଆମେ ତ ମଝିମଝିଆ ଖଡ଼ିକି ନୁହେଁ କି ପେଡ଼ିକି ନୁହେଁ।

ଅନନ୍ତ : ଭଲ ଢଗଟିଏ ତ ଆଜ୍ଞା। ଏତେ ଆଗକୁ ଭାବନ୍ତୁନି। ସାର୍ ଆମର ଭାରି ସାଦାସିଧା। ଏରିଆରେ ସମସ୍ତଙ୍କର ଖୁବ୍ ଖାତିର ଆମ ସାର୍‌ଙ୍କୁ। ନ ହେଲେ ଏତେ ଭୋଟ୍ ବ୍ୟବଧାନରେ ଜିତିବା କ'ଣ ସହଜ କଥା ? ତାଙ୍କ ପାଇଁ ଭଗବାନ ଅଛନ୍ତି। (ଆସିଲା ମୁନୁ, ନରେନ୍ଦ୍ରବାବୁଙ୍କ ପୁଅ)

ଶାନ୍ତି : (ମୁନୁକୁ) ଆରେ ନମସ୍କାର କରୁନୁ। ଇଏ ପରା ବାବାଙ୍କ ପି.ଏ., ଅନନ୍ତବାବୁ।

ମୁନୁ : ନମସ୍କାର ଆଜ୍ଞା।

ଅନନ୍ତ : କ'ଣ କରୁଛନ୍ତି ଆପଣ ଏବେ ?

ମୁନୁ : ମତେ ଆଜ୍ଞା 'ଆପଣ' ସମ୍ବୋଧନ ଭଲ ଲାଗେନି। 'ତୁମେ' ବୋଲି କୁହନ୍ତୁ। ମୁଁ ଏମ୍.ଏସ୍‌ସି ପଢୁଛି।

ଅନନ୍ତ : କହନ୍ତି ପରା, ଚାଟଘର ପିଲା ଚାଟ୍। ନ ହେଲେ...

ମୁନୁ : ଆଜ୍ଞା ଅନନ୍ତବାବୁ, ବାପାଙ୍କର କୋଉଦିନ ମିଟିଂ ଥିଲେ ମତେ ଟିକେ କହିବେ ତ ! ମୁଁ ସାଙ୍ଗରେ ଯିବି।

ଶାନ୍ତି : ତୋ ପରୀକ୍ଷା ପରା ଆଉ ଚାରିମାସ ରହିଲା !

ମୁନୁ : ନାଇଁ ଯେ, ନାଲିଆଲୁଅ ଲଗା ଗାଡ଼ିରେ ଟିକେ ବସିବାକୁ ମନ ଥିଲା ଯେ, ସେ ତ ଏବେ ଉଠିଗଲା । ଦେଖିଥାଆନ୍ତି, ଲୋକମାନେ କେମିତି ଆଡ଼େଇ ହୋଇଯାଉଛନ୍ତି । ମୋରି କପାଳକୁ ନାଲିବତି ଉଠିଗଲା ।

ଶାନ୍ତି : ଆଉ ବାହାଦୂରି ମା'ରେନା, ତୋ ପରୀକ୍ଷା ସରିଯାଉ ।

ମୁନୁ : ଆରେ ମା, ପରୀକ୍ଷା ନ ଦେଲେ ଏବେ ଅସୁବିଧା କୋଉଠି ? ବାବା ମୋର ଭବିଷ୍ୟତ ଦେଖିବେ କି ନାହିଁ ? କହିଲେ ଅନନ୍ତବାବୁ । ବାପାଙ୍କର ତ ଗୋଟେ ପ୍ରେଷ୍ଟିଜ୍ ଅଛିନା ! ତାଙ୍କ ଦାୟିତ୍ୱ, ମୋର ଭବିଷ୍ୟତକୁ ସୁରକ୍ଷିତ କରିବା ।

ଶାନ୍ତି : ଆଉ ସେଦିନ ନାଇଁରେ । ଡିଗ୍ରୀ ନଥିଲେ ତତେ କିଏ ଚାକିରି ଦବ ?

ମୁନୁ : ଆରେ ବାବା, ମୁଁ ତ ଦଶଜଣଙ୍କୁ ଚାକିରି ଦେବି, ମୋର ଚାକିରି କରିବା କ'ଣ ଦରକାର ?

ଅନନ୍ତ : (ହସିଲେ) ଆପଣ ଜାଣିପାରିବେନି ମାଡାମ୍ । ମୁନୁବାବୁ ଠିକ୍ କହୁଛନ୍ତି ।

ଶାନ୍ତି : (ଅପ୍ରସ୍ତୁତ ହୋଇ) ହେଲା, ମୋର ଜାଣିବା ଦରକାର ନାଇଁ । କିଛି ନ ଜାଣିପାରନ୍ତି କି ଆରାମରେ ରହନ୍ତି ଏ ଘରେ ।

ଅନନ୍ତ : ସରି ମାଡାମ୍ । ବାସ୍ତବିକ ମୁଁ ଦୁଃଖିତ । (ଆସିଲେ ନରେନ୍ଦ୍ରବାବୁ)

ନରେନ୍ଦ୍ରବାବୁ : କ'ଣ ଅନନ୍ତବାବୁ, 'ସରି' କହୁଛନ୍ତି କାହାକୁ ?

ଅନନ୍ତ : ନାଇଁ ସାର୍, ସେ କିଛି ନୁହେଁ ।

ଶାନ୍ତି : ମୁଁ ଯାଏ । ହାଟକୁ କାହାକୁ ପଠାଇବି । ପରିବା ନ ଆସିଲେ ରୋଷେଇ ହବ କେମିତି । (ଚାଲିଗଲେ)

ଅନନ୍ତ : ସାର୍, ମାଡାମଙ୍କ କଥା ଶୁଣିଲେ ତ ? କାଲିସକାଳୁ ଦି'ଟା ଅଡର୍ଲି ଆସିବେ । ଗାଡ଼ି ନେଇ ଡ୍ରାଇଭର ତ ସନ୍ଧ୍ୟାସୁଦ୍ଧା ଆସିଯିବ । ଏଥର ଆପଣ ମାଡାମ୍ଙ୍କ ସାଙ୍ଗରେ ଧରି ବାହାଘର ଶପିଙ୍ଗ୍ ଆରମ୍ଭ କରିଦିଅନ୍ତୁ ।

ନରେନ୍ଦ୍ରବାବୁ : ଆଗ ବରପାତ୍ର ଠିକ୍ ହେଇସାରୁ ।

ଅନନ୍ତ : ହେଲା ବୋଲି ଜାଣନ୍ତୁ, ଆଜ୍ଞା ।

ନରେନ୍ଦ୍ରବାବୁ : (ଶାନ୍ତିଙ୍କୁ ଡାକି) ଶାନ୍ତି ଶୁଭୁଛି ତ? ଏଥର ତୁମେ ଖୁସିହେବ ନିଶ୍ଚୟ।

ତୃତୀୟ ଦୃଶ୍ୟ

(ବଡ଼ ବ୍ୟସ୍ତ ହୋଇ ଏପାଖସେପାଖ ହେଉଥାନ୍ତି ଶାନ୍ତି। ଆସିଲେ ନରେନ୍ଦ୍ରବାବୁ)

ନରେନ୍ଦ୍ରବାବୁ : କ'ଣ ହେଲାକି ଶାନ୍ତି? ଏତେ ବ୍ୟସ୍ତ?

ଶାନ୍ତି : ତିନିତିନିଟା ଲୋକ ଘରେ। ଜଣେ ମୋ' ହାତରୁ ଝାଡୁ ଛଡ଼େଇନେଉଚି ତ ଆଉଜଣେ ପିଠାଖଡ଼ିକା। ଆରେ ବାବା, ଇଏ ତ ରୀତିମତ ଜବରଦସ୍ତି କଥା!

ନରେନ୍ଦ୍ରବାବୁ : (ହସି) ଇଏ ତ ଖୁସିର କଥା, ଶାନ୍ତି। ଏବେ ତୁମେ ଆରାମ କର। ଘରକାମ ସେମାନେ କରନ୍ତୁ। ରୁହ, ମୁଁ ସେମାନଙ୍କୁ ଡାକେ।

ଶାନ୍ତି : ଆଉ, କିଏ ମୋ ଗୋଡ଼ ଘଷିଦେବ, କିଏ ମୋ ପାଲଟାଲୁଗା ଧୋଇଦେବ, ଏକଥା ମୋର ପସନ୍ଦ ନୁହେଁ।

ନରେନ୍ଦ୍ରବାବୁ : କେତେଥର କହିଚ, ଗୋଟେ ପିଲା ଆଣ- ମୋତେ ସାହାଯ୍ୟ କରିବ। ମୁଁ ଆଉ ପାରୁନି, ଆଜି ଯେତେବେଳେ କାମ କରିବାକୁ ଲୋକ ହାଉଯାଉ ତୁମେ କହୁଛ, ପସନ୍ଦ ଅପସନ୍ଦର କଥା। ଧନ୍ୟ ତମେ।

ଶାନ୍ତି : ତୁମେ ବୁଝୁନ କାହିଁକି? ମନ୍ତ୍ରୀପଦ ଗଲାବେଳକୁ ତ ମୋର କାମ କରିବା ଅଭ୍ୟାସ ଛାଡ଼ିଯାଇଥବ। ମୁଁ ପୁଣି କ'ଣ କରିବି ସେତେବେଳେ?

(ଆସିଲା ମୁନୁ)

ମୁନୁ : ମା', ଜାଣିଛୁ? ଆଜି ମୋର ଜାମାପ୍ୟାଣ୍ଟଗୁଡ଼ାକ ଗଦେଇଦେଇଥିଲି। ସେ ଲୋକ ଦି'ଟା ସବୁ ସଫାକରି ଆଇରନ୍ କରିଦେଇଛନ୍ତି। ବାରିଆଡ଼ ପୂରା ସଫା।

ଶାନ୍ତି : ସେମାନଙ୍କୁ ମୁଁ ଖାଇବାକୁ ଦେବି ତ? ଖର୍ଚ୍ଚ କେତେ ବଢ଼ିବ, ସେ ଚିନ୍ତା ଅଛି ତୁମମାନଙ୍କର?

ନରେନ୍ଦ୍ର ବାବୁ : ସେକଥା ଅଫିସ୍ ବୁଝିବ, ଛାଡ଼। ଶୁଣ, ମାନୁ ଲାଗି ଅନନ୍ତବାବୁ ତିନିଟା ପ୍ରସ୍ତାବ ଆଣିଛନ୍ତି। ଜଣେ ଓକିଲ। ଜଣେ ବ୍ୟବସାୟ କରୁଛି। ଆଉ ଜଣେ ପ୍ରାଇଭେଟ୍ କଲେଜର ଅଧ୍ୟାପକ। ସମସ୍ତଙ୍କର ଚଳିବାପକ୍ଷ ଭଲ।

ଶାନ୍ତି	:	ସେମାନେ ଆଗ ଆସନ୍ତୁ। ଦେଖାଚାହାଁ ହେଉ।
ନରେନ୍ଦ୍ରବାବୁ	:	ଏ ଘରର ପର୍ଦ୍ଦା ବଦଳାଇବାକୁ ପଡ଼ିବ। ଗୋଟେ ଦି'ଟା ମଡର୍ଣ୍ଣ ପେଣ୍ଟିଂ, ଭଲ ଫର୍ଣ୍ଣିଚର... (ଆସିଲେ ଅନନ୍ତ)
ଅନନ୍ତ	:	ନମସ୍କାର ଆଜ୍ଞା, ଆପଣ ତ ମୋ' ପାଟିରୁ କଥା ଛଡ଼େଇନେଲେ। ମୁଁ ସବୁ ବନ୍ଦୋବସ୍ତ କରିଛି। ଖାଲି ମାଡାମ୍ ଟିକେ ସୋ'ରୁମ୍ ଯାଇ ପସନ୍ଦ କରିଦେଇ ଆସନ୍ତେ ?
ଶାନ୍ତି	:	ମୋ' ଯିବା କ'ଣ ନିହାତି ଦରକାର ? ଆପଣ ତ ଏତେ ମନ୍ତ୍ରୀଙ୍କ ଘର ଦେଖୁଛନ୍ତି। ସେମିତି ନେଇଆସିବେ।
ନରେନ୍ଦ୍ରବାବୁ	:	ଶାନ୍ତି, ତମେ ଏମିତି କହୁଛ, ଅନନ୍ତବାବୁ ମାଇଣ୍ଡ୍ କରିବେନି ?
ଅନନ୍ତ	:	ନାଇଁ ଆଜ୍ଞା, ଆପଣ ତ ମନାକଲେ ମନ୍ତ୍ରୀ କ୍ୱାଟର୍ସକୁ ଯିବାକୁ, ନ ହେଲେ ଦେଖିଥାଆନ୍ତେ, କେମିତି ଚକାଚକ୍ କରି ଦେଇଥାଆନ୍ତି !
ନରେନ୍ଦ୍ରବାବୁ	:	ହଁ, ମୁଁ କାଲି ଅଫିସ୍ ଗଲାବେଳେ ସୋରୁମ୍‌ବାଟେ ପଶିଯିବି। ହଁ କହିଲେନି ତ, ସେମାନେ କେଉଁଦିନ ଆସିବେ ?
ଅନନ୍ତ	:	ଯେଉଁଦିନକୁ ଆପଣ କହିବେ।
ନରେନ୍ଦ୍ରବାବୁ	:	ହେଲା ଏବେ, ପଅରିଦିନ ରବିବାର। ସେଦିନ ଆସିବାକୁ କୁହନ୍ତୁ। ଆଚ୍ଛା, ଘରସଜ୍ଜା କାଲିସୁଦ୍ଧା ସରିଯିବନି ?
ଅନନ୍ତ	:	ଆଜି ଯଦି ଆପଣ ପସନ୍ଦ କରିଦିଅନ୍ତେ, ସନ୍ଧ୍ୟାସୁଦ୍ଧା କାମ ଶେଷ କରିଦିଅନ୍ତି, ଆଜ୍ଞା।
ଶାନ୍ତି	:	ଆଚ୍ଛା ଅନନ୍ତବାବୁ, ଓକିଲପିଲାଟିର ବାପା କ'ଣ କରନ୍ତି ?
ଅନନ୍ତ	:	ସେ ଏ. କ୍ଲାସ୍ କଣ୍ଟ୍ରାକ୍ଟର। ବିଜିନେସ୍ କରୁଥିବା ପିଲାର ବାପା ରିଟାୟାର୍ଡ ପୁଲିସ ଅଫିସର ଆଉ ଅଧ୍ୟାପକ ପିଲାର ବାପା ରାଜନୀତି କରନ୍ତି। ଆଉ ଡିଟେଲ୍‌ସ କାଲି ବୁଝିଆସି କହିବି।
ଶାନ୍ତି	:	ଆଚ୍ଛା, ତୁମେ ତ ଅଧ୍ୟାପକ ପିଲାଟିର ବାପାଙ୍କୁ ଜାଣିଥିବ ?
ନରେନ୍ଦ୍ରବାବୁ	:	ହଁ, ସେଥିରେ ବ୍ୟସ୍ତ ହେବାର କ'ଣ ଅଛି ?
ଶାନ୍ତି	:	ଦେଖ, ମୋ' ଝିଅର ଭବିଷ୍ୟତ।
ନରେନ୍ଦ୍ରବାବୁ	:	ଶାନ୍ତି, ତୁମର କ'ଣ ମୁଣ୍ଡ ଖରାପ ହେଲାଣି ? ମୁଁ ଯାହା ହେଲେ ବି ମାନୁର ବାପା। ତା' ଭବିଷ୍ୟତ ମୁଁ ନଷ୍ଟ କରିଦେବି, ଏକଥା ତୁମେ ଭାବିପାରିଲ ?
ଶାନ୍ତି	:	(ନିର୍ବିକାରଭାବେ) ସମୟ ସବୁ ବଦଳାଇଦିଏ। (ମାନୁ ଆସିଲା)

ମାନୁ : ଚାଲିଲୁ ମା', କ'ଣ ଖାଇବାକୁ ଦବୁ। ଭାରି ଭୋକ ଲାଗିଲାଣି।

ନରେନ୍ଦ୍ରବାବୁ : ମା'ରେ ତୁ ସେ ପୂଝାରୀକୁ କହୁନୁ? ମା' ପରା ଗୋଟେ ସିରିଅସ୍ କଥା କହୁଚି ମତେ?

ମାନୁ : ନାଇଁ ବାବା, ମା' ହାତରେ ଯାଦୁ ଅଛି। ସେ ଗୋଟେ ମେଜିସିଆନ୍। ନ ହେଲେ ତୁମେ, ଘର କଥାରେ ଜମା ମୁଣ୍ଡ ନ ପୂରାଇ, ଆରାମରେ ବାହାରକୁ ଚାଲିଯାଉଛ କେମିତି?

ନରେନ୍ଦ୍ରବାବୁ : ମାନୁ! (ଆହତ ସ୍ୱରରେ)

ମାନୁ : ତୁମେ ମନକଷ୍ଟ କଲକି ବାବା? ତୁମେ ପରା କେତେଥର ହାତଟେକି ବସିଥାଅ, ମା' ଖାଇବାକୁ ଆଣି ଦେବାଯାଏ। ମୁଁ ବାଢ଼ିଦେଲେ ବି ତୁମ ମନ ବୁଝେନା। ଆଉ ଆଜି?

ନରେନ୍ଦ୍ରବାବୁ : ମୁଁ ରାଗୁନି ମା, ତୁ ବଡ଼ ହେଲୁଣି। ସବୁ କଥା ବୁଝିବୁନା!

ମାନୁ : ହଁ ବାବା, ବୁଝୁଛି। ହେଲେ, ତୁମେ ତୁମର ଦାୟିତ୍ୱ ସେ ପି.ଏ. ବାବୁଟି କ'ଣ ତାଙ୍କ ନାଁ ତ? 'ଅନନ୍ତ ନାମେ ଅନ୍ତନାହିଁ'ଙ୍କୁ ହସ୍ତାନ୍ତର କରିଦେଲ କି?

ଶାନ୍ତି : ତୁ ଚୁପ୍ କଲୁ ମାନୁ। ଚାଲ୍, ସନ୍ଧ୍ୟା ହବ, ଖାଇସାରିଲାବେଳକୁ।

ମାନୁ : ବାବା ତୁମେ ମୋତେ ପାଠ ପଢ଼ାଇଛ। ଯୋଗ୍ୟ କରିଛ, ନିଜ ଗୋଡ଼ରେ ଠିଆହୋଇପାରିବି ବୋଲି ମୋତେ ବିଶ୍ୱାସ ଦେଇଛ, ଆଉ ଆଜି...

ଶାନ୍ତି : ଆଲୋ ମା, ଇଏ ତ ଦୁନିଆ ରୀତି। ଆମେ ଯେଉଁ ସମାଜରେ ବଞ୍ଚୁଛେ, ସେଠି ଝିଅମାନଙ୍କୁ ଦିନେନାଦିନେ ପରଘରକୁ ଯିବାକୁ ପଡ଼େ।

ନରେନ୍ଦ୍ରବାବୁ : ଛାଡ଼, ଶାନ୍ତି, ସିଏ ବୁଝିପାରିବନି। ମା'ବାପାଙ୍କ ଦୁଃଖ ବୁଝିବାକୁ ହେଲେ ଆଗ ମାଆବାପା ହେବା ଦରକାର। ମୁଁ ଆସୁଛି। ସେମାନେ ଆଜିକାଲିକା ପିଲା ତ, ବଡ଼ ଯୁକ୍ତିପ୍ରବଣ। (ଚାଲିଗଲେ)

ଶାନ୍ତି : ବାବାଙ୍କ ମୁଣ୍ଡରେ କେତେ ଚିନ୍ତା! ହେଲା ଅବା, ଅନନ୍ତବାବୁ ବରଘର ଠିକ୍ କରିଦେବେ। ଆମେ କ'ଣ କିଛି ନ ବୁଝି ନ ସୁଝି ତତେ ବେଦୀରେ ବସେଇଦବୁ? ମୋ' ମା' ପରା, ମନଊଣା କରନା। କି ଚାକିରି କଲୁ ଯେ ଚେହେରା ଦେଖିଲୁଣି ନିଜର! କେଇଟା ଦିନରେ...

ମାନୁ : ମୋ ସାଙ୍ଗର ଝିଅମାନେ ତ ଖରାତରାରେ ଖଟୁଛନ୍ତି, ମାଆ। ଶାଶୂଘରେ ଯାବତୀୟ ଜଞ୍ଜାଳ ସାଙ୍ଗକୁ ମାଡ଼ଗାଳି ବି ଖାଉଛନ୍ତି। ଆଉ ମୁଁ...ମୁଁ ତ ବେଶ୍ ଭଲରେ ଅଛି।

ଶାନ୍ତି : ତୁ ସେକଥାଗୁଡ଼ା ଭାବନା, ମାଆ। ଚାଲ୍, ମାର୍କେଟ୍ ଯିବା। ଦୁଇଚାରିଟା ଶାଢ଼ି ଆଣିବାର ଅଛି।

ମାନୁ : ଓଃ, ବାବାଙ୍କର ଗାଡ଼ି ଆସିଯାଇଚି ପରା ! ଧନ୍ୟ ତୁ ମା, ତତେ ଲକ୍ଷେ ଜୁହାର।

ଶାନ୍ତି : ତୋର ଯାହା ମନ, ତୁ କହିଯା' ଝିଅ। ମୋ କଥା ମନ୍ଦ ଲାଗିଲେ ତୁ ନଯାଆ, ମୁଁ ଏକୁଟିଆ ଯିବି। ତୁ ଘରେ ଥା, ମୁନୁ ଆସୁଥିବ।

ମାନୁ : କାହିଁକି ? ମୁନୁକୁ ପୂଝାରୀ ଦେବନି କି ଖାଇବାକୁ ?

ଶାନ୍ତି : ଦଉ, ନ ହେଲେ ମୁଁ ଫେରିବାଯାଏ ସେ ନଖାଉ। ମୁଁ କିନ୍ତୁ ସଞ୍ଜବସେଇ ଦେଇ ବଜାର ଯିବି ନିଶ୍ଚୟ। (ମୁନୁ ଆସିଲା)

ମୁନୁ : କ'ଣ ମା', ଜୋରଦାର୍ ବଜାର ଲିଷ୍ଟ୍ ହେଉଛି ? କ'ଣ ସାରା ମାର୍କେଟଟ୍ କିଣିଆଣିବୁ ନା କ'ଣ ? କିଛି ସ୍ପେଶାଲ ଅକେଜନ୍ ?

ଶାନ୍ତି : ଆରେ ଏଇ ରବିବାର ପରା ତୋ' ନାନୀକୁ ଦେଖିବାକୁ ଆସୁଛନ୍ତି। ତାଙ୍କ ପାଇଁ ବନ୍ଦୋବସ୍ତ କରିବି କି ନାଇଁ, କହିଲୁ ?

ମୁନୁ : ଇରେ ବାବା, ତା' ମାନେ ମୋର ରବିବାରଦିନ ଘରକୁ ଫେରିବାର ନାଇଁ। କେତେ ପ୍ରଶ୍ନର ଉତ୍ତର କାହାକୁ ଦେବି ?

ଶାନ୍ତି : (ଦୁଃଖରେ) ଆଚ୍ଛା, ମୁଁ ଭାବୁଥିଲି ତୁ ମୋ ପାଖରେ ରହିବୁ। ଟିକେ ବୁଝାବୁଝି କରି ଦେବୁ ଭଦ୍ରଲୋକମାନଙ୍କ କଥା। କିଏ ଜାଣେ, ସେମାନେ କେମିତିଆ ଲୋକ ? କେତେଜଣ ଆସିବେ !

ମୁନୁ : କାହିଁକି, ବାବା ? ତାଙ୍କର ସେ ପିଏ ନା ଖାଏ, କ'ଣ ସେ ?

ଶାନ୍ତି : ଆରେ, ତୁମେ ଦି'ଟାଯାକ ସେ ଅନନ୍ତବାବୁଙ୍କ ଉପରେ ଏତେ ଖପା ହଉଛ କାହିଁକି, କହିଲ ?

ମୁନୁ : ତୁ ବୁଝିବୁ ମାଆ, ଶେଷକୁ ତୁ ବୁଝିବୁ। ଏବେ ତ ଝିଅବାହାଘର ଲାଗି ତୋ ମୁଣ୍ଡ ଗରମ। ତୁ ବଜାର ଯାଆ। ମୁଁ ଖାଇଦେବି। ନାନୀ ଅଛି ତ ?

ଶାନ୍ତି : ମୁଁ ଚଞ୍ଚଳ ଫେରିବି ଯେ।

ମୁନୁ : ଆଚ୍ଛା ମା, ସତ କହ, ନାନୀ ବାହାଘର ପାଇଁ ତୋ ମନ ଖୁସି ତ ?

(ଶାନ୍ତି ଚାଲିଯାଇଥିଲେ, ଶୁଣିପାରିଲେନି)

ଚତୁର୍ଥ ଦୃଶ୍ୟ

(ନରେନ୍ଦ୍ରବାବୁଙ୍କ ଘର। ମୁଣ୍ଡରେ ହାତ ଦେଇବସିଛନ୍ତି ନରେନ୍ଦ୍ରବାବୁ। ଆସିଲେ ଅନନ୍ତ)

ଅନନ୍ତ : ବ୍ୟସ୍ତ ହୁଅନ୍ତୁନି ସାର୍। ଆଉ ପ୍ରସ୍ତାବ ଦେଖିବା।

ନରେନ୍ଦ୍ରବାବୁ : ତିନିତିନିଟା ପ୍ରସ୍ତାବ ! କୋଉଟା ବି ମନକୁ ପାଇଲାନି ? (ଡାକିଲେ) ଶାନ୍ତି, ଶାନ୍ତି। (ଭିତରୁ ଆସିଲେ ଶାନ୍ତି)

ଶାନ୍ତି : କ'ଣ ହେଲା ?

ନରେନ୍ଦ୍ରବାବୁ : ଆଚ୍ଛା, ମାନୁ କ'ଣ ଠିକ୍ କରିଛି ତା' ବାପା ମୁଣ୍ଡ ତଳକୁ କରିଦେବ ?

ଶାନ୍ତି : କାହିଁକି ? କହିଦେଲନି ସେ ସବୁ ପ୍ରସ୍ତାବରେ ହଁ ମାରିଥାଆନ୍ତା ?

ନରେନ୍ଦ୍ରବାବୁ : ମୋତେ ବିରକ୍ତ କରନି। ସବୁବେଳେ ହାଲୁକାଢ଼ଥା ଭଲ ଲାଗେନି।

ଶାନ୍ତି : ସେ ଓକିଲ ପିଲାଟି ଖୁବ୍ ଧୀରସ୍ଥିର, କିନ୍ତୁ ସେ ଆଉ ଜଣକୁ ଭଲପାଉଚି। ମୁଁ ତାକୁ ବାରମ୍ବାର ଆମ ଘର ସାମ୍ନାରେ ସେଇ ଝିଅଟିକୁ ମଟରସାଇକେଲରେ ବସାଇ ବୁଲୁଥିବା ଦେଖିଛି।

ନରେନ୍ଦ୍ରବାବୁ : ବ୍ୟବସାୟ କରୁଥିବା ପିଲାଟି ତ ହ୍ୟାଣ୍ଡସମ୍.. (ଆସିଲା ମାନୁ)

ମାନୁ : ସରି ବାବା, ହ୍ୟାଣ୍ଡସମ୍ ବୋଲି ଅନ୍ୟ ଜାତିର ଝିଅଟିଏ ଉଡ଼ାଇଆଣି ଘରେ ରଖିଥିଲା, ଦି'ମାସ। ସେ ଝିଅର ଏବେ ପତ୍ତା ନାହିଁ। ଇଏ ସୁନାପିଲା ହୋଇ କନ୍ୟା ଦେଖିବାକୁ ଆସିଛି। ଆଉ ଅଧ୍ୟାପକ ଜଣକ ତୁମକୁ ଶିଡ଼ି କରି ଉପରକୁ ଉଠିବାକୁ ଚାହେ। ସେ ମତେ ପଚାରୁଥିଲା, ତୁମର କିଏ ସବୁ ଜଣାଶୁଣା ଅଛନ୍ତି ? ଆଉ ତୁମେ ତାକୁ କିଭଳି ସାହାଯ୍ୟ କରିପାରିବ।

ନରେନ୍ଦ୍ରବାବୁ : ଆରେ, ମୋ ଜୋଇଁକୁ ମୁଁ ସାହାଯ୍ୟ କଲେ ଅସୁବିଧା କେଉଁଠି ? ଏ ତ ସ୍ୱାଭାବିକ କଥା।

ମାନୁ : ଯଦି ନ ପାରିବ, ମୁଁ କ'ଣ କରିବି, ବାବା ? ସେ ମୋ ବ୍ୟାଗ୍‌ପତ୍ର ସହିତ ମତେ ଦିନେ ସକାଳୁ ଏ ଗେଟ୍ ପାଖରେ ଛାଡ଼ିଦେଇଯିବ। ତା'ପରେ ?

ନରେନ୍ଦ୍ରବାବୁ : ଆରେ ମା, ତୁମେ ମା'ଝିଅ ଦି'ଟା ଏଇସବୁ କଥା ଭାବି ଭାବି ମୁଣ୍ଡ ଖରାପ କଲଣି। ଏ ଅଞ୍ଚଳରେ କିଏ ଅଛି, ଯିଏ ନରେନ୍ଦ୍ର ରାୟର ଝିଅକୁ ଟର୍ଚ୍ଚର୍ କରିବ ?

ଶାନ୍ତି : କେତେଦିନ ? ମନ୍ତ୍ରୀମଣ୍ଡଳ ଭାଙ୍ଗିବା ପରେ କ'ଣ ମାନୁର ପରିବାର ଭାଙ୍ଗିଯିବ ? କେତେଦିନ ତମ ମୁହଁ ଉପରେ ଲୋକେ ମାନୁକୁ କିଛି ନ କହି ପାଟି ବନ୍ଦ୍ କରି ରହିବେ ? ବର୍ଷେ ! ଦି'ବର୍ଷ ! ପାଞ୍ଚବର୍ଷ ? ତା' ପରେ ?

ମାନୁ : ବାବା, ତୁମେ ମୋଟେ ଚିନ୍ତାକରନି। ସେଦିନ ଯାହା କହୁଥିଲି, ଆଜି ବି ସେଇଆ କହୁଛି- ମୁଁ ତୁମର ବୋଝ ନୁହେଁ କି କୌଣସିଦିନ ତୁମର ନାଁ ପକାଇବାର ନାହିଁ ମୋର।

ନରେନ୍ଦ୍ରବାବୁ : (ଦୁଃଖରେ) କେଉଁଠି ନିଜେ ଠିକ୍ କରିଥାନ୍ତୁ ହେଲେ ?

ମାନୁ : ତା'ହେଲେ, ଆଜିଯାଏ ତୁମ ବିଚାର ଉପରେ ଭରସା କରି ବସିଥାଆନ୍ତି କାହିଁକି ? ତା'ଛଡ଼ା, ତୁମେ ଏକଥା କହିବାଯାଏ କାହିଁକି ଯାଇଥାଆନ୍ତା ?

ଶାନ୍ତି : ହଁ, ସିଧା ଘରୁ ଯିବୁ, ଘରକୁ ଫେରିବୁ। କାହାକୁ ଚାହିଁବୁନି। କାହା ଘରକୁ ଯିବୁନି। ସବୁ ତ ମାନିଚି ସିଏ। ଆଜି ନିଜର ଅପାରଗତା ନ ଦେଖି ତା' ଦୋଷ ଦଉଚ କାହିଁକି ?

ମାନୁ : ବାବା, ଯଦି କୋଉଠି ଠିକ୍ କରିବି, ତାକୁ ଆଗ ତୁମ ଆଗରେ ଆଣି ଠିଆ କରିବି। ମୋର ତ ଆଉ ଘରୁ ଭାଗିଯିବାର ନାହିଁ। ସେ ବୟସ ମୁଁ ପଛରେ ଛାଡ଼ିଆସିଛି।

ନରେନ୍ଦ୍ରବାବୁ : ମାଆରେ, ମୋ କଥା ଧରିବୁନି। ମନ ଖରାପରେ...

ମାନୁ : ଥାଉ ବାବା !

ଶାନ୍ତି : ଯାଆ ମାନୁ। ତୋର ପରା କ'ଣ ଖାତା କରେକ୍‌ସନ କରିବାର ଅଛି ? ତୁ ଯା'। (ମାନୁ ଗଲା) (ନରେନ୍ଦ୍ରବାବୁଙ୍କୁ) ଆଚ୍ଛା, ଏମିତି କଥା ପାଟିରୁ ଖସେ କାହିଁକି ?

ନରେନ୍ଦ୍ରବାବୁ : ତୁମେ ବି ଏତେ ଛୋଟଛୋଟ କଥା ଧରି ନିଜକୁ କଷ୍ଟ ଦିଅ କାହିଁକି ? କେତେ ବର୍ଷ ମୋ' ସାଙ୍ଗରେ ଘର କଲଣି, କହିଲ ?

ଶାନ୍ତି : ସେସବୁ ଛାଡ଼। ତୁମ ମନ ଖରାପ ହେବ। ମୋର କୋଉ ଆଉ ବଳବୟସ ମାଡ଼ିଆସୁଚି ଯେ... କୁଆଡ଼େ ଗଲେ ତୁମ ଅନନ୍ତବାବୁ ?

(କଲିଂବେଲ୍ ବାଜିଲା। ପଶିଆସିଲେ ଅନନ୍ତ)

ଅନନ୍ତ : ନମସ୍କାର, ସାର୍। ନମସ୍କାର ମାଡାମ୍। ଭଲହେଲା, ଆପଣ ଦିହେଁ ଏଠି ବସିଛନ୍ତି।

ନରେନ୍ଦ୍ରବାବୁ : ଆମ ଭାଗ୍ୟ ଖରାପ- ତିନିତିନିଟା ପ୍ରସ୍ତାବ...

ଅନନ୍ତ : ବ୍ୟସ୍ତ କ'ଣ ସାର୍ ? ମୁଁ ଭାବୁଥିଲି ଝିଅ ଆମର ଟିଚର ଅଛନ୍ତି। ଅଧ୍ୟାପକ ପ୍ରସ୍ତାବଟି ଭଲ ହେଇଥାଆନ୍ତା। କାଲିକିକାଲି ସେ ଭଲ ଦରମା ପାଇବ। ତା'ବାପା ବି ଆପଣଙ୍କ ପାର୍ଟିର। ସବୁଆଡ଼କୁ ସୁବିଧା।

ଶାନ୍ତି : ସେକଥା ଛାଡ଼ନ୍ତୁ। ଅନ୍ୟ ପ୍ରସ୍ତାବ ଦେଖନ୍ତୁ।

ନରେନ୍ଦ୍ରବାବୁ : ଦୁନିଆଁରେ କ'ଣ ପାଠଶାଠ ପଢ଼ିଥିବା ପିଲାଙ୍କର ମରୁଡ଼ି ପଡ଼ିଛି ?

ଅନନ୍ତ : କିଏ କହିଲା, ସାର୍ ? ଆପଣ ଏରିଆ କଥା ବୁଝନ୍ତୁ। ମୁଁ ଆସନ୍ତା ତିଥି ପାଇଁ ଯେମିତି ହେଲେ ନିମନ୍ତ୍ରଣକାର୍ଡ ଛାପିବାକୁ ଅର୍ଡର ଦେବି। ସେ ଦାୟିତ୍ୱ ମୋର। (ଫୋନ୍ ବାଜିଲା। ନରେନ୍ଦ୍ରବାବୁ ଧରିଲେ)

ନରେନ୍ଦ୍ରବାବୁ : ହ୍ୟାଲୋ, ହଁ ଆଜ୍ଞା, ନମସ୍କାର। କ୍ଷମା କରନ୍ତୁ ଆଜ୍ଞା, ମୁଁ ବାହାରେ ଖାଏନି। ତା'ଛଡ଼ା... ରଖୁଛି ଆଜ୍ଞା, ନମସ୍କାର। (ଫୋନ୍ କାଟିଦେଲେ)

ଅନନ୍ତ : କିଏ କି ସାର୍ ?

ନରେନ୍ଦ୍ରବାବୁ : ସେ ନୂଆ ବିଲ୍ଡର୍ ବାଘସିଂହ।

ଅନନ୍ତ : ଏମିତି ସିଧା ମନା କରିଦେଲେ ? ଟିକେ ଭାବିଥାଆନ୍ତେ ସାର୍ !

ନରେନ୍ଦ୍ରବାବୁ : ନା, କାଲି ସକାଳୁ ଖବରକାଗଜରେ ବାହାରିବ। ଇରେ ବାବା, (ପୁଣି ଫୋନ୍ ବାଜିଲା, ନରେନ୍ଦ୍ରବାବୁ ଉଠାଇଲେ) ହ୍ୟାଲୋ, କିଏ ? ଲୋକାଲ୍ କରେସ୍‌ପଣ୍ଡେଣ୍ଟ ? କହନ୍ତୁ। ମୁଁ.. ନା, ମିଛକଥା। ଏସବୁ କେବଳ ଚାଲ୍- ମତେ ବଦନାମ୍ କରିବାକୁ। ମୁଁ ବି ଦେଖିବି। (ଫୋନ୍ ରଖିଦେଲେ)

ଅନନ୍ତ : କହୁଛି, ଗୋଟେ ମୋବାଇଲ୍ ରଖନ୍ତୁ। ଏବେ ସେ ଲୋକର ନମ୍ବର ଖୋଜି କାଢ଼ି ଥାଆନ୍ତେ ନିମିଷକେ। ଆପଣଙ୍କର ଏକାନାଇଁ, କାହାର ଏବେ ମୋବାଇଲ୍ ନାଇଁ କହିଲେ ଆଜ୍ଞା ?

ଶାନ୍ତି : କ'ଣ ହେଲା ? କାହିଁକି ବ୍ୟସ୍ତ ହେଉଛ ?

ନରେନ୍ଦ୍ରବାବୁ : ମୁଁ କାଳେ ସେ ନୂଆ ବିଲ୍‌ଡରଠାରୁ ପାଞ୍ଚଲକ୍ଷ ଟଙ୍କା ନେଇଚି। ଏ ଖବର କାଲି ନିଉଜ୍‌ପେପର୍‌ରେ ବାହାରିବ।

ଅନନ୍ତ : ଆଜ୍ଞା, ଏମାନେ ସଜମାଛରେ ପୋକ ପକେଇଦେବେ। ଆପଣ ତ ସେଦିନ ସେ ପଠେଇଥିବା ଚାଉଳବସ୍ତା ଫେରେଇ ଦେଇଥିଲେ। ଏଇତ ସିଧା ମନା କରିଦେଲେ, ତାଙ୍କ ଘରକୁ ଖାଇବାକୁ ଯିବେନି ବୋଲି। ଏସବୁ ସେଇ ବିଲ୍‌ଡର୍‌ର ଚାଲ୍।

ନରେନ୍ଦ୍ରବାବୁ : ସେମାନେ ଜାଣନ୍ତିନି କାହା ବିଷୟରେ କଥା କହୁଛନ୍ତି। ଏ ମନ୍ତ୍ରୀପଦ ତ ଘରେ ନ ପଶୁଣୁ ଚାଳବାଜିବା ଭଳି କଥା ହେଲା।

ଅନନ୍ତ : ଆପଣ ପୁଣିଥରେ ସେଇ ନମ୍ବରକୁ କଲ୍ କରିଥାଆନ୍ତେ ସିନା।

ନରେନ୍ଦ୍ରବାବୁ : ଏ ଚଉକିର ମୋହ ମୋର ନାହିଁ। ଖାଲି ଲୋକଲଜ୍ଜା, ଛିଃ।

ଶାନ୍ତି : କାଲି ରାତି ନ ପାହୁଣୁ ଆମ ଘରକୁ ଯେଉଁ ଶହଶହ ଫୋନ୍ ଆସିବ, ତାଙ୍କୁ ମୁଁ କି ଉତ୍ତର ଦେବି ? ହେ ଭଗବାନ !

ଅନନ୍ତ : ଆଜ୍ଞା, ଏ ରାଜନୀତି ଗୋଟିଏ ଏମିତି ଚକ୍ରବ୍ୟୂହ, ସେଠି ପଶିବା ସହଜ ଆଉ ବାହାରିବା ମୁସ୍କିଲ୍। ମାଡାମ୍, କହିବେ ଯଦି, ଫୋନ୍ ଆଟେଣ୍ଡ୍ କରିବାକୁ ଗୋଟାଏ ଲୋକ ପଠାଇଦେବି। ସବୁ କଲ୍ ସିଏ ହିଁ ରିସିଭ୍ କରିବ। (ଆସିଲା ମୁନୁ)

ମୁନୁ : ବାବା, ମୁଁ କାଲି ସାଙ୍ଗମାନଙ୍କୁ ଧରି ପିକ୍‌ନିକ୍ ଯିବି, ଚିଲିକା। ଗୋଟେ କ୍ୱାଲିସ୍ ନେବି ଦି'ଦିନ ଲାଗି।

ନରେନ୍ଦ୍ରବାବୁ : ହୁଁ। (ଚାଲିଗଲେ)

ମୁନୁ : ଆଚ୍ଛା, ମା। ନାନୀ ବାହାଘର କ'ଣ କୋଉଠି ଠିକ୍ ହେଲା ? କହୁନୁ, କ'ଣ କରୁଛନ୍ତି ଆମର ହୋନେୱାଲେ ଜୀଜାଜୀ !

ଶାନ୍ତି : ତୁ ତ ପିକ୍‌ନିକ୍ ଯିବା କଥା, ନାନୀ ବାହାଘର ସାଙ୍ଗରେ ତୋର କି ଦରକାର ?

ମୁନୁ : ବାବା ଫୋନ୍ ଉଠେଇଲେ ତ ବାହାଘର ଜିନିଷ ଗଦାହୋଇଯାଆନ୍ତା, ତୋ ବୁଦ୍ଧି ସେଇଠି ଅଟକିଯାଇଛି।

ଶାନ୍ତି : ସେମିତି କହନ୍ତିନି। ବାପା ମନଖରାପ କରିବେ। ଏଣେ ତ ପାତ୍ରଟିଏ ମିଳୁନି ଯେ...

ମୁନୁ : ସତରେ ମା', ତୁମର ଏ ଜୋଇଁବଛା ଝମେଲା ଦେଖି ମୁଁ ଭାବୁଛି ମୋ ମନଲାଖି ଝିଅଟିଏ ଧରିଆଣିବି। ଅନ୍ତତଃ ବାବାଙ୍କର ମୁଣ୍ଡବଥା ଦୂର ହେଇଯିବ ତ ?

ଶାନ୍ତି : ହଁ, ଝିଅଗୁଡ଼ାକ ତ କାନ୍ଦୁଛନ୍ତି ତତେ ବାହାହବାକୁ !

ମୁନୁ : ଝିଅମାନଙ୍କର କ'ଣ ଦରକାର, କହିଲୁ ? ଗୋଟେ ମଟରସାଇକେଲ୍, ପକେଟ୍‌ରେ ବେଶ୍ କିଛି ପଇସା, ନାଇଁ ତ ଏ.ଟି.ଏମ୍. କାର୍ଡ। ନିଶ୍ଚିନ୍ତ ଜୀବନ। ଯୋଉ ଝିଅ ତପସ୍ୟା କରିଥିବ, ସେ ମୋ ହାତ ଧରିବ। ଦେଖିବୁ, ଦିନେ ଝିଅଟିଏ ଆଣି ତୋ' ଆଗରେ ଠିଆକରେଇଦେବି। ଏଥର ଖୁସି ତ ?

ଶାନ୍ତି : ହଁ, ଏ ଘରେ ଯାହା ହେଉଛି, ସେସବୁ ମୋ ଖୁସିପାଇଁ।

ମୁନୁ : ସତରେ ନାନୀ ବାହାଘର କଥା କ'ଣ ହେଲା, କହିଲୁନି ତ ?

ଶାନ୍ତି : ନାଇଁରେ, କିଛି ହେଇନି। ଯାହା ହେଲେ କ'ଣ ତୁ ଜାଣିବୁନି ?

ମୁନୁ : ମୋ କହିବା କଥା ଟିକେ ମନଦେଇ ଭାବିବୁ। ଆଇ ସ୍ପିକ୍ ସିରିୟସଲି।

ଶାନ୍ତି : ଆରେ, କ'ଣ କହୁଚୁ ?

ମୁନୁ : ସମୟ ଆସୁ, ସବୁ କହିବି। ଏବେ ମୁଁ ଚାଲିଲି।

ପଞ୍ଚମ ଦୃଶ୍ୟ

(କିଛିମାସ ପରେ। ସମୟ ସକାଳ ୧୦ଟା। ନରେନ୍ଦ୍ରବାବୁଙ୍କ ଘର। ଅନନ୍ତ ଆସିଲେ। ଏକୁଟିଆ ମନମରା ହୋଇ ବସିଥିଲେ ନରେନ୍ଦ୍ରବାବୁ)

ଅନନ୍ତ : ଆଜ୍ଞା, ଆପଣ ଏ ଦି' ଚାରିଦିନ ଅଫିସ୍ ଯାଆନ୍ତୁନି।

ନରେନ୍ଦ୍ରବାବୁ : କ'ଣ କରିବି ? ଏରିଆ ଲୋକ ଫୋନ୍ ଉପରେ ଫୋନ୍ କରୁଛନ୍ତି।

ଅନନ୍ତ : ଆଜ୍ଞା ପଲିଟିକ୍ସରେ ଏସବୁ ହୁଏ। ବ୍ୟସ୍ତ କ'ଣ ? ଆହୁରି ସାଂଘାତିକ ଘଟଣା ପରା ଲୁଚିଯାଉଛି। (ଆସିଲେ ଶାନ୍ତି)

ଶାନ୍ତି : ଜାଣିଛ ଏବେ ଲ୍ୟାଣ୍ଡ୍ ଫୋନ୍‌କୁ ଗୋଟେ କଲ୍ ଆସିଲା। ମୁଁ ଉଠାଇଦେଲି। ସେପଟୁ ଗୋଟେ ଘାଘଡ଼ା କଣ୍ଠ କହିଲା, 'ତୋ ଦିନକାଳ ସରିଲା। ଗାଡ଼ି ମଡ଼େଇଦବୁ', ମୁଁ ତ ଫୋନ୍‌ଟା ଛାଡ଼ି

ଧାଇଁଚି। କି ଦରକାର ଥିଲା ଏ ରାଜନୀତିରେ ପଶିବା ? (କଣ୍ଠ ଭାରୀ ହୋଇଆସିଲା)

ନରେନ୍ଦ୍ରବାବୁ : ଇଏ ଗୋଟାଏ ଥ୍ରେଟ୍‌ନିଂ। ମୁଁ ଫୋନ୍ ଧରେ ବୋଲି ସେ ଲୋକଟା ନିଶ୍ଚେ ଜାଣିଥିବ।

ଅନନ୍ତ : ହଁ ମ। ମଣିଷ ମାରିବା କ'ଣ ସହଜ କଥା ପଡ଼ିଛି ? (କଥା ବଦଳାଇ) ଝିଅ କାହାନ୍ତି ?

ଶାନ୍ତି : ସେ ଏଇ ଦଶମିନିଟ୍ ତଳେ ବାହାରିଗଲା। କାର୍ ନବାକୁ ମନା କରିଦେଲା। ବସ୍‌ରେ ଯାଇଛି।

ନରେନ୍ଦ୍ରବାବୁ : ଓଃ !

ଅନନ୍ତ : ଭଲ ହେଲା। ବସ୍‌ରେ ରିସ୍କ କମ୍। କେତେ ବାଟ ଯେ ?

ନରେନ୍ଦ୍ରବାବୁ : ସବୁ ଦିଗରୁ ହାରାସ ହେଲିଣି। ବିଶ୍ୱାସରେ ଦସ୍ତଖତ କରି ଦେଇଥିଲି ଯେ ସେ ମୋ ବିରୁଦ୍ଧରେ ଗଲା। ଯୋଉ ବନ୍ଧୁମାନେ ପାଖରେ ଠିଆହେବେ ବୋଲି ଭାବିଥିଲି, ସେମାନେ ଆଡ଼େଇ ହେଇ ରହିଲେଣି।

ଶାନ୍ତି : ଯୋଉମାନେ ସେଦିନ ଫୁଲମାଳ ଧରି ଗହଳି କରୁଥିଲେ ?

ନରେନ୍ଦ୍ରବାବୁ : ବନ୍ଦ୍ କର ତୁମ ପରିହାସ। ଶାନ୍ତି ସତ କହିଲା, ତୁମେ ତ ମୋତେ ବେଶି ଚିହ୍ନିଚ। ମୁଁ କ'ଣ କେବେ ଦୁର୍ନୀତି କରିପାରିବି ? ତୁମେ କହିଲେ ମୁଁ ବିଶ୍ୱାସ କରିବି।

ଶାନ୍ତି : ଚାଲ, ଟିକିଏ ଶୋଇପଡ଼ିବ। ମୁଣ୍ଡ ନୁଆଁଇଦେଲେ କେତେ ତୋଫାନ ଚାଲିଯିବ। ଆସ। ସୁଭଦ୍ରା ମାଉସୀ ଖବର ଦେଇଛି, ମଉସାଙ୍କ ଦେହ ଅସୁସ୍ଥ। ତୁମେ ଟିକେ ଭଲ ହେଲେ ତାଙ୍କୁ ଦେଖିବାକୁ ଯିବା। (ଧରି ଧରି ନେଇଗଲେ)

ଅନନ୍ତ : ଓଃ କି ଝାମେଲା ? ମନ୍ତ୍ରୀ ହେଲାଦିନୁ ଏ ମଣିଷଟା ଧାଇଁ ଧାଇଁ ହରକତ ହେଇଗଲାଣି। ପାଞ୍ଚପଇସାର ଲାଭ ନାଇଁ। ଖାଲି ନ୍ୟାୟ ନୀତିର ବଡ଼ ବଡ଼ ଭାଷଣ... ସବୁ ଦୁର୍ନୀତି ଏକାବେଳକେ ମୂଳପୋଛ କରିଦେବେ। ଛିଃ ଏବେ ଭୋଗୁଥା। (ଆସିଲା ମୁନୁ)

ମୁନୁ : କ'ଣ ଏକୁଟିଆ ଗପୁଛ ଅନନ୍ତ ନାମେ ନାହିଁ ଅନ୍ତ ବାବୁ, ନମସ୍କାର। ବାବା କୁଆଡ଼େ ଗଲେ କି ?

ଅନନ୍ତ : ବାବାଙ୍କ ଦେହ ଭଲ ନାହିଁ ତ। ଆଚ୍ଛା ମୁନୁବାବୁ, ମୁଁ ଆସୁଛି - କହିଦେବ ବାବାଙ୍କୁ। (ଚାଲିଗଲେ)

ମୁନୁ : ହଁ, ଭଲ ରହିବ କେମିତି ? ମୁଁ ତ ବିରକ୍ତ ହୋଇଗଲିଣି ମୋ ସାଙ୍ଗମାନଙ୍କୁ ଜବାବ ଦେଇଦେଇ। (ଶାନ୍ତି ଆସିଲେ)

ଶାନ୍ତି : ଆରେ ମୁନୁ, ବାପାଙ୍କ ଦାୟିତ୍ୱ ଯେମିତି ତତେ ସେଟଲ୍ କରେଇବା, ତୋ ଦାୟିତ୍ୱ ସେମିତି ତୋ ବାବାଙ୍କ ସଂପର୍କରେ ସତକଥା ସମସ୍ତଙ୍କୁ ଜଣେଇବା। ହେଲା ତ ?

ମୁନୁ : ବାଃରେ ମା', ଏକାଥରକେ ହିସାବ ପକେଇଦେଲୁ ? ମୁଁ ପାରିବିନି।

ଶାନ୍ତି : ଆଉ ବାବା ସବୁ ପାରିବେ ? ତୁ ପାସ୍ ନ କରି ଚାକିରି କରିବୁ, ନ ହେଲେ...

ମୁନୁ : ଆଉ ଲମ୍ୱେଇଦେ'ନି ତୋ ତାଲିକା। ଛାଡ଼ ସେସବୁ। ତୋ' ସାଙ୍ଗରେ ମୋର କନ୍‌ଫିଡେନ୍ସିଆଲ୍ କଥା ଅଛି।

ଶାନ୍ତି : କି କନ୍‌ଫିଡେନ୍ସିଆଲ୍ କିରେ ?

ମୁନୁ : କ'ଣ ଭାବିଲୁ ମୋ ବିଷୟରେ ?

ଶାନ୍ତି : ତୋ ବିଷୟରେ ?

ମୁନୁ : ଏଇମ, ମୋ ବାହାଘର କଥା।

ଶାନ୍ତି : ଆରେ ମୁନୁ, ବାବାଙ୍କ ଅବସ୍ଥା ଦେଖୁଚୁ। ନାନୀର କେଉଁଠି ଠିକଣା ହୋଇପାରୁନି ଏ ପର୍ଯ୍ୟନ୍ତ। ତା' ସାଙ୍ଗର ଝିଅମାନେ ବାହାହେଇ ପୁଅଝିଅର ମା' ହେଲେଣି। ଆଉ ତୁ ଏମିତି କଥା ଭାବିଲୁ କେମିତି ?

ମୁନୁ : କ'ଣ ହୋଇଗଲାକି ସେଇଠୁ ! ନାନୀ ବାହା ହେବନି ବୋଲି ମୁଁ କ'ଣ ବସିଥିବି ?

ଶାନ୍ତି : ତତେ ତ ମୋଟେ ୨୨ ପୂରି ୨୩ ଚାଲିଲା। ଅପେକ୍ଷା କର ଟିକେ।

ମୁନୁ : ଆଉ ଯେତେବେଳେ ଖବରକାଗଜରେ ବାହାରିବ, ମନ୍ତ୍ରୀପୁତ୍ର ଅମୁକ ତାଙ୍କ ସହପାଠିନୀକୁ ଧରି ଫେରାର, ଆଉ ସେ ଅନ୍ୟ ସଂପ୍ରଦାୟର ହୋଇଥିବାରୁ ମନ୍ତ୍ରୀ ସେଥିରେ ଅରାଜି, ତା'ପରେ ?

ଶାନ୍ତି : ଆରେ ତୁ ଏମିତି କ'ଣ କହୁଛୁ ?

ମୁନୁ : କହିଲିଣି ତ କେତେ ଆଗରୁ। ତୁ ଏବେ କ'ଣ କଲୁ ? ତୋର ତ ଖାଲି ନାନୀ କଥା ଚିନ୍ତା। ମୁଁ ଯେମିତି କୋଉଠୁ ଉଡ଼ିଆସିଚି ?

ଶାନ୍ତି : ଆରେ ପୁଅଜନ୍ମ ହେଲାଦିନଠୁଁ ବାପା ମାଆଙ୍କ ମନରେ ଆଶା ଜନ୍ମହୁଏ। ସେ ବଡ଼ ହେବ, ପାଠ ପଢ଼ିବ, ସେମାନେ ଖୋଜି ଖୋଜି ସୁନାନାକୀ ବୋହୂ ଆଣିବେ। (କାନ୍ଦିଲେ)

ମୁନୁ : ଏଇ କାନ୍ଦକୁ ମୋର ଭାରି ଭୟ। କ'ଣ କରିଛୁ ଜୀବନଟାଯାକ କାନ୍ଦିକାନ୍ଦି, କହିଲୁ ?

ଶାନ୍ତି : (ଲୁହ ପୋଛି) ଆରେ ତୋ ବାହାଘର ପରେ ତୋ ନାନୀ ବାହାଘର କେଡ଼େ କଷ୍ଟକର ହେବ, ବୁଝିପାରୁଚୁଟି ? ଟିକେ ଅପେକ୍ଷା କର। ମୁଁ ନିଜେ ଯାଇ ତାଙ୍କ ଘରେ ପ୍ରସ୍ତାବ ପକାଇବି।

ମୁନୁ : ଆଉ ବାବା ? ସେ ଧାଇଁଥିଲେ ତାଙ୍କ ଘରେ ବନ୍ଧୁ କରିବାକୁ ?

ଶାନ୍ତି : ଆରେ କାହାଘର, ଟିକେ ହେଲେ କହ। ମୁଁ ବାବାଙ୍କ ଗୋଡ଼ହାତ ଧରି ତାଙ୍କୁ ରାଜି କରେଇବି।

ମୁନୁ : ମିଷ୍ଟର ଡି ସୁଜା। ରେଲୱେ ଅଫିସର। ହେଲା ତ ?
(ପଛରୁ ଆସି ଶୁଣୁଥିଲେ ନରେନ୍ଦ୍ରବାବୁ)

ନରେନ୍ଦ୍ରବାବୁ : ବାଃରେ ପୁଅ। ଖୁବ୍ ଭଲ ପସନ୍ଦ ତୋର। ବାଃ !

ମୁନୁ : ଓ, ତୁମେ ଶୁଣିଦେଲ ତା'ହେଲେ ! ଭଲ ହେଲା। ମୋ ନିଃଶ୍ୱାସ ବନ୍ଦ ହେଇଯାଉଚି। ତୁମେ ରାଜି ହେଲେ ଭଲ, ନ ହେଲେ...

ନରେନ୍ଦ୍ରବାବୁ : ରାଜି ନ ହୋଇ ମୋର ଗତି କାହିଁ ?

ଶାନ୍ତି : ନିଜ ଇମେଜ୍‌କୁ ଚାହିଁ। ଲୋକଙ୍କ ମୁହଁ ବନ୍ଦ କରିବାକୁ ହେଲେ ଗୋଟେ ଭୋଜି ତ ଦବାକୁ ପଡ଼ିବ।

ମୁନୁ : ଭାବି ଦେଖ। କହିଲେ ମୁଁ ଆନିକୁ ଡାକିଆଣିବି।

ନରେନ୍ଦ୍ରବାବୁ : ଆରେ ତାଙ୍କ ବାପା ମା' ? ସେମାନେ ଆମ ଘରକୁ ଆସିବେନି ପ୍ରସ୍ତାବ ନେଇ ?

ମୁନୁ : ଆମ ବାହାଘର ସରିଚି ବାବା। ତାଙ୍କ ବାପା ମା' କାହିଁକି ଏଠିକି ଆସି ଗୋଡ଼ଭାଙ୍ଗି ଠିଆହେବେ ?

ଶାନ୍ତି : ଶୁଣ୍ ବାପ, ଯାହା ହବାର ହେଇଚି। ତୋ କଥା ରହିବ। ଆମର କାର୍ତ୍ତିକ ମାସରେ ବାହାଘର ହୁଏନି। ମୁଁ ମାର୍ଗଶିର ପ୍ରଥମ ତିଥିରେ ତତେ ବାହା କରିଦେବି।

ମୁନୁ : ମୁଁ ଏତେ ସମୟ ଦେଇପାରିବିନି।

ନରେନ୍ଦ୍ରବାବୁ : ଆରେ କାହିଁକି ? ତୁ ଏତେ ତରତର ହେଉଛୁ କାହିଁକି ? ଆମେ ତ ପୁଣି ଝିଅ ଧରି ବସିଛୁ ?

ମୁନୁ : ମୁଁ ତୁମକୁ କେମିତି ବୁଝେଇବି, ବାବା ?

ଶାନ୍ତି : ଆମେ ପରା ପୁରୁଣାକାଳିଆ ଲୋକ। ଟିକେ ବୁଝେଇଦେ।

ମୁନୁ : ସେ ଅନ୍ତସତ୍ତ୍ୱା।

ନରେନ୍ଦ୍ରବାବୁ : ମୁନୁ! ମତେ ଟିକେ ଧର ଶାନ୍ତି। ମତେ ଟିକେ ଧର।

ଶାନ୍ତି : ଦେଖ, ତୁମକୁ ଧୈର୍ଯ୍ୟ ଧରିବାକୁ ପଡ଼ିବ। ଏ ଘଟଣା କେହି ଜାଣିବା ଆଗରୁ ଆମକୁ ଏ କଥାଟାକୁ ସାମାଜିକ ସ୍ୱୀକୃତି ଦେବାକୁ ହେବ। ହେଲା, ଦମ୍ଭ ଧର।

ନରେନ୍ଦ୍ରବାବୁ : ଏସବୁ କ'ଣ ହେଲା, ଶାନ୍ତି। (ଆସିଲା ମାନୁ)

ମାନୁ : ମନ ଭଲ ଲାଗିଲାନି, ମା। ରିସେସ୍ ପରେ ହାଫ୍ ଡେ ନେଇ ଚାଲିଆସିଲି।

ଶାନ୍ତି : ଭଲ କଲୁ ଝିଅ। ସମୟ ଭଲ ନାଇଁ ଏବେ।

ନରେନ୍ଦ୍ରବାବୁ : ମାନୁ, ଯା ତ ମା, ତୋ' ମା' ସାଙ୍ଗରେ ଯାଇ ମୁନୁ ବାହାଘର ପାଇଁ ଲୁଗାପଟା କିଣିଆଣିବୁ। ମୁଁ ପଇସା ଦେଉଚି ଆ। (ଭିତରକୁ ଗଲେ)

ମାନୁ : ବାବା (ମା'କୁ ଠାରିଲା)

ଶାନ୍ତି : ହଁ ମା, ଏବେ ତୋ' ଭାଇକୁ ବାହାକରିବାକୁ ପଡ଼ିବ। ଖୁବ୍ ଶୀଘ୍ର।

ମାନୁ : କେତେଥର ଭାବିଚି, କହିଦେବି। ତା' ଚାଲିଚଳଣ ମତେ ଭଲଲାଗୁନି, ଭାବିଚି ପଚାରିଦେବି, ତୋ ସ୍କୁଟର୍ ପଛରେ ବରାବର ଯା'ଆସ କରୁଥିବା ସେଇ ଝିଅଟି କିଏ ? ସାହସ ହେଇନି। ବାବା ମନ୍ତ୍ରୀ ହେଲାପରେ ଘରର ଅବସ୍ଥା ଓ ବାବାଙ୍କ ବ୍ୟସ୍ତତା ଦେଖି ପାଟି ଖୋଲିପାରିନି। ହଉ, ଯାହା ହେଲା ଭଲ ହେଲା ବୋଲି ଭାବିନେ।

ଶାନ୍ତି : ତୁ କହୁଚୁ, ଭଲ ହେଲା। ମୁଁ ବି କହୁଚି ଭଲ। ଏ ଘର ପରା ସର୍ବସାଧାରଣଙ୍କ ଲାଗି ଖୋଲା। ଏଠି କ'ଣ କିଛି ମନ୍ଦ ହୋଇପାରେ ? (ନରେନ୍ଦ୍ରବାବୁଙ୍କୁ) ଆଚ୍ଛା, ଅନନ୍ତବାବୁଙ୍କୁ ଡକାଇ କଲ୍ୟାଣମଣ୍ଡପ କି ହୋଟେଲ୍ ବୁକ୍ କରାଅ। ଆଉ ଡେରି କଲେ...

ମାନୁ : ତୁ ଖୁସି ତ ମା ? ତୋ ଘରକୁ ବୋହୂ ଆସିବ। ତୋ ହାତରୁ ଛଡ଼େଇ କାମ କରିବ। ତୋ ଗୋଡ଼ ଘଷିଦେବ। ବାବାଙ୍କର ଫେରିବା ଡେରି ହେଲେ ବାରମ୍ବାର ମୋବାଇଲ୍‌ରୁ ଫୋନ୍ କରିବ... (ବାଷ୍ପରୁଦ୍ଧ)

ଶାନ୍ତି : ଥାଉ, ତୁ ଭିତରକୁ ଗଲୁ, ଯା...

ଶେଷ ଦୃଶ୍ୟ

(ମୁହଁସଂଜବେଳ। ଘରେ ମାନୁ ଏକୁଟିଆ। ଫୋନ୍ ବାଜିଛି। ମାନୁ ଫୋନ୍ ଉଠାଇଛି)

ମାନୁ : ହ୍ୟାଲୋ, ହଁ ମୁଁ ନରେନ୍ଦ୍ରବାବୁଙ୍କ ଝିଅ କହୁଛି। କେଉଁଠି ? ଆକ୍‌ସିଡେଣ୍ଟ, ମା'ର ? ବାବାଙ୍କୁ ଜଣାଇଲେଣି। ହଁ ହଁ, କହିଦେବି। (ଫୋନ୍ ରଖିଲା) (ପୁଣି ଲଗାଇ) ବାବା, ଚଞ୍ଚଳ ଆସ। ମା'ର... ଓ ତୁମେ ଖବର ପାଇଲଣି ତା'ହେଲେ ? ହଉ, ମୁଁ ପହଞ୍ଚୁଛି। କୋଉ ହସ୍‌ପିଟାଲ୍ ? ଆଚ୍ଛା। ମୁଁ ଏବେ କ'ଣ କରିବି ? ହେ ଭଗବାନ !

(ଅଧଘଣ୍ଟାଏ ପରେ) ହସ୍ପିଟାଲ୍ ଲାଉଞ୍ଜ୍। ବସିଥିଲେ ପୁଲିସ୍ ସବ୍‌ଇନ୍ସପେକ୍ଟର ଆଉ ନରେନ୍ଦ୍ରବାବୁ। ମାନୁ ଓ ମୁନୁ ଏପାଖସେପାଖ ହେଉଥିଲେ।

ପୁଲିସ୍ ଇନ୍ସପେକ୍ଟର: ଆପଣଙ୍କ ଗାଡ଼ିଟାରେ ଖୁବ ଜୋର୍‌ରେ ମାଡ଼ ହୋଇଛି। ସତେଯେମିତି କିଏ ଇଚ୍ଛା କରି ଏ ଆକ୍‌ସିଡେଣ୍ଟ୍ କରିଛି। ମୁଁ ତ ଗାଡ଼ି ଦେଖି ଆଗ ଚିହ୍ନିପକେଇଲି ଆଉ ମାଡାମ୍‌ଙ୍କୁ ଏଇ ହସ୍ପିଟାଲ୍‌କୁ ନେଇଆସିଲି ସାଙ୍ଗେସାଙ୍ଗେ।

(ଆସିଲେ ଡାକ୍ତରବାବୁ ଓ ଅନନ୍ତବାବୁ)

ଡାକ୍ତରବାବୁ : ଆଜ୍ଞା, ମାଡାମ୍‌ଙ୍କୁ ଅବଜରଭେସନ୍‌ରେ ରଖିବାକୁ ହେବ।

ଅନନ୍ତ : କିଛି ତ ଇଂଜୁରି ହୋଇନି। ସାର୍, ମୁଁ ଶୁଣିଆସିଲି, ଗାଡ଼ିଟା କିଏ ଜାଣିଶୁଣି ମାଡ଼ କରିଛି।

ମାନୁ : ପ୍ଲିଜ୍ ଅନନ୍ତବାବୁ। ଏବେ ମା' କଥା ବେଶି ଇମ୍ପୋଟାଣ୍ଟ। ଆପଣ ଚୁପ୍ ରହନ୍ତୁ।

ନରେନ୍ଦ୍ରବାବୁ : ମୁଁ କାହାକୁ ଛାଡ଼ିବିନି। ଏ ପୃଥିବୀରୁ କ'ଣ ନ୍ୟାୟ ଧର୍ମ ଉଠିଗଲା ?

ମାନୁ : ଆପଣ ଧୈର୍ଯ୍ୟ ଧରନ୍ତୁ, ବାବା। ମାଆର କିଛି ହେଇନି।

ମୁନୁ : (କାନ୍ଦିଲା) କୁଆଡ଼େ ଗଲୁ ମା। ବଜାର କରିବାକୁ ଆସି ଏଠି ପହଞ୍ଚିଗଲୁ। ତୁ ପରା ମୋତେ କ୍ଷମା କରିଦେଇଥିଲୁ ?

ମାନୁ : ଏଠି କାନ୍ଦକଟା ବନ୍ଦ୍ କର। ମା' ଫେରିଲେ ରାତିରେ କାର୍ଡ ଲେଖାହେବ। ଭୋଜିର ମେନୁ ଠିକ୍ ହେବ। ଆଉ ସମୟ ନାହିଁ ପରା।

ଡାକ୍ତର : ଆଜ୍ଞା, ଇଣ୍ଟରନାଲ ହାମରେଜ୍ ହେଲାଭଳି ଲାଗୁଚି। ସ୍କାନିଂ କରିବାକୁ ପଡ଼ିବ। ନ ହେଲେ କେଉଁ ସ୍ପେସିଆଲିଟି ହସ୍ପିଟାଲ୍‌ରେ ଏମ୍.ଆର୍.ଆଇ କରିବାକୁ ହେବ। ହଁ, ଏ ପ୍ୟାକେଟ୍ ଆଉ ପର୍ସ ମାଡାମ୍‌ଙ୍କ ପାଖରେ ଥିଲା, ରଖନ୍ତୁ।

ନରେନ୍ଦ୍ରବାବୁ : (ପ୍ୟାକେଟ୍ ଦେଖି ଅନ୍ୟମନସ୍କ ଭାବରେ) କିଏ ମତେ କହିବ ଖୁସି ହେବନା, ଆମର ପରା ବୋହୂ ଆସିବ ! ବାପ ମାଆ ଛାଡ଼ି ଆସିଥିବା ଝିଅଟାକୁ ନ ଆଦରିଲେ ସେ ଆମକୁ ଭଲପାଇବ କେମିତି ?

(ମୋବାଇଲ୍ ବାଜିଲା)

ନରେନ୍ଦ୍ରବାବୁ : ହ୍ୟାଲୋ, ମୋ ମିସେସ୍‌ଙ୍କର ଏଯାଏ ଚେତା ଆସିନି। ମୋର ସବୁ ମିଟିଂ କ୍ୟାନ୍‌ସେଲ୍ କରିଦିଅନ୍ତୁ। ଆପଣ ଜାଣନ୍ତି ? ଭଲ ହେଲା, ଆଉ ମୋ' ରେଜିଗ୍‌ନେସନ୍ ! ଓଃ ? ଏଇଠି ମୁଁ ଅଛି, ହସ୍ପିଟାଲରେ। ଆପଣ ଶୀଘ୍ର ଆସନ୍ତୁ ମୁଁ ଲେଖିଦେଉଛି ସାଙ୍ଗେସାଙ୍ଗେ। (ଫୋନ୍ କଟିଗଲା)

ମାନୁ : କାହାର ରେଜିଗ୍‌ନେସନ୍ ବାବା ?

ନରେନ୍ଦ୍ରବାବୁ : ରାଜନୀତି ଆମ ଲାଗି ନୁହେଁ, ମା। ତୋ' ମା' କେତେ ମନା କରିଥିଲା। ଗୋଡ଼ହାତ ଧରି ରାଣନିୟମ ପକାଇଥିଲା। ମୁଁ କ'ଣ ଶୁଣିଲି ? ମୁଁ ତ ସୁନାହରିଣ ପଛରେ ଧାଇଁଲି। ମୁଁ ରେଜିଗ୍‌ନେସନ୍ ଦେବା କଥା ଶୁଣିଲେ ତୋର ମା'ର ନିଶ୍ଚେ ସେନ୍‌ସ ଆସିଯିବ। (ଦୁଃଖରେ ହସିଲେ)

ମାନୁ : ତଥାପି ବାବା, ଆଉଥରେ ଚିନ୍ତା କରନ୍ତୁ। କାହାକୁ ପଚାରନ୍ତୁ ଟିକେ।

ନରେନ୍ଦ୍ରବାବୁ : ଆରେ, ଏ ତ ସବୁ ସ୍ୱପ୍ନ ଭଳି ଆସିଥିଲା, ଯିବ। ଆଜି ମୁଁ ଦସ୍ତଖତ ନ କଲେ କାଲିକି ପରିସ୍ଥିତି ଆହୁରି ଖରାପ ହେବ। ମୋ' ପାଇଁ ଇଏ ପିଲାଖେଳ, ମା। ଭାବିଛୁକି, ମୁଁ ହାରିଯିବି? ନା, କେବେ ନୁହେଁ।

ମୁନୁ : ମୁଁ ଦେଖେ, କିଏ କୁଆଡ଼େ ଗଲେ। ସେ ଖବର ଆଗତୁରା ପାଇ ଅନନ୍ତବାବୁ ବୋଧେ ପାର୍ ହୋଇଗଲେ କି କ'ଣ? ରାଜ୍ୟର ମନ୍ତ୍ରୀଙ୍କ ପାଇଁ ଏତିକି ଆଟେନ୍‌ସନ୍। ଆଉ ସାଧାରଣ ଲୋକ?

ନରେନ୍ଦ୍ରବାବୁ : ଆରେ କି ମନ୍ତ୍ରୀ? ସେ ଚାପ୍‌ଟର୍ ଏଣ୍ଡ। ମୁଁ ଜମା ବିବ୍ରତ ନୁହେଁ। ବରଂ ଭଲ ହେଲା, ଶୀଘ୍ର ଏ ମୁଖା ଖସିପଡ଼ିଲା।

ମୁନୁ : ମୁଁ କାଲିଠୁ ଶୁଣୁଚି ବାବା, ଦୁର୍ନୀତି ଲାଗି ତୁମକୁ କାଲେ ତଡ଼ିଦିଆଯିବ।

ନରେନ୍ଦ୍ରବାବୁ : ମତେ ତଡ଼ିବ କିଏ? ମୁଁ ତ ଦେହରୁ ଧୂଳି ଝାଡ଼ିଲାଭଳି ଝାଡ଼ିଦେବି ମନ୍ତ୍ରୀପଦ। ଆସୁଥିବେ ମୋ ଅଫିସ୍ ଆସିଷ୍ଟାଣ୍ଟ୍। ତେଣିକି ଯାହା ହେଉଛି ହେଉ। (କଥା ବଦଳାଇ) ଆରେ, ତୋ ମା'କୁ ଦେଖ୍।

ମାନୁ : ବାବା, ଆମେ ଦେଖୁଛୁ। ମାଆର ଏ ବ୍ୟାଗ୍ ପୁଲିସ୍ ଆମକୁ ଦେଲା। ତୁମେ ଏଠି ବସି ଠାକୁରଙ୍କୁ ଡାକ।

ନରେନ୍ଦ୍ରବାବୁ : (ବ୍ୟାଗ୍ ଖୋଲି) ଆରେ, ଏତେ ରସିଦ୍। ବାଜାବାଲା, ଆଡ୍‌ଭାନ୍‌ସ ନେଇଛି। ଗହଣାଦୋକାନରେ ପଇସା ଜମା କରିଛି। ଗ୍ରସରିବାଲାର ଫୋନ୍ ନମ୍ବର। ଡେକୋରୋସନ୍‌ବାଲାର ଆଡ୍‌ଭାନ୍ସ। ବାବାରେ, ଏତେ କାମ ଏକୁଟିଆ ସେ କରିଛି କେତେବେଳେ?

(ପୁଣି କାଢ଼ିଲେ ଡାଏରି କାଗଜଖଣ୍ଡେ ପଡ଼ିଗଲା। ଖୋଲି ପଢ଼ିଲେ)

ନରେନ୍ଦ୍ର ବାବୁ : (ଶାନ୍ତିର ସ୍ୱର) "ମୁଁ ଜାଣିଚି, ତୁମେ ଭିତରେ ଭିତରେ ଭାଙ୍ଗିପଡୁଚ। ତୁମ ପୂର୍ବ ଦମ୍ଭ ଆଉ ନାହିଁ। ମୁଁ କିନ୍ତୁ ନାଚାର। ମନ ହେଉଛି, ଆମର ସେ ପୁରୁଣାଦିନଗୁଡ଼ାକୁ ଫେରିଯାଆନ୍ତି। ତା' ତ ସମ୍ଭବ ନୁହେଁ। ତୁମେ ଧୈର୍ଯ୍ୟଧର। ଶିକ୍ଷକଟିଏ ଚିରକାଳ ଶିକ୍ଷକ। ତା' ମଥା ତଳକୁ ହେଲେ ପରପିଢ଼ିକୁ ଗଢ଼ିବ କିଏ? ସବୁବେଳେ ମତେ ଖୁସି ରହିବାକୁ କହୁଥିଲ। ମୁଁ ଖୁବ୍ ଖୁସି। ମନେରଖ, ମୁନୁର ଝିଅ ହେଲେ ତା' ନାଁ ଖୁସି ରଖିବା। ଭାବୁଛ କି ପୁଅ

ହେବ ନା ଝିଅ ? ନିଶ୍ଚେ ଝିଅ ହେବ, ମୁଁ ଜାଣେ। ତା' ମାର୍ଫତ୍‌ରେ ମୁଁ ମୋ ଭାଗକ ଖୁସି ବି ଭୋଗିବି। ସବୁତକ ଖୁସି।"

ନରେନ୍ଦ୍ର ବାବୁ : (ଲୁହ ପୋଛି) ମୋ' ଜୀବନର ସବୁତକ ଶାନ୍ତି ତୁମ କାନିପଣତରେ, ଶାନ୍ତି। କହିନଥାନ୍ତ, ପୁଅ ବାହାଘରରେ କାହାକୁ ନିମନ୍ତ୍ରଣ କରିବା ?

(ମାନୁ ଆସି ଶୁଣୁଥିଲା)

ମାନୁ : ବାବା, ତୁମେ ଏମିତି ଭାଙ୍ଗିପଡୁଚ, ଆମେ କ'ଣ କରିବୁ ? ମା' ନିଶ୍ଚୟ ମୋ' ଲାଗି ବରଘର ଦେଖିବାକୁ ତୁମ ସାଙ୍ଗରେ ଯିବ। ନ ହେଲେ ସତ କହୁଛି, ମୁଁ ଜମା ବାହାହେବିନି। (କାନ୍ଦିଲା)

ମୁନୁ : ବାପଝିଅ ଏଠି କ'ଣ କରୁଛ ? ଯଦି ଆଉ କୋଉ ହସ୍ପିଟାଲ୍‌କୁ ସିଫ୍‌ଟ କରିବା କଥା, ଶୀଘ୍ର କରିବାନା।

ନରେନ୍ଦ୍ରବାବୁ : ତୁମେ ସବୁ ଯାଅ। ଡକ୍ଟର ହୋତାଙ୍କୁ ମୋ ପାଖକୁ ପଠାଅ। ମୁଁ ଦେଖୁଛି। (ଗାଡ଼ି ଶବ୍ଦ) ଓଃ ଆମ୍ବୁଲାନ୍ସ ଆସିଗଲା ପରା। ଦେଖ ମାନୁ ମୁନୁ, ତୁମେ ଆମ୍ବୁଲାନ୍ସରେ ମା' ସହିତ ଚାଲିଯାଅ। କୋଉ ହସ୍ପିଟାଲ୍‌କୁ ଯିବ, ମୋତେ ଫୋନ୍ କରିଦେବ। ହେଲାତ ?

(ପୁଅଝିଅ ଚାଲିଗଲେ)

(ମନକୁମନ) ଯାଏ ଅଟୋ ଡାକେ। (ହସିଲେ, ମନ୍ତ୍ରୀଙ୍କ କାର୍ ପରା ଦୁର୍ଘଟଣାଗ୍ରସ୍ତ) ଦେଖିବ ଶାନ୍ତି, ମୁନୁ ବାହାଘରର ବାକି ସବୁ ବନ୍ଦୋବସ୍ତ ମୁଁ ଏକୁଟିଆ କରିବି। ତୁମେ ଖାଲି ବସିବ। ଦେଖିବ, ଆନି ନିଶ୍ଚୟ ଆମ ଘରକୁ ଆସିବ। ନ ହେଲେ ଏ ଘରକୁ ଖୁସି ଆସିବ କେମିତି ?

(ବ୍ୟାଗ୍ ପ୍ରଭୃତି ଧରି ପଦାକୁ ବାହାରିଗଲେ)

■

ଗାନ୍ଧି ଆସିବେନି, କିଏ କହିଲା ?

ଚରିତ୍ରସୂଚୀ:

ମଧୁବାବୁ - ବୃଦ୍ଧ (୯୫) ଫ୍ଲାସ୍ ବ୍ୟାକ୍‌ରେ ଗୃହସ୍ଥ

ବିଧୁବାବୁ - ମଧୁବାବୁଙ୍କ ସାନଭାଇ।

ବିବେକ - ମଧୁବାବୁଙ୍କ ବଡ଼ପୁଅ (୬୫)

ବୀଣା - ମଧୁବାବୁଙ୍କ ବଡ଼ବୋହୂ (୬୦)

ସତ୍ୟ - ମଧୁବାବୁଙ୍କ ପୁଅ (୩୦)

ନଟୁ - ଚାହା ଦୋକାନୀ (୧୮)

ପିନୁ - ପଡ଼ିଶାଘର ପୁଅ (୧୨)

ସାଧୁବାବୁ - ବିବେକଙ୍କ ପଡ଼ୋଶୀ (୬୦)

ପ୍ରସ୍ତାବନା

(ସନ୍ଧ୍ୟାବେଳ। ଲଣ୍ଡାମୁଣ୍ଡକୁ ଆଉଁଶି ଆଉଁଶି ବିବେକବାବୁ ବସିଛନ୍ତି ଏକୁଟିଆ। ଆସିଲେ ପଡ଼ୋଶୀ ସାଧୁଚରଣ।)

ସାଧୁଚରଣ : ଆଜି ଟିକେ ବସିଛନ୍ତି ଶାନ୍ତିରେ।

ବିବେକ : ହଁ ଆଜ୍ଞା। ପ୍ରାୟ ୪/୫ ବର୍ଷ ହେବ ବାପା ବିଛଣାରେ ପଡ଼ିଥିଲେ। ଅବଶ୍ୟ ବେଶି କଷ୍ଟ ଦେଇନାହାନ୍ତି କାହାକୁ। ତଥାପି ଆଲର୍ଟ ଥିଲୁ ସମସ୍ତେ। ଚାହୁଁଚାହୁଁ ଚଉଦ ଦିନ ହେଲାଣି ଘର ବାରଣ୍ଡାର ଚେୟାରଟା ଖାଲି ପଡ଼ିଛି। ଭାରି ବ୍ୟସ୍ତ ଲାଗୁଛି। ବାପା ମନେପଡୁଛନ୍ତି।

ସାଧୁ : ହଁ ବାପା ଯେତେବେଳେ! ହେଲେ ପ୍ରାୟ ନବେବର୍ଷ ବଞ୍ଚିଲେ। ପରିପୂର୍ଣ୍ଣ ପରିବାର। ଆପଣମାନଙ୍କ ଭଳି ଆଜ୍ଞାକାରୀ ପୁଅବୋହୂ- ହଁ ପଲିଟିକାଲ୍ ପେନ୍‌ସନ୍ ଥିଲା।

ବିବେକ : ବାପା ସବୁବେଳେ ଗାନ୍ଧି ମହାତ୍ମାଙ୍କ କଥା କହୁଥିଲେ। ସତେ ଯେମିତି ସେ ତାଙ୍କୁ ଦେଖିଛନ୍ତି। କଥା କହୁଛନ୍ତି। ସେ ନିଜେ ବାନର ସେନାରେ ମିଶି ଲାଠି ପାହାର ଖାଇଥିଲେ ତ!

ସାଧୁ : ତାଙ୍କ ଡେଟ୍ ଅଫ୍ ବାର୍ଥ କେବେ?

ବିବେକ : କହନ୍ତି ତ ୧୯୨୫ ଦଶହରା ବେଳେ। କିଏ ଜାଣେ? ପାଠ ଅଧାରୁ ଛାଡ଼ିଲେ। ସାର୍ଟିଫିକେଟ୍ ଜଳାଇଦେଲେ। ବିଦେଶୀ ଲୁଗା ଜଳାଇଦେଲେ, ଛାଡ଼।

ସାଧୁ : କ'ଣ କହନ୍ତି ମଉସା? ଆମେ ତ ଏଠିକି ଆସିଲାଦିନୁ ସେ ବିଛଣାରେ ରହୁଥିଲେ ପ୍ରାୟ। କେବେ କେମିତି ହସିଦିଅନ୍ତି ପାକୁଆପାଟିରେ।

ବିବେକ : ବାପା କହୁଥିଲେ ଗାନ୍ଧି ଅବତାର ପୁରୁଷ। ଯେତେବେଳେ ଦୁନିଆରେ ପାପର ଭାରା ବଢ଼ିଯିବ, ସେ ପୁଣିଥରେ ଆସିବେ। 'ରଘୁପତି ରାଘବ ରାଜାରାମ' ଥିଲା ବାପାଙ୍କର ପ୍ରିୟ ଧୁନ୍।

ସାଧୁ : ଆପଣ ଭାଗ୍ୟବାନ। କେତେବଡ଼ ପରମ୍ପରାର ଉତ୍ତରାଧିକାରୀ!

ବିବେକ : କେଉଁଠି ଗାନ୍ଧି ଛେଳି ମାଂସ ଖାଇଥିଲେ, କେବେ ହରିଶ୍ଚନ୍ଦ୍ର ଆଉ ଶ୍ରବଣକୁମାର ନାଟକ ଦେଖିଥିଲେ, କେମିତି ଲାଜକୁଳା ଥିଲେ ଏସବୁ ବହିରେ ପଢ଼ିବା ଆଗରୁ ଆମେ ବାପାଙ୍କଠୁଁ ଶୁଣିଥିଲୁ।

ସାଧୁ : ଆଉ ଏକଥା ଏବେ କିଏ କାହାକୁ କହୁଛି?

ବିବେକ : ହଁ କସ୍ତୁରବା, ଦକ୍ଷିଣ ଆଫ୍ରିକା, ବୁଅର ଯୁଦ୍ଧ, କଂଗ୍ରେସ ସବୁ କଥା- କିଏ ଜାଣିଥିଲେ ସିନା କହନ୍ତେ! ଆମେ ତ ଗାନ୍ଧିଙ୍କ ଫଟୋ କରିଦେଲୁ ତା'ପରେ ଭୁଲିଗଲୁ। କାହାଘରେ ପିଲାଟିଏ ଗାନ୍ଧି ଗୋପବନ୍ଧୁ ହୁଅନ୍ତୁ ବୋଲି ବାପା ମାଆ ଆଶା କରିଛନ୍ତି କି?

ସାଧୁ : ମୁଁ ଏବେ ଆସେ। ନିଉଜ ଶୁଣିବି ଟିକେ। ରିଟାୟାର୍ଡ ଜୀବନ ସତରେ ବଡ଼ କଷ୍ଟକର।

ବିବେକ : ମୋର ତ ଅବସର ନେବା ପାଞ୍ଚବର୍ଷ ହେଲାଣି। ଆରେଇଗଲାଣି। ଟିକେ ବସନ୍ତୁ ବୀଣା ଚାହା କରୁଥିଲା ତ !
(ବୀଣା ଆସିଲେ। ନମସ୍କାର କଲେ ସାଧୁବାବୁଙ୍କୁ ଚାହା ଦେଲେ)
(ଆସିଲା ଆରସାହିର ପିନୁ, ଧଇଁସଇଁ ହେଉଥିଲା)

ବୀଣା : ଆରେ ପିନୁ, ସନ୍ଧ୍ୟାବେଳେ କୁଆଡ଼େ ଆସିଲୁ ? ବସିଯା ଟିକେ।

ପିନୁ : ମୋ ଜେଜେମା ଏଇ ଚାବିଟା ଦେଇଛି ବିବେକ ମଉସାଙ୍କ ପାଇଁ।
(ଚାବି ପକେଟରୁ କାଢ଼ିଲା)

ବିବେକ : କି ଚାବି ?

ପିନୁ : ତୁମ ବାପା ଏଇ ଚାବିଟା ମୋ ଜେଜେମା'ଙ୍କୁ ଦେଇଥିଲେ। କହିଥିଲେ ସେ ମରିଗଲା ପରେ ଏଇଟା ତୁମକୁ ଦେବାକୁ।

ବିବେକ : ଏମିତି କଥା... ଆଜି ରାତିରେ ଦେବା ଦରକାର ନାହିଁ।

ପିନୁ : ଜେଜେମା ଦିନ ଗଣୁଥିଲା। ବାରପତ୍ର ପରେ ଆସିଥାଆନ୍ତା। ସେ ପଡ଼ିଯାଇଛି କୂଅକୂଳେ। ମତେ ସେଥିପାଇଁ ପଠାଇଲା ପରା ! ଜାଣିଛ ନା ବାବା ଜେଜେମା'ଙ୍କୁ ଏଇ ଚାବି ପାଇଁ ଗାଳି ବି ଦେଲେଣି।

ବିବେକ : କାହିଁକି ?

ପିନୁ : ବାବାଙ୍କର କହିବା କଥା, ତୁମେମାନେ ଥାଉ ଥାଉ ଚାବିଟା ସେ କାହିଁକି ରଖିଥିଲା ? ସତରେ ଜେଜେମା' ବି ବୋକୀଟା।

ବିବେକ : ହେଲା ଏବେ, ବାବାଙ୍କୁ କହିଦେବୁ ଆମେ କିଛି ଖରାପ ଭାବିନୁ।

ବୀଣା : ରହ, ଦି'ଟା ବିସ୍କୁଟ ଖାଇଦେଇ ଯିବୁ।

ପିନୁ : ନାଇଁ ମୁଁ ଯାଉଛି। ଜେଜେମା ଅପେକ୍ଷା କରିଥିବ। (ଚାଲିଗଲା)

ବୀଣା : ବାପାଙ୍କ ଖଟତଳେ ଯୋଉ ବାକ୍ସଟା ଅଛି ଇଏ ବୋଧେ ତାର ଚାବି।

ବିବେକ : ବାପା କ'ଣ ଲୁଚେଇ ରଖିଥିବେ ସେ ବାକ୍ସ ଭିତରେ କେଜାଣି।

ସାଧୁ : ଆରେ ବାବୁ, ଖୋଲି ଦେଖୁନାହାନ୍ତି- ତାଙ୍କ ଭଳି ସଂଗ୍ରାମୀ ମଣିଷ କି ସଂପତ୍ତି ରଖିଥିଲେ ଦେଖିବା ଆମେ ସମସ୍ତେ। (ଆସିଲେ ସତ୍ୟ। ବିବେକବାବୁଙ୍କ ଇଞ୍ଜିନିୟର ପୁଅ। ନମସ୍କାର କଲେ ସାଧୁଙ୍କୁ)

ସତ୍ୟ : ଦିଅ ବାବା। ମୁଁ ଖୋଲେ। ମୋ ଭାଗ୍ୟ ମୁଁ ଜେଜେଙ୍କ କାମକୁ ଆସି ରହିଯାଇଛି ପନ୍ଦରଦିନ। ଦେଖିବା... (ଖୋଲିଲେ- ଖଣ୍ଡେ ପୁରୁଣା ଡାଏରୀ ୧୯୬୦ ମସିହାର) ଡାଏରୀ ଦେଖୁଦେଖୁ ଦୃଶ୍ୟ ଶେଷ।

ପ୍ରଥମ ଦୃଶ୍ୟ

(ପରଦିନ ପ୍ରାୟ ୧୨ଟା ବେଳ।
ରନ୍ଧାବଢ଼ା ସାରି ବୀଣାଦେବୀ ଆସି ଡାକିଲେ ବିବେକବାବୁଙ୍କୁ।)

ବିବେକ : ଆଚ୍ଛା, ସେ ଡାଏରୀଟା ଆଣିଲ ପଢ଼ିବା।

ବୀଣା : କାଲି ରାତିରେ ଟିକେ ଓଲଟାଇଥିଲି ଯେ କ'ଣ ଏଠି ସେଠି ହୋଇ ୮/୧୦ ପୃଷ୍ଠା ଲେଖା ହୋଇଛି। ସେଗୁଡ଼ା ହଳଦିଆ ହୋଇଗଲାଣି। ଧରୁଧରୁ ପୃଷ୍ଠା ଚିରିଯାଉଛି।

ବିବେକ : (ମତେ ଦିଅ) (ପଢ଼ା ଆରମ୍ଭ କଲେ) (ଫ୍ଲାସ୍‌ବ୍ୟାକ୍ ମଧୁବାବୁଙ୍କର ସ୍ୱର)

ଏବେ ୧୯୬୦ ମସିହା। ମୁଁ ୩୫ ବର୍ଷରେ ଚାକିରି ଆରମ୍ଭ କଲି। ତା' ପୁଣି ଜଣେ ବ୍ୟବସାୟୀଙ୍କ ହିସାବପତ୍ର ଲେଖିବା କାମ। ଅଧାପାଠୁଆ ମୁଁ। କିଏ ବା ଚାକିରି ଦେଇଥାଆନ୍ତା! ଜମିବାଡ଼ି ଥିଲା। ଭାଗ ଲାଗି କୌଣସିମତେ ଚଳୁଥିଲୁ। କ୍ରମେ ଘରେ ଲୋକ ବଢ଼ିଲେ। ପିଲାଛୁଆ ବଢ଼ିଲେ। ନିଅଣ୍ଟ ହେଲା। ମୋଠୁ ଦଶବର୍ଷ ସାନ ମୋ ସାନଭାଇ ବିଧୁ ଆଗରୁ ହାଇସ୍କୁଲ୍‌ରେ ଶିକ୍ଷକତା କରୁଥାଏ।

(ଫ୍ଲାସ୍ ବ୍ୟାକ୍) -

ସନ୍ଧ୍ୟାରେ ଆସିଲେ ବିଧୁବାବୁ।

ବିଧୁ : ଭାଇ ଭାଇ କୁଆଡ଼େ ଗଲ କି?

ମଧୁବାବୁ : ଆରେ ବିଧୁ ତୁ ଭିତରକୁ ଆସୁନୁ, ସତ୍ୟକୁ ଗୋଟେ ଗଣିତ ବୁଝାଉଥିଲି।

ବିଧୁ : ନାଇଁ ଭାଇ। ଆଜି ଯାହା ହେଲେ ଗୋଟେ ସମାଧାନ କର। (ଆସିଲେ ସାବିତ୍ରୀ)

ସାବିତ୍ରୀ : କି ସମାଧାନ ବିଧୁ?

ବିଧୁ : ମୋର ଟିକେ ଶାନ୍ତି ଦରକାର। (ଆସିଲେ ମଧୁବାବୁ)

ମଧୁ : କିଏ ତତେ ଅଶାନ୍ତି କରୁଛି କହିଲୁ ?

ବିଧୁ : ଏଇ ତୁମ ଭାଇବୋହୂ ସରଳା। ଖାଲି କହୁଛି ତା'ର ତିନିଟା ଝିଅ ଆଉ ମୋର ଛୋଟ ଚାକିରି। ମୁଁ ଭାରି କଷ୍ଟରେ ଅଛି ଭାଇ।

ମଧୁ : ଏଇ କଥା। ଝିଅପୁଅ ଭଗବାନଙ୍କ ଆଶୀର୍ବାଦ। ଆଉ ମୋ ଭାଇ...

ବିଧୁ : ହଁ, ତୁମର ତ ବିବେକ ଅଛି ନା, ପରକୁ କହିଲାବେଳେ ବହୁତ ବଡ଼ ବଡ଼ ଆଦର୍ଶର କଥା କୁହାଯାଏ ଆଉ ନିଜବେଳକୁ ?

ସାବିତ୍ରୀ : ଆରେ ବିଧୁ, ରାଗୁଛ କାହିଁକି ? ତୁମେ କ'ଣ ଆମର ପର ? ଆଉ ସରଳା ତ ଆମର ଭଲ ଘରଣୀ। ସିଏ ତୁମକୁ କହିବନି ତ କହିବ କିଏ ?

ବିଧୁ : ନାଇଁ ଭାଉଜ, ସେ କହୁଛି ଜମି ଭାଗ ହେବ। ସେ ଜାଣିବା ଦରକାର ପୈତୃକ ସମ୍ପତ୍ତିରୁ ତା' ପିଲାଙ୍କ ଭାଗ କେତେ ?

ମଧୁ : ଏଇକଥା। ତୁ ତ ଜାଣିଛୁ ଆମ ବାପା ଭାରି ବଦଖର୍ଚ୍ଚୀ ଥିଲେ। ତିନି ତିନିଟା ଝିଅଙ୍କୁ ଜାକଜମକରେ ବାହାକରି ଜମିବାଡ଼ି ଅଧାରୁ ବେଶି ବିକି ଦେଇଥିଲେ। ଶେଷ ଦି'ମାଣରେ ମୁଁ କୌଣସିମତେ ଆଉ ଅଢ଼େଇ ମାଣ ମିଶେଇଛି। ବର୍ଷକ ଚାଉଳ କିଣିବାକୁ ପଡୁନି। ଏବେ ପୁଣି ଆସିଲାଣି ସାନପୁଅ ବିମଳ। ଚାହୁଁ ଚାହୁଁ ୧୨ ବର୍ଷ ହେଲା।

ବିଧୁ : ମୁଁ ଜାଣିଛି ଭାଇ, ସରଳା ସେକଥା ବୁଝିବାକୁ ପ୍ରସ୍ତୁତ ନୁହେଁ।

ସାବିତ୍ରୀ : ତେବେ କ'ଣ ଏ ଘରକୁ ମଧ୍ୟସ୍ଥି ଆସି ଜମିବାଣ୍ଟ କରିବେ ? ଭାରି ଅପମାନିଆ କଥା ହେବ ବିଧୁ, ତୁମେ ଟିକେ ଭାବ। ସରଳାକୁ ବୁଝାଅ।

ବିଧୁ : ମୋ ମୁଣ୍ଡ କାମକରୁନି ଭାଉଜ। ମୁଁ ଜାଣିପାରୁନି କ'ଣ କରିବି ?

ମଧୁ : ଆରେ ଇଏ ଗୋଟାଏ କଥା। ଛୁଞ୍ଚିରେ ଛିଣ୍ଡିବା କଥାକୁ କୁରାଢ଼ି କଟୁରି ଲଗାଇବା କାହିଁକି। ମୁଁ କହୁଛି ଏ ଜମିବାଡ଼ି ଏ ଘର ପୋଖରୀ ଗଛ ସବୁ ତୋର ହେଲା।

ବିଧୁ : ଭାଇ !

ସାବିତ୍ରୀ : ଆଉଥରେ ଭାବ ସତ୍ୟବାପା, ଆମେ କ'ଣ ରାସ୍ତାରେ ଠିଆ ହେବା ?

ମଧୁ : ଭାବି ସାରିଛି। କେହି ଜାଣିବେନି ଆମେ କାଲି ପଅରଦିନ ଏ ଘର ଛାଡ଼ି ଚାଲିଯିବା।

ସାବିତ୍ରୀ : କୋଉଠି ରହିବା ? ବିବେକର ଏ ବର୍ଷ ମାଟ୍ରିକ ପରୀକ୍ଷା ପରା ! ସାନଟା ଅବା ପଢ଼ିବ ଯେଉଁଠି।

ମଧୁ : ସେ ହଷ୍ଟେଲରେ ରହିବ। ସେ ବ୍ୟବସ୍ଥା ମୁଁ କରିବି।

ସାବିତ୍ରୀ : ଏମିତି କ'ଣ କିଏ ପୈତୃକ ସମ୍ପତ୍ତି ଛାଡ଼ିଦିଏ ?

ମଧୁ : ନାଇଁ, ଆଉ କ'ଣ ବିନା ଯୁଦ୍ଧ ଦେବିନାହିଁ ସୂଚ୍ୟଗ୍ର ମେଦିନୀ କହିବି, ମୋଠୁ ଦଶବର୍ଷ ସାନ ଏଇ ବିଧୁକୁ। ଯା ବିଧୁ, ସାନବୋହୂଙ୍କୁ କହିବୁ ମୋ କଥା ଅନ୍ୟଥା ହେବନି। ଓକିଲ ଡାକି କାଗଜପତ୍ର କରେଇନେ।

(ଫ୍ଲାସ୍ ବ୍ୟାକ୍ ଶେଷ)

ମଧୁ : ବିଧୁ ଚାଲିଗଲା। ଆମେ ବି ଦି'ପୁଅଙ୍କୁ ଧରି ଘରୁ ବାହାରି ଆସିଲୁ। ହେଲେ ସାବିତ୍ରୀ ମୋତେ କ୍ଷମା କରିପାରି ନଥିଲା। ଭାବୁଥିଲି ଗାନ୍ଧି ଏତେବେଳେ ହେଲେ ଆସି ନଥାନ୍ତେ। ଅନ୍ତତଃ ସାବିତ୍ରୀ ବୁଝିଥାଆନ୍ତା, ମୋ ଆଦର୍ଶ। ନା ସେ ମୁଁ ବାସ୍ତବ ଓ ଆଦର୍ଶକୁ ଧରି ଯୁଦ୍ଧ କରୁଥିଲି ପ୍ରତି ମୁହୂର୍ତ୍ତରେ। ସେ କାନ୍ଦୁଥିଲା, ମୁଁ ସୂତା କାଟୁଥିଲି ଅରଟ ଧରି। ତା' ବି ବେଶିଦିନ ଚାଲିଲାନି। ଆମେ ଯେଉଁଠି ରହୁଥିଲୁ ସେ ପାଖରେ ଗୋଟେ ଚାହା ଦୋକାନରେ ମୁଁ ସକାଳେ ସନ୍ଧ୍ୟାରେ ବସୁଥିଲି। ଖବରକାଗଜ କଥା ପଢୁଥିଲା। ମୁଁ ମୋ ଭାଇ ପାଇଁ ଘର ଜମିବାଡ଼ି ଛାଡ଼ି ଦେଇଛି। ଏକଥା ଯିଏ ଶୁଣୁଥିଲା ସିଏ ମତେ ଧନ୍ୟଧନ୍ୟ କହୁଥିଲା। ସତକଥା ପ୍ରଶଂସା ଶୁଣିଲେ ପରା ପଶୁପକ୍ଷୀ ବଶ ହୁଅନ୍ତି।

(ଫ୍ଲାସ୍ ବ୍ୟାକ୍ ଶେଷ)

ବିବେକ : ଆଜି ଏତିକି ଥାଉ, ବୋଉ ବି ତ ଗଲାଣି କୋଉକାଳୁ। ବାପାଙ୍କୁ ସେ ତ ବୁଝିନଥିଲା। ଆମେ ଅବା ବୁଝନ୍ତୁ କେମିତି ? ମୁଁ ବି କଳିଷଠା, ପାରି ହୋଇଗଲିଣି।

ଦ୍ୱିତୀୟ ଦୃଶ୍ୟ

(ପ୍ରାୟ ଦୁଇଦିନ ପରେ। ସତ୍ୟ ଡାଏରୀ ଧରି ଆସିଲା। ବିବେକ ଓ ବୀଣାଙ୍କୁ ଡାକିଲା। ଆସି ପହଞ୍ଚିଲେ ସାଧୁବାବୁ। ସମୟ ଅପରାହ୍ଣ।)

ସାଧୁବାବୁ : ମୁଁ ଟିକେ ଏ ପାରିବାରିକ ସଭାରେ ଉପସ୍ଥିତ ରହିପାରିବି କି ?

ବିବେକ : ଆସନ୍ତୁ ଆଜ୍ଞା, ଏ ତ ଆମର ଭାଗ୍ୟ। (ସତ୍ୟକୁ) ତୁ ପଢ଼ିପାରିବୁ ତ ?

ସତ୍ୟ : ଆରମ୍ଭ କଲା (୧୯୫୫ରେ ବଡ଼ପୁଅ ବିବେକ ଆସିଥିଲା ପରିବାରକୁ। ପୁଣି ୧୯୫୯ରେ ବିମଳର ଜନ୍ମ। ଖୁବ୍ ଭଲ ପଢୁଥିଲା ସିଏ। ତା' ଲାଗି ବି ମୋର ଗର୍ବ ଥିଲା ଟିକେ। ପୁଅ ଯଦି ଯୋଗ୍ୟ ହେବ ଧନ କାହିଁକି ସଞ୍ଚୁ। ପୁଅ ଯଦି ଅଯୋଗ୍ୟ ହେବ ଧନ କାହିଁପାଇଁ ସଞ୍ଚୁ। ଠିକ୍ କଥା, ଏବେ ତ ମୋର ଆରାମ କରିବାର ଦିନ ଆସିଗଲା। ସେ ୨୪ ବର୍ଷରେ ଇଂଜିନିୟର ହେଲା। ଭଲ କଲେଜରୁ ବେଶ୍ ଭଲ ନମ୍ବର ରଖି ପାସ୍ କଲା। ୧୯୮୫ରେ ଚାକିରି ଆରମ୍ଭ କଲା। ୮୭ରେ ପସନ୍ଦ କରି ବାହା ହେଲା। ମୁଁ ବି ଖୁସି ହେଲି, ଭାବିଲି ବୋହୂକୁ କହିବି କସ୍ତୁରବାଙ୍କ ତ୍ୟାଗ କଥା। ଗାନ୍ଧି ପରିବାର କଥା। ହେଲେ, ତା'ର ବେଳ ନଥିଲା। ଛାଡ଼। ୧୯୯୫ - ତାରିଖ ଦେଇନି ଜାଣିଜାଣି। ହଠାତ୍ ଖବର ଆସିଲା ଯେ ଲାଞ୍ଚ ନେଇ ଆମ ବିମଳ ଧରାପଡ଼ିଛି। ମତେ ତ ଆଗରୁ ତା' ଚାଲିଚଳଣି ଅବାଗ ଲାଗୁଥିଲା। ହଁ ଆମ ବିବେକ କେତେଦିନ ମୋତେ ଖବରକାଗଜ ଲୁଚେଇଲା। ଟି.ଭି. ଲଗେଇଲାନି। ଆଉ ମୁଁ...

(ଫ୍ଲାସ୍ ବ୍ୟାକ୍) (ଆସିଲା ଚାହାଦୋକାନୀ ନଟୁ)

ନଟୁ : ମଉସା, ଆପଣଙ୍କ ଦେହ ଭଲ ଅଛି ତ ?

ମଧୁ : ହଁ ବୟସ ହେଲାରେ ବାବୁ।

ନଟୁ : ନାଇଁ ଯେ ଆଉ କାହିଁକି ଆମ ଦୋକାନ ଆଡ଼େ ଯାଉନାହାନ୍ତି।

ମଧୁ : ହାଲିଆ ଲାଗୁଛି ଭାରି।

ନଟୁ : ଜାଣିଲେ ମଉସା, ସବୁଦିନେ ଆପଣଙ୍କ ସାଙ୍ଗମାନେ ପରା ଆପଣଙ୍କ କଥା ପକାଇ ହସୁଛନ୍ତି।

ମଧୁ : କାହିଁକି ?

ନଟୁ : ଯେଉଁମାନଙ୍କୁ ଗାନ୍ଧି କଥା କହୁଥିଲେ ସେମାନେ କହୁଛନ୍ତି, ନିଜ ପୁଅ ତ ଲାଞ୍ଚ ନେଇ ସସପେଣ୍ଡ ହେବ, ଖାଲି ଗାନ୍ଧି ଗାନ୍ଧି ରଟୁଥାଉ ବୁଢ଼ା।

ମଧୁ : ଏଇଆ କହୁଛନ୍ତି ?

ନଟୁ : ଖାଲି କହୁଛନ୍ତି କ'ଣ ? ଖବରକାଗଜରୁ ଖବର ପଢ଼ି ହସାହସି ହେଉଛନ୍ତି ପରା...

ମଧୁ : ତୁ ଗଲୁ ନଟୁ, ତୋ ଦୋକାନରେ ଗହଳି ହେବଣି। (ନଟୁ ଚାଲିଗଲା)
(ବସିପଡ଼ିଲେ ଦାଣ୍ଡପିଣ୍ଡାରେ)

ବିବେକ : ବାପା, ଆଜି ବି ତୁମେ ଚାହା ପିଇବାକୁ ଯିବନି ଛକକୁ...

ମଧୁବାବୁ : ନାଇଁରେ ବାବୁ, ଆଜି ନୁହେଁ କି କେବେ ନୁହେଁ।

ବିବେକ : କିଏ କ'ଣ କହିଲା ?

ମଧୁବାବୁ : ତୁ ସିନା ଘରକୁ ଖବରକାଗଜ ଆଣୁନୁ ପୁଅ, ଛକ ଚାହା ଦୋକାନରେ ଆମ ବିମଳ କଥା ପଢୁଛି ଚାରିଦିନ ହେଲା। ଆଉ ଯିବି କୁଆଡ଼େ ?

ବିବେକ : ତୁମେ କ'ଣ ତାକୁ ଶିଖାଇଛ ?

ମଧୁବାବୁ : କଥାରେ କହନ୍ତିନି ଚୋର ମା ଲାଜେ ନ କାନ୍ଦେ- ଯଦି କାନ୍ଦେ ଦୁଆର କିଳି। ତୁମ ମା' ତ ବାଟ କାଟିଛି। ଏବେ ମୁଁ କାନ୍ଦିବି ଘରେ ବସି ଏକୁଟିଆ।

ବିବେକ : କେତେ ଘଟଣା ଏମିତି ଘଟୁଛି ବାପା...

ମଧୁବାବା : ଆମ ଘରେ ତ ନୂଆ ନା। ଏଇଥପାଇଁ କ'ଣ ନାଁ ଦେଇଥିଲି ବିମଳ। ବିମଳ ଯଶ ଅର୍ଜନ କରିବ ବୋଲି। ଚଣ୍ଡାଳଟା ସବୁ ସାରିଦେଲା। (ମୁଣ୍ଡ ପୋତି ବସିଲେ)

ବିବେକ : ତୁମେ ଏମିତି ପିଲାଙ୍କ ଭଳି ହେଲେ ମୁଁ କ'ଣ କରିବି ? (ବୀଣାକୁ ଡାକିଲେ)

ବୀଣା : ବାପାଙ୍କ ଦେହ ଭଲ ଲାଗୁନି କି ?

ବିବେକ : ତାଙ୍କୁ ଘରକୁ ନିଅ ବୀଣା...

ବୀଣା : ମୁଁ କ'ଣ କମ୍ କଥା ଶୁଣୁଛି। ଆମ କଲିଗ୍‌ମାନଙ୍କଠାରୁ।

ବିବେକ : ମୋ କଥା ଅବା କାହାକୁ କହିବି ? ଟିକେ ସ୍ୱାର୍ଥପର ହୋଇ କହୁଛି । ରକ୍ଷା ହୋଇଛି ସେମାନେ ଦୂରରେ ରହୁଛନ୍ତି ।

ବୀଣା : କି ଅଭାବ ଥିଲା ସେମାନଙ୍କର...

ବିବେକ : ଅଭାବ ନୁହେଁ ବୀଣା, ମନ୍ଦ ସ୍ୱଭାବ ।

(ଫ୍ଲାସ୍‌ବ୍ୟାକ୍ ଶେଷ) (ମଧୁବାବୁଙ୍କ ସ୍ୱର)

ମୁଁ ଶୁଣୁଥିଲି ବିବେକ ଓ ବୀଣାଙ୍କ କଥାବାର୍ତ୍ତା । ନ ଶୁଣିବା ଭଳି ଅଭିନୟ କରି ଘରକୁ ଗଲି । ଶୋଇ ପଡ଼ିଲି । ନିଦ ଲାଗୁଛି କେତେବେ । ଆଖି ବୁଜିଲି ଯେ ଗାନ୍ଧିଙ୍କ ଛାଇ ଦିଶିଗଲା- ଆହା ଆଉ ଟିକେ ଦିଶନ୍ତାନି, ସତରେ କ'ଣ ସେ ଆସିବେ । ମୁଁ ଆଉ କେତେ ସରି ହେଲେ ତୁମେ ଆସିବ ବାପୁ... ଅବତାର ପୁରୁଷ ତୁମେ । ମତେ କ୍ଷମା କରିଦିଅ । ମୋ ଲାଳନପାଳନରେ କିଛି ତ୍ରୁଟି ରହିଗଲା ବୋଧେ । (ବିବେକ କାନ୍ଦୁଥିଲେ)

ସତ୍ୟ : କାନ୍ଦୁଛ ବାପା, ଆଜି ଏତିକି ଥାଉ, ତୁମେ ଧନ୍ୟ ଏଭଳି ବପାଙ୍କ ଆଶୀର୍ବାଦ ପାଇଛ ।

ସାଧୁବାବୁ : ଠିକ୍ କଥା । ପିଲାଙ୍କ ତ୍ରୁଟି ବାପା ସହିବେ ନିଶ୍ଚୟ ଆଉ ବାପାଙ୍କ ତ୍ରୁଟି ପିଲାଏ ସହିବେ କି ?

ବୀଣା : କେବେ ନୁହେଁ ।

ବିବେକ : ଜାଣିଛନ୍ତି ଆଜ୍ଞା, ମୋର ସ୍କୁଲ୍ ସାହିତ୍ୟ ବହିରେ ଗୋଟେ ପଦ୍ୟ ଥିଲା ।

କୃଷ୍ଣ ଆମର ବୁଦ୍ଧ ଆମର ଖ୍ରୀଷ୍ଟ ଆମର ବାପୁଜୀ ତୁମେ
ମୃତ୍ୟୁବିଜୟୀ ଜୀବନ ତୁମର ଅଜର ଅମର ମର୍ତ୍ତ୍ୟଭୂମେ
ଜାଗିବ ଜାଗିବ ଜାଗିବ ତୁମେ ଏବେ ଯେ ଶୋଇଛ ଆଉ ମନେପଡୁନି ।
କୃଷ୍ଣ ଆମର ବୁଦ୍ଧ ଆମର ଖ୍ରୀଷ୍ଟ ଆମର ବାପୁଜୀ ତୁମେ

– ଏଇ ଗୀତଟି ବାପା ପ୍ରାୟ ସବୁବେଳେ ଗୁଣୁଗୁଣୁ ହୋଇ ଗାଉଥିଲେ ।

ସାଧୁବାବୁ : ଯାହା ହେଉ ପିଲାଦିନ ଗୀତ ଆପଣ ମନେ ରଖିଛନ୍ତି ?

ବିବେକ : ବାପାଙ୍କଠୁଁ ଶୁଣି ଶୁଣି ମନେ ରହିଯାଇଛି । ସିଏ ଭାବୁଥିଲେ ଯେତେବେଳେ ଅନ୍ୟାୟ ପ୍ରବଳ ହେବ ସେତେବେଳେ ବାପୁଜୀ

ନିଶ୍ଚୟ ପୁନର୍ବାର ଜନ୍ମ ନେବେ। ଆମ ଠାକୁରଘରେ ଗାନ୍ଧିଙ୍କ ଛବି ଥିଲା।

ସାଧୁବାବୁ : କି ଅଟଳ ବିଶ୍ୱାସ ସତରେ !

ବୀଣା : ସେ ଫଟ ମୁଁ ଦେଖିଛି ଯେ କୁଆଡ଼େ ଗଲା କେଜାଣି। ଖୋଜିବି ବେଳ ହେଲେ।

ବିବେକ : ସେ ରଙ୍ଗଛଡ଼ା କଳାଧଳା ଫଟୋ କ'ଣ କରିଥାଆନ୍ତ ?

ବୀଣା : ଜଣକର ବିଶ୍ୱାସର ପ୍ରତିରୂପ ସେ ଫଟୋ।

ସାଧୁବାବୁ : ମୁଁ ତେବେ ଆସୁଛି। କାଲି ଦେଖା ହେବ।

ବିବେକ : ମନେ ଅଛି, ପିଲାଦିନେ ଜର ହେଉଥିଲେ ବାପା କହୁଥିଲେ ଗାନ୍ଧିଙ୍କୁ ମୁଣ୍ଡିଆ ମାରି ଔଷଧ ଖାଇଦେ। ଜର ଶୀଘ୍ର ଭଲ ହୋଇଯିବ।

ସାଧୁବାବୁ : ଧନ୍ୟ ଆପଣ। (ନମସ୍କାର କରି ଚାଲିଗଲେ)

ତୃତୀୟ ଦୃଶ୍ୟ

(ପରଦିନ ଥିଲା ରବିବାର। ସମସ୍ତେ ଦଶଟା ବେଳୁ ଆସି ପହଞ୍ଚିଗଲେ। ବିବେକବାବୁ ନିଜେ ଧରିଥିଲେ ଡାଏରୀ।)

ବିବେକ : ସତ୍ୟ ତୁ ପଢ଼ିବୁ କିରେ ?

ସତ୍ୟ : ନାଇଁ ବାପା ଜେଜେଙ୍କ ଅକ୍ଷର ଜମା ପଢ଼ିପାରୁନି ମୁଁ।

ବିବେକ : ହଁ ବୟସ ହୋଇଯାଇଥିଲା। ସେ ତ ହସ୍ତାକ୍ଷର ପାଇଁ ଏତେ ସଜାଗ ଥିଲେ ଯେ ଆମେ ସବୁଦିନ ଓଡ଼ିଆ ଇଂରାଜୀ ହସ୍ତାକ୍ଷର ନିଶ୍ଚୟ ଲେଖୁଥିଲୁ। କେବେ ମୁଁ ନ ଲେଖିଥିଲେ ବାପା ଗାଳି ଦିଅନ୍ତି। ସେଇ ସମୟରେ ବିମଳ ଲେଖିପକାଏ ଦି' ପୃଷ୍ଠା। ବାପା କିନ୍ତୁ ଜାଣିପାରନ୍ତି। ଛାଡ଼ ସେକଥା। ତୋ ମା'କୁ ଡାକିଦେ। (ଆସିଲେ ବୀଣା)

ବୀଣା : କେହି ଡାକିବା ଦରକାର ନାହିଁ। ମୁଁ ଆସିଲିଣି। (ଫ୍ଲାସ୍‌ବ୍ୟାକ୍)

ବିବେକ : (ପଢ଼ିଲେ) ସେଇ ବର୍ଷ ମୋ ପାଇଁ ଆହୁରି ଝଟକା ଥିଲା। ବିମଳର ସ୍ତ୍ରୀ ଆଠବର୍ଷର ଘରକରଣାକୁ ପଛରେ ପକାଇ ବିମଳଠାରୁ ଦୂରେଇଗଲା।

ବୀଣା : ସେକଥା ମୁଁ ଜାଣିଛି।

ବିବେକ : ଆରେ ବାପା କ'ଣ ଲେଖିଛନ୍ତି ଶୁଣ। ଆହୁରି ଲାଜ ଥିଲା ମୋ ଲାଗି। ସବୁ ଅଭିମାନ ଯାଇଥିଲା। ଶେଷରେ ମୋ ପୁଅର ଛାଡ଼ପତ୍ର ହେବା ବି ଶୁଣିଲି। ଜାଣୁଛି, ଏସବୁ ସାଧାରଣ କଥା ହେଲାଣି। ମୋ' ପାଇଁ ତ ନୂଆ। ହେ ଗାନ୍ଧି ମହାତ୍ମା, ସତେ କ'ଣ ତୁମେ ଆସିବ। ଦେଖ ତୁମେ ଯାହାସବୁ କହିଥିଲ ଆମେ ଭୁଲିଗଲୁଣି। (ଆଉ କ'ଣ ଲେଖୁଛନ୍ତି ଦିଶୁନି। କାନ୍ଦିଥିବେ କି କ'ଣ ?)

ବୀଣା : ହଁ, ମତେ ଡାକି କହିଲେ, "ଦାଣ୍ଡ ବାରଣ୍ଡାକୁ ପବନ ଆସୁଛି, ଏବେ ମୁଁ ଭିତର ବାରଣ୍ଡାରେ ଶୋଇବି। ଦିନଯାକ ଖବରକାଗଜ ପଢ଼ିବି, ଟିଭି ଦେଖିବି।" (ଫ୍ଲାସ୍ ବ୍ୟାକ୍)

ବୀଣା : ବାପା, ଆପଣଙ୍କ ସାଙ୍ଗମାନେ ଆସିବେ। ବିପିନ ମଉସା, ସିଂହବାବୁ, ଦାସକାକା। ଏମାନେ ଘର ଭିତରେ ବସିଲେ ସମସ୍ତଙ୍କୁ ଅସୁବିଧା। ଆପଣ ସନ୍ଧ୍ୟାରେ ଘର ଭିତରକୁ ଯାଆନ୍ତେ ଯଦି ଭଲ ହୁଅନ୍ତା। ବାପା, ଆପଣ ରାଗିଲେ କି ଏମିତି କହୁଛି ବୋଲି।

ମଧୁବାବୁ : ଆରେ ମା' ରାଗିବି କାହିଁକି ? ତୁ ତ ଭଲ କଥା କହିଲୁ। ହଁ ଶୁଣ୍, ଯଦି ମୋ ସାଙ୍ଗମାନେ ମତେ ଖୋଜିବେ ତୁ ତାଙ୍କୁ ଦାଣ୍ଡରୁ ବିଦା କରିଦେବୁ। ଘର ଭିତରକୁ ଡାକିବୁନି, ହେଲା।

ବୀଣା : ଆପଣ ରାଗିଛନ୍ତି ବାପା... ନ ହେଲେ...

ମଧୁବାବୁ : ଆରେ ଝିଅ, ଏବେ ତ ଖାଲି ମୋ ପୁଅବୋହୂଙ୍କ ଛାଡ଼ପତ୍ର ଖବର ଗପ ଚାଲିଥିବ। ବହି ଜମୁଥିବ, ଆଉ ମୁଁ ସେଥିରେ କି କଥା କହିବି ?

ବୀଣା : ଏସବୁ ଏବେ ଦେହସୁହା ହେଲାଣି ବାପା।

ମଧୁବାବୁ : ସବୁ ବୁଝୁଛି ମା', କିନ୍ତୁ ମୋର ଏବେ ଅଜ୍ଞାତବାସ ବେଳ ଆସିଗଲା। ଆଉ ପଦାକୁ ବାହାରିବା ଠିକ୍ ହେବନି। ତା'ପରେ ବୟସ...

ବୀଣା : ବୟସ କଥା କୁହନ୍ତୁନି ବାପା। ଆପଣ ଜାଣି ଜାଣି ନିଜକୁ ନିଃସଙ୍ଗ କରିଦେଉଛନ୍ତି। ଏଗୁଡ଼ା ଭଲ କଥା ନୁହେଁ। (ଆସିଲେ ବିବେକବାବୁ)

ବିବେକ : କ'ଣ ଭଲ କଥା ନୁହେଁ?

ବୀଣା : ବାପା ଆଉ ପଦାକୁ ଯିବେନି। ଏଇଠି ଘର ଭିତରେ ରହିବେ। ତାଙ୍କୁ କିଏ ବିମଳ କଥା କହିଲେ ସେ କଷ୍ଟ ପାଇବେ।

ବିବେକ : ହଉ। ସତ୍ୟ ଆସୁ। ବାପା ତା' ସାଙ୍ଗରେ ଗପି ସମୟ ବିତାଇବେ। ଆମେ ତ ସକାଳେ ସନ୍ଧ୍ୟାରେ ଅଛେ। ବାପା ଯାହା ତାଙ୍କୁ ଭଲ ଲାଗୁଛି କରନ୍ତୁ। (ଚାଲିଗଲା)

(ଫ୍ଲାସ୍ ବ୍ୟାକ୍)

ବିବେକ : (ପଢ଼ିଲା) ମୁଁ ପୁଣି ଲେଖୁଛି, ଆଜି ହାତ ଚାଲୁନି। ମନ କିନ୍ତୁ ଧାଉଁଛି। ହେ ଗାନ୍ଧି ମହାତ୍ମା! ଆଉ କେତେ ଦୁଃଖ ଦୁର୍ବିପାକ ଦେଖିଲେ ତୁମେ ଆସିବ। ଆଉ କାହିଁକି ଆସ୍ଥା ରହୁନି। ସବୁଥିରୁ ଆଗ୍ରହ ମରିଗଲାଣି, ତଥାପି ତ ବଞ୍ଚିଛି।

ସତ୍ୟ : ଆଉ କିଛି ନାହିଁ ଏ ପୃଷ୍ଠାରେ?

ବୀଣା : ଯେତିକି ପଢ଼ିଲୁ ସେତିକି ଢେର୍ ବାବୁ। ବାପାଙ୍କ ମନରେ କେତେ କଷ୍ଟ ଥିଲା ଭାବିଲୁ। ଦିନେ ହେଲେ ତୁଣ୍ଡ ଖୋଲି କହିଥାଆନ୍ତେ!

ସତ୍ୟ : ସେ ବାକ୍ସ ଦେଖିଲ ବୋଉ। ଆଉ କ'ଣ ଥିବ କି?

ବୀଣା : (ବାକ୍ସ ଖୋଲିଲେ) ଆରେ ଇଏ ତ ଭାରତର ମ୍ୟାପ୍।

ବିବେକ : ଦେଖିବା, ହେଉ। ଓହୋ ଇଏ ତ ପାକିସ୍ତାନ ବିଭାଜନର ପୂର୍ବ ସମୟର ମ୍ୟାପ୍। ଭାରତଜନନୀଙ୍କର ଦୁଇଟି ହାତ। ପାଦ ତଳେ ଭାରତମହାସାଗର। ମଥାରେ ହୀରାର ମୁକୁଟ ହିମାଳୟ। ବିନ୍ଧ୍ୟ ତାର କଟିର ମେଖଳା... (ଆବିଷ୍ଟ ହୋଇ) ଏ ମ୍ୟାପ୍ ମୁଁ ପିଲାବେଳେ ବହୁତ ଦେଖିଛି। ଏ ବର୍ଣ୍ଣନା ବି ମୋ ବାପାଙ୍କର।

ସାଧୁ : ସତରେ ସେ ସମୟର ମଣିଷମାନେ ଦେଶକୁ ଜୀବନ୍ତ ଜନନୀ ବୋଲି ଭାବୁଥିଲେ।

ସତ୍ୟ : (ଆଉ କିଛି ଉଠାଇ ଆଣିଲା) ହେଇ ବାବା ସେ କଳାଧଳା ଫଟ। ଫାଟିଗଲାଣି। ପୋକ ଲାଗିଲେଣି, ଦେଖ।

ବିବେକ : ଥାଉ। ଏ ଡାଏରୀ ସହିତ ଏକାଠି କରି ଲାମିନେସନ କରିଦେବା। ପଢ଼ା ସରିଯାଉ।

ବୀଣା : ଭଲକଥା କହିଲ। ଏବେ ମୁଁ ଭାବୁଛି ଏଇ ସମ୍ପତ୍ତି ସାଇତି, ତାଲା ପକେଇ ବାପା ପିନୁର ଜେଜେମା'ଙ୍କୁ କାହିଁକି ଦେଇଥିଲେ?

ବିବେକ : ସେ ହୁଏତ ଚାହୁଁ ନ ଥିବେ ତାଙ୍କ ଦେହାନ୍ତ ପୂର୍ବରୁ ଏ ବାକ୍ସ ଖୋଲାହେଉ ବୋଲି।

ସାଧୁ : ଆଚ୍ଛା ବିମଳ ଓ ତା'ର ପୁଅ ଏବେ କେଉଁଠି? ଏତେବେଳେ ଏମିତି ପଚାରିବା ଠିକ୍ ହୋଇନି ବୋଧେ?

ବିବେକ : ଆଉ ଠିକ୍ ଭୁଲ କ'ଣ ଆଜ୍ଞା, ବିମଳ ତ ପୁଣି ଚାକିରିରେ ଜଏନ କଲାଣି କେବେଠୁ। ଆଉ ପୁଅକୁ କେଉଁ ରେସିଡେନ୍‌ସିଆଲ୍ କଲେଜରେ ପଢ଼ାଉଛି। ଆଉ କିଛି ଲାଟେଷ୍ଟ ଖବର ମୋ ପାଖରେ ନାହିଁ।

ଚତୁର୍ଥ ଦୃଶ୍ୟ

(ସେଇ ଘର। ଭିତର ବାରଣ୍ଡାରେ ଶାୟିତ ମଧୁବାବୁ। ଔଷଧପତ୍ର ଗହଳି।)

ମଧୁ : ଆରେ ବିବେକ? ଟିକେ ଧରିଲୁ ବାପ... ମୁଁ ବସିବି। (ବସିଲେ) ହଁ ସେ ବାକ୍ସଟା, ଯୋଉଟା ଖଟତଳେ ଅଛି ସେଇଟା ଆଣି ମତେ ଦେ।

ବିବେକ : ବାପା କ'ଣ କରିବ ବାକ୍ସ? ଅଣ୍ଟା କାଟୁଛି ପରା। ଶୋଇପଡ଼। ସତ୍ୟ ଆସିଲେ ଖବରକାଗଜ ପଢ଼ିଦେବ।

ମଧୁ : ନାଇଁମ ତୁ ଦେ। ମୋର ବହୁତ କାମ ବାକି ରହିଲାଣି। ରେଡିଓଟା ପାଖକୁ ଆଣେ, ନିଉଜ ଶୁଣିବି।

ବୀଣା : ମୁଁ ଆଣିଦେଉଛି ବାପା।

ମଧୁ : ଆରେ ମା', ଆମ ବିମଳ ପୁଅ ନାଁ କ'ଣ କିରେ?

ବୀଣା : ଶୋଭନ ପରା। ତା'ର ତ ଏ ବର୍ଷ ଇଞ୍ଜିନିୟରିଂ ତୃତୀୟ ବର୍ଷ ହୋଇଥିବ। କେମିତି ପଢୁଛି କେଜାଣି? କାହାକୁ ଦେଖିଲା ନା କାହା କଥା ଜାଣିଲା?

ମଧୁ : ଆରେ ଟିକେ ତା' ବାପକୁ ପଚାର, ଶୋଭନ କେମିତି ଅଛି?

ବିବେକ : ତୁମ ପୁଅ ତ ଚାକିରି ଛାଡ଼ିଲା ପଦେ ପଚାରିଲାନି। ଘର କଲା। ପ୍ରତିଷ୍ଠା କେବେ କଲା କହିଲାନି। ଏବେ ସେ କୋଟିପତି। ରକ୍ଷା ହୋଇଛି ମୁଁ ଅନ୍ତତଃ ତା'ପରି ଗ୍ରେଟ୍ ମ୍ୟାନ୍ ହୋଇନି। ଖାଇପିଇ ସାଧାରଣଭାବେ ବଞ୍ଚୁଛି।

ମଧୁ : କିଏ କହିଲା ? ଆରେ ବାପାମାଆ ସୁକୃତରୁ ପିଲାଏ ସୁଖୀ ହୁଅନ୍ତି। ଦେଖିବୁ, ସେଇ ସତ୍ୟ ତୋ ନାଁ ରଖିବ। (ଭୁଲେଇଲେ)

ବିବେକ : ସବୁ ତ ଆଣି ପାଖରେ ରଖିଲି। ପୁଣି ଶୋଇଲ କାହିଁକି ଯେ ? ଆଉ ରାତିରେ ନିଦ ହେବନି।

ମଧୁ : ତୁ ଯା, ଆଜି ହାଟ ଅଛି। (ବିବେକ ଚାଲିଗଲା) (ଫୋନ୍ ବାଜିଲା)

ମଧୁ : ଏ ପୁଅଟା ତା' ମୋବାଇଲ୍ ଏଇଠି ଛାଡ଼ି ଦେଇଗଲା, ଦେଖେ... (ଧରିଲେ ଫୋନ୍) ହ୍ୟାଲୋ।

ଆରେ କ'ଣ କହୁଛୁ ଆମ ଶୋଭନ କୁଆଡ଼େ ଗଲା ? ଭଲ କରି କହ ମୋତେ ଶୁଭୁନି ପରା। (ଫୋନ୍ କଟିଗଲା) (ହାଉଳି ଖାଇ ବୀଣାକୁ ଡାକିଲେ)

ମଧୁ : ଦେଖିଲୁ, ବିବେକ ଯାଇନଥିବ ଯଦି ଡାକିଦେ ମୋ ପାଖକୁ।

ବୀଣା : ସେ ତ ଏବେ ବାହାରିଗଲେ ବାପା।

ମଧୁ : ଆରେ ଆମ ଶୋଭନକୁ ଆତଙ୍କବାଦୀମାନେ ଉଠାଇ ନେଇଛନ୍ତି।

ବୀଣା : ଆମେ ଆଜି ତା' କଥା କହୁଥିଲେ ବାପା, ଆପଣ ଠିକ୍ ଭାବେ ଶୁଣିପାରି ନଥିବେ। ଇଏ ଆସନ୍ତୁ।

(ଟିଭିରେ ନିଉଜ ଚାଲିଥାଏ। ଓଡ଼ିଆ ପିଲାକୁ ବିଚ୍ଛିନ୍ନତାବାଦୀମାନେ କଲେଜ କ୍ୟାମ୍ପସ୍ ବାହାରୁ ଉଠାଇ ନେଇଛନ୍ତି। ତା' ବାପା ୫ କୋଟି ଦେଲେ ସେ ଫେରିବ ବୋଲି ସର୍ତ୍ତ ଅଛି।

ମଧୁ : ଶୁଣୁଛୁ ମା, ଇଏ ନିଶ୍ଚେ ଆମ ଶୋଭନ। (ଫେରିଲେ ବିବେକ)

ମଧୁ : ଟିକେ ବିମଳକୁ ଫୋନ୍ ଲଗାଅ ବାପା। ତା' ପୁଅ କଥା ପଚାରେ। କ'ଣ କରୁଥିବ ସିଏ। (ପୁଣି ଢୁଳେଇ ଶୋଇପଡ଼ିଲେ)

ବିବେକ : ଆଜିଯାଏ ତ ଦିନେ ମତେ ମନେପକାଉ ନଥିଲା। ହଉ ଦେଖେ। (ମୋବାଇଲ୍‌ରେ ଆସିଥିବା ନମ୍ବର ଲଗାଇଲା। କେହି ଉଠାଇଲେନି) (କିଛି ସମୟ ପରେ ଫେରିଲେ ବିବେକ)

ବୀଣା : ଦେଖନାଁ, ଏମିତି ଯୋଗ ଯେ ତୁମେ ବାପାଙ୍କ ବିଛଣାରେ ମୋବାଇଲ୍ ଛାଡ଼ି ଦେଇଗଲ। ସେ ଫୋନ୍ ବାପା ଉଠାଇଲେ।

ବିବେକ : ସତରେ, ବିମଳ ଲାଗି ମନଟା ବ୍ୟସ୍ତ ଲାଗୁଛି।

ବୀଣା : ଚାଲି ଆସୁନି। ଆମେ କ'ଣ ତାକୁ ମନା କରିଛେ, ଆପଣା କଲା କର୍ମମାନ... ଆଗୁ ହୋଇବ ସାବଧାନ।

ବିବେକ : ଏ ଫୋନ୍‌ଟା ମିଛ ହୋଇଥାଉ। ପ୍ରଭୁ ଏତିକି କରୁଣା କର। (ଚାଲିଗଲେ)।

(ଉଠିବସିଲେ ମଧୁବାବୁ। ବାକ୍ସରୁ କାଢ଼ିଲେ ଡାଏରୀ)

(ଫ୍ଲାସ୍ ବ୍ୟାକ୍)

ହଁ ଆଜି ୨୦୧୬ ଜାନୁୟାରୀ ୨୨ ତାରିଖ। ଶୁଣିଲି ବିମଳ ପୁଅ ଶୋଭନକୁ କେହି ଉଗ୍ରପନ୍ଥୀ ଉଠାଇ ନେଇଛନ୍ତି। ଜାଣିନି ଠିକ୍ କି ଭୁଲ୍। ବିମଳ ଉପରେ ମୋର ଢେର ଅଭିମାନ ଥିଲା। ଆଜି କିନ୍ତୁ ମୁଁ ଭାବୁଛି ସେ ଚାଲିଆସୁ ମୋ ପାଖକୁ। ଭଲ ହୋଇଛି, ପାର୍ବତୀ ଏ କଷ୍ଟ ଦେଖିବା ପୂର୍ବରୁ ବାହୁଡ଼ି ଯାଇଛି।"

ଜାନୁଆରୀ ୨୩ ତାରିଖ- ଆଜି ଭାବୁଛି ଗାନ୍ଧି ଠାକୁରଙ୍କ ଅବତାର ନଥିଲେ। ସେ ଥିଲେ ସମୟର ଆବଶ୍ୟକତା। ଆଉଥରେ ସେ ଆସିଲେ କ'ଣ ସେ ଛାଡ଼ିଯାଇଥିବା ଅଧା କାମ ସେଇଠୁ ଆରମ୍ଭ କରିପାରିବେ ? ଗାନ୍ଧି ଆଉ ଆସିବାର ନାହିଁ। ଗାନ୍ଧି ଆଉ ଆସି.... ଗାନ୍ଧି... ଆଉ... ଗାନ୍ଧି ମଣିଷ ନା ଠାକୁର ? କୃଷ୍ଣ... ବୁଦ୍ଧ... ଯୀଶୁ... ନା...

ବୀଣା : ଦେଖିଲ, ବାପା ଆମର ନିଜକୁ ନିଜେ ଦୋକାନରୁ ଦାଣ୍ଡ ବାରଣ୍ଡା, ତା'ପରେ ଭିତର ବାରଣ୍ଡା ସେଇଠୁ ଘର ବିଛଣା ଭିତରେ ସଂକୁଚିତ କରିଦେଲେ କେମିତି ? କେତେ କଷ୍ଟ, ଏକୁଟିଆ ରହିଥିବେ ଆମେ ଜାଣିପାରିନୁ। ଆହା...

ଶେଷ ଦୃଶ୍ୟ

(ସନ୍ଧ୍ୟା। ସାଧୁବାବୁ ଓ ବିବେକ କଥାବାର୍ତ୍ତା।)

ପ୍ରାୟ ଚାରିବର୍ଷ ହେବ ବାପା ପଡ଼ିଥିଲେ ବିଛଣାରେ। ଟିକେ ସଜାଡ଼ି ହୋଇ ବସିଲେ, କହୁଥିଲେ ଜାଣିଛ ପିଲାଏ, ଗାନ୍ଧି ଆଉ ଆସିବେନି। ଆଉ ତାଙ୍କର ଆସିବାର ନାହିଁ।

ସାଧୁବାବୁ : ଗାନ୍ଧି ତ ସତ୍ୟକୁ ଆଶ୍ରା କରି ଦମ୍ଭରେ ବାଟ ଚାଲିଥିଲେ। ତାଙ୍କର କ'ଣ ଘରୋଇ ଅଶ୍ୱସ୍ତି ନଥିଲା ?

ବିବେକ : ଥିଲା। ସେ ଥିଲେ ଅସାଧାରଣ ମହାତ୍ମା। ମୋ ବାପା ସାଧାରଣ ବାପାଟିଏ।

ସାଧୁବାବୁ : ତା' ତ ଠିକ୍ କଥା, ଦେଖନ୍ତୁ ଆଉ କିଛି ଥିବ ସେ ଡାଏରୀରେ।

ବୀଣା : ହଁ ୧୯୭୫ର ଏମର୍ଜେନ୍ସୀ କଥା ଅଛି। ଏଲପିଜି କଥା ଅଛି। ବ୍ୟାଙ୍କ ଜାତୀୟକରଣ, ଅମୃତସର ସ୍ୱର୍ଣ୍ଣମନ୍ଦିର କଥା ଅଛି ଯେ ଧାଡ଼ିଏ ଲେଖାଏଁ। କୋଉଠି ତାରିଖ ଅଛି, କୋଉଠି ନାହିଁ।

ସାଧୁବାବୁ : କୋଉଠି ଘର କଥା ନାହିଁ?

ବୀଣା : ପାଇଲିନି ତ!

ବିବେକ : ମୋ ବାପା ତ ସଂସାର ଭିତରେ ଥାଇ ସନ୍ନ୍ୟାସୀ ଥିଲେ। ତାଙ୍କ ଘର ଥିଲା ସମଗ୍ର ଭାରତବର୍ଷ।

ସତ୍ୟ : ବୋଉ, ଦେଲ ମୁଁ ଦେଖେ। ଦେଖ ଦେଖ ୮/ ୧୦ ପୃଷ୍ଠା ଖାଲି ଗାରିଆମାରିଆ ହୋଇଛି। ବାରମ୍ବାର ଲେଖା ହୋଇଛି ଗାନ୍ଧି ଆଉ ଆସିବେନି। ତାଙ୍କର ଆଉ ଆସିବାର ନାହିଁ।

ବିବେକ : ଗାନ୍ଧି ସିନା ଆସିବେନି। ତାଙ୍କ ବିଚାର ତାଙ୍କ ମୂଲ୍ୟବୋଧ ତ ଆମ ପାଖକୁ ଫେରିଆସିପାରିବ?

ସତ୍ୟ : ଠିକ୍ କଥା। ଆଜି ବିଜ୍ଞାନର ଅଭୂତପୂର୍ବ ଉନ୍ନତି ହେଲାଣି। ତଥାପି ଗାନ୍ଧି ପ୍ରାସଙ୍ଗିକ ହୋଇଅଛନ୍ତି।

ବିବେକ : ଆରେ, ତୁମ କମ୍ପାନୀରେ ଗାନ୍ଧିଙ୍କର ୧୫୦ତମ ଜନ୍ମଦିନ ପାଳନ କରାଯାଇଥିବ ତ?

ସତ୍ୟ : ହଁ ବାପା। ଡିବେଟ, ରଚନା, ଡ୍ରାମା ସବୁ ହେଲା। ପ୍ରାଇଜ୍ ବି ପାଇଲେ ଆମ କଲୋନି ପିଲାମାନେ। (ଡାଏରୀ ଦେଖି)

ସତ୍ୟ : (ବାପାଙ୍କୁ) ଦେଖିଲ ବାପା, ଏ ତ ପ୍ରାୟ ୪/୫ ବର୍ଷ ତଳର ଲେଖା।

ବୀଣା : ହୋଇଥବ। ତା'ପରେ କ'ଣ ସେ ଆଉ ଲେଖିପାରିଲେ?

ବିବେକ : ଖାଲି ଟିଭିରୁ ଦଙ୍ଗା, ହଣାକଟା ଖବର ଦେଖି କାନ୍ଦୁଥିଲେ ଟିକେ। (ଆସିଲେ ସାଧୁଚରଣ)

ସାଧୁ : ସତ୍ୟ ତୁମ କଥା ମୋ ମନକୁ ପାଉଛି। ଗାନ୍ଧି ସିନା ଆସିବେନି ଆମେତ ଗାନ୍ଧିକଥା ମାନିପାରିବା। ଅହିଂସା ସତ୍ୟକୁ ନେଇ ନିର୍ଭୀକଭାବେ ବଞ୍ଚିପାରିବା।

ବିବେକ : ଏସବୁ କହିବା ସହଜ ମାତ୍ର...

ସାଧୁ : ତୁମ ଇଙ୍ଗିତ ମୁଁ ବୁଝୁଛି ବିବେକବାବୁ । ଯଦି ଜଣେ ଲାଞ୍ଚ ନେବନି, ମିଛ କହିବନି ସେ ସିନା ଏ ସିଷ୍ଟମରେ ଏକୁଟିଆ ହୋଇଯିବ । ଯଦି ସମସ୍ତେ ଏକାସାଙ୍ଗରେ କହିବେ ଆମେ ଲାଞ୍ଚ ନେବୁନି, ତେବେ ?

ବିବେକ : ଏ ଚେତନା ଜାଗ୍ରତ ହେବାକୁ ସମୟ ଲାଗିବ ଆଜ୍ଞାଂ ।

ସାଧୁ : ଆଉ ବେଶି ସମୟ ନାହିଁ । ରାତି ପାହାନ୍ତା ହେଲାଣି ପରା, ଗାନ୍ଧି ଆସିବେନି କିନ୍ତୁ ଗାନ୍ଧି ହେବେ ଆଜିର ଯୁବଗୋଷ୍ଠୀ, ଏହି ବିଶ୍ୱାସ ରଖିବାକୁ ହେବ ।

ସତ୍ୟ : ତେବେ ଜେଜେଙ୍କ ଲେଖାକୁ ଟିକେ ବଦଳାଇ ଆମେ କହିବା- ଗାନ୍ଧି ଆସିବେନି କିଏ କହିଲା ? (ସମସ୍ତେ ହସିଉଠିଲେ)

■

ଏ ଆକାଶ ଆମ ସମସ୍ତଙ୍କର

ଚରିତ୍ର ସୂଚୀ ...

ପୂର୍ଣ୍ଣବାବୁ - ଅବସରପ୍ରାପ୍ତ ଶିକ୍ଷକ - ବୟସ ୭୫ +

ପ୍ରସନ୍ନ - ପୂର୍ଣ୍ଣବାବୁଙ୍କ ପୁଅ ବ୍ୟାଙ୍କ ଅଫିସର - ବୟସ ୫୨

ସଂକେତ - (ପ୍ରସନ୍ନବାବୁଙ୍କ ପୁଅ, ପୂର୍ଣ୍ଣବାବୁଙ୍କ ନାତି) କମ୍ପ୍ୟୁଟର ଇଞ୍ଜିନିୟର - ବୟସ ୨୮

ପ୍ରତିମା - (ପୂର୍ଣ୍ଣବାବୁଙ୍କ ବୋହୂ ଗୃହିଣୀ ପ୍ରସନ୍ନଙ୍କ ପତ୍ନୀ - ବୟସ ୪୮

ଶୀଳା - ସଂକେତର ପତ୍ନୀ ଉଚ୍ଚଶିକ୍ଷିତା - ବୟସ ୨୬

ପ୍ରଥମ ଦୃଶ୍ୟ

(ସକାଳ ସାତଟା। ଗାଧୋଇ ସାରି ଭଲ ଲୁଗା ପିନ୍ଧି ବସିଥାଆନ୍ତି ପୂର୍ଣ୍ଣବାବୁ। କାହାକୁ ଅପେକ୍ଷା କରିଥାଆନ୍ତି ବୋଧେ। ଆସିଲେ ତାଙ୍କ ପୁଅ ପ୍ରସନ୍ନବାବୁ)

ପ୍ରସନ୍ନ : ବାପା, ଆପଣ ଏତେ ଶୀଘ୍ର କାମ ସାରିଲେଣି! ପୁଅ ମୋର ଉଠିଥିବ ତ?

ପୂର୍ଣ୍ଣବାବୁ : ତୋ ପୁଅ କ'ଣ ଛୋଟପିଲା ହୋଇଛି? ମତେ ରଘୁନାଥଜୀଉ ମନ୍ଦିର ନେଇଯିବ ବୋଲି କହିଥିଲା - ତାକୁ ଡାକିଲୁ।

ପ୍ରସନ୍ନ : ହେଲା ବାପା ଗାଡ଼ିରେ ତ ଯିବେ - ଅଧଘଣ୍ଟାଏ ଡେରି ହେଲେ ଅସୁବିଧା କ'ଣ? (ଆସିଲା ସଂକେତ। ଜାମା ପିନ୍ଧି ପିନ୍ଧି ଆସି ଗୁଡ୍ ମର୍ଣ୍ଣିଂ କହିଲା ଜେଜେଙ୍କୁ।)

ସଂକେତ : ନାଇଁ ଜେଜେ, ଟିକେ ମୁନ୍ନିକୁ ୭.୩୦ରେ ଟିଉସନ୍‌ରେ ଛାଡ଼ି ଦେଇଯିବି। ସେ ବାହାରିଲାଣି। (ଚାଲିଗଲା)

ପୂର୍ଣ୍ଣବାବୁ : ହଁ ଦାୟିତ୍ୱବାନ୍ ପିତା-

ପ୍ରସନ୍ନ : ବାପା, ଆପଣଙ୍କ ବେଳ ଥିଲା ଅଲଗା - ପିଲାଏ ଆପଣଙ୍କୁ ଦେଖିଲେ ଡରୁଥିଲେ - ଟିଉସନ୍‌ରେ ଛାଡ଼ିବା, ପାର୍କରେ ଖେଳିବା ଏସବୁ ଥିଲା କୋଉଠି ?

ପୂର୍ଣ୍ଣବାବୁ : ହଁ, ମୁଁ ଜାଣେ - କାହା ଘରେ ଗୋଟେ ପିଲା। କାହା ଘରେ ଫାଳେ କି ଚଉଠେ। ବାପା ମାଆ ପିଲାଙ୍କ ସାଙ୍ଗ ନ ହେଲେ ହେବ କେମିତି ?

ପ୍ରସନ୍ନ : ଠିକ୍ କଥା ବାପା - ଆମେ ସିନା ବଡ଼ବାପା ଦାଦା ପ୍ରଭୃତିଙ୍କ ପିଲାଙ୍କ ସାଙ୍ଗରେ ଏକାଠି ବଢ଼ିଗଲୁ। ସାଙ୍ଗହୋଇ ସ୍କୁଲ୍ ଗଲୁ ଚାଲି ଚାଲି। ସନ୍ଧ୍ୟାରେ ଖେଳିଲୁ। ଏବେ ସେ ଦିନ ଆଉ ନାହିଁ।

ପୂର୍ଣ୍ଣବାବୁ : ହଉ, ଖବରକାଗଜଟା ଦେଇଗଲୁ। ହେଡ୍ ଲାଇନ୍‌ଗୁଡ଼ାକ ପଢ଼ିଦିଏଁ।

ସଂକେତ : ତୁମେ ଆସ ଜେଜେ। ଏକାଠି ତୁମକୁ ଆଉ ମୁନ୍ନିକୁ ନେଇଯିବି - ନ ହେଲେ ତୁମର ଡେରି ହେବ। ତାର ବି ଡେରି ହେବ। (ପୂର୍ଣ୍ଣବାବୁ ଚାଲିଗଲେ ତାଙ୍କ ୱାକିଂ ଷ୍ଟିକ୍ ଧରି) (ସେଇଠି ବସିରହିଲେ ପ୍ରସନ୍ନବାବୁ)

(Flash Back)

ପୂର୍ଣ୍ଣବାବୁ : ଆରେ ପ୍ରସନ୍ନ ଆସିଲୁ। କ'ଣ ସ୍କୁଲ୍‌ରେ ପଢ଼ାହୋଇଛି ଦେଖିବା।

ପ୍ରସନ୍ନ : (ବ୍ୟାଗ୍ ଆଣି) ଆଜି ଗଣିତ ଦେଇଛନ୍ତି ଦଶଖଣ୍ଡ। ସମୟ ଓ କାର୍ଯ୍ୟ ଗଣିତ।

ପୂର୍ଣ୍ଣବାବୁ : କେତେ ଖଣ୍ଡ କଷିଲୁଣି ?

ପ୍ରସନ୍ନ : (ଚୁପ୍)

ପୂର୍ଣ୍ଣବାବୁ : ପଚାରୁଛି ପରା, ପାଟିରେ କ'ଣ ମଣ୍ଡା ପଶିଛି।

ପ୍ରସନ୍ନ : ବାପା, ଏବେ କଷି ଦେବି -

ପୂର୍ଣ୍ଣବାବୁ : ପଣ୍ଡିତଟା ତ ! କହିଲୁ ଜଣେ ନଅଟଙ୍କା ଦେଲେ ସାତଜଣ କେତେ ଟଙ୍କା ନେବେ ?

ପ୍ରସନ୍ନ : (ଆଙ୍ଗୁଠି ଗଣୁଥିଲା)

ପୂର୍ଣ୍ଣବାବୁ : ଆରେ ଏ ମାନସାଙ୍କ ଆସୁନିଟି। କାଲିକୁ ପଚିଶିକ ପଣିକିଆ ଘୋଷି ଦେଇଥିବୁ - ନ ହେଲେ ମତେ ଚିହ୍ନିବୁ। (ଚାଲିଗଲେ) (Flash Back ଶେଷ)

ପ୍ରସନ୍ନ : ଦିନେ ତ କହିଲେନି ଆଜି ଚାଲ ବଜାର ଯିବା। ଆଜି ଚାଲ ନଈକୂଳରେ ବସିବା। (ଆସିଲେ ପ୍ରତିମା)

ପ୍ରତିମା : କାହା ସାଙ୍ଗରେ ଗପୁଛ ? ଏଠି ତ କେହି ନାହାନ୍ତି -

ପ୍ରସନ୍ନ : ସତରେ ପ୍ରତିମା ସମୟ କେଡ଼େ ଶୀଘ୍ର ବଦଳିଗଲା ! ବାପାଙ୍କ ଡରି ଡରି କେତେ ଛାନିଆଁରେ ମୁଁ ବଢ଼ିଥିଲି ବୋଉ ପଣତ ତଳେ।

ପ୍ରତିମା : କ'ଣ କହୁଛ ମୁଁ ବୁଝିପାରୁନି - ଭଲକରି କୁହ।

ପ୍ରସନ୍ନ : ଆରେ ବାପା ଥିଲେ ଆମ ପାଇଁ ଟେରର୍। ତାଙ୍କୁ ଦେଖିଲେ ବହି ଓଲଟା ଖୋଲି ବସିବାକୁ ଡର ସହୁ ନ ଥିଲା।

ପ୍ରତିମା : ଆଚ୍ଛା - ଏକଥା ମୁଁ ମୋ ଶାଶୂଙ୍କଠାରୁ ଶୁଣିଛି - ବାପା କ'ଣ ଖାଇବାକୁ ଭଲପାଉଥିଲେ କହିଲ ?

ପ୍ରସନ୍ନ : ଭଲ ମନ୍ଦ କିଏ ଜାଣୁଥିଲା। ଖାଇବା ସମୟରେ ଖାଇବ। ସବୁ ପୋଛିପାଛି ଖାଇବ। ତଳେ ଗୋଟେ ଦାନା ପଡ଼ିବନି, ଏଇ ସତର୍କତାରେ ଆମ ପିଲାଦିନ କଟିଲା। ପୂରା Army discipline। ପଇସା ଦରକାର ହେଲେ ବୋଉକୁ ମାଗେ। ଜାମା ତ ହଳକରେ ଚଳିଯାଏ। ଜୋତା ଥିଲେ ଭଲ ନ ହେଲେ ଚପଲ।

ପ୍ରତିମା : କେବେ ବାପାଙ୍କ ସାଙ୍ଗରେ ବୁଲି ଯାଇନ ?

ପ୍ରସନ୍ନ : ବୁଲିଯିବି, ପୁଣି ବାପାଙ୍କ ସାଙ୍ଗରେ ! ଛାଡ଼। ସେଇ ଖରାଛୁଟିରେ ରିକ୍ସାରେ ବସି ବୋଉ ସାଙ୍ଗରେ ମାମୁଘର ନାଇଁ ତ ଛକ ଉପରୁ ଡିଆସିଲି ବସ୍‌ରେ ଜାକି ହୋଇ ବସି ମାଉସୀଘର। ଏତିକି ମୋର ବୁଲାବୁଲି। ସାନଭାଇ ତ ଅଦିନରେ ଗଲା। ସ୍ୱାତୀ ତ ଏବେ ପରଘରୀ।

ପ୍ରତିମା : ଆଜି ଏସବୁ କାହିଁକି ମନେ ପକାଉଛ ଯେ ?

ପ୍ରସନ୍ନ : ନାଇଁ ଏଇ ଆମ ସନ୍ତୁ ତା ଝିଅକୁ ନେଇ ଟିଉସନ୍‌ରେ ଛାଡ଼ିବ ବୋଲି ବ୍ୟସ୍ତ। ସେଇଥିରୁ ମନେ ପଡ଼ିଗଲା ପୁରୁଣା କଥା।

ପ୍ରତିମା : ଏଡ଼ିକି ଟିକେ ପିଲା ! ତାକୁ କ'ଣ ବାପା ମା' ପଢ଼ାଇ ପାରନ୍ତେନି ?

ପ୍ରସନ୍ନ : ସେମାନଙ୍କ ଖୁସି - ସେଥିରେ କଥା କହିବା ଠିକ୍ ନୁହେଁ।

ପ୍ରତିମା : ଆମ ପିଲାଦିନେ କିନ୍ତୁ ଆମ ଦାଣ୍ଡ ବାରଣ୍ଡାରେ ଟିଉସନ୍ ସାର୍ ଆସି ପଢ଼ାଉଥିଲେ ସାତ ଆଠ ଜଣ ପୁଅଝିଅଙ୍କୁ।

ପ୍ରସନ୍ନ : ତୁମ ଦାଣ୍ଡ ବାରଣ୍ଡାରେ ?

ପ୍ରତିମା : ହଁ ଆମ ଦାଣ୍ଡ ବାରଣ୍ଡା ସିମେଣ୍ଟ୍ ହୋଇଥିଲା ତ ସାର୍ ତଳେ ଅଂକି କଷି ଦେଉଥିଲେ। ଉତ୍ତର ନ ହେଲେ ପୁଳାଏ କନା ଧରି ଲିଭାଉଥିଲେ ବାରମ୍ବାର।

ପ୍ରସନ୍ନ : ସମୟ ଖୁବ୍ ଶୀଘ୍ର ବଦଳିଗଲା ପ୍ରତିମା। ଯାଅ ଦେଖ - ରୋଷେଇ କରିବାକୁ ସେ ଝିଅଟି ଆସିଲାଣି କି ନାହିଁ ? ପୁଣି ଦଶଟା ସୁଦ୍ଧା ଅଫିସ୍ ବାହାରିବାକୁ ହେବ। ଆଉ ପାଞ୍ଚ ସାତବର୍ଷ କେମିତି କଟିଗଲେ ଯାଏ।

ପ୍ରତିମା : ଆଉ ଚାହା ପିଇବ କି ? (ବୋହୂକୁ ଡାକିଲେ) ଆରେ ମା ଶିଳା ଚାହା ଟିକେ ଦେବୁ ତୋ ବାବାଙ୍କୁ।

ପ୍ରସନ୍ନ : ନାଇଁ ଯାଉଛି ନିତ୍ୟକର୍ମ ସାରେ - ସକାଳୁ ତ ପିଇଛି ଚାହା - ଆଉ ଦରକାର ନାହିଁ। ଯାହା କହ ପ୍ରତିମା ବାପାଙ୍କୁ ମାନିବାକୁ ପଡ଼ିବ। କି ଦୃଢ଼ ଇଚ୍ଛାଶକ୍ତି ଏତେ ବୟସରେ !

ଦ୍ୱିତୀୟ ଦୃଶ୍ୟ

(ଦୁଇଦିନ ପରେ - ସନ୍ଧ୍ୟାରେ ବସିଛନ୍ତି ପୂର୍ଣ୍ଣବାବୁ। ଆସିଲା ସଂକେତ)

ସଂକେତ : ଗୋଟେ କଥା ପଚାରିବି ? ଜେଜେ What is the secret of your good health ?

ପୂର୍ଣ୍ଣବାବୁ : ଆରେ ସଂକେତ - ଆଜି କ'ଣ ଆସୁ ଆସୁ ପ୍ରଶ୍ନ ପଚାରିଲୁଣି - ତୋତେ ଏକଥା ଶିଳା କହିଛି କି ?

ସଂକେତ : ଧେତ୍ - ମୁଁ ତୁମକୁ ମୋ ଜନ୍ମଦିନୁଁ ଦେଖୁଛି। ସେ ତ କାଲିକା ମଣିଷ। ମୁଁ କ'ଣ ଏ କଥା ତୁମକୁ ପଚାରିପାରିବିନି ?

ପୂର୍ଣ୍ଣବାବୁ : ଆରେ ଟିକେ ବୁଲିବ ସକାଳ ସନ୍ଧ୍ୟାରେ। ଠିକ୍ ବେଳେ ଖାଇବ। ଗୁଡ଼ାଏ ଗରିଷ୍ଠ ଖାଦ୍ୟ ଖାଇବନି, କାମ କରିବ। ଠାକୁରଙ୍କୁ ଡାକିବ। ଏତିକି ଢେର୍। ହଁ ଖୁସି ରହିବାକୁ ଚେଷ୍ଟା କରିବ।

ସଂକେତ : ଅଫିସ୍‌ରେ ତ ଏତେ କାମ ଯେ...

ପୂର୍ଣ୍ଣବାବୁ : ଆରେ କମ୍ପ୍ୟୁଟର ପରା ସବୁ କାମ ସହଜ କରିଦେଲାଣି - ଆଉ କାମ କ'ଣ ?

ସଂକେତ : ସେଠି କାମ - ଘରେ ବି ପ୍ରେସର ଅଧିକ - ଆଜି ଚଞ୍ଚଳ ଆସିଛି...

ପୂର୍ଣ୍ଣବାବୁ : କି ପ୍ରେସର ତୋର ?

ସଂକେତ : ଆଜି ଶିଲାର ଗୋଟେ ସାଂଗ ଘରେ ପାର୍ଟି ଅଛି । ତା ପୁଅର ବାର୍ଥ ଡେ । ଶିଲାକୁ ନେଇ କ'ଣ ଟିକେ ଗିଫ୍‌ଟ କିଣି ଯିବାକୁ ପଡ଼ିବ ।

ପୂର୍ଣ୍ଣବାବୁ : ଆଉ ଆମ ଗେହ୍ଲୀ ମୁନ୍ନି ?

ସଂକେତ : ଯଦି ଶୋଇପଡ଼ିବ ତେବେ ବୋଉ ପାଖରେ ଛାଡ଼ି ଦେଇଯିବୁ - ନ ହେଲେ ନେଇଯିବୁ ସାଙ୍ଗରେ ।

ପୂର୍ଣ୍ଣବାବୁ : ହଁ ତାକୁ ନିଅ । ସେ କେତେ ନୂଆ ଲୋକଙ୍କୁ ଦେଖିବ, ପିଲାଙ୍କ ସାଂଗରେ ଖେଳିବ ।

ସଂକେତ : ମୁଁ ଆସୁଛି ଜେଜେ - (ଭିତରକୁ ଗଲା)
(ଆସିଲେ ପ୍ରସନ୍ନ)

ପ୍ରସନ୍ନ : ଜେଜେ ନାତି କ'ର ଗପ କରୁଥିଲ ?

ପୂର୍ଣ୍ଣବାବୁ : କ'ଣ ଭାରି ସାହସ ହେଲାଣି, ବାପାକୁ ପ୍ରଶ୍ନ ପଚାରୁଛୁ ?

ପ୍ରସନ୍ନ : ବାପା, ମତେ ପରା ପଚାଶ ପୂରିଲାଣି । ତୁମେ କ'ଣ ଭାବୁଛ ମତେ ସେଦିନ ଯେମିତି ଗାଳି ଦେଉଥିଲ, ସେମିତି ଆଜି ବି ଗାଳି ଦେବ ?

ପୂର୍ଣ୍ଣବାବୁ : ନାଇଁରେ ମଜାରେ କହିଲି, ତତେ ଶାସନ କରିଥିଲି ବୋଲି ତ ତୁ ମଣିଷ ହୋଇଛୁ ।
(ପ୍ରତିମା ଆସିଲେ)

ପ୍ରତିମା : ହଁ ବାପା ଆପଣଙ୍କଠାରୁ ଆମେ ବହୁତ କଥା ଶିଖିଛୁ - ସବୁଠୁଁ ବେଶି ଶିଖିଛୁ ଶ୍ରମର ମର୍ଯ୍ୟାଦା କଥା -

ପ୍ରସନ୍ନ : ମୁଁ ଶିଖିଛି ଘରକୁ ଆପଣାର କରିବା ଆଉ ଅନ୍ୟକୁ ସାହାଯ୍ୟ କରିବାର ପହିଲି ପାଠ ।

ପୂର୍ଣ୍ଣବାବୁ : ଭାରି ଭଲ ଲାଗିଲା ତୁମ ଦିହିଁଙ୍କ କଥା ଶୁଣି -

ପ୍ରସନ୍ନ : ହେଲେ ବାପା...

ପୂର୍ଣ୍ଣବାବୁ : କ'ଣ କହୁନୁ - ଆମେ ତ ଏବେ ଦିଜଣ ବୟସ୍କ ମଣିଷ ନା -

ପ୍ରସନ୍ନ	:	ଆମ ପିଲାଏ କ'ଣ ଆମକୁ ମାନିବେ? ଆମ ନିର୍ଦ୍ଦେଶରେ ଚାଲିବେ?
ପ୍ରତିମା	:	କାହିଁକି ଉପରେ ପଡ଼ି ଉପଦେଶ ଦେବ ଯେ? 'ସବ୍ ସେ ଚୁପ୍ ଭଲା।'
ପୂର୍ଣ୍ଣବାବୁ	:	ନାଇଁରେ ମା, ସେମାନଙ୍କୁ ଭଲ ମନ୍ଦରେ କହିବନା -
ପ୍ରସନ୍ନ	:	ତୁମେ କୋଉଦିନ ଆମକୁ ବୁଲେଇ ନେଇଥିଲ ବାପା? କୋଉଦିନ ଗପ କରିଥିଲ? ଆମେ ସ୍କୁଲ୍‌ରୁ ଫେରିଲେ ପଚାରିଥିଲ କାହିଁକି ମୁହଁ ଶୁଖାଇଛୁ?
ପୂର୍ଣ୍ଣବାବୁ	:	ଆମ ବେଳ ଥିଲା ଅଲଗା, ଆମେ ତିନି ଭାଇ ଏକାଠି ରହୁଥିଲୁ। ମୁଁ ନ ନେଲେ ତୋ ଦାଦା ନେଇଥିଲା ବୁଲେଇ। ବଡ଼ବାବା ଆଣି ଦେଇଥିଲେ ପୋଷାକ ଖେଳଣା।
ପ୍ରସନ୍ନ	:	ସବୁ ଠିକ୍ ଯେ ବାପା - ତୁମେ କିନ୍ତୁ ଚାହୁଁଥିଲ ଆମେ ତୁମ ମନଲାଖି ହେଉ।
ପୂର୍ଣ୍ଣବାବୁ	:	ଛାଡ଼ ସେ ପୁରୁଣା କଥା -
ପ୍ରସନ୍ନ	:	ଆଜି କହି ଦେଉଛି ବାପା - ତୁମେ କ'ଣ ଆମ ମନଲାଖି ଥିଲ କି? (କଣ୍ଠ ଭାରୀ ହୋଇ ଆସିଲା)
ପ୍ରତିମା	:	ଆରେ ବୁଢ଼ାପୁଅ କ'ଣ କାନ୍ଦିଲେଣି।
ପୂର୍ଣ୍ଣବାବୁ	:	ହେଲା ମା - ତା କଥା ତ ସେଦିନ ଭାବି ନ ଥିଲି। ଆଜି ଟିକେ ଶୁଣେ (ପ୍ରସନ୍ନକୁ) କହିଦେ ତୋ ପୁଅକୁ କେତେ କଥା ତୋ ମନରେ ଲୁଚେଇ ରଖିଥିଲୁ ଆଜିଯାଏ।
ପ୍ରସନ୍ନ	:	ତୁମେ ଆମ ମଥା ଉପରର ଆକାଶ ଥିଲ ବାପା। ହାତ ବଢ଼େଇଲେ ପାଉ ନ ଥିଲା। ତଥାପି ପତିଆରା ଥିଲା ଆମ ବାପା, ଆମ ହିରୋ। (ହସିଛି)
ପୂର୍ଣ୍ଣବାବୁ	:	ଆରେ ବାପା- ଆମେ ଅଭାବୀ ପରିବାରର ପିଲା ଥିଲୁ। ବାଣ୍ଟି ଖାଇବା ଶିଖିଥିଲୁ। ଜଣକର ଜାମା ଛୋଟ ହେଲେ ଆଉ ଜଣେ ପିନ୍ଧୁଥିଲା। ଜଣେ ଉପର କ୍ଲାସ୍‌କୁ ଗଲେ ଆଉ ଜଣେ ତା ପୁରୁଣା ବହି ପଢୁଥିଲା। ଜୀବନଟା ଥିଲା ସହଜ ସରଳ। ମୁଁ ସେମିତି ବୁଝିଥିଲି। ଖାଲି ନଜର ଥିଲା ତୁମେ କେମିତି ପଢ଼ିବ।

ପ୍ରସନ୍ନ : ବୋଉ ଶିଖାଇଥିଲା କେହି ଖାଇଲାବେଳେ କାହା ଘରକୁ ଯିବୁନି। କାହା ଜାମା ଜୋତା ଦେଖି ତୋର ନାହିଁ ବୋଲି ମନଦୁଃଖ କରିବୁନି - ମୋର ସବୁ ମନେ ଅଛି।

ପୂର୍ଣ୍ଣବାବୁ : ତଥାପି ମୁଁ ତୁମ ମନଲାଖି ହୋଇ ପାରିଲିନି ବାବୁ - ମୁଁ ଦୁଃଖିତ। ଆଉ ଅଧିକା ବୋଧେ ମୁଁ ପାରି ନ ଥାନ୍ତି।

ପ୍ରତିମା : ସତରେ ବାପା ଆପଣଙ୍କର କେବେ ମନେ ହୋଇନି ପିଲାଙ୍କୁ ଟିକେ ଆଦର କରିବାକୁ ? ତାଙ୍କୁ ହସେଇବାକୁ, ପ୍ରଶଂସା କରିବାକୁ -

ପୂର୍ଣ୍ଣବାବୁ : ହୋଇଛି ମା - ବାହାରେ କହିଛି ମୋ ପୁଅ ଜୁଏଲ୍ - ତା ଆଗରେ କହିନି - ଏଇଟାକୁ ମୋ ସ୍ୱଭାବ କହିପାର।

ପ୍ରସନ୍ନ : ନାଇଁ ବାପା, ଆମ ସଂକେତ ତା ଝିଅକୁ ଟିଉସନ୍ ନେଇ ଯାଇଛି, ତାକୁ ଘରେ ଆଣି ଛାଡ଼ିଲା ପରେ ଅଫିସ୍ ଯାଉଛି। ସେଥିପାଇଁ ମୋର ଟିକେ ମୋ ପିଲାଦିନ କଥା ମନେପଡ଼ିଗଲା -

ପ୍ରତିମା : ହେଲା ସେତିକି ଥାଉ। ଚାଲିଲ ନିଉଜ୍ ଦେଖିବା - କ'ଣ ଘୂର୍ଣ୍ଣିବାତ୍ୟା ହେବ ପରା-

ପୂର୍ଣ୍ଣବାବୁ : ଆଜି ତ ଖବରକାଗଜରେ କେତେ ଘୂର୍ଣ୍ଣିବାତ୍ୟା - ହତ୍ୟା, ଚୋରି ଡକାୟତି, ଦୁର୍ଘଟଣା ସାଇବର ଅପରାଧ ଛାଡ଼। ଚାଲ ଦେଖିବା ଟିଭି।

ପ୍ରସନ୍ନ : ତୁମେ ସବୁ ଯାଅ, ସଂକେତ ହେରିକା ଫେରି ନାହାନ୍ତି। ମୁଁ ଏଠି ଅଛି।

ପୂର୍ଣ୍ଣବାବୁ : ଆରେ, ସେମାନେ ତ ଖାଇପିଇ ଫେରିବେ, ଡେରିହେବ।

ପ୍ରତିମା : ନ'ଟା ନିଉଜ ବି ସରିବଣି - ସେମାନେ ଆସିଯିବେ ଯେ।
(ପାଟି ଶୁଭିଲା ବାହାରୁ - ମୁଁ ଗାଡ଼ି ରଖି ଯାଉଛି)
(ଶୋଇଥିବା ଝିଅକୁ ଧରି ଆସିଲେ ଶିଲା)

ଶିଲା : ଆଜି ଭାରି ହଇରାଣ ହେଲୁଣି ଆମେ।

ପୂର୍ଣ୍ଣବାବୁ : ଯାଅ, ଶୋଇପଡ଼ କାଲି ସକାଳୁ କଥାବାର୍ତ୍ତା -
(ସଂକେତ ଓ ସମସ୍ତେ ଭିତରକୁ ଗଲେ)

ତୃତୀୟ ଦୃଶ୍ୟ

(ପରଦିନ ସକାଳ। ଜେଜେ ପୂର୍ଣ୍ଣବାବୁଙ୍କୁ ଶିଳା ଆଣି ଚାହା ଦେଲା)

ପୂର୍ଣ୍ଣବାବୁ : କାଲି କାହିଁକି ହଇରାଣ ହେଲୁରେ ମା - ଆସ୍ତେ କରି ମତେ କହିଦେଲୁ।

ଶିଳା : ଝିଅର ବାନ୍ତି ହେଲା। ତାକୁ ସଫାସୁତୁରା କଲୁ। ସେତିକିବେଳୁ ସେ ରାଗି ଥାଆନ୍ତି। ଝିଅ ଶୋଇପଡ଼ିଲା ହାଲିଆ ହୋଇ। ମୁଁ ତାକୁ ଧରିଲି। ସିଏ ଖାଇଲେ...

(ଆସି ପହଞ୍ଚିଲା ସଂକେତ)

ସଂକେତ : କ'ଣ ସକାଳୁ ଚୁଗୁଲି ଆରମ୍ଭ କରିଦେଲାଣି ?

ପୂର୍ଣ୍ଣବାବୁ : ଆରେ ରାଗୁଛୁ କାହିଁକି ? ମୁଁ ପଚାରିଲି ବୋଲି ସେ

ସଂକେତ : ପିଲାଟାକୁ କିଛି ମ୍ୟାନର୍ସ ଶିଖାଇବେନି। ସବୁ ଖାଇବାକୁ ବିକଳ ହେବ, ସେଇଠୁ ବାନ୍ତି କରିବ।

ଶିଳା : ସେତିକି କହୁଛ କାହିଁକି ? ଆମେ ଗିଫ୍‌ଟ କିଣିବାକୁ ଗଲାବେଳେ ସେ କେତେ କାନ୍ଦିଲା। ତମେ ତାକୁ ଆଇସ୍‌କ୍ରିମ୍ ଦେଇଛ। ସେଠି ସୁପ୍ ପିଇବାରୁ ତାର ବାନ୍ତି ହେଲା। ଏ ଯେଉଁ ଗରମ।

(ଆସି ପହଞ୍ଚିଲେ ପ୍ରସନ୍ନ ଓ ପ୍ରତିମା)

ପ୍ରତିମା : ଛାଡ଼ ପିଲା ସାଂଗରେ ଥିଲେ ଏମିତି ହୁଏ।

ସଂକେତ : ତୁ ଆଉ ପୁରୁଣା ପାଠ କହନା - ତୁମେ ପିଲା ତିନିଟାଙ୍କୁ ଘୋଷାରି ଘୋଷାରି କେମିତି ମେଳଣରେ ଚାଲୁଥିଲ, ମୁଁ ସେକଥା ବହୁତ ଥର ଶୁଣିଛି।

ପ୍ରସନ୍ନ : ନାଇଁରେ ଆମ ବେଳ ଥିଲା ଅଲଗା - ଗାଡ଼ି କେମିତି ଆମେ ଦେଖି ନ ଥିଲୁ। ରିକ୍‌ସାରେ ସମସ୍ତେ ବସିବା ସୁବିଧା ହେଉ ନ ଥିଲା। କାଁ ଭାଁ ଅଟୋ ଥିଲା ଯେ ଆମେ ଅଟୋରେ ପଇସା ଖର୍ଚ୍ଚ ନ କରି ତୁମମାନଙ୍କୁ କ'ଣ ଟିକେ ଛୋଟମୋଟ ଜିନିଷ କିଣି ଦେଉଥିଲୁ।

ଶିଳା : ଦେଖିଲ ତ, ଛୋଟ ଛୋଟ କଥାରେ ଏତେ ରାଗ କ'ଣ ପାଇଁ - ମୁଁ କ'ଣ ଏ ଝିଅକୁ ମୋ ବାପଘରକୁ ଆଣିଥିଲି କି ?

ପୂର୍ଣ୍ଣବାବୁ : ଥାଉ ଶିଳା ମା - ଏକଥା ବଢ଼ାଅନା - ବାପଘର କଥା ଶାଶୂଘରେ ପଡ଼ିଲେ ପରା ଝିଅମାନେ କଷ୍ଟ ପାଆନ୍ତି - ତୁ ପାଠ ପଢୁଆ ଝିଅ - କଥା ମାଜିଲେ ମୋଟା ହୁଏ।

ଶିଳା : ପାଠ ପଢ଼ିଛି ବୋଲି...

ପୂର୍ଣ୍ଣବାବୁ : ହଁ ପାଠ ପଢ଼ିଛୁ ବୋଲି ତୋର ବିଚାରଶକ୍ତି ଅଧିକା - ଦୁଇ କୁଳ କେମିତି ରଖିବୁ ସେ କଥା ଭାବିବୁନା....

ପ୍ରସନ୍ନ : ଚାଲିଲ - ଏଇଠି ଏକଥା ରହୁ -

ପ୍ରତିମା : ହଁ, ସତରେ କିନ୍ତୁ ଶୋଇଲା ପିଲାକୁ ଧରିବା ଭାରି କଷ୍ଟ।

ସଂକେତ : ବାଃରେ ବୋଉ - ତୁ ତା'ହେଲେ କହୁଛୁ ମୁଁ ପିଲାକୁ କାନ୍ଧରେ ପକାଇ ଗାଡ଼ି ଡ୍ରାଇଭ୍ କରିଥାଆନ୍ତି ?

ପ୍ରତିମା : ନାଇଁରେ, ତାକୁ ମୋ ପାଖରେ ଛାଡ଼ି ଦେଇଗଲୁନି। ଭରସା କରିପାରିଲୁନି ବୋଉ ଉପରେ।

ଶିଳା : ସତ କଥା ଯେ...

ପୂର୍ଣ୍ଣବାବୁ : ଓଃ ସୋସିଆଲାଇଜେସନ୍ ହେଉଛି ମୂଳ କଥା, ନୁହେଁ।

ଶିଳା : ଜେଜେ !

ପ୍ରସନ୍ନ : ଏବେ ତ ଏଠି ସବୁ ସୋସିଆଲ୍ ଆଡ୍‌ଜଷ୍ଟମେଣ୍ଟର ପାଠ ପଢ଼ା ହେଉଛି -

ସଂକେତ : ମୁଁ ଯାଉଛି -

ପୂର୍ଣ୍ଣ : କଥା ମାଜିଲେ ମୋଟ - ବୁଝିଲୁ ନାତିଟୋକା - ତୁମ ପାଖରେ ପଇସା ଅଛି, ଗାଡ଼ି ଅଛି, ସୁନ୍ଦରୀ ସ୍ତ୍ରୀ ଓ କଣ୍ଢେଇ ଭଳି ଝିଅ ଅଛି। ପାରିବାରିକ ଦାୟିତ୍ୱ କିଛି ନାହିଁ। ତଥାପି ତୁମେ ଅଶାନ୍ତି କାହିଁକି ହେଉଛ ? ଏକଥା ଦିହେଁଯାକ ଭାବିବ। ଆମେ ଦିନେ ଦି'ଦିନ ପରେ ଏ ବିଷୟ ଆଲୋଚନା କରିବା। (ଚାଲିଗଲେ)

ଶିଳା : ସତେ ତ ! (ବୋଉଙ୍କୁ) ବୋଉ ମୁଁ ଭାବୁଛି ଚାକିରି କରିବି। ଏତେ କ୍ୱାଲିଫିକେସନ୍ ଥାଇ ଚାକିରି ନ କରି ଘରେ ବସିଲେ ମୁଁ ବିରକ୍ତ ହୋଇଯାଉଛି - ତୁମେ କ'ଣ ଭାବୁଛ ?

ପ୍ରତିମା : ଏ ତ ଖାଲି ତୋର ସମସ୍ୟା ନୁହେଁ ମା ଆମ ଘରର ସମସ୍ୟା। ତେବେ ମୁଁ ବାପାଙ୍କ କାନରେ ଏକଥା ପକାଇ ଦେବି (ଚାଲିଗଲେ)।

ଶିଳା : ସଂକେତର ଟେମ୍ପର ସାଂଗରେ ଆଡ୍‌ଜଷ୍ଟ କରିବା କଷ୍ଟ। ଝିଅ ତ କାଲି ବଡ଼ ହୋଇଯିବ। ମୋ ଲାଇଫ୍ ମୁଁ ଦେଖିବି।

(ପ୍ରସନ୍ନ ପଛରୁ ଡାକିଲେ)

ପ୍ରସନ୍ନ : ଆରେ ମା - ତୋ ଲାଇଫ୍ ତୋର - କିଏ ମନା କଲା ? ହେଲେ ଆମ ଲାଇଫ୍ ବି ତୋର - ଏଇଟା ଆମର ସୋସିଆଲ୍ ଆଡ୍‌ଜଷ୍ଟମେଣ୍ଟ -

ଶିଳା : ଆପଣ ତେବେ ମୋ କଥା ଶୁଣିଛନ୍ତି ? ଭଲ ହେଲା - ମୁଁ ଟିକେ space ଚାହେଁ। ଏ ଆଡ୍‌ଜଷ୍ଟମେଣ୍ଟ ତ ଗାଇପଘାକୁ ଖୁଣ୍ଟିରେ ବାନ୍ଧିବାର ଆଡ୍‌ଜଷ୍ଟମେଣ୍ଟ -

ପ୍ରସନ୍ନ : ତୁ ରାଗିଛୁ ମା - ଟିକେ ଶାନ୍ତ ହୋ - ଚାକିରି କର। କିଏ ମନା କରୁଛି। କିନ୍ତୁ ତୋ ସଂସାର ତୋ ହାତକୁ ଚାହିଁ ବସିଛି। ଭୁଲିଯିବୁନି ଏ କଥା - ଶୁଣିବୁ, ତୋ ବୋଉ ଥରେ ରାଗି ତା ବାପଘରକୁ ବାହାରିଥିଲା ଯେ ଘରେ ପ୍ରଳୟ ହୋଇଗଲା। ବାପା ମୋ ଦୋଷ ଦେଲେ। ବୋଉ କାନ୍ଦି କାନ୍ଦି ଉପାସ ରହିଲା। ଆଉ ମୁଁ... କୌଣସିମତେ ତାକୁ ବୁଝାଇ ଅଟକାଇଲି।

ଶିଳା : ମୁଁ ପିଲା ନୁହେଁ ବାପା, ସବୁ ବୁଝୁଛି।

ପ୍ରସନ୍ନ : ଭଲ କଥା ମା ଆଉ ଟିକେ ବୁଝିବାକୁ ଚେଷ୍ଟା କର - ତୋ ଉପରେ ଆମ ଘରର ଭବିଷ୍ୟତ ନିର୍ଭର କରୁଛି - ମୋର ଆଉ କିଛି ବୁଝାଇବାର ନାହିଁ। ଠାକୁରେ ତତେ ଭଲ ବୁଦ୍ଧି ଦିଅନ୍ତୁ। (ଚାଲିଗଲେ)

ଶିଳା : ବୁଝିପାରୁନି କ'ଣ କରିବି ? କେଉଁ ବାଟ ମୋ ପାଇଁ ଶୁଭଙ୍କର ହେବ ? କିଏ ମୋତେ କହିଦେବ ଠିକ୍ ଭୁଲ୍‌ର ପାର୍ଥକ୍ୟ 'ତ୍ୱୟା ହୃଷିକେଶ ହୃଦିସ୍ଥିତେ ନ ଯଥା ନିଯୁକ୍ତୋସ୍ମି ତଥା କରୋମି' ପ୍ରଣାମ କରି ବାହାରିଲେ ନିଜର ରୋଷେଇଘରକୁ।

ଚତୁର୍ଥ ଦୃଶ୍ୟ

(ଜେଜେ ଡାକିଲେ ସଂକେତ ଆଉ ପିଲାଙ୍କୁ। ଝିଅକୁ ପ୍ରତିମାଙ୍କୁ ଦେଇ ସେମାନେ ଆସି ବସିଲେ। ପ୍ରସନ୍ନ ଲୁଚି ଲୁଚି ବାହାରେ ଶୁଣୁଥିଲେ ସେମାନଙ୍କ କଥା)

ପୂର୍ଣ୍ଣବାବୁ : କ'ଣ ଭାବିଲ ଦିହେଁ ଚାକିରି କଥା ?

ସଂକେତ : କାହା ଚାକିରି ?

ପୂର୍ଣ୍ଣବାବୁ : ତତେ ଶିଲା କହିନି କି ସେ ଚାକିରି କରିବାକୁ ଚାହୁଁଛି ବୋଲି ।

ସଂକେତ : ସେ ତ ବହୁତଥର ଏମିତି କହେ ଜେଜେ, ମୁଁ ତାକୁ seriously ନିଏନି ।

ଶିଲା : କାହିଁକି seriously ନିଅନି । ତୁମ male egoକୁ ବାଧେ ?

ପୂର୍ଣ୍ଣବାବୁ : ଆରେ ମଜା କଥା ଶୁଣ - ଜେଜେ ଆଗରେ କଳି କରନି । ମୋ ବୋଉ ନାଁ ଏମିତି ଥରେ ବାପାଙ୍କ ଉପରେ ରାଗି ଘରଛାଡ଼ି ଚାଲିଯାଇଥିଲା । ବାପା ଖୋଜି ଖୋଜି ବ୍ୟସ୍ତ । ସେତେବେଳେ କୋଉ ଫୋନ୍ ଥିଲା ନା ଗାଡ଼ି ମଟର ଥିଲା ? ତଥାପି ମାମୁଘରୁ ଲୋକ ଫେରିଆସି ଖବର ଦେଲେ ସେଠିକି ବୋଉ ଯାଇନି ବୋଲି ।

ଶିଲା : ତୁମେ ସେତେବେଳେ କେତେ ବଡ଼ ହୋଇଥିଲ ଜେଜେ ?

ପୂର୍ଣ୍ଣବାବୁ : ହଁ ପାଞ୍ଚ ସାତବର୍ଷର ହୋଇଥିବି । ମୋ ତଳେ ଗୋଟେ ଭାଇ ଆଉ ସବା ସାନଟା ବିଛଣାରେ ଶୋଇଥିବା ଭଉଣୀ -

ସଂକେତ : ବାପ୍‌ରେ ଏତେ ପିଲା ?

ପୂର୍ଣ୍ଣବାବୁ : କଥାଟା ପୂରା ଶୁଣ - ତାପରେ କମେଣ୍ଟ୍ ଦେବ । ମୋ ବାପା ତ ଖଡ଼ି ପକେଇଲେ ଜ୍ୟୋତିଷଙ୍କ ପାଖରେ - ଠାକୁରାଣୀଙ୍କ ଗାଧୋଇଦେବେ ବୋଲି ପରଦିନ ଚୁଡ଼ି ସିନ୍ଦୂର ଶାଢ଼ି ଇତ୍ୟାଦି ନେଇ ଭୋରୁ ଗଲାବେଳେ ତାଙ୍କ ପାଦ ପାଖରେ କ'ଣ ଗୋଟାଏ ପଡ଼ିଥିଲା ପରି ତାଙ୍କୁ ଲାଗିଲା । ପୂଜାରୀ ଆସି ଦୀପ ଲଗେଇ ଦେଖିଲେ ମୋ ବୋଉ ସେଠି ଅଧିଆ ପଡ଼ିଥିଲା ।

ସଂକେତ : ବାଃ, ଏ ତ ସିନେମା ଗପ - ତା'ପରେ ।

ପୂର୍ଣ୍ଣବାବୁ : ତାପରେ ବାପା ବୋଉକୁ ଉଠାଇ ଘରକୁ ଆଣିଲେ । ଆମେ ପିଲାଏଦେଖିଛୁ ସେ ଦୃଶ୍ୟ -

ସଂକେତ : ଆମ ବାପା ତ ଏକଥା ଆମକୁ କହିନାହାନ୍ତି କେବେ ?
(ପ୍ରସନ୍ନ ଆସିଲେ ଭିତରକୁ - ପୂର୍ଣ୍ଣବାବୁଙ୍କୁ ଜାକିଧରି କାନ୍ଦି ପକେଇଲେ)

ଶିଲା : ଗପ ତ ସରିଲା । ଏବେ ଆମକୁ କାହିଁକି ଡାକିଥିଲ କୁହ ।

ପୂର୍ଣ୍ଣବାବୁ : (ପ୍ରସନ୍ନଙ୍କୁ ଚାଲିଯିବାକୁ ନିର୍ଦ୍ଦେଶ ଦେଲେ) ମତେ କହ ତୁ ଚାକିରି କଲେ କେତେ ଟଙ୍କା ରୋଜଗାର କରିବୁ ?

ଶିଲା : ପ୍ରାୟ ଷାଠିଏ କି ସତୁରି ହଜାର।

ପୂର୍ଣ୍ଣବାବୁ : ତୋ ବର ପାଉଛି ପ୍ରାୟ ଲକ୍ଷେ - ଏତେ ଟଙ୍କା ତ ମୁଁ ଗଣିପାରିବିନିରେ ମା। ମତେ କହିଲୁ ଝିଅ ଟିଉସନ୍, ବସ୍ ଖର୍ଚ୍ଚ, ଡ୍ୟାନ୍ସ କ୍ଲାସ୍ ଖର୍ଚ୍ଚ କେତେ? ତା ସହିତ ତୋତେ ନେବା ଆଣିବାକୁ ଡ୍ରାଇଭରଟିଏ ରହିବ। ଏମିତି ରୋଷେଇ ପାଇଁ ଘର କାମ ପାଇଁ ଲୋକ ଅଛନ୍ତି -

ଶିଲା : ମୁଁ ସନ୍ଧ୍ୟା ସୁଦ୍ଧା ଆପଣଙ୍କୁ କାଗଜରେ ଲେଖି ଦେଇଦେବି details ଆଉ କିଛି?

ପୂର୍ଣ୍ଣବାବୁ : ଆରେ ବାୟାଣୀ, ମୋର ପଇସା କ'ଣ ହେବ? ତୁ ଯଦି ତୋ ଝିଅକୁ ପଢ଼ାନ୍ତୁ, ଯେକୌଣସି ଟିଉଟରଠୁଁ ଭଲ ପଢ଼ାନ୍ତୁ କି ନାହିଁ? ତୋ ବର ଅର୍ଥାତ୍ ତା ବାପା ତାକୁ ନେବା ଆଣିବା କରୁଛି, ତାକୁ ବି ଭଲ ଲାଗୁଥିବ। ତତେ ବି ଭଲ ଲାଗୁଛି -

ଶିଲା : ହଁ -

ପୂର୍ଣ୍ଣବାବୁ : ମତେ ପଚସ୍ତରି ହେଲାଣି। କାଲିକି ମୁଁ ବିଛଣାରୁ ଉଠିପାରିବିନି। ତୁମେ ତ ସବୁ ବାହାରେ ଥିବ। ମତେ ଦେଖିବ କିଏ ଭାବିଲୁ -

ସଂକେତ : ଆମେ ଖବର ପାଇଲେ ଧାଇଁ ଆସିବୁ - ମୋବାଇଲ୍ ତ ଅଛି ନା।

ପୂର୍ଣ୍ଣବାବୁ : ଆହାରେ ମୋ ପାଠୁଆ ମୂର୍ଖ - ମୁଁ ଆଗ ତୁମକୁ କଲ୍ କରିବି। ତାପରେ ଯାଇ ବିଛଣାରେ ଶୋଇପଡ଼ିବି।

ଶିଲା : (ହସିଲା) ଖାଲି ଅଯଥା କଥାଗୁଡ଼ାକ କହିବେ-
(ଆସିଲେ ପ୍ରତିମା)

ପ୍ରତିମା : ବାପା ମୁଁ ଏଠି ବସିପାରିବି?

ପୂର୍ଣ୍ଣବାବୁ : ଏ କ'ଣ ପଚାରିବା କଥା ମା - ବସିପଡ଼।

ପ୍ରତିମା : ମା ଶିଲା ତୋ ସାଂଗମାନେ ଚାକିରି କରିଛନ୍ତି ବୋଲି ମନ ଊଣା କରୁଛୁ କି?

ସଂକେତ : ହୋଇଥିବ - ପଚାରେ ତାକୁ ଭଲ କରି, ମୁଁ ଯାହା ଜାଣିଛି ଜଣେ ତା ବରକୁ ଛାଡ଼ି ସାରିଛି। ଆଉ ଜଣେ ଦି'ଥର ବାହା ହୋଇ ଏବେ ଏକୁଟିଆ ରହୁଛି। ଆଉ ଜଣେ...

ପୂର୍ଣ୍ଣବାବୁ : ତତେ କିଏ ଭଲଲୋକୀ କରିବାକୁ ଡାକିଛି ଶୁଣେ? ଚୁପ୍ ରହ।

ଶିଳା : ହଁ ବୋଉ ବେଳେବେଳେ complex ଆସୁଛି - କିଛି କରିପାରିଲିନି ଭଳି ଭାବନା ଆସୁଛି -

ପୂର୍ଣ୍ଣବାବୁ : ଆରେ ମା ତୋ ଭଳି ଭାଗ୍ୟବତୀ ଆଉ କେହି ନାହିଁ। ମନ ଦେଇ ମୋ କଥା ଭାବିବୁ। ପୁଣି ତୁମେ ବର ଭାରିଯା ସାଂଗହୋଇ ଭାବିବ। ଦେଖିବୁ ଅନ୍ଧାର ନାଇଁ ଖାଲି ଆଲୁଅ।

ଶିଳା : ମୁଁ ଯାଉଛି ଜେଜେ। ମୁନ୍ନି ପାର୍କକୁ ଯିବ।

ସଂକେତ : ସେଠି କେତେ ସାଂଗ ଜୁଟିଯିବେ। ମୁନ୍ନି ପାଇଁ ଯେତେ ତରତର ନୁହେଁ ସାଂଗଙ୍କ ପାଇଁ ସେତେ ତରବର।

ଶିଳା : ତୁମକୁ କିଏ ପଚାରୁଛି ? ତୁମେ ଭାବନି ମୁଁ ପରବୁଦ୍ଧିଆ - ସବୁରି କଥା ଶୁଣେ ହେଲେ...

ପୂର୍ଣ୍ଣବାବୁ : ମୋ ନିଷ୍ପତ୍ତି ମୁଁ ନିଜେ ନିଏ। (ହସିଲେ) ସେଇ ନିଷ୍ପତ୍ତିରୁ ତ ମୋ ନାତିକୁ ବାହା ହେଲୁ ନା - ତତେ କ'ଣ ବର ଅଭାବ ଥିଲା ?

ସଂକେତ : ନାଇଁ ମତେ କନ୍ୟା ଅଭାବ ଥିଲା ? ଜେଜେ ଖାଲି ପାର୍ସିଆଲିଟି କରୁଛନ୍ତି। (ଆସିଲେ ପ୍ରସନ୍ନ)

ପ୍ରସନ୍ନ : ଆରେ ମା ଶିଳା। ମୁନ୍ନି ସେପାଖେ ଡାକୁଛି। ତା ଜେଜେମା ତାକୁ ସଜ କରି ସାରିଲାଣି। ତୁ ଏବେ ଯାଆ - (ଶିଳା ଚାଲିଗଲା)

ପୂର୍ଣ୍ଣବାବୁ : ଶୁଣ ପ୍ରସନ୍ନ - ଟିକେ ଘର ଉପରେ ଧ୍ୟାନ ଦେ। ମୁଁ ଯେତେ ଯାହା କହିଲେ ବି ବାପା ତ ବାପା ନା - ଏ ଘର ନଷ୍ଟ ହୋଇଯିବ ରେ ବାବୁ - ରିଟାୟାର ପରେ ଫେରିବୁ କୋଉଠିକି ?

ପ୍ରସନ୍ନ : ପ୍ରତିମାଟା ବି ନରମା ପଡ଼ିଲା।

ପୂର୍ଣ୍ଣବାବୁ : ଜୀବନସାରା ତ ବୋହୂପଣିଆ କଲା। ଶାଶୂପଣ ଆସୁଛି କୋଉଠୁ ? ମୋ କଥା ମାନ - ଯାହା କହିବ ଏକାଠି କୁହ। ପିଲାଙ୍କ ଆଗରେ କଥା କଟାକଟି ହୁଅନି। (ଚାଲିଗଲେ)

ପ୍ରସନ୍ନ : ତୁମ କଥା ମନେ ରଖିବ ବାପା - ତୁମ ମୁରବିପଣକୁ ମୋର ଜୁହାର।

ଶେଷ ଦୃଶ୍ୟ

(ରବିବାର - ସମୟ ପ୍ରାୟ ୧୦ଟା ପୂର୍ଣ୍ଣବାବୁ ଓ ସଂକେତ କଥା କହୁଥିଲେ।)

ପୂର୍ଣ୍ଣବାବୁ : ଆରେ, ଶିଳା କ'ଣ ଭାବିଲା ତା ଚାକିରି କଥା ?

ସଂକେତ : ତୁମ କଥା ଶୁଣି ସେ ଟିକେ ମନ ପରିବର୍ତ୍ତନ କରିଛି। ଭାବୁଛି ଗୋଟେ କ୍ରେଚ୍ କରିବ ନାହିଁ ତ ବୁଟିକ୍। ଏଇଠି ଆମ ଘର ଗ୍ରାଉଣ୍ଡ୍ ଫ୍ଲୋର୍‌ରେ ହୋଇଯିବ। ସେ ଘରେ ବି ରହିବ ଆଉ ତା ବ୍ୟବସାୟ ସାଂଗରେ ସଉକ ବି ପୂରା କରିବ।

ପୂର୍ଣ୍ଣବାବୁ : ବାଃ ଶିଳା ତ କେତେ ଭାବୁଛି, ପାଠୁଆ ଝିଅ, ବୁଦ୍ଧିମତୀ (ଡାକିଲେ) ଶିଳା ମା ଶୁଣିଗଲୁ।

ଶିଳା : ମତେ ଡାକିଲେ ଜେଜେ। ମୁଁ ଟିକେ ନୂଆ ରେସିପି ଟ୍ରାଇ କରୁଛି ବୋଉଙ୍କ ସହିତ।

ପୂର୍ଣ୍ଣବାବୁ : ଆରେ ସଂକେତଠୁ ତୋ future plan କଥା ଶୁଣିଲି। ତୁ ବୁଟିକ୍ କର ମା। ଦିନେ ଦି'ଦିନ ବନ୍ଦ ହେଲେ ଯାଏ ଆସେ ନାହିଁ। କ୍ରେଚ୍‌ରେ ପିଲାମାନଙ୍କୁ ନେଇ ଆକ୍ରାନ୍ତ ହେବୁ। ସେମାନଙ୍କ ବାପା ମାଆ ବି ତୋ ଉପରେ ନିର୍ଭର କରି ଅସନ୍ତୁଷ୍ଟ ହେବେ। (ଆସିଲେ ପ୍ରସନ୍ନ)

ପ୍ରସନ୍ନ : କ'ଣ ମୋ ବୋହୂ ବୁଟିକ୍ କରିବ ମୁଁ ଜାଣିବିନି ? ଆରେ ଶିଳା।

ଶିଳା : ନାଇଁ ବାପା ମୁଁ କାଲି ୟାଙ୍କୁ କହିଛି। ଆଜି ସେ ଆଗ ଜେଜେଙ୍କୁ କହିଦେଲେ - ବୋଉ ଆଉ ବାପା ନ ଜାଣି କ'ର ମୁଁ କିଛି କରିପାରିବି ?

ସଂକେତ : ଆଚ୍ଛା ମୋ ସୁନାନାକୀ ଭଉଣୀକୁ ଡାକିବନି କେହି ବୁଟିକ୍ ଉଦ୍‌ଘାଟନ ବେଳେ ?

ପୂର୍ଣ୍ଣବାବୁ : ସ୍ୱାତୀ ନ ଆସିଲେ କ'ଣ କିଛି ହେବ? ଆଗ କାମ ଆରମ୍ଭ କରିଦିଅ, ଉଦ୍‌ଘାଟନ ପାଇଁ ସମୟ ଅଛି-

ଶିଳା : ନାଁଟା ଜେଜେ ଦେବେ - ନାଁ କ'ଣ ବାପା -

ପୂର୍ଣ୍ଣବାବୁ : ମୁଁ ଯାହା କହିବି କେହି ଆଉ ପଛରେ ବଦଳାଇବନି ତ ?

ସମସ୍ତେ : (ଏକାଠି) ନାହିଁ।

ପୂର୍ଣ୍ଣବାବୁ : ‘ଶୀତଲ’ ଦିଅ - ସଂକେତ ଓ ଶିଳାଙ୍କ ଜଏଣ୍ଟ ଭେଞ୍ଚର - ସେ ବୁଟିକ୍‌ରୁ ଯିଏ ଜିନିଷ ନେବ, ସେ ପିନ୍ଧିଲେ ଯେମିତି ଆଖିକୁ ଶୀତଳ ଲାଗିବ। ଏ ଉଗ୍ର ପୋଷାକ ମୋର ପସନ୍ଦ ନୁହେଁ - ବୁଝିଲୁ ମା।

ପ୍ରତିମା : ଭଲ କଥା ବାପା - ଆମେ ରାଜି।

ପ୍ରତିମା : ଏବେ ତ ଶିଳା କାହାକୁ ରୋଜଗାର ବି ଦେଇପାରିବ - କି ରୋଜଗାର ପାଇଁ ଘରୁ ଗୋଡ଼ କାଢ଼ିବ କହତ ? ଆଖିତଳ କଳା, ଚିଡ଼ିଚିଡ଼ାପଣ- କ୍ଲାନ୍ତି - ନାଇଁରେ ବାବା।

ଶିଳା : (ଫୋନ୍ ଆସିଲା) ହଁ ମୁଁ ଗୋଟେ ବୁଟିକ୍ କରିବି - ଆମ whatsapp groupରେ ଦେଇଦେ - ନାଁ ହେଲା ‘ଶୀତଲ’। time ପରେ ଜଣାଇ ଦିଆଯିବ- ମୁଁ ରଖୁଛି - ବହୁତ କାମ ଅଛି।

ସଂକେତ : ସବୁ ହେଲା ଯେ ଶିଳା ଦେବୀଙ୍କୁ time management ସହିତ anger mangaement କରିବାକୁ ହେବ।

ଶିଳା : ଜେଜେ, ଦେଖିଲ - ନିଜ ଇଗୋ ଛାଡ଼ି ପାରୁନାହାନ୍ତି ମତେ କହୁଛନ୍ତି।

ପ୍ରସନ୍ନ : ଆରେ ମା ପରିବାର କଲେ କେତେ କ’ଣ ଛାଡ଼ିବାକୁ ହୁଏ ପୁଣି କେତେ କ’ଣ ଜାବୁଡ଼ି ଧରିବାକୁ ହୁଏ। ଖାଲି determination ରଖିଲେ ସବୁ ସମ୍ଭବ।

ପ୍ରତିମା : ମୁଁ ସିନା ଅଧା ପାଠୋଇ ହୋଇ ରହିଲି। (ଦୀର୍ଘଶ୍ୱାସ)

ପ୍ରସନ୍ନ : ତୁମେ ଟିକେ ବୁଟିକ୍‌ର ଆକାଉଣ୍ଟ୍ ଦେଖିଦେବ ବେଳ କରି।

ପ୍ରତିମା : ମୋର ଭଲ ଗଣିତ ହେଉଥିଲାରେ ମାଆ -

ଶିଳା : ଆପଣ ଖାଲି ମୋ ବୁଟିକ୍‌ରେ ଯାଇ ଦିନରେ ଦି’ ଥର ବୁଲିଆସିଲେ ଢେର୍।

ପୂର୍ଣ୍ଣବାବୁ : ଆଉ ମୁନ୍ନିର ମୋର କ’ଣ କରିବୁ ? ଆମ ପାଇଁ କାମ ?

ପ୍ରସନ୍ନ : ତୁମେ ମୁନ୍ନିକୁ ତୁମ ପିଲାଦିନ କଥା କହିବ - ଦେଶଦୁନିଆ ଗପ କହିବ - ତା ସାଂଗରେ ଖେଳିବ।

ପୂର୍ଣ୍ଣବାବୁ : ଆଉ ତୁ ? ତୋର କି କାମ ଅଫିସ୍ ପରେ -

ସଂକେତ : ଠିକ୍ ପ୍ରଶ୍ନ ଜେଜେ - ବାପା କିଛି ଦାୟିତ୍ୱ ନେବେ ନା-

ପ୍ରସନ୍ନ : ମୋର total management ଦାୟିତ୍ୱ ହେଲା ତ ? କିଏ employee ଆସିବେ ଯିବେ, କୋଉ party ଆସିବେ - କେତେ discount ଦିଆଯିବ, କୋଉଠୁ ଅର୍ଡର ଆସିବ, ଏକଥା ମୁଁ ବୁଝିଦେବି ।

ସଂକେତ : ଯାହାହେଉ ଶିଳା ମୁଣ୍ଡରୁ ଭାରୀ ବୋଝ ଗଲା ବୋଲି ଜାଣ ।

ପୂର୍ଣ୍ଣବାବୁ : କାଲି ସକାଳୁ ground floor ସଫା ହେବ । ଲୋନ୍ ପାଇଁ apply ହବ । Showcase ତିଆରି ହେବ - ସବୁ ସରିଲେ ଗୋଟେ ପୂଜା ହେବ । ସେ ପୂଜାରେ ବସିବ ଶିଳା ।

ସଂକେତ : ଆଉ ମୁଁ ?

ପୂର୍ଣ୍ଣବାବୁ : (ହସିଲେ) It is obvious ତୁ ଆଉ ସେ କର୍ତ୍ତା କର୍ତ୍ତ୍ରୀ ହେବ ।

ଶିଳା : କାହାକୁ ଡାକିବା inguration ଦିନ ?

ପ୍ରତିମା : ସ୍ଥାନୀୟ Corporter, ଜଣେ ସମାଜସେବୀ ଆଉ ଜଣେ...

ସଂକେତ : Filmstar ।

ପ୍ରସନ୍ନ : ନାଇଁ ମ ଜଣେ transgender ।

ପୂର୍ଣ୍ଣବାବୁ : ଭଲ ହେବ - ମୁଁ କିନ୍ତୁ preside କରିବି -

ପ୍ରସନ୍ନ : ଏବେ ଶୁଣ ଆମ ପିଲାଦିନ ଥିଲା କଠୋର ଶୃଙ୍ଖଳାର ଦିନ । ଆଜିର ପିଲାଏ ସେ ଶୃଙ୍ଖଳା ମାନିବେନି । ମୋ ଭିତରେ ଯୋଉ କ୍ଷୋଭ ଥିଲା ତାକୁ ତ ମୁଁ ଏତେ ବୟସରେ ବି ସେଦିନ ବାପାଙ୍କ ଆଗରେ ଉଦ୍‌ଗାରି ପକାଇଲି ।

ପୂର୍ଣ୍ଣବାବୁ : ଏଥର ମୁଁ କହେ । ପିଲାଙ୍କୁ ଶୃଙ୍ଖଳା ଲୋଡ଼ା ଯେ ତାହା ପୋଲିସ୍‌ବାବୁଙ୍କ ରୁଲ୍‌ବାଡ଼ି ମାଡ଼ର ଶୃଙ୍ଖଳା ନୁହେଁ । ବାପା ମାଆଙ୍କ ଆଚରଣର ଶୃଙ୍ଖଳା ସେମାନଙ୍କୁ ଭଲକଥା ଶିଖାଇବ -

ପ୍ରତିମା : ବାପା ମାଆଙ୍କୁ ପିଲାଙ୍କ ସାଙ୍ଗ ହେବାକୁ ପଡ଼ିବ । ତାଙ୍କ କଥା ଶୁଣିବାକୁ ବେଳ କରିବାକୁ ପଡ଼ିବ । ନହେଲେ ସମାଜ ଚାଲିବ କେମିତି ?

ପ୍ରସନ୍ନ : ବାପା ଆଜି ତ ଆପଣଙ୍କ ବୋହୂ ପୂରା ଭାଷଣ ଦେଲାଣି -

ପୂର୍ଣ୍ଣବାବୁ : ଦଉ - ତା ଘର ତା ପୁଅ ବୋହୂ ତା ସ୍ୱାମୀ - ସବୁଦିନେ ମୁହଁ ବନ୍ଦ କରି କଥା ମାନୁଥିବ ବୋଲି କୋଉଠି ଲେଖା ଅଛି ?

ଶିଳା : ମୋ କଥା ଶୁଣନ୍ତୁ ସମସ୍ତେ। ଆପଣମାନେ ମୋ ଲାଗି ଆକାଶଟେ ଦେଇଛନ୍ତି। ମୋର ଅଲଗା ଆକାଶ ଲୋଡ଼ା ନାହିଁ। ସେଠି କେମିତି ଉଡ଼ିବି ମୁଁ ଜାଣିନି। ତେବେ ଆପଣମାନଙ୍କ ଦୃଷ୍ଟିରେ ରହିଲେ ଉଡ଼ିପାରିବି, ଏ ବିଶ୍ୱାସ ମୋର ଅଛି।

(ମୁନ୍ନି କାନ୍ଦ ଶୁଭିଲା)

ପ୍ରତିମା : ଯା ଦେଖ ମା - ତୋ ଝିଅ କାନ୍ଦିଲାଣି - (ଶିଳା ଚାଲିଗଲା) ତାକୁ ମଣିଷ କରିବା ତୋର ପ୍ରଥମ ଦାୟିତ୍ୱ।

ପୂର୍ଣ୍ଣବାବୁ : ମୁଁ ଜାଣିଛି ତୁ ପାରିବୁ। ତୋ କୁନି ଝିଅ ତୋଠୁଁ ଶିଖିବ ଲକ୍ଷ୍ୟ ସ୍ଥିର ରଖି ଉଡ଼ିବାର ପାଠ। ଆଉ ମୁଁ ଦୁଃଖ କରୁନି ମୋ ପିଲାଙ୍କୁ ମାଡ଼ ମାରିଥିଲି, ଗାଳି ଦେଇଥିଲି ବୋଲି। ଏବେ ମୁଁ ନିଶ୍ଚିନ୍ତ। ଏଥର ଠାକୁରଙ୍କୁ ଡାକି ଭଲ ଭଲ ବହି ପଢ଼ି ଶେଷଜୀବନ କାଟିଦେବା କଥା - (ମନକୁ ମନ) ହଁ କେବଳ ଆଧ୍ୟାତ୍ମିକ ବହି ପଢ଼ିବିନି ମ, ଭଲ ଗପ ଉପନ୍ୟାସ ବି ମତେ ଦେବେ ଆପଣମାନେ। ମତେ ଖୁସି ଲାଗିବ। (ଫୋନ୍ ଲଗାଇଲେ)

ଆରେ ରାଧାଶ୍ୟାମ, ନରେନ୍, କୃଷ୍ଣ ତୁମେ ସବୁ ସେଠି ଏକାଠି ଅଛ ତ? ମୁଁ ଆସୁଛି। ଦଶ ମିନିଟ୍‌ରେ ପହଞ୍ଚିଯିବି - ଓହୋ - ଖରା ହେଲାଣି କି? ହଉ - ଉପରଓଳି ଯିବି - ଢେର୍ ଗପିବା - କଥା କ'ଣ? ଗଲେ କହିବିନି ଅପେକ୍ଷା କର ... (ସଂକେତ ଆସିଲା)

ସଂକେତ : ଜେଜେ ବୁଟିକ୍ ପାଇଁ ଗୋଟେ ଆର୍କିଟେକ୍‌ଟକୁ କହିବା କି? ସେ plan ଦେବ। ସେ ମୋ ସାଙ୍ଗ। ସେ ପୂରା expenditure ସହିତ ସବୁ କହିଦେବ। ତୁମେ ସମୟଟା କୁହ। ସେ ଆସିବ।

ପୂର୍ଣ୍ଣବାବୁ : ବୁଧବାରକୁ ଡାକେ। ଉପରଓଳି ଡାକିବୁ। ତୋ ବାପ ଆଉ ତୁ ଅଫିସ୍‌ରୁ ଫେରି ଆସିଥିବ। ସେ ଆମ ଘର ଦେଖୁ ଆସି।

■

ଆଶ୍ୱାସନାର ଅନ୍ତିମ ପର୍ବ

ମୁଖଶାଳା

ପ୍ରେକ୍ଷାପଟ୍ଟରେ....

ଧୀର	-	ସହରରେ ଚାକିରି କରନ୍ତି (ବୟସ : ୪୦ ରୁ ୪୨)
ଯଦୁ	-	ଗ୍ରାମ୍ୟ ଯୁବକ (ବୟସ - ୩୫) ରାଜନୀତି ସଚେତନ
ହରି	-	ଗ୍ରାମ୍ୟ ଯୁବକ (ବୟସ- ୩୫) ରାଜନୀତି ସଚେତନ
ମନୋଜ	-	(ଗ୍ରାମ୍ୟ ଶିକ୍ଷିତ ଯୁବକ) (ବୟସ : ୨୦ ରୁ ୨୧)
	-	କଲେଜ ପଢୁଆ
ଆନନ୍ଦବାବୁ	-	ସହରୀ ଭଦ୍ରଲୋକ। ଧୀରବାବୁଙ୍କ ପଡ଼ୋଶୀ (ବୟସ- ପ୍ରାୟ ୫୦ବର୍ଷ)
ଜେଜୀ ମା' / ବୋଉ	-	ବୟସ୍କା ମହିଳା (ବୟସ : ୬୫ରୁ କିଛି କମ୍/ ବେଶି)
ଲୋନି	-	ଧୀରବାବୁଙ୍କ ପତ୍ନୀ (ବୟସ : ୩୮ରୁ ୪୦)
ସରିତା	-	ଗ୍ରାମର ଅଙ୍ଗନବାଡ଼ି କର୍ମୀ (ବୟସ : ୨୫ରୁ ୨୭)

(ସବୁ ସୁବିଧା ଥିବା ଗାଁ ଟିଏ। ଗୋଟିଏ ଖବର ପାଇ ସମସ୍ତେ ବେଶ୍ ଖୁସି। ସେଇ ବିଷୟ ସବୁଠି ଚର୍ଚ୍ଚା। ଗାଁ ମୁଣ୍ଡ ଚାହା ଦୋକାନରେ - ସନ୍ଧ୍ୟାବେଳେ)

ଯଦୁ : ଜାଣିଲୁ ନାଁ, ଏତେ ଦିନେ ଆମକୁ ଗର୍ବ କରିବାର ଗୋଟେ କାରଣ ମିଳିଗଲା।

ହରି : ଆରେ କ'ଣ ହେଲା କି ? ଭଲ କରି କହୁନୁଁ।

ଯଦୁ : ଆମ ଗାଁ ପରା ଏବର୍ଷ ଏ ସବ୍‌ଡିଭିଜନ୍‌ରେ ଶ୍ରେଷ୍ଠ ଗ୍ରାମ ଭାବେ ବିବେଚିତ ହୋଇଛି। ଖବରକାଗଜ ଦେଖୁନୁଁ କି ? ଗାଁ ସାରା ହୁଲୁସ୍ଥୁଲୁ ହଉଚି ପରା।

ହରି : ଓଃ, ଏଇକଥା। କହ୍ନେଇ ଦାଦି ବାଡ଼ି କଦଳୀ କାନ୍ଦି ଚିତ୍ର ପରା ସେଦିନ ଖବରକାଗଜରେ ବାହାରିଥିଲା ? ତୁ ବୋଧେ ଭୁଲିଗଲୁଣି।

ମନୋଜ : (ଅପେକ୍ଷାକୃତ କମ୍ ବୟସ୍କ) ସେଦିନ ପରା ଆମ ଗାଁର ପଧାନ ଘର ବୋହୂ ଦଉଡ଼ି ଦେଇଥିଲା ବୋଲି ଖବର କାଗଜରେ ବାହାରିଥିଲା ?

ଯଦୁ : ରଖ ତୋ'କଥା। ଅଇଲା କଲେଜ ପଢୁଆ ବୁଦ୍ଧି ଦେଖେଇବାକୁ। ଆରେ, କଦଳୀକାନ୍ଦି ବଡ଼ ହେବାରେ ଦାଦିର ଭୂମିକା କ'ଣ ? କିଛି ନାହିଁ। ଆଉ ବୋହୂ ଦଉଡ଼ି ଦେବା ତ ଲାଜ କଥା ନା' ! ଏଥର ଆମ ଗାଁ ପିଇବା ପାଣି, ପାଇଖାନା, ପରିମଳ ବ୍ୟବସ୍ଥା, ସବୁଥିରେ ଫାଷ୍ଟ୍ ପରା।

ହରି : ହଁ, ଦେଖୁଛି ତ ସ୍କୁଲ, ଅଙ୍ଗନବାଡ଼ି ମଧ୍ୟାହ୍ନଭୋଜନ ବି ଠିକ୍‌ଠାକ୍ ଚାଲିଛି। ଯାହା କହ ସେ ସରିତା ଦିଦି କ'ଣ ଶିକ୍ଷା ସହାୟିକା କି ଅଙ୍ଗନବାଡ଼ି, ମନେପଡୁନି ମ' ! ଭାରି ଭଲ ଝିଅଟିଏ। ଗାଁ ଯାକର ସବୁରି ମନନେଇ ଚଳୁଛି ପରା।

ମନୋଜ : ହଁ, ସେ ତ ବାଘ ଛେଳିଙ୍କି ଏକା ତୁଠରେ ପାଣି ପିଆଉଛି।

ଯଦୁ : ସତରେ ଏଇଟା ତ ଅଗମୋଡ଼ା ପିଲା। ସବୁକଥାରୁ ଦୋଷ ବାଛୁଛି। ଆମ ଗାଁ ଝିଅମାନେ ତ କୋଉ ଦୂର ଦୂରାନ୍ତରେ ପରକୁ ଆପଣାର କରି ଅଛନ୍ତି ନାଁ! ସେ ଚାକିରି ହେଉ କି ବୋହୂପଣିଆ କରିବା ହେଉ, ଆରେ ଖୁସି ହୋ'। ଆମ ଗାଁ ପରା ଶ୍ରେଷ୍ଠ ଗାଁ। ଯା' ଭିତରେ କୋଉଦିନ ଭୁବନେଶ୍ୱରରେ ପୁରସ୍କାର ଦିଆହବ ବୋଧେ। ସମିତି ମେମ୍ବର କି ସରପଞ୍ଚବାବୁ ଯିବେ ଆଣିବାକୁ।

ମନୋଜ : ଆଉ ତୁମକୁ ନେବେନି ଆହା... ଚୁ.. ଚୁ..

ହରି : ମନୋଜ ଟିକେ ଚୁପ୍ କଲୁ। କଲେଜରେ ପଢୁଛୁ ବୋଲି ଗୁରୁ ଗୁରୁଜନଙ୍କ ସାଂଗରେ ଥଟ୍ଟା ନକଲ ହଉଚୁ। ଏଥିରେ ପରା ଆମ ସମସ୍ତଙ୍କ ପରିବାରର ସମ୍ମାନ ରହିଛି।

ମନୋଜ : ହଃ- ସମ୍ମାନ, ପରିବାର। ଯୋଉ ଗାଁରେ କାହା ବୋହୂ ଆତ୍ମହତ୍ୟା କରେ, ଝିଅ ଧର୍ଷିତା ହୋଇ ଜଳାଇ ଦିଆଯାଏ, ବୁଢ଼ାବୁଢ଼ୀ ଯୋଗ୍ୟ ପୁଅ ଘରେ ଆଶ୍ରିତ ପରି ବଞ୍ଚନ୍ତି। ସେ କି ଗାଁ ଯେ ପୁଣି ଶ୍ରେଷ୍ଠ ଗାଁ- ଛାଡ଼ ହୋ- ମୁଁ ଆସେ (ଚାଲିଗଲା)

ଯଦୁ : ଆରେ ହରିଭାଇ ଟୋକାଟା କ'ଣ କହିଲା ମ'! ଆରେ ବାଟୁଳି ଭଳିଆତ ଛୁଟି ଆସିଲା ପଦ ପରେ ପଦ। ସତରେ, ପିଲାଗୁଡ଼ା ବେଶି ଭାବୁଛନ୍ତି। ନୁହେଁ?

(ବସ୍ ରହିବାର ଶବ୍ଦ। ଓହ୍ଲାଇଲେ ଧୀରବାବୁ ଓ ତାଙ୍କ ମାଆ। ଧାଇଁଯାଇ ଯଦୁ ଓ ହରି ନମସ୍କାର କଲେ। ତାଙ୍କ ହାତରୁ ବ୍ୟାଗ୍ ନେଲେ।)

ଯଦୁ ଓ ହରି : ଆରେ ଧୀର'ନା! ନମସ୍କାର।

ଯଦୁ : ଜେଜୀ ମା' କି - କ'ଣ ଜେଜୀ ମା'। ପୁଅ ଘରେ ମନ ଲାଗିଲାନି ନା' କ'ଣ?

ହରି : କ'ଣ ରିକ୍ସା ଡାକିଦେବି?

ଜେଜୀ ମା' : ନାଇଁରେ ଚାଲ ଗପି ଗପି ଯିବା। ଏଇ ପାଏ ବାଟ ତ!

ଯଦୁ : ଅଟୋ ଡାକେ ତେବେ। ବ୍ୟାଗପତ୍ର ଅଛି। ଚଞ୍ଚଳ ପହଞ୍ଚିଯିବ।

ଧୀରବାବୁ : ହଉ ଡାକେ। ବୋଉ ଅଟୋରେ ଯିବା ଚାଲେ। ମୁଁ ପରା ପୁଣି କାଲି ସକାଳୁ ଫେରିବି।

ଜେଜୀ ମା : ସେଠି ତ ଫ୍ଲାଟ୍ ଘରେ କୁଆଟି ପରି ଏକୁଟିଆ ବସିବସି ଅଣ୍ଟା ଧରିଯାଇଥିଲା। ଟିକେ ଗୋଡ଼ ଖେଳେଇ ହବ। ତମେ ସବୁ ମୋ'ସାଙ୍ଗରେ ଆସୁନ। (ସମସ୍ତେ ଚାଲିଲେ)

ଯଦୁ : (ଚାଲୁଚାଲୁ) ଆଛା ଜେଜୀ ମା', କେତେ ଦିନ ରହିଲ? ମତେ ତ ଲାଗୁଚି କୋଉ ଯୁଗରୁ ମୁଁ ତମକୁ ଦେଖିନି।

ହରି : ମୁଁ ବି ଗଲା ଅଇଲା ବେଳେ ଅନାଏଁ ତୁମ ପିଣ୍ଡାକୁ। ଖାଲିଖାଲି ଲାଗେ। ଭାବେ ପାନ ଖିଲେ ତ ମିଳିନି କେବେଠୁଁ।

ଜେଜୀମା : ତୁମେଗୁଡ଼ାକ ସତରେ ଦୁଷ୍ଟ। ଆରେ ମୁଁ ତ ଏଇ ମାସେ ଦଶଦିନ ହେଲା ଯାଇଥିଲି, ଆଉ ଯୁଗେ ହେଲା କେମିତି?

ଧୀରବାବୁ : ଆଉ କ'ଣ ସବୁ ଗାଁ ଖବର ଯଦୁ?

ଯଦୁ : ଜାଣିନ କି ଭାଇନା, ଆମ ଗାଁ ଏଥର ଏ ସବ୍‌ଡିଭିଜନ୍‌ରେ ଶ୍ରେଷ୍ଠ ଗାଁ ହୋଇଛି ପରା। ଦି'ଦିନ ହେଲା ଖବରକାଗଜରେ ବାହାରୁଛି। ଦେଖି ନ ଥିବ ବୋଧେ।

ଧୀରବାବୁ : ଆରେ ମୁଁ ତ ଇଂରାଜୀ କାଗଜ ମଗାଏ। ଏ Local News ଆଖିରେ ପଡ଼ିନି।

ହରି : ଆଉ କୁଆଡ଼େ ସବୁ ବୁଲିଲ ଜେଜୀ ମା'? ନାତିନାତୁଣୀ ଖୁବ୍ ମଜା କରିଥିବେ।

ଜେଜୀ ମା' : ସେମାନଙ୍କର ତ ବହୁତ ପାଠ। ସେଥିରେ ପୁଣି ଟିଉସନ୍, ନାଚ, ଗୀତ, ଚିତ୍ର, ବାଦ୍ୟ ଶିଖା।

ଯଦୁ : ଏତେ କଥା କେତେବେଳେ କରନ୍ତି ସେମାନେ? ଏମିତି କେତେ ବୟସ ହେଇଥିବ କି?

ଧୀର : ପୁଅକୁ ବାର ଚାଲିଲା ଆଉ ଝିଅକୁ ଚଉଦ ପୂରି ପନ୍ଦର ହବ ପରା।

ଯଦୁ : ଆମେ ତ ଏଇ ବୟସରେ ସ୍କୁଲ୍‌ରୁ ଆସି ବେଗ୍ ଫୋପାଡ଼ି ପାର୍ ହୋଇଯାଉଥିଲୁ ତୋଟାକୁ ନାଇଁ ତ ନଈକୂଳକୁ। ଗଛଚଢ଼ା, କୋଳିଖିଆ, ମାରପିଟ୍। ଖରାଦିନେ ପୋଖରୀ ବୁଡ଼ା...

ଜେଜୀ ମା' : ଥାଉରେ ଯଦୁ। ଏଗୁଡ଼ାକ କିଏ ଜାଣିନି ଯେ ତୁ ଗପୁଛୁ? ଏବେ ପରା ପିଲାଏ ମଣ ହଉଚନ୍ତି ବଡ଼ ମଣିଷ ହେବେ ବୋଲି। ଯେମିତି ଖତସାରପିଡ଼ିଆ ଦେଇ ଗଛକୁ ବଢ଼ାଯାଏ ଠିକ୍ ସେମିତି।

ହରି : ହଉ, ଯେତେବେଳେ ଯୋଉ କଥା। ଆମକୁ ବା କ'ଣ ଜଣା ସେସବୁ।

ଧୀରବାବୁ : ବୁଝିକୁ ହରି। ବୋଉ ତ ପୂରା ବ୍ୟସ୍ତ ପିଲାଗୁଡ଼ାଙ୍କ ଖଟଣି ଦେଖି। ଖାଲି କାନିରେ ପୋଛି ପକଉଥିବ ତାଙ୍କ ମୁହଁ। ତୋ ଭାଉଜବି ବୋଉକୁ ଦେଖି ବ୍ୟସ୍ତ ହଉଥିବ।

ଜେଜୀ ମା' : ହଁ, ଶୁଣ। ଆମ ଧୀର ପାଖରେ କାମ କରୁଛି ସୁମନ ବୋଲି ପିଲାଟିଏ। ମୁଁ ତାକୁ 'ମନ' ବୋଲି ଡାକେ। ସେ ମତେ ବହୁତ ବୁଲେଇଛି। କେବେ ଧୀର ଗାଡ଼ିରେ, ନ ହେଲେ କେବେ ଅଟୋରେ। କୋଉଦିନ ମନ୍ଦିର ଯାଇ ତ କୋଉଦିନ ପାର୍କ

ନହେଲେ ପ୍ରଦର୍ଶନୀ। ସହରରେ ତ ସବୁଦିନେ କେତେ ନାଚ ଗୀତ ଉତ୍ସବ। ଯାହା ମନ ଦେଖୁଥା'।

ଧୀରବାବୁ : ହଁ ସେ ପିଲାଟି ଭାରି ବିଶ୍ୱାସୀ ଆଉ ଭଦ୍ର।

ହରି : ଦିନେ ଅଧେ ବି ଭାଇନା-ଭାଉଜ ଯାଇନାହାନ୍ତି ସାଂଗରେ ?

ଧୀରବାବୁ : ଥରେ ଯାଇଥିଲୁ ଯେ, ମୋର ଗୋଟେ Urgent Call ଆସିଲା। ତେଣୁ ମୁଁ ଅଧାବାଟରୁ ଫେରିଆସିଛି। ସିଧା ଗଲି ଅଫିସ୍। ତୋ' ଭାଉଜ ସେଦିନ ଖୁବ୍ ବିରକ୍ତ ହେଲା। ଜାଣିଛୁ ତ ଚାକିରି କଥା !

ଜେଜୀ ମା' : ହଁ ମ - ସେମିତି ହୁଏ। ସବୁଦିନେ କ'ଣ ସବୁକଥା ସମାନ ଥାଏ ?

ହରି : ହଉ, ତୁମ ଘର ତ ଦିଶିଲାଣି (ଜେଜୀ ମା'ଙ୍କୁ) ଭଲ ହେଲା, ତୁମେ ଗାଁକୁ ଚାଲି ଆସିଲ। (ଆଗକୁ ଗଲେ)

ଜେଜୀ ମା' : ଆରେ ଯଦୁ, ସେ ମଂଗୁଳିଆକୁ କହିବୁ ତ ଆସି ଘେରାଏ ବୁଲିଯିବ। ଘର କ'ଣ ଏ କେଇ ଦିନେ ଆଉ ଘର ଅବସ୍ଥା ହେଇଥିବ କି ?

ଧୀରବାବୁ : ତୁ ଚାଲେ ବୋଉ। ମୁଁ ପରା ଅଛି। ତୁ ଯାହା କହିବୁ କରିଦେବି।

ଜେଜୀ ମା' : ଆରେ ତୁ କ'ଣଟା କରିପାରିବୁ ? ପାଣି ଦି' ବାଲ୍‌ଟି ଆଣିଦେଲେ ତ ଢେର। ଝଡ଼ା ସଫା ବହୁତ କାମ ଅଛି ପରା। ଦି' ଚାରିଟା ମଜୁରୀ ଲାଗିବ।

ଯଦୁ : ହଉ ଧୀର'ନା, ତୁମ ଯାଅ। ଆମେ ଆସୁଛୁ। ଆଜି ଜେଜୀ ମା'ଙ୍କ ସକାଶେ ଚଞ୍ଚଳ ଘରକୁ ଫେରିଲୁଣି। ଆମ ଘରଣୀମାନେ ଅବିଶ୍ୱାସରେ ଘଡ଼ିଏ ଆମ ମୁହଁକୁ ଚାହିଁବେ ଏଥିଲାଗି। (ହସିହସି ଚାଲିଗଲେ)

ଦ୍ୱିତୀୟ ଦୃଶ୍ୟ

(ପରଦିନ ସକାଳ। ଗାଁ ଘରେ ଧୀରବାବୁ ଚାହା ପିଉଛନ୍ତି। ମୋବାଇଲ୍ ବାଜିଲା)

ଧୀରବାବୁ : ହ୍ୟାଲୋ, ନାଇଁ ମୁଁ ଆଜି ଯାଇପାରୁନି। ..... ଏଠି ଟିକେ ଘର ସଜାଡ଼ି ନଦେଲେ ବୋଉ ବିଚାରୀ ହଇରାଣ ହେବ। ଆରେ.... ଚଳାଇ ନେଇଥିବ... Parent teacher's meetingକୁ ଏକୁଟିଆ ଏଇଥରକ ଚାଲିଗଲେ ହବନି... ଡ୍ରାଇଭର ଅଛି ପରା।

ହେଲା... ପ୍ଲିଜ୍... କାଲି eveningରେ ପହଞ୍ଚିବି.... ହଁ, ଅଫିସ୍‌କୁ phone କରିଦବ.... ଏଠୁ... ଏଠୁ ଟାୱାର ପାଉନି। (ଆସିଲେ ଜେଜୀ ମା')

ଜେଜୀ ମା'/ବୋଉ: ଆରେ ପୁଅ ଆମ ଲୋନି ଫୋନ୍ କରିଥିଲା କି ?

ଧୀର : ହଁ ବୋଉ, ଆଜି ପୁଅ ସ୍କୁଲ୍‌ରେ କ'ଣ ମିଟିଂ ଅଛି ଯେ, ସେଇଆ କହୁଥିଲା।

ଜେଜୀ ମା'/ବୋଉ: ଏକୁଟିଆଟା ବ୍ୟସ୍ତ ହଉଥିବ ସେ, ତୁ ଏବେ ଚାଲି ଯା'... ବାରଟା ସୁଦ୍ଧା ପହଞ୍ଚିଯିବୁ।

ଧୀର : ବୋଉ, ଏ ଘର କେମିତି ଅରମା ବଣ ଭଳିଆ ହେଇଛି ଏଠି ସାପ ବି ଥିବେ। କାଲି ତ ଦେଖିଲୁ ଚେମେଣିଆ କେମିତି ଉଡ଼ିଲେ। ଏଠି କେମିତି ତତେ ଛାଡ଼ି ଦେଇଯିବି।

ଜେଜୀ ମା'/ବୋଉ: ମଂଗୁଳିଆ ଆସୁଥିବ। ତାକୁ ଲଗେଇ ମୁଁ ସବୁ ସଫା କରିଦେବିନି !

ଧୀର : ସେ ଆସୁ ଦେଖିବା (ଆସିଲା ଯଦୁ, ହାତରେ ଖବରକାଗଜ)

ଯଦୁ : ଧୀର'ନା ! ତୁମ ଲାଗି ପେପର୍ ଆଣିଚି। ମୁଁ ଜାଣେ ପରା, ତୁମେ ସକାଳୁ ଚାହା ପିଇଲା ବେଳେ ପେପର ପଢ଼ିବାକୁ ଖୋଜୁଥିବ। (ବଢ଼ାଇଦେଲା)

ଧୀର : ବାଃ, ତୋର ତ ଭଲ ବୁଦ୍ଧିରେ ଯଦୁ। (ଖବର କାଗଜ ଦେଖି) ଏଇଟା ତ ଗତକାଲିର।

ଯଦୁ : ତମକୁ ବାଟରେ କହୁ ନଥିଲି ଆମ ଗାଁ ବେଷ୍ଟ୍ ଗାଁ ହେଇଚି, ସେଇ ନିଉଜ୍‌ଟା ବାହାରିଛି କାଲି କାଗଜରେ। ତମେ ଦେଖିବ ବୋଲି ଆଜି କାଗଜ ସାଂଗରେ ସେଇଟା ଆଣିଚି ପରା।

ଧୀର : ଆଉ ଗାଁ ଖବର କହ ! ମୁଁ ତ ଜଂଜାଳରେ ପେଷି ହେଇଯାଉଚି। ଏଣେ ଅଫିସ୍ ଜଂଜାଳ। ତେଣେ ଘର ପିଲାଛୁଆ।

ଯଦୁ : ଭାଉଜ ପରା ଏତେ ପାଠ ପଢ଼ିଛନ୍ତି..., ତତେ ସାହାଯ୍ୟ...

ଧୀର : ସେ ତ ମୋର ସବୁଠୁ ବଡ଼ ଜଂଜାଳରେ ଯଦୁ। ସାହାଯ୍ୟ ନା ଚୋପା। ଖାଲି ବାପଘର ଗର୍ବ ଅହଂକାର। ଆଜି ସକାଳୁ ଫୋନ୍ କରି କହୁଛି ଆଉ କେଇଟା ଦିନ ଗଲେ ଯୋଉ ଘରବାଡ଼ି ବିକା ହବ ତାକୁ ଯତ୍ନ କରିବାକୁ ଏତେ ବ୍ୟସ୍ତ କାହିଁକି ?

ଯଦୁ : ସେ କାହୁଁ ଜାଣିବେ, ତୁମ ଲାଗି ସେ ବାଡ଼ିଘର ନୁହେଁ ତୀର୍ଥଭୂଇଁ

(ଆସିଲେ ଜେଜୀ ମା'- ହାତରେ ଚା'କପ୍)

ଯଦୁ : ଓଳଗି ଜେଜୀ ମା'। ଖବରକାଗଜ ଧରି ଆସିଥିଲି ଧୀର'ନା ପାଖକୁ।

ଜେଜୀ ମା' : ତୋ' ପାଟି ଶୁଣିଲି ତ, ଚାହା ନେଇ ଅଇଲି ପରା (ବସିପଡ଼ିଲେ) ଆରେ ଯଦୁ, ମତେ ଡାକୁଚୁ ଜେଜୀ ମା'। ତାକୁ ଡାକୁଚୁ ଧୀର'ନା। ଏ କି ହିସାବ କିରେ ?

ଯଦୁ : (ଲାଜରା ହୋଇ) ସେମିତି ତ ଡାକି ଆସିଚି, ଆଜି କ'ଣ ବଦଳିଯିବ ?

ଜେଜୀ ମା' : ଆଉ ତୋ' ପିଲାଛୁଆ, ଜମିବାଡ଼ି, ହଳବଳଦ ଖବର କହ ? ସବୁ ଠିକ୍ ଚାଲିଚି ତ ?

ଯଦୁ : ଏ ଯୋଉ ବଜାର ଦର ଦେଖୁଚ। ଚାଷୀ ମୁଣ୍ଡରେ ତ ଚଡ଼କ। ଧାନ ବିକ୍ରି ହେଇପାରୁନି।

ଧୀର : ଏ ତ ବଡ଼ ଅଦ୍ଭୁତ ପରିସ୍ଥିତି। ନାଇଁରେ ଯଦୁ।

ଯଦୁ : ତମେ ତ ସହରରେ କୋଠାଘରେ ରହିଲ। ଏଠି ଆମ ଘର ଛପର ହେଇପାରୁନି। ଜାଣିଲ ନା ଘରଛପର ଆଉ କାହାକୁ ଆସୁନି ପରା।

ଧୀର : ଏବେ ତ ସବୁ କୋଠାଘର ହେଲାଣି ନା...

ଯଦୁ : କି କୋଠାଘର ? କାହାର ବଖରାଏ, କାହାର ଅଧବଖରା, କାହାର ନିମ୍‌ଟେଲ୍ ଯାଏ। ଚାଳକୁ କ'ଣ ଆମେ ଛାଡ଼ି ପାରିବୁ ?

ଜେଜୀ ମା' : ଧରିଥା' ତୋ' ଚାଳକୁ। ମୁଁ ଦେଖେ ମଂଗୁଳିଆ ତେଣେ ବସିପଡ଼ିଥିବ ତୁନି ହେଇ। (ଚାଲିଗଲେ)

ଯଦୁ : ଧୀର'ନା, ଗୋଟେ କଥା ପଚାରିବି, ସତ କହିବ ?

ଧୀର : ପଚାରୁନୁ।

ଯଦୁ : ଆମ ଭାଉଜ କ'ଣ ଜେଜୀ ମା'କୁ ଠିକ୍‌ରେ ଦେଖୁ ନଥିଲା କି ?

ଧୀର : (ଦୀର୍ଘଶ୍ୱାସ ପକାଇ) ନହେଲେ ଆଉ କେଇଟା ଦିନ କ'ଣ ବୋଉ ମୋ' ପାଖରେ ରହି ନଥାନ୍ତା ? ତୁ ତ ଜାଣିଛୁ ବୋଉ ମୋର କେଡ଼େ ସ୍ୱାଭିମାନୀ।

ଯଦୁ : ହଁ ଜେଜେଙ୍କ ପରେ ସେ ତ ତୁମ ଦିହିଁକି ବଢ଼େଇଛି। ତମକୁ ପାଠ ପଢ଼େଇଛି। ସୁନି ଦେଈକି ଦେଇ ନେଇ ଶାଶୂଘର ପଠେଇଚି। ଜମିବାଡ଼ି ବି ସମ୍ଭାଳିଚି ନାଁ!

ଧୀର : ଯେ ସବୁ ସମ୍ଭାଳିପାରେ, ତାକୁ କେହି ସମ୍ଭାଳି ପାରନ୍ତିନିରେ ଭାଇ, ସବୁରି ପାଇଁ ସେ ବୋଝ ପାଲଟିଯାଏ। (ଦୀର୍ଘଶ୍ୱାସ)

ଯଦୁ : ଛାଡ଼ ସେକଥା। ପିଲାଏ ଆଉ ଟିକେ ବଢ଼ିଗଲେ ଭାଉଜ ଆପେ ବୁଝିଯିବେ ଯେ!

ଧୀର : ସେ ଦିନକୁ ମୋ' ବୋଉ କ'ଣ ଆଉ ଅପେକ୍ଷା କରିପାରିବ? (ଯଦୁ ଚାଲିଗଲା)

ଧୀର : (ବୋଉକୁ ଡାକି) ବୋଉ କୁଆଡ଼େ ଗଲୁ। ଏଠିକି ଟିକେ ଆସୁନୁ। (ଆସିଲେ ଜେଜୀ ମା')

ଜେଜୀ ମା'/ବୋଉ: ଆରେ ଚୂଡ଼ା ମାପୁଥିଲି ପରା। ତୁ ନବୁନି କି? ତୋ'ଝିଅଟା ପରା ଚୂଡ଼ା ଖାଇବାକୁ ଭଲ ପାଉଚି।

ଧୀର : ହଁ ସେଇଥିଲାଗି ତ ତା' ମା' ତାକୁ କହୁଚି ରଷ୍ଟିକ୍, ମାନେ ମଫସଲିଆ।

ଜେଜୀ ମା'/ବୋଉ: ଏ କି କଥାମ? ପିଲାଟା- ହଉ ଆଉ କ'ଣ ନବୁ କହ। ପରିବା ତ କିଛି ବାଡ଼ିରେ ନାହିଁ। ହରି କି କହିଛି ବାଇଗଣ, ଭେଣ୍ଡି ଆଉ ଝୁଡ଼ଙ୍ଗ ଆଣିଦେବ। ରାତିକୁ ମାଛ ଆସିଲେ ଭାଜି ଦେବି। ଘିଅ କିଲେ ମଗେଇଚି।

ଧୀର : ତୁ କ'ଣ ପାଗଳୀ ହେଲୁ ବୋଉ। ଘିଅ ଆଉ କେହି ଖାଉନାହାନ୍ତି ଲୋ। ଏତେ ଦାମ୍ ଦେଇ କିଣିନା ସେଗୁଡ଼ା। ହଁ ଯଦି ଥିବ କିଛି ଆମୁଲ ଦବୁ ମନେକରି।

ଜେଜୀ ମା'/ବୋଉ: ମୁଁ ଭୁଲିଯାଇଥଲିରେ ଧନ। ତୁ ରହିଥା, ମୁଁ ମଂଗୁଳିଆକୁ ମାଣ୍ଡୁ ଉପରକୁ ଚଢ଼ାଏ। (ଚାଲିଗଲେ)

ଧୀର : ତୁ ନିଜକୁ ଯେତେ Normal ବୋଲି ଭାବୁଛୁ, ତୁ ସେତିକି Normal ନୋହୁଁ ମୁଁ ଜାଣେ। ତୁ ମତେ ଲୁଚେଇଲେ ବି You are hurt - ମୁଁ ଅଯୋଗ୍ୟ ବୋଉ। ମତେ କ୍ଷମା କରିଦେ।

ତୃତୀୟ ଦୃଶ୍ୟ

(ତା' ପରଦିନ ଉପରଓଳି, ପହଞ୍ଚିଛନ୍ତି ଧୀରବାବୁ। ଆସିଲେ ଲୋନି)

ଧୀରବାବୁ : ମୁଁ ଖୁବ୍ tired ଲୋନି। ଟିକେ ଚାହା ଦେଲ।

ଲୋନି : ହଁ କି କାମ କରୁଥିଲ ଯେ tired, ବୋଉଙ୍କ ପାଖରେ ଗେହ୍ଲା ହବାଟା ଖୁବ୍ କଷ୍ଟ କାମ ନା ?

ଧୀରବାବୁ : ଏମିତି କହନି ଲୋନି। ସେ ଘର ଦେଖିଲେ କାନ୍ଦ ମାଡ଼ିବ। ମୂଷାଗାତ, ଚେମେଣିଆ ବସା, ବୁଢ଼ିଆଣୀ ଜାଲ। କେମିତି ସନ୍ଧ୍ୟାବେଳେ ବୁଢ଼ୀ ମଣିଷଟାକୁ ଛାଡ଼ି...

ଲୋନି : କିଏ କହୁଥିଲା ଯିବାକୁ? ଆସିବାକୁ ହମହମ ? ପୁଣି ଯିବାକୁ ହମହମ। ତୁମେ ଯେମିତି ତୁମ ବୋଉ ସେମିତି।

ଧୀର : ନାତି ନାତୁଣୀ ଦି'ଟାଙ୍କୁ ଦେଖିବ ବୋଲି ଧାଇଁ ଆସିଥିଲା ଯେ।

ଲୋନି : ଓ ହୋ... ଶରଧାଗୁଡ଼ାକ ବୋହି ପଡୁଥିବ... ମୁଆଁ, ଆରିସା, ନଡ଼ିଆକୋରା ଧରି ଧାଇଁ ଆସିଥିଲେ,... rustic

ଧୀର : ମତେ କପେ ଚାହା ଦବ ବୋଲି ଏତେ କଥା କୁହନା- ମୁଁ ଯାଏ, ନିଜେ କରି ପିଇଦେବି (ଉଠୁଥିଲେ)।

ଲୋନି : ହଉ ବସ, ମୁଁ ତୁମ ପରି ସ୍ୱାର୍ଥପର ନୁହେଁ ମ'... ପିଲା ଦି'ଟାଙ୍କୁ ଛାଡ଼ି ମାତୃସ୍ନେହରେ..... (ଚାଲିଗଲେ)

ଧୀର : (ମନକୁ ମନ) ତୁମେ କୋଉଠୁ ବୁଝିବ ଲୋନି। ସେ ଚାଳଘର ମୋ'ଲାଗି ସ୍ମୃତିର ଗନ୍ତାଘର। ସେଇ ମୂଷାଗାତରେ ମୋ' ଦୁଧଖିଆ ଦାନ୍ତ ଏଯାଏଁ ପଡ଼ିଥିବ। ସେଇ ଓରାରେ ମୋ' ପିଲାଦିନର ଦୋଳି ଦଉଡ଼ି ଏଯାଏଁ ଲାଗିଛି। ଖାଲି ସମୟ ମାଡ଼ରେ ଘୋଷରା ହୋଇଗଲାଣି ଯାହା। (ଆସିଲେ ପଡ଼ୋଶୀ ଆନନ୍ଦ ବାବୁ)

ଆନନ୍ଦ : ଆରେ ଧୀରବାବୁ। ମୁଁ ତ ଭାବିଥିଲି ଆପଣ ଫେରି ନଥିବେ। ଭଲ ହେଲା, ଦେଖା ହେଇଗଲା। ଏବେ ତ ସବୁଆଡ଼େ ଇଲେକ୍ସନ୍ ମାହୋଲ୍।

ଧୀର : ହଁ ଭାଇ, ଏଇ ତ ଫେରିଲି। ଗୋଡ଼ହାତ ଧୋଇନି। (ଡାକିଲେ) ଲୋନି, ଦି'କପ୍ ଚାହା ଆଣିବ। ଆନନ୍ଦବାବୁ ଆସିଛନ୍ତି।

ଆନନ୍ଦ : ଆଉ ମାଉସୀ କ'ଣ କରୁଥିଲେ ?

ଧୀର : ତାକୁ ବେଳ କାହିଁ? ସେ ତ ଘରଝଡ଼ା, ଲିପାପୋଛାରେ ବ୍ୟସ୍ତ। ତା' ସାଙ୍ଗକୁ ମୋ'ଲାଗି ମାଛଭଜା, ମାଣ୍ଟୁ ଉପରୁ ଆମ୍ବୁଲ କଢ଼ା ଇତ୍ୟାଦି ଛୋଟ ବଡ଼ କାମ। ଚୂଡ଼ା, ପରିବା ସବୁ ସଜାଡ଼ି ଦେଇଛି ପରା। ଘିଅ ଦେଉଥିଲା ଯେ ମୁଁ ମନାକଲି। ଘିଅର ଦାମ୍ ତ ସୁନା ଦାମ୍। ତା'ପରେ ଏଠି ଘିଅ କିଏ ଖାଇବ କହିଲେ? (ଚାହା ଧରି ଆସିଲେ ଲୋନି)

ଲୋନି : ହଁ କୋଲେଷ୍ଟ୍ରଲ୍ ବଢ଼ିବାର ଉପାୟ। ଘିଅ ପଠେଇବା ଆଉ ଶ୍ରଦ୍ଧା ନୁହେଁ ବରଂ ଆୟୁଷ କମାଇବାର ବାଟ।

ଆନନ୍ଦ : ସେଗୁଡ଼ା କ'ଣ ମାଉସୀ ବୁଝିପାରିବେ? ମୋ' ବୋଉ ବି ଠିକ୍ ତାଙ୍କରି ପରି ଥିଲା। ମୋ' ସ୍ତ୍ରୀ ତ...

ଧୀର : (ଦୀର୍ଘଶ୍ୱାସ ପକାଇ) ହଁ ବୋଉ ଥିଲାଯାଏ, ମନେ ହୁଏନି ବୋଉ କେତେ Important ଆମ Lifeରେ।

ଆନନ୍ଦ : ହଁ କଥାରେ ଅଛି ଥିଲେ ଚିରାକନା ହଜିଲେ ମାଠ। ଆଚ୍ଛା, ଧୀରବାବୁ ମାଉସୀଙ୍କୁ ଗୋଟେ ମୋବାଇଲ୍ ଦେଇ ଆସିଲେନି? ଖାଲି ଆପଣଙ୍କ ନମ୍ବରଟା ଫିଡ୍ କରି ରଖିଥାଆନ୍ତେ। ତାଙ୍କ ଖବର ତ ଅନ୍ତତଃ ବୁଝି ହୁଅନ୍ତା। ଏ ବୟସରେ...

ଲୋନି : ଯିଏ ଏ ବୟସରେ ଏକୁଟିଆ ଗାଁରେ ଚଳିବ ବୋଲି ଜିଦ୍ କରିବ, କିଏ କ'ଣ କରିପାରିବ କୁହନ୍ତୁ ତ!

ଆନନ୍ଦ : ହଁ ନିଜ ଘରେ ଯେତେ ସ୍ୱାଧୀନ ମଣିଷ...

ଲୋନି : Sorry, ମୁଁ ଏକଥାକୁ ପସନ୍ଦ କରିପାରୁନି। ଏ କି ସ୍ୱାଧୀନତା? ଏଇଟା କ'ଣ ତାଙ୍କ ଘର ନୁହେଁ?

ଧୀର : ସେ ତ ଗାଁକୁ ଗଲାଣି। ସାନ ସାନ କଥାରେ ଏତେ ଯୁକ୍ତିତର୍କ କରି କ'ଣ ଲାଭ? କାଲି ଯଦି ତା' ଦେହପା ଖରାପ ହବ, ସେ ପୁଣି ଆସିବନି? ତା'ର ଆଉ କିଏ ଅଛି ମୋ ଛଡ଼ା?

ଆନନ୍ଦ : ଠିକ୍ କଥା। ମୋ' ସାନଭାଇର ପିଲା ଦି'ଟା ତ ସାନ ଥିଲେ। ମୋ' ପିଲା କଲେଜକୁ ଯିବା ପରେ ବୋଉ ଆଉ ଏଠିକି ଆସିବାକୁ ଜମା ମଙ୍ଗୁ ନଥିଲା।

ଲୋନୀ : କାହିଁକି?

ଆନନ୍ଦ : ତାର ଗହଳି ଦରକାର । କାହା ସାଂଗରେ ବକବକ ହବ ଦରକାର । ଚୁପ୍‌ଚାପ୍ ଘରେ କୁଆଡ଼େ ତା' ନିଃଶ୍ୱାସ ରୁନ୍ଧି ହୋଇଯାଏ ।

ଧୀର : ଏବେ ତ ଏଠି ଆପଣ ଦି'ଜଣ । ସାନପୁଅ ବୋଧେ ପ୍ରତି Weekendରେ ଆସେ । ତାକୁ ଏଇଠୁ ମୁଁ ଦେଖେ ବେଳେବେଳେ ।

ଆନନ୍ଦ : ଆଜିକାଲିକା ପିଲା ଆଜ୍ଞା । କମ୍ପ୍ୟୁଟର, ଆଇପଡ୍, ମୋବାଇଲ୍, ଇ.ମେଲ୍‌ରେ ଜୀବନ । ଆମ ଭଳି ସାହିପଡ଼ିଶାଙ୍କ ସାଂଗରେ ଗପିବାକୁ ସେମାନଙ୍କର ବେଳ କାହିଁ ?

ଧୀର : ଠିକ୍ କହିଲେ ଆଜ୍ଞା । ଏଠି ତ ଖାଲି Competition । ପରୀକ୍ଷାରେ କାହା ପିଲା ଅଶୀ ରଖେ, କାହାର ଅଠାଅଶୀ, ପୁଣି ଆଉ କାହାର ବୟାନବେ ।

ଲୋନି : ୯୫% ବି ଅଛି ଆଜ୍ଞା । ଟିକେ ଏପାଖ ସେପାଖ ହେଲେ ଗଲା । ଜଗି ଜଗି ଏଗୁଡ଼ାଙ୍କୁ ମଣିଷ ପରା ବ୍ୟସ୍ତ ହୋଇଯାଉଛି । ସବୁ କାମ ଛାଡ଼ି ବସିଥା' ପଢ଼ାପାଖରେ ।

ଆନନ୍ଦ : ଏଣେ କହୁଛନ୍ତି ଦଣ୍ଡମୁକ୍ତ ହେବ ସ୍କୁଲ । ତେଣେ ସବୁତକ ମାନସିକ ନିର୍ଯାତନା ଦଉଛନ୍ତି ଫୁଲ ଭଳିଆ କଅଁଳିଆ ଛୁଆଗୁଡ଼ାଙ୍କୁ ।

ଧୀର : ଛାଡ଼ ଭାଇ, ଏଗୁଡ଼ାକ କ'ଣ ସତେ କାହା ଆଖିକି ଦିଶୁନି । How sad.

ଲୋନି : ସେଗୁଡ଼ା ବନ୍ଦ କର । ବୋଉଙ୍କ ପାଖକୁ ଫୋନ୍ କର, ପହଞ୍ଚିଲିଣି ବୋଲି । ନହେଲେ ତୁମର ନୁହେଁ ଦୋଷ ହବ ମୋର । (ଚାଲିଗଲେ)

ଆନନ୍ଦ : ଦୋଷ ଗୁଣରୁ ବଡ଼ ହେଇଛି ମାଉସୀଙ୍କ ପାଖକୁ ଖବର ଦେବା । ଆପଣ ଫୋନ୍ କରନ୍ତୁ, ମୁଁ ଆସେ । (ଚାଲିଗଲେ)

ଧୀର : (ଫୋନ୍ ଲଗାଉ ଲଗାଉ) ଏ ପୂର୍ବପିଢ଼ିଟା ଏତେ ଅଦରକାରୀ ହେଇଗଲା କେମିତି ? ସବୁରି ପାଇଁ ଓଜନ । ଦିନେ ପରା ଏଇ ପିଢ଼ି ବାସୁକୀ ଭଳିଆ ସାରା ସଂସାରର ଓଜନ ସମ୍ଭାଳିଥିଲେ !

ଚତୁର୍ଥ ଦୃଶ୍ୟ

(ଗାଁ ଉପରଓଳି, ପାନ ଭାଂଗୁଥାନ୍ତି ଜେଜୀ ମା'। ଆସିଲେ ଅଂଗନବାଡ଼ିକର୍ମୀ ସରିତା)

ସରିତା : ମାଉସୀ ନମସ୍କାର, କୋଉଦିନ ଫେରିଲ କି ?

ଜେଜୀ ମା' : ପଅରଦିନ ସଂଜବେଳେ ପହଞ୍ଚିଲି ଯେ, ଲାଗିଛି ତ ଘରଝଡ଼ା ସଫାରେ। ଅଣ୍ଟା ଧରିଲାଣି ପରା। ଏବେ ଟିକେ ପାନଡାଲା କଥା ମନେ ପଡ଼ିଗଲା ତ, ଏଠି ବସି ପଡ଼ିଛି।

ସରିତ : ଜାଣିଛ ନାଁ ମାଉସୀ ଏବେ ଗାଁକୁ ଆଉ ଜଣେ ଆଶା ଦିଦି ଆସିଛନ୍ତି ପରା !

ଜେଜୀ ମା' : ଭଲ ନାଁଟି ଆଶା-

ସରିତା : (ହସିହସି) ନାଁ ନୁହେଁ ମାଉସୀ ତାଙ୍କ କାମ ଆଶା ଅର୍ଥାତ୍ ଜନ୍ମ ପୂର୍ବରୁ ଆଉ ପରେ ମା'ଓ ଶିଶୁଙ୍କ ଯତ୍ନ କରିବା ଓ ସେ ସଂପର୍କରେ ସଚେତନତା ସୃଷ୍ଟି କରିବା।

ଜେଜୀ ମା' : ଆଉ ଝିଅ ତୋ'ର କି କାମ ?

ସରିତା : ଏଇ ଛୋଟ ଛୁଆଙ୍କୁ ସଫାସୁତୁରା କରି ସ୍କୁଲ୍ ଆଣି ପାଠ ପଢ଼ାଇବା। ଠିକ୍‌ବେଳେ ସୁଷମ ଖାଦ୍ୟ ଦବା। ସେଥିରେ ପୁଣି ଆଗକୁ ଆସୁଛି ଇଲେକ୍‌ସନ୍ - ହଉ ମାଉସୀ କଥାରେ କହନ୍ତିନି 'ପେଟ ପୋଷ ନାହିଁ ଦୋଷ'।

ଜେଜୀ ମା' : ଆଚ୍ଛା ଝିଅ, ତୁ ତ ଦେଖୁଛୁ ମୁଁ ଏକୁଟିଆ ଲୋକ। କୋଉ ପିଲାଛୁଆ ଏ ଘରେ ଅଛନ୍ତି ଯେ ପାଠ ପଢ଼ିବେ। ତୁ କୁଆଡ଼େ ଆସିଥିଲୁ କହିଲୁନି ତ ମାଆ ?

ସରିତା : ହଁ ମାଉସୀ ଆସନ୍ତାକାଲି ଆମ ଏରିଆରେ ଗୋଟେ କର୍ମଶାଳା ହବ। 'କନ୍ୟାଶିଶୁ ସଂପର୍କରେ ସଚେତନତା' ତୁମେ ନିଶ୍ଚେ ଯିବ। ଚାରିଟାବେଳେ ମିଟିଂ ଆରମ୍ଭ। ସନ୍ଧ୍ୟାବେଳକୁ ଯେ ଯାହା ଘରକୁ ଫେରିଯିବା।

ଜେଜୀ ମା' : କି ସଚେତନତା ? କିଏ ଆମକୁ ସଚେତନ କରାଇବ ? ଭଲ କରି କହିଲୁ। ଆମେ କ'ଣ ଅଚେତା କି ?

ସରିତା : ନାଇଁ ଯେ ଆମ B.D.O. ଆସିବେ। କେତେ N.G.O. ଓ S.H.G. ର ପ୍ରତିନିଧି ଆସିବେ। M.L.A. ଆସି ଉଦ୍‌ଘାଟନ

କରିବେ। ଜଣେ ବିଦେଶ ଫେରନ୍ତା ଇଞ୍ଜିନିୟର୍ ବି ଆସୁଛନ୍ତି। ସେମାନଙ୍କୁ ଦେଖିବାକୁ ତ ଖୁବ୍ ଭିଡ଼ ହେବ। ତୁମେ ନିଶ୍ଚୟ ଆସିବ ମାଉସୀ।

ଜେଜୀ ମା' : ଆଲୋ ଝିଅ, ଆମ କନ୍ୟାଶିଶୁଙ୍କ କଥା ସେ କ'ଣ ବୁଝେଇବେ ଆମକୁ? ମୁଁ କହୁଛି ଶୁଣୁନୁ। ଝିଅମାନେ ଘରର ଇଜ୍ଜତ୍। ଝିଅ ନଥିଲେ ସଂସାର ଚଳିବ କେମିତି? (ଆସୁଥିଲା ଯଦୁ। କଥାଶୁଣି ଅଟକିଗଲା କବାଟ ପାଖରେ)।

ସରିତା : ସତକଥା ମାଉସୀ। ସେମାନେ ଦେଶ ବିଦେଶରୁ ଉଦାହରଣ ଦେବେ। ଯେଉଁମାନେ ଏସବୁ କଥା ଜାଣି ନଥିବେ ଜାଣିବେ।

ଜେଜୀ ମା' : ଏକଥା କିଏ ନ ଜାଣିଛି କହିଲୁ? ଦୁହିତା ଦୁଇ କୁଳକୁ ହିତା। ସେ କନ୍ୟାରତ୍ନ।

ସରିତା : ତୁମ କଥା ଶୁଣିବାକୁ ଭାରି ଭଲ ଲାଗୁଛି ମାଉସୀ। ମୁଁ ଆଜି ଯାଉଛି। ବହୁତ କାମ ଅଛି। ଆଉଦିନେ ବେଳ କରି ଆସିବି ଯେ ତୁମ କଥା ଶୁଣିବି। (ନମସ୍କାର କରି ଚାଲିଗଲା) (ଭିତରକୁ ଆସିଲା ଯଦୁ)।

ଯଦୁ : ସେ ଦିଦି କୁଆଡ଼େ ଆସିଥିଲା କି?

ଜେଜୀ ମା' : ନାଇଁ ମ, କାଲି କ'ଣ ସଭା ହବ କନ୍ୟାଶିଶୁ ବିଷୟରେ। ସେଥିଲାଗି ଡାକିବାକୁ ଆସିଥିଲା ପରା।

ଯଦୁ : ତୁମେ ତାକୁ ଯାହା ସବୁ କହୁଥିଲ, ମୁଁ କବାଟ ପାଖରେ ଠିଆ ହୋଇ ସବୁ ଶୁଣିଚି ଜେଜୀ ମା'। ଆମ ପଞ୍ଚାୟତ ସମିତିର ଯୋଉ ଭୋଟ ହବ ତୁମେ ସେଥିରେ ସମିତିମେମ୍ବର।

ଜେଜୀ ମା' : ହଁ ଆଉ ୫ଟା ବର୍ଷକୁ ତିନିଗୋଡ଼ିଆ ହେଇ ବାଡ଼ି ଧରିବି ଆଉ ଏବେ ଠିଆ ହେବି, ନାଚିବି, ଏଗୁଡ଼ା ଥଟ୍ଟା କଥା। ତତେ ଆଉ ଥଟ୍ଟା କରିବାକୁ ଲୋକ ମିଳିଲେନି?

ଯଦୁ : ନାଇଁ ମୁଁ ଆଜି କହିଦେବି ପାର୍ଟିର ଲୋକାଲ୍ ଲିଡ଼ରଙ୍କୁ। ମୁଁ Prospective Candidate ପାଇଯାଇଛି।

ଜେଜୀ ମା' : ତୁ ଗଲୁ ଏଠୁ? ମୋର ବହୁତ କାମ।

ଯଦୁ : ମୁଁ ଟିକେ ମନୋଜକୁ ଖବର ଦିଏ। (ପକେଟ୍‌ରୁ ମୋବାଇଲ କାଢ଼ି ଲଗାଇବା ବେଳେ ମନୋଜ ପହଞ୍ଚିଲା)

ମନୋଜ : କାହିଁ ଡାକ ପକେଇଲ କହ ?

ଯଦୁ : (ଆନନ୍ଦରେ) ଜାଣିଲୁ ନାଁ-ଆମ Prospective Candidate ଆମ ଜେଜୀ ମା'-

ମନୋଜ : ବାଃ ଭଲ କଥା ତ ! ଜେଜୀ ମା' ତୁମ ନାଁଟା କ'ଣ କହିଲ ?

ଜେଜୀ ମା' : ମୁଁ ମୋ' ନାଁ ଭୁଲିଗଲିଣି । କ'ଣ ଦରକାର ? କ'ଣ ଏ ବୟସରେ ଚାକିରି କରିବି ନା କ'ଣ ?

ମନୋଜ : ପ୍ଲିଜ୍, କହ ନା ଜେଜୀ ମା' ।

ଜେଜୀ ମା' : ମୋ'ନାଁ ଭବାନୀ ଦେବୀ । ନନା କହୁଥିଲେ ଦେବୀ ରହିଲେ ଭଲ । ଯାହା ଘରକୁ ଯିବ ଆଉ ସାଂଗିଆ ବଦଳର ଝାମେଲା ନଥିବ ।

ମନୋଜ : ବା ! ଭଲ ବୁଦ୍ଧି ତ ? ହଉ, ମୁଁ ଆସେ ଏଥର ।

ଯଦୁ : ଟିକେ ବସୁନୁ । (ହସଚାପି) କାଲିର କନ୍ୟାଶିଶୁ ସଚେତନତା ବିଷୟ ଶୁଣିବା ଜେଜୀ ମା'ଠୁଁ ।

ଜେଜୀ ମା' : ଏ ତ ସତରେ ଭାରି ଅବାଧ୍ୟ ପିଲା ।

ମନୋଜ : ସତରେ ଝିଅଙ୍କ ଅବସ୍ଥା କି ସଂଗୀନ ହେଲାଣି ? ଖବରକାଗଜ ଖୋଲିଲେ ଖାଲି ହତ୍ୟା, ଧର୍ଷଣ, ଲୁଟପାଟ, ପୋଡ଼ା ଜଳା... ଘୋର ଲଜ୍ଜା ।

ଜେଜୀ ମା' : ତେବେ ମଣିଷର ମନ କେମିତି ବଦଳିବ ସେଥିଲାଗି ସଭା କରନ୍ତେ ସିନା !

ମନୋଜ : ହଁ, ଦେଖୁଛ ତ ବଡ଼ବଡ଼ ଧର୍ମଗୁରୁଙ୍କ କଥା । ଧପ୍ପାବାଜ୍ ଗୁଡ଼ା ।

ଜେଜୀ ମା' : ନାଇଁରେ, ସମସ୍ତେ ସମାନ ନୁହଁନ୍ତି ।

ଯଦୁ : ଆଚ୍ଛା ଜେଜୀ ମା', ତୁମେ ଆଉ ଖବରକାଗଜ ମଗାଉନ କି ?

ଜେଜୀ ମା' : ଭଲ କଥା ମନେ ପକେଇ ଦେଲୁ ବାପ । ମୋ' ଚଷମାଟା ପରା ଧୀର ଘରେ ଛାଡ଼ିଦେଇ ଆସିଚି । ତୁ ଟିକେ ତାକୁ ଫୋନ୍ କରିଦେଲୁ । ସେ ପାଇଥଲେ ତ କେମିତି ହେଲେ ଖବର ଦିଅନ୍ତାଣି ।

ମନୋଜ : ଆଚ୍ଛା, ତମେ ଗୋଟେ ମୋବାଇଲ୍ ରଖୁନ । ପୁଅବୋହୂ, ନାତିନାତୁଣୀଙ୍କ ସାଂଗରେ ଗପନ୍ତ, ଯେତେବେଳେ ମନ ହୁଅନ୍ତା ।

ଜେଜୀ ମା' : କଳି ଷଠା ଟପି ଆହୁରି କେତେ ବାଟ ଚାଲି ଅଇଲିଣି ପରା। ଅଜାତି କି ବଣିଜ ଅଡୁଆ ସେଗୁଡ଼ା ମତେ ଆସିବନି। ଧୀର କହୁଥିଲା ଯେ...

ଯଦୁ : ମୁଁ ଯାଏଁ। ଆମ ତିଲୁ ଭାଇକି କହିବି। ସେ ତ ଆମ M.L.A. ଏକଥାଟା ଟିକେ Seriosly ଭାବିବ।

ଜେଜୀ ମା' : କୋଉ ତିଲୁ କିରେ? ଆମ ଧୀର ସାଂଗ ତ? ମୁଁ କ'ଣ ତାକୁ ଜାଣିନି? କ'ଣ କହିବୁ ତାକୁ?

ମନୋଜ : ସେ ତ ଆମ ଅଞ୍ଚଳର ଛାମୁଆଁ ନେତା। ତାକୁ କହିଲେ ଟିକେଟଟା ମିଳିବ।

ଜେଜୀ ମା' : ହେ ପୁଅ, ସେଗୁଡ଼ା କହନା, ମୁଁ କିଏ? ଭୋଟ କିଏ?

ମନୋଜ : ହଉ ଦେଖିବା Let us try (ଚାଲିଗଲା)

ଜେଜୀ ମା' : ହେ ଯଦୁ, ଟିକେ ଖବରକାଗଜ ବାଲାକୁ କହିବୁ ଆର ହପ୍ତାରୁ କାଗଜ ଦବ। ଆଉ ଧୀରକୁ ମନେକରି ମୋ' ଚଷମା ଖବର କହିବୁ। ମନେ ରହିଲା ତ?

ଯଦୁ : ଏଠୁ ପରା ଟାୱାର ପାଉନି। ମୁଁ ପଦାକୁ ଗଲେ ଧୀର ଭାଇକି ତମ ଚଷମା କଥା ନିଶ୍ଚେ ଫୋନ୍ କରି କହିବି। ତା' ସାଂଗରେ ତୁମେ ଇଲେକ୍ସନ୍‌ରେ ଠିଆ ହବା କଥା ବି...। ମନ ସ୍ଥିର କର। (ମନେପକାଇ) ଆଛା ଜେଜୀ ମା', ତୁମେ କୋଉଯାଏ ପଢ଼ିଛ କହିଲ?

ଜେଜୀ ମା' : ଆରେ, ମୁଁ ପରା ଆମ ଗାଁର ପ୍ରଥମ ମାଟ୍ରିକ ପଢୁଆ ଝିଅ, ଯୋଉ ବର୍ଷ ଚୀନ ଭାରତ ଯୁଦ୍ଧ ହେଇନଥିଲା ସେଇ ବର୍ଷ ମୁଁ ପାସ୍ କରିଚି ପରା। ଆମ ବେଳେ ନିଦା ପାଠ ଥିଲା। ଗଣିତ ଯେମିତି କଡ଼ା, ଇଂରାଜୀ ତା'ଠୁଁ କଷ୍ଟ। ତୋ' ଜେଜେଙ୍କର ଟଙ୍କାପଇସା, ଜମିବାଡ଼ି, କାଗଜପତ୍ର, ଜଳକର, ପଥକର ଏକଥା ସବୁ କିଏ ବୁଝୁଥିଲା କହିଲୁ? ଆଜି ସିନା ମୁଁ ଅଲୋଡ଼ା ହେଲି।

ଯଦୁ : ଅଲୋଡ଼ା କିଏ? ତୁମକୁ ପରା ତୁମ ଅଞ୍ଚଳ ଲୋଡୁଛି। ଆମେ ସମସ୍ତେ ଲୋଡୁଛୁ। ଉଠ ଜେଜୀ ମା', ତୁମେ ହିଁ ପାରିବ। ଆଜିକା ପିଲାଠୁଁ ତୁମ ଓଜନ ବେଶୀ। ତୁମ କଥା ନିଶ୍ଚେ ସମସ୍ତେ ମାନିବେ। ମୁଁ ତେବେ ଆସୁଛି। (ଚାଲିଗଲା)

ପଞ୍ଚମ ଦୃଶ୍ୟ

(ଧୀରବାବୁଙ୍କ ଘର। ଲୋନି ଦେବୀ ବସି ଖବରକାଗଜ ପଢୁଥାଆନ୍ତି। ସମୟ ସକାଳ ୯.୩୦, ଆସିଲେ ଧୀରବାବୁ)

ଧୀର : ଆରେ ଲୋନି। ଦେଖିଲ, ବୋଉର ଚଷମାଟା ଠାକୁର ଘରେ ରହିଯାଇଛି। କ'ଣ କରୁଥିବ ବିଚାରୀ।

ଲୋନି : କ'ଣ ପରୀକ୍ଷା ଦେବେ କି ତୁମ ବୋଉ ?

ଧୀର : ଏମିତି ତେଢ଼ା କଥା କାହିଁକି କୁହ ସବୁବେଳେ ?

ଲୋନି : ଯିଏ ଅଭ୍ୟାସ କରି ସବୁବେଳେ ଚଷମା ପିନ୍ଧୁଥିବ ସେ ଛାଡ଼ିବ କେମିତି ?

ଧୀର : ବୋଧେ ଭାଗବତ ପଢୁଥିବ କି କ'ଣ। ସେ ଥାକରେ ରଖିଦେଇଥିବ। ମନେ ନଥିବ ଆଉ।

ଲୋନି : କିଏ ଗଲେ ପଠେଇ ଦବ। ରଖି ଦେଇଥା'।

ଧୀର : ଖବରକାଗଜ ଟିକେ ପଢ଼ିପାରୁ ନଥିବ। କେମିତି ତରକାରୀ ରାନ୍ଧୁଥିବ କେଜାଣି ?

ଲୋନି : ସତରେ, ତୁମ ବୋଉ ନିହାତି ସବୁଦିନେ ଖବରକାଗଜ ପଢ଼ନ୍ତି ? ମତେ ତ ସବୁଦିନେ ବେଳ ହୁଏନି।

ଧୀର : ଜାଣିଚ, ଆମ ଗାଁର ସେ ପ୍ରଥମ ମାଟ୍ରିକ୍ ପଢୁଆ ବୋହୂ। କାଳେ କିଏ ଉପରମୁହାଁ କହିଦେବ ବୋଲି ଭାରି ଜଗିରଖି ଚଳୁଥିଲା, ନୂଆ ନୂଆ ବାହାଘର ବେଳେ।

ଲୋନି : ତୁମକୁ କିଏ କହିଲା ଏକଥା ?

ଧୀର : ଆରେ ଗାଁରେ ତ ଏସବୁ କଥା ଯା ମୁହଁରୁ ତା' ମୁହଁକୁ ଚାଲେ। ମତେ କହିବ କିଏ ? (ମୋବାଇଲ୍ ବାଜିଲା) ହ୍ୟାଲୋ, ଯଦୁ- ଆରେ (ହସିଲେ) ସେଇ ଚଷମା ମୁଁ ଏବେ ହାତରେ ଧରିଛି ପରା। ତୋ' ଭାଉଜ ଆଉ ମୁଁ ସେଇଆ ଗପ କରୁଛୁ। ଅଫିସ୍ ବେଳ ହେଲାଣି। ହଉ... କାଲି ପଠେଇ ଦେବି। ଆମ ଗାଁ ମୁରଲୀ ତ ପ୍ରାୟ ଯାଉଚି ଗାଁକୁ। ରହୁଚି.. ବୋଉକୁ କହିଦେବୁ।

ଲୋନି : ହେଲା, କେମିତି ହେଲେ ବୋଉ ଜଣାଇଦେଲେ ଯେ ତାଙ୍କ ଚଷମା ଏଠି ରହିଯାଇଛି।

ଧୀର : ଜାଣିଚ ନା ଆମେ ପରା ପିଲାଦିନେ ବୋଉକୁ ପଚାରି ଅଙ୍କ ବୁଝୁଥିଲୁ। ସେ ବି ଭଲ ରଚନା ଲେଖି ଦଉଥିଲା ଆମ ଭାଇ ଭଉଣୀଙ୍କ ପାଇଁ। ହଁ ଆଉ ଗୋଟେ କଥା ଯଦୁ କହୁଥିଲା; ଏଥର ପଞ୍ଚାୟତ ସମିତି Electionରେ ଆମ ବୋଉ Ruling Party Supported Candidate ହେବ ବୋଧେ।

ଲୋନି : ସତେ ନାଁ କ'ଣ ? ସେଇଥିପାଇଁ ଚଞ୍ଚଳ ଛାଟିପିଟି ହେଇ ପଳେଇଗଲେ ବୋଧେ।

ଧୀର : ଯାହା କହ ଆମ ବୋଉ Excellent। ତା' ହାତରନ୍ଧା ଯିଏ ଥରେ ଖାଇଛି...

ଲୋନି : ସବୁ ପୁଅଝିଅ ନିଜ ମାଆମାନଙ୍କୁ ଏକ୍‌ସଲେଣ୍ଟ କହନ୍ତି ମୁଁ ଜାଣେ।

ଧୀର : ସତରେ ବୋଉ ମୋର ଏକ୍‌ସଲେଣ୍ଟ। ଗାଁ ଯାକ ସମସ୍ତେ ତାକୁ ଆଜି ବି ମାନନ୍ତି।

ଲୋନି : ସେଇ ମାମଲତି ସୁବିଧା ହେଲାନି ବୋଲି ତ ଏଠି ଅଣନିଃଶ୍ୱାସୀ ହୋଇଗଲେ। ଏବେ ତ Field ମିଳିଯିବ।

ଧୀର : ତୁମେ ସତରେ ମୋ' ବୋଉକୁ ବୁଝିଲନି ଲୋନି। ପାଠ ପଢ଼ିଚ ସିନା...

ଲୋନି : ହଁ ମୁଁ ତୁମ ବୋଉଙ୍କୁ ବୁଝିନି। ତୁମକୁ ବୁଝିନି। କାହିଁକି ବୁଝନ୍ତି ଯେ ? ମତେ କିଏ ବୁଝିଛି କି ?

ଧୀର : ସବୁ କଥା ଛାଡ଼। ପିଲାମାନେ ବଡ଼ ହେଉଛନ୍ତି। ଆମ ଦିହିଁଙ୍କର ଚଟିଆ ଯୁଦ୍ଧ ଦେଖି ସେମାନେ କ'ଣ ଶିଖିବେ ? କ'ଣ ଭାବିବେ ?

ଲୋନି : ଯାହା ଭାବିବେ ଭାବନ୍ତୁ। ମୋର ଯାଏ ଆସେ ନାହିଁ।

ଧୀର : କାଲି ଯଦି ବବ୍‌ଲୁର ସ୍ତ୍ରୀ ଆସି ତମକୁ Rustic Old Fashioned କହି ଆକ୍ଷେପ କରିବ ?

ଲୋନି : (ରାଗରେ) How dare you ? ମୁଁ କ'ଣ ତୁମ ବୋଉଙ୍କ ପରି... ?

ଧୀର : ରାଗୁଚ କାହିଁକି ? ତୁମେ ଯେମିତି ଏବେ Modern ମୋ' ବୋଉ କି ବୋହୂପଣିଆ କଲାବେଳେ ସେମିତି Modern ଥିଲା।

ଆଉ ୧୨/୧୪ ବର୍ଷ ପରେ ତୁମେ ବି Old Modern ପାଲଟି ଯାଇଥିବ। (ହସିଲେ ନିଜ ରସିକତାରେ)

ଲୋନି : ବାଃ, ମଡର୍ଣ୍ଣ କଥାରୁ ମନେପଡ଼ିଲା। ତୁମ ପୁରୁଣା ସ୍କୁଟରଟା ବଦଳାଇଦିଅ। ଏବେ କେତେ ନୂଆ typeର ମୋଟର ସାଇକେଲ୍ ଆସିଲାଣି... (କଲିଂବେଲ୍ ବାଜିଲା। ଧୀର ଯାଇ ଦୁଆର ଖୋଲିଲେ)

ଧୀର : ଆରେ ମନୋଜ କି? ଆ... ଆ... (ମନୋଜ ଉଭୟଙ୍କୁ ମୁଣ୍ଡିଆ ମାରିଲା)

ଲୋନି : (ଚାହିଁଲା ଆଶ୍ଚର୍ଯ୍ୟରେ)

ଧୀର : ଏ ଆମ ଗାଁ ମନୋଜ। ମୋର ପୁତୁରା ହିସାବ ହେବ। Local Collegeରେ ଏ ବର୍ଷ B.A. ପଢୁଛି ପରା (ମନୋଜକୁ) ଆରେ, କି ଅନର୍ସ ରଖିଛୁ?

ଲୋନି : ହଁ Local Collegeରେ ହେଇ ହେଇ କି ଅନର୍ସ ଥିବ?

ମନୋଜ : ପ୍ରାୟ ସବୁ Subjectରେ ଅଛି ଅନର୍ସ। ମୁଁ Pol. Sc. ନେଇଛି।

ଧୀର : ଭଲ ହେଲା। I.A.S. ଦବୁ ଓ try କର।

ମନୋଜ : ମୁଁ କିଏ ଆଉ I.A.S. କିଏ? ତମେ ବି ଥଟ୍ଟା କଲ ଦାଦା?

ଧୀର : ଛାଡ଼ ସେ କଥା- ଆରେ ସତରେ କ'ଣ ବୋଉ ଏଥର Ruling Partyର Candidate ହବ?

ମନୋଜ : ହଁ ବୋଧେ ଜେଜୀ ମା' ପ୍ରାର୍ଥୀ ହେବେ। ଖୁବ୍ Pressure ପଡୁଛି।

ଲୋନି : ହଁ, ଏସବୁ ଦିବାସ୍ୱପ୍ନ- Candidate, Election (ପରିହାସରେ)

ଧୀର : (ଖୁସିରେ) ମୁଁ ଟିକେ ବୋଉ ସାଂଗରେ କଥା ହୁଏ ଆଗ।

ମନୋଜ : ଆରେ, ଆସିବା କାରଣଟା ଭୁଲିଯାଉଛି। ଜେଜୀ ମା'ଙ୍କ ଚଷମା?

ଲୋନି : ଭଲ ହେଲା ମନୋଜ, ତୁମେ ନେଇଯାଅ, କାଲି ଫେରିବ ତ?

ମନୋଜ : ହଁ ଖୁଡ଼ୀ, ଆଜି ଦିନଟା ସାଂଗ ପାଖରେ ତା' Hostelରେ ରହିଯିବି। ଗୋଟେ ଦି'ଟା Form ପକାଇବାକୁ ଥିଲା ତ?

ଲୋନି : ମନେ କରି ଚଷମା ନବ ଜେଜୀମାଙ୍କର।

ମନୋଜ : ଯାହା କହ ଖୁଡ଼ୀ, ଆମ ଜେଜୀ ମା' ନା ସତରେ Jewel ଖଣ୍ଡେ। ଏତେ ବୟସରେ ବି କି modern ତାଙ୍କ out look।

ଧୀର : ହଁ ମୋ' ବୋଉ ଯେତେବେଳେ ... (ହସିଲା)

ମନୋଜ : ନାଇଁ ଦାଦା କଥାଟା ଠିକ୍ ଓଲଟା। You should feel proud ଯେ ତୁମେ ଜେଜୀ ମା'ଙ୍କ ପୁଅ। ତୁମେ ସତେ ଭାଗ୍ୟବାନ୍।

ଲୋନି : ଥାଉ ସେ କଥା। କି କି Form ପକାଇବ ମନୋଜ ?

ମନୋଜ : ଏଇ Banking, Railway ଏମିତି ୨/୩ଟା ଥିଲା (ସଂକୋଚରେ)

ଧୀର : ଯଦି Writtenରେ qualify କରିବୁ ମତେ ନିଶ୍ଚେ ଖବର ଦବୁ। ମୋର ଏଠି ବହୁତ ଚିହ୍ନାଜଣା ଅଛନ୍ତି। କାଳେ କିଛି...

ମନୋଜ : ନିଶ୍ଚେ ଦାଦା, ଜେଜୀ ମା'ଙ୍କ ଚଷମା ଲାଗି ଆସିଲି ବୋଲି ତ ମତେ ଏତେ ବଡ଼ ଆଶ୍ୱାସନା ମିଳିଲା।

ଧୀର : Sure କହି ପାରୁନିରେ ହେଲେ try କରିପାରିବି ତ ?

ମନୋଜ : ସେଇତକ ଢେର ଦାଦା (ଚଷମା ଧୀର ହାତରୁ ନେଲା) ଆଜି ଟିକେ ଜେଜୀ ମା'ଙ୍କ ସାଂଗରେ କଥାହେବ। ମୁଁ ତେବେ ଆସେ।

ଲୋନି : (ମନୋଜକୁ) ରହ, ମୁଁ ଟିକେ ଚାହା କରେ।

ମନୋଜ : ନାଇଁ ଖୁଡ଼ୀ, ମୁଁ ଚାହା ପିଏନି। ଥାଉ ଡେରିହେଲେ ନେଟ୍‌ରୁ Form କାଢ଼ିବାକୁ ଗହଳ ହେଇଯିବ। ଆଗ ହଷ୍ଟେଲ୍ ଯିବାକୁ ପଡ଼ିବ ତ ! ମୁଁ ଆସେ। ଜେଜୀ ମା'କୁ କହିବି ଚଷମା ପାଇ ସାରିଲେ ଫୋନ୍‌ରେ ଜଣାଇଦେବେ। ବାଏ (ଚାଲିଗଲା)।

ଧୀର : ଯାହା କହ, ଅଭାବୀ ପିଲାଟା ସିନା, ସତରେ ସେ କୋଟିକରେ ଗୋଟିଏ।

ଲୋନି : ତପସ୍ୟା ନା ଛତୁ। ଏସବୁ attention ପାଇବା ଫିକର। ମୁଁ ସମସ୍ତଙ୍କୁ ହାଡ଼େ ହାଡ଼େ ଚିହ୍ନିଛି। (ଚାଲିଗଲା)

ଧୀର : ଥରେ ହେଲେ ସରଳ ଭାବରେ ବୁଝ ଲୋନି। ଏତେ Complecated ହେଲେ ନିଜେ ଧୋକା ଖାଇଯିବ।

ଷଷ୍ଠ ଦୃଶ୍ୟ

(ସହର- ଧୀରବାବୁଙ୍କ ଘର। ସନ୍ଧ୍ୟା ପ୍ରାୟ ୫ଟା।
ଲୋନି କ'ଣ ବହି ଖଣ୍ଡେ ଧରି ବସିଚନ୍ତି ଆସିଲେ ଧୀରବାବୁ)

ଧୀର : କ'ଣ ଏମିତି ବସିଚ ଏଠି ? ମନ ଭଲ ନାହିଁ କି ?

ଲୋନି : ଏଠି ଟିକେ ବସ। ଗୋଟାଏ କଥା କହିବି।

ଧୀର : ଆରେ କୁହ - ଏତେ formality କ'ଣ ?

ଲୋନି : ଆମ ଝିଅ ଜିନା...

ଧୀର : ହଁ ଜିନାର କ'ଣ ହେଲା ?

ଲୋନି : ସେ ଗୋଟାଏ ପିଲା ସାଂଗରେ ମଟର ସାଇକେଲ୍ ପଛରେ ବସି ବୁଲୁଛି। ଖାଲି Schooldress ଫୋପାଡ଼ି ଦେଲେ କାମ ଶେଷ। ମୁଁ ପଚାରିଲି ଯେ... (କଣ୍ଠସ୍ୱର ଭାଙ୍ଗିପଡ଼ିଲା)।

ଧୀର : ହଁ କ'ଣ କହିଲା ସେ ?

ଲୋନି : ସେ କହିଲା ମୋ' ପର୍ସନାଲ ଲାଇଫ୍‌ରେ ତୁମେ କାହିଁକି ଇଣ୍ଟରଫିଅର୍ କରୁଛ ?

ଧୀର : ଏଇ ଆମ ଜିନା, ଏବେ ତ ତାକୁ ଚଉଦ ପୂରି ପନ୍ଦର ଚାଲୁଛି। ହେ ଭଗବାନ୍। (ନିଜକୁ ନିଜେ ବୁଝାଇବା ଭଳି) ନାଇଁ ଲୋନି, ସେ ପିଲା ତା'ର କୋଉ ସାଙ୍ଗର ଭାଇ ହେଇଥିବ, ତୁମେ ଭଲ କରି ବୁଝ। ତା'କୁ ଆସ୍ତେଆସ୍ତେ ବୁଝାଅ।

ଲୋନି : ଆମ ଝିଅ - ଆମ ଝିଅ ମୋ' ମୁହଁ ଉପରେ କଥା କହିଲା ?

ଧୀର : ମୁଁ ଜାଣେ ତୁମକୁ ବାଧିଛି। ହେଲେ ତୁମକୁ ବାଧିବାଟା ଏବେ ବଡ଼ କଥା ନୁହେଁ, ବଡ଼ କଥା ହେଉଛି ତା' ଭବିଷ୍ୟତର ସୁରକ୍ଷା। ଏବେ ତ ସେ School Final ବି ଦେଇନି। ଆଗକୁ ଆହୁରି ଭୟଙ୍କର ସମୟ ଆସୁଛି।

ଲୋନି : ତୁମେ ତାକୁ ଟିକେ ବୁଝାନ୍ତନି।

ଧୀର : ଦେଖିବା ବ୍ୟସ୍ତ ହୁଅନି। (ମୋବାଇଲ୍ ବାଜିଲା) ହ୍ୟାଲୋ... ଓଃ ପ୍ରିନ୍‌ସିପାଲ୍ ସାର୍ ନମସ୍କାର। କ'ଣ ହେଲା ? ଆମ ପୁଅ ଜୁବୁଲା... ଆଇ ମିନ୍ ଶୁଭ୍ରଜ୍ୟୋତି... କ'ଣ ? ହଁ କ'ଣ କହୁଛନ୍ତି... ମୁଁ ଦେଖିବି ସାର୍... Sorry ଆପଣ ଟିକେ ନଜର ଦିଅନ୍ତୁ। ରହୁଛି ଆଜ୍ଞା... ନମସ୍କାର (ଦୀର୍ଘନିଃଶ୍ୱାସ)

ଲୋନି : କ'ଣ ହେଲା ?

ଧୀର : ଆମକୁ ଜୁବୁଲା ସ୍କୁଲ୍‌ର ପ୍ରିନ୍‌ସିପାଲ୍ ଫୋନ୍ କରିଥିଲେ। ଆମ ପୁତ୍ର ଗୁଣମଣିଙ୍କ କଥା କହୁଥିଲେ।

ଲୋନି : ସେ କ'ଣ କାହା ସାଂଗରେ ଝଗଡ଼ା କରିଛି ? ମାରପିଟ୍ କରିଛି ? କହୁନାଁ।

ଧୀର : ଝଗଡ଼ା, ମାରପିଟ୍ ତ ସାଧାରଣ କଥା। ଆମ ପୁଅ...

ଲୋନି : ଆରେ କୁହ...

ଧୀର : ଆମ ବାବୁଙ୍କ ବ୍ୟାଗ୍‌ରୁ ସିଗାରେଟ୍ ବାହାରିଚି।

ଲୋନି : (ହସି) ଏଇକଥା.. କିଏ ରଖି ଦେଇଥବ ତା' ବ୍ୟାଗ୍‌ରେ। ଏଇଟା ତ ସରଳିଆ ପିଲା।

ଧୀର : ଏତେ ଅନ୍ଧବିଶ୍ୱାସ ଭଲ ନୁହେଁ ଲୋନି। ମାନୁଚି ତୁମେ ତା' ମାଆ ହେଲେ ...

ଲୋନି : କ'ଣ ହେଲେ ? ମୁଁ ତ ବାସ୍ନାରୁ ଜାଣିପାରିଥାନ୍ତି ଥରେ ହେଲେ ?

ଧୀର : ସେଇ ବାସ୍ନା ହବାରୁ ତ ରିସେସ୍ ପରେ ତା' Counsellor ତା' ବ୍ୟାଗ୍ ଚେକ୍ କଲେ।

ଲୋନି : ଏଡ଼େ ବକଟେ ପିଲା। (ଜଳିଲେ)

ଧୀର : ଆମକୁ ଏ ପ୍ରୋବ୍ଲେମ୍ ଟାକଲ୍ କରିବାକୁ ପଡ଼ିବ। ହାରିଗଲେ କାନ୍ଦିଲେ ଚଳିବନି।

ଲୋନି : ତୁମେ ଯାହା କହିବ ମୁଁ କରିବି।

ଧୀର : ମତେ ଭୁଲ୍ ବୁଝିବନି ଲୋନି, ମୋ'ବୋଉ ଯେତେବେଳେ ବିକଳ ହଉଥିଲା ତା' ନାତିନାତୁଣୀଙ୍କ ସାଂଗରେ ଗପିବ ବୋଲି। ସେତେବେଳେ ତ ଅଣନିଃଶ୍ୱାସୀ ହେଇ ପଢ଼ାଉଥିଲ !

ଲୋନି : ଆଉ ମତେ କଷ୍ଟ ଦିଅନି। ମୋ' ଭୁଲ୍ ମୁଁ ମାନୁଚି।

ଧୀର : କ'ଣ ନେଡ଼ି ଗୁଡ଼ କହୁଣିକି ବୋହି ସାରିଲା ପରେ ?

ଲୋନି : ହଉ, ଯେତେ ପ୍ରତିଶୋଧ ନଉଚ ନିଅ। କହୁଚି ତ Sorry ସବୁ ମୋର ଭୁଲ୍।

ଧୀର : Sorry କହିଦେଲେ ସବୁ ସରିଯାଏନି ଲୋନି। ନୂଆ କରି ଆରମ୍ଭ କରିବାକୁ ହୁଏ, ତୁମେ ମୋ'ବୋଉର କଷ୍ଟ ନେଇ ପାରିବନି ମୁଁ ଜାଣେ। ହେଲେ ତା'ର ବାକିତକ ଜୀବନ ?

ଲୋନି : ମୋ' ପୁଅ ଝିଅ ଯଦି ବାଟକୁ ଆସିବେ, ତେବେ ମୁଁ ସବୁ ଭୁଲି ତାଙ୍କ ସେବା କରିବି Promise।

ଧୀର : ପୁଣି Condition କଲ ଲୋନି ? Conditionରେ relationship grow କରେନି । ଖାଲି Compromise କରିବାକୁ ହୁଏ ।

ଲୋନି : ପୁଣି ମୋର ଭୁଲ୍ ହୋଇଗଲା । ଚାଲ ଏଥର ଯିବା ଘର ଭିତରକୁ । ପିଲାଙ୍କ ଆସିବା ବେଳ ହେଲାଣି ।

ଧୀର : (ମୋବାଇଲ୍ ବାଜିଲା) ହଁ ଯଦୁ ତୁ ବୋଉ ପାଖରେ ଅଛୁ ତ ? ହଁ କହ... ସତେ... ମୁଁ ତେବେ ଯିବି... ୭/୮ ଦିନ, ହଉ... ତୋ' ଭାଉଜ... ବି ଯିବ... ଦେଖିବା Let us try । ବୋଉକୁ ଫୋନ୍ ଦେଲୁ... ବୋଉ...ତୁ ଜମା ବ୍ୟସ୍ତ ହଅନା ଆମେ ଆସୁଛୁ । ନାଇଁ ତୋର କିଛି କଥା ମୁଁ ଶୁଣିବିନି... ରଖିଲି ।

ଲୋନି : କ'ଣ ଏତେ ଖୁସି ହେଉଛ ?

ଧର : ବୋଉକୁ ଆମର ପଞ୍ଚାୟତ ସମିତି ସଭ୍ୟ ପାଇଁ ପ୍ରାର୍ଥୀ କରାଯାଉଛି । ତା'ର ଏକା ନାଇଁ, ମୁଁ ପାରିବିନି । ଆମେ ଯିବା... ପିଲା ଦିହିଁଙ୍କୁ ତାଙ୍କ ମାଉସୀ ଘରେ ଛାଡ଼ିଦେବା ୨/୪ଦିନ । ତୁମେ ବରଂ ଫେରିଆସିବ ଚାରିଦିନ ରହି । ମୁଁ ରହିବି ଇଲେକ୍ସନ୍ ଯାଏ ।

ଲୋନି : ବାପ୍‌ରେ । ଗୋଟେ ନିଃଶ୍ୱାସରେ ଏତେ କଥା । ତୁମେ କ'ଣ ପାଗଳ ହୋଇଯିବ କି ? କାଲି ଯାଇ ଅଫିସ୍‌ରେ ଛୁଟି ଆପ୍ଲିକେଶନ୍ ଦିଅ । ପଅରଦିନ ସକାଳୁ ବାହାରିଯିବା । କାଲି ସନ୍ଧ୍ୟାରେ କ'ଣ ସବୁ କିଣାକିଣି କରିବା ଘର ପାଇଁ । କେତେ ଲୋକ ଯା'ଆସ କରୁଥିବେ ।

ଧୀର : ମନେ ହେଉଛି ଉଡ଼ି ଯାଆନ୍ତି, ବୋଉକୁ ଜାକି ଧରି କହନ୍ତି- 'ବୋଉଲୋ, ମୁଁ ଅଛି । ତୁ ଜମା ବ୍ୟସ୍ତ ହଅନା ।'

ଲୋନି : ହେଲା ବାବା । ଦେଖେ ଗେଟ୍ ଖୋଲା ହେଲା ବୋଧେ । ଜିନା କି ଜୁବୁଲା କିଏ ଫେରିଲେ ବୋଧେ । (ଚାଲିଗଲେ)

ଧୀର : ଦେଖ ଲୋନି, ଆଚ୍ଛା କହିଲ ମୋ' ବୋଉ Social Fieldରେ କାମ କରିବ, ମୁଁ କାହିଁକି ଭାବିପାରୁନି ? ଏ ଠିକ୍ decission ତ ?

ଶେଷ ଦୃଶ୍ୟ

(୨ଦିନ ପରେ, ଗାଁ- ସମୟ ସନ୍ଧ୍ୟା-
ଜେଜୀ ମା', ଯଦୁ, ମନୋଜ, ହରି ଇତ୍ୟାଦି ସମସ୍ତେ ଏକାଠି ବସିଛନ୍ତି)

ହରି : ଏବେ ଆମ ତିଲୁ ଭାଇ ଆଉ Party President ଆସିବେ।

ଜେଜୀ ମା' : ଆରେ, ତୁମେଗୁଡ଼ାକ ମତେ କାହିଁକି କଲବଲ କରୁଛ ?

ମନୋଜ : ତୁମେ ତ Candidate ହେବାର ସବୁ Criteria fulfill କରୁଛ। ପାଠ ପଢ଼ିଛ। ୨ଟି ସନ୍ତାନର ଜନନୀ ହୋଇଚ। ଏ ପୁଣି ମହିଳା ୱାର୍ଡ।

ଜେଜୀ ମା' : ଓଃ ଏ ବି ଗୋଟେ ପାଲା...

ଯଦୁ : ଆଜି ବୋଧେ ତୁମ ପୁଅ ଆସୁଥିବେ।

ଜେଜୀ ମା' : ଆରେ ଖାଲି ପୁଅ ନୁହେଁ, ପୁଅବୋହୂ ଉଭୟ ଆସିବେ। ମୁଁ ଏଠି ବସିଚି କ'ଣ ? (ଉଠିଲେ)

ହରି : ଆଉ ଟିକେ ବସ। ସେମାନେ ଯାହା ପଚାରିବେ ସବୁ କହିବ। ଏ ଆମ ଇଜ୍ଜତର କଥା।

ଜେଜୀ ମା' : ମୁଁ କହୁଛି ତୁମେ ସବୁ ଲେଖି ରଖ, ସେମାନେ ଆସିଲେ ପଢ଼ି ଶୁଣାଇଦେବ। ଲେଖ - ରାଜନୀତିରେ ମୋର ଆଗ୍ରହ ନାହିଁ। ଯିଏ ନିଜ ପିଲାଙ୍କୁ କଥା ପଦେ କହିପାରେନି ସେ କ'ଣ ଏରିଆ ସମ୍ଭାଳିବ ?

ହରି : ଆମେ ସବୁ ଅଛୁ ପରା ତୁମକୁ help କରିବାକୁ।

ଜେଜୀ ମା' : ତୁମେ ସାହାଯ୍ୟ କରିବ, ମୁଁ ଜାଣିଛି। ହେଲେ ମୁଁ ତ ମୂଳ ନାଁ.. ମୁଁ ଏଥିରେ ରାଜି ନୁହେଁ।

ମନୋଜ : ତୁମ ଭଳି ମହିଳା ରାଜନୀତିକୁ ଆସିଲେ ଦେଶ ସୁଧୁରିଯିବ। କେହି ମିଛ କହି ପାରିବେନି। ଲାଞ୍ଚ ନେବାକୁ ଡରିବେ। ଠିକ୍ କାମ ଠିକ୍ ସମୟରେ ହେବ।

ଜେଜୀ ମା' : ଏ ତ ଭାଷଣର କଥାରେ ବାବୁ। ପ୍ରକୃତ ପକ୍ଷେ କଥା ହେଉଚି, ତୁମ କଥା ହିଁ ମତେ ମାନିବାକୁ ପଡ଼ିବ।

ହରି : (ଆଶ୍ଚର୍ଯ୍ୟରେ) କ'ଣ କହୁଚ ତୁମେ ?

ଜେଜୀ ମା' : ପୁଅ ବୋହୂଙ୍କ କଥା ବିନା ପ୍ରଶ୍ନରେ ମାନିନେଇ ପାରିଲିନି ବୋଲି ଗାଁକୁ ଫେରିଲି। ପୁଣି ତୁମମାନଙ୍କ କଥା ମାନିବାକୁ ମୋ ବିବେକ

ବାଧା ଦେଲେ ମୁଁ ଯିବି କୋଉଠିକି ? (ଆସିଲେ ଧୀରବାବୁ ଓ ଲୋନିଦେବୀ - ପ୍ରଣାମ କଲେ ବୋଉଙ୍କୁ)

ଜେଜୀ ମା' : ମୋ'ଧନ, ଭଲ ହେଲା । ଦି'ଜଣଯାକ ଅଇଲ । କିଛି କାମ କରିନିରେ । ଏଠି ବସିଚି ପରା କିଏ ସବୁ ନେତା, ମନ୍ତ୍ରୀ, ଏମେଲେ ଆସୁଛନ୍ତି ବୋଲି ମୋ' କଥା... କୁଆଡ଼େ ଗଲେ କିରେ ?

ଲୋନି : ତୁମେ ବସିଥା ବୋଉ ମୁଁ ଯାଇ ଦେଖେ ରୋଷେଇବାସ । ସେମାନଙ୍କୁ ଅନ୍ତତଃ ଚା କପେ ଲେଖାଏଁ ତ ଦେବାକୁ ପଡ଼ିବ । (ମନୋଜକୁ) ମନୋଜ ଦାଦାଙ୍କ ବ୍ୟାଗ୍‌ରୁ ବିସ୍କୁଟ କାଢ଼ । (ଚାଲିଗଲେ ଭିତରକୁ)

ଜେଜୀ ମା' : ଆରେ ଧୀର ଆ । ଏଠି ବସ । ତୁ ବି କ'ଣ ଚାହୁଁଛୁ ମୁଁ ଏ ଇଲେକ୍ସନ୍‌ରେ ଠିଆ ହୁଏ... ଏ ବୟସରେ ।

ଧୀର : ମନ୍ଦ କ'ଣ ସେଥିରେ । ଆଜିକାଲି ତ ରାଜନୀତି କରୁଥିବା ଲୋକ ଅଶୀ ଛୁଇଁଲେଣି । ତୋର ଏମିତି ବୟସ କେତେ କି ?

ମନୋଜ : ଦାଦା Life begins at sixty । ଜେଜୀ ମା' ତ ଏବେ run ଆରମ୍ଭ କରୁଛନ୍ତି ।

ଜେଜୀ ମା' : ଦେଖ ବାପ, ଜୀବନସାରା ଅନେକ ଲଢ଼ିଲି । ଖଣ୍ଡିଆଖାବରା ବି ହେଲି । ଛୁରୀ, କଟୁରୀ ଚୋଟଠୁଁ ଟାଣ କଥାର ଚୋଟ ବି ଖାଇଲି । ଆଉ ପୁଣି କି ଲଢ଼େଇ ।

ଧୀର : ତୁ ଟିକେ ଭଲ କରି ଭାବିଲୁ ? ଲୋକ ଟିକଟ ପାଇଁ ଧାଉଁଚନ୍ତି ଆଉ ଟିକଟ ତୋ' ପଛରେ ଧାଉଁଛି । ଆମେ ଚିହ୍ନ ବି ପାଇସାରିଲୁଣି ।

ଜେଜୀ ମା' : ହେଲା, ତୁ କିଛି ପଇସାପତ୍ର ଖର୍ଚ୍ଚ କରିବୁ, ମୁଁ ଜାଣେ ମୋ' ବୋହୂ ବି ଭାରି ଖୁସି ତା' ଶାଶୂ ସମିତି ସଭ୍ୟା ହେବ ବୋଲି । କିନ୍ତୁ...

ଧୀର : କିନ୍ତୁ କ'ଣ ?

ଜେଜୀ ମା' : ଯଦି ହାରିଯାଏ ? ତେବେ ତୁ କ'ଣ କହିବୁନି ମୋ' ଝାଳବୁହା ଧନ ପାଣିରେ ପଡ଼ିଲା ? ବୋହୂ କ'ଣ ସହିଯିବ ମୋ' ହାରିବାକୁ ?

ଧୀର : ତୁ କାହିଁକି ସେମିତି ଭାବୁଛୁ କହିଲୁ ?

ମନୋଜ : ଆରେ ଜେଜୀ ମା', ଏଇଟା ମହିଳାଓ୍ୱାର୍ଡ। ଯେତେ ଆଶାୟୀ ପ୍ରାର୍ଥୀ ସବୁଠୁଁ ତମେ ବେଶି ଫିଟ୍। ମୁଁ ଦେଖିସାରିଲିଣି।

ଯଦୁ : ତୁମେ ଖାଲି ଖୁସିରେ ହଁ କରିଦିଅ। ବାକି କଥା ଆମ ଉପରେ ଛାଡ଼।

ଜେଜୀ ମା' : ଏ ତ ବନ୍ୟାରେ ହାତ ଛାଡ଼ି ଭାସିଗଲା ଭଳି କଥାରେ ବାବୁ। ତୁମ ଉପରେ କେଉଁ ଦାୟିତ୍ୱ ଛାଡ଼ିବି? ମୋ' ଦାୟିତ୍ୱ ତ ଆଉ ମୋ' ହାତରେ ନାହିଁ, ସବୁ ସେଇ ଉପରବାଲା ହାତରେ ଛାଡ଼ିସାରିଚି। ସେଇ ହିଁ ଏକମାତ୍ର ଆଶ୍ୱାସନା।

ଯଦୁ : ସେମାନେ ଆସିଯିବେ ଜେଜୀ ମା'। କାଲି ଖବରକାଗଜରେ ତୁମ ଫଟୋ ସହିତ News ବାହରି ପଡ଼ିବ। ଭବାନୀ ଦେବୀଙ୍କୁ ମନ୍ଦିର ଚିହ୍ନରେ ଭୋଟ ଦେଇ ଜୟଯୁକ୍ତ କରାନ୍ତୁ।

ଜେଜୀ ମା' : ଆରେ ମୋ'ଲାଗି ଭଲ ଚିହ୍ନଟିଏ ବାଛିଛ। କିଏ ବାଛିଛି କହିଲ?

ଯଦୁ : କାହିଁକି, ତୁମ ମନକୁ ପାଉନି କି?

ଜେଜୀ ମା' : ନାଇଁ ମୁଁ କହୁନଥିଲି ମୋ' ଦାୟିତ୍ୱ ଆଉ ମୋ' ହାତରେ ନାହିଁ। ମୁଁ ସେଇ ଠାକୁରଙ୍କ ହାତରେ ସବୁ ଛାଡ଼ି ଦେଇଛି। ଗୋଟିଏ ମାଗୁଣି 'ହାତଗୋଡ଼ ଚାଲୁଚାଲୁ ଜୀବନ ଯାଉ।'

ଧୀର : ତୁ ଏଗୁଡ଼ା କାହିଁକି ଭାବୁଛୁ ବୋଉ। ଚାହୁଁଚାହୁଁ ବର୍ଷେ କେଇଟା ଗଡ଼ିଯିବ।

ଜେଜୀ ମା' : ସବୁ ଭାବିବା ମୋର ଦରକାର ବାପ। ଯୋଉ ପଇସା ରଖିଛୁ ମୋ'ଲାଗି ଭୋଟରେ ଖର୍ଚ୍ଚ କରିବୁ, ସେଥିରେ ଧୁମ୍‌ଧାମ୍‌ରେ ମୋ' ଶୁଦ୍ଧିକ୍ରିୟା କରିଦେବୁ। ଗାଁ ଯାକର ସମସ୍ତଙ୍କୁ ଡାକି ମନଭରି ଖାଇବାକୁ ଦବୁ।

ମନୋଜ : ତା'ମାନେ କ'ଣ ତୁମର ଇଚ୍ଛାମୃତ୍ୟୁ ହେବ ନାଁ କ'ଣ?

ଜେଜୀ ମା' : 'ଯାହା କରିବେ ସାଇଁ, ତା' କାହା ହାତରେ ନାଇଁ' ଯଦି ଏ ଭିତରେ ମୋ' ଆୟୁଷ ନ ସରିଥାଏ, ତୋ' ଝିଅକୁ ଡୋନେସନ୍ ଦେଇ ଭଲ ଅନୁଷ୍ଠାନରେ ଡାକ୍ତରୀ ପଢ଼ାଇବୁ। ତୋ' ଖେଳ ପାଗଳ ପୁଅକୁ କୋଚିଂ ଦେବୁ। ମନେ ରହିଲା?

ଧୀର : ତୁ କାହିଁକି ଏତେ କଥା ଭାବୁଛୁ କହିଲୁ? ସେମାନେ ନିଜ ନିଜ ଭାଗ୍ୟ ଧରି ଆସିଛନ୍ତି।

ଜେଜୀ ମା' : ମୁଁ ଜାଣେ ବାପ, ମୁଁ ତୋ'ଲାଗି କିଛି କରି ନଥିଲି । ପ୍ରାର୍ଥନା ହିଁ କରିଥିଲି । ମୋ' ବୋହୂକୁ କହିବୁ ସେ ତା' ପିଲାଙ୍କ ଲାଗି ପ୍ରାର୍ଥନା କରିବ । ଛୋଟଛୋଟ କଥାକୁ ଧରି ପିଲାଳିଆମି କରିବା ଦିନ ସରିଗଲାଣି ତା'ର, ତାକୁ କାଲି ପଠେଇ ଦେ । ପିଲାଗୁଡ଼ା କାହିଁକି ମାଉସୀ ଘରେ ରହିବେ ଏତେଦିନ ?

ମନୋଜ : ଜେଜୀ ମା', ସେସବୁ ଛାଡ଼ । ଇଲେକ୍‌ସନ୍ ଦିନ ଚାହୁଁଚାହୁଁ ଆସିଯିବ ।

ଜେଜୀ ମା' : କହିଲି ତ ସେ ପଙ୍କ କାଦୁଅରେ ଘାଣ୍ଟି ହେବାକୁ ମୋର ଆଉ ଇଚ୍ଛା ନାହିଁ ।

ଧୀର : ବୋଉ !

ଜେଜୀ ମା' : ଆରେ ମନୋଜ, ଯଦୁ, ତୁମ ତିଲୁ ଭାଇକି କହ । ସେ ଏଠିକି ଆସିବା ଦରକାର ନାହିଁ । ସେମାନଙ୍କର ବହୁତ କାମ । କାହିଁକି ଏଠି ସମୟ ସାରିବେ ? ତୁମେ ସବୁ ବସ । ଲୋନି ଆମର ଚାହା କରୁଚି । ମୁଁ ମୁଢ଼ି ଆଣେ ।

ମନୋଜ : ଏ କ'ଣ ତୁମର ଶେଷ କଥା ।

ଜେଜୀ ମା' : ଆରେ, ଶେଷକଥା ନୁହେଁ, ଧୀର ସିନା ୨/୪ ଦିନରେ ତା' ଚାକିରି ଜାଗାକୁ ଫେରିଯିବ । ତୁମେ ପରା ମୋର ସବୁଦିନିଆଁ ପିଲା । ତୁମ ସାହାଯ୍ୟ ବିନା ମୁଁ ବଞ୍ଚିବି କେମିତି ? ତୁମ କଥା ମାନିପାରୁନି ବୋଲି ମତେ ଭୁଲିଯିବନି ତ ! (ଗଳା ଭାରୀ ହୋଇଆସିଲା)

ହରି : ହଉ, ହେଲା ଜେଜୀ ମା' ତୁମେ ବ୍ୟସ୍ତ ହୁଅନା ।

ଧୀର : ମନୋଜ, ଯଦୁ, ହରି ଆରେ ତୁମେ ତିଲୁଭାଇଙ୍କୁ ଫୋନ୍ କରିଦିଅ । ମୁଁ ତାକୁ ମୋ' ସାଙ୍ଗରେ କାଲି ସକାଳୁ ସହର ନେଇଯାଉଛି । କିଛି ଦିନ ଯାଇ ବୁଲିଆସୁ ।

■

BLACK EAGLE BOOKS

www.blackeaglebooks.org
info@blackeaglebooks.org

Black Eagle Books, an independent publisher, was founded as a nonprofit organization in April, 2019. It is our mission to connect and engage the Indian diaspora and the world at large with the best of works of world literature published on a collaborative platform, with special emphasis on foregrounding Contemporary Classics and New Writing.

www.ingramcontent.com/pod-product-compliance
Lightning Source LLC
Chambersburg PA
CBHW020530080526
44583CB00013B/808
* 9 7 8 1 6 4 5 6 0 4 2 6 6 *